차브

영 국 식

잉 여

유 발 사 건

차브

영국식 잉여 유발사건

오언 존스 지음

이세영·안병률 옮김

북인더갭
BOOKintheGAP

차례

들어가며

우리가 다 하는 경험 중에 이런 게 있다. 당신이 친구들 또는 친척들 사이에 있는데 갑자기 누군가 천박한 데다 경솔하고 주제에도 어긋난 쇼킹한 말을 꺼낸다. 쇼킹한 말 자체는 그나마 낫다. 제일 불안한 건 어떤 사람도 그 말에 반박조차 하지 않을 것처럼 보인다는 점이다. 당신은 한줌의 우려나 한마디의 반박이라도 나오길 헛되이 기대하며 이리저리 둘러볼 것이다.

어느 겨울밤 나는 런던 동부의 고급주택가에 있는 친구 집에서 그런 순간을 체험했다. 매끄럽게 썰린 블랙커런트 치즈케이크가 나왔고 대화는 신용위기 사태까지 흘러왔다. 그런데 손님 중 하나가 분위기를 띄우려고 별 악의없는 농담을 던졌다.

"울워스(Woolworth, 미국의 다국적 대형 유통업체, 영국에선 2008년 연말 폐업했다—옮긴이)가 문을 닫다니 아쉽군. 이제 그 많은 차브들은(chavs) 어디서 크리스마스 선물을 살까?"

그 손님이 스스로를 밥통이라고 여기지는 않았을 것이다. 거기 있는 사람 누구도 마찬가지였다. 테이블을 둘러싸고 앉아 있던 사람들은 다들 교육 수준이 높고 열린 사고방식을 가진 사람들이었고 혈통도 다양했으며 성별도 반반에다가 고지식한 부류도 아니었다. 아마

7

도 거의 대부분이 정치적으로는 중도좌파적인 성향이었을 것이며 자신이 속물로 취급받는다면 발끈했을 사람들이다. 만약 참석자 중 누군가가 파키(Paki, 파키스탄인을 얕잡아 부르는 말─옮긴이)나 푸프(poof, 남자 동성애자를 얕잡아 부르는 말─옮긴이) 따위의 말을 입에 올렸다면, 그들은 슬그머니 자리를 빠져나갔을지도 모른다.

그러나 아무도 울워스에서 쇼핑하는 차브에 대한 농담에는 움찔하지 않았다. 아니, 정반대였다. 그들은 모두 웃었다. 이 경멸에 찬 말이 '아이'를 의미하는 집시 언어인 차비(chavi)에서 유래된 말이라는 걸 그들이 알고나 있는지 궁금했다. 그들은 10만 독자들이 읽었다는 『차브에 관한 작은 책』(The Little Book of Chavs)을 읽은 것 같지는 않았다. 그 두툼한 교양서에 따르면 '차브'란 '급증하는 무식쟁이 하층계급'을 뜻한다. 그들이 서점에서 그 책을 대충 훑어보기만 해도 차브는 슈퍼마켓 계산대의 계산원이나 패스트푸드점의 점원 또는 청소부를 의미한다는 것을 알게 될 것이다. 그러니까 그들 모두 '차브'란 특별히 노동계급을 가리키는 모욕적인 언사임을 이미 알고 있었을 것이다. 그 '농담'을 쉽게 바꿔 말하면 다음과 같다. "울워스가 문을 닫다니 아쉽군. 이제 끔찍한 하층계급 사람들은 어디서 크리스마스 선물을 살까?"

하지만 나를 가장 불편하게 한 것은 그 '말'이 아니었다. 그것은 누가 그 말을 했으며 함께 웃었느냐는 것이다. 식탁에 둘러앉은 사람들은 모두 연봉이 괜찮은 전문직 종사자들이었다. 무엇보다도, 그들이 인정하든 안하든, 자신들의 성공에는 배경이 작용했을 것이다. 그들은 안정적인 중간계급 가정에서, 흔히 말하듯 나무가 우거진 교외에서 자란 사람들이었다. 몇몇은 학비가 비싼 사립학교를 나왔고 대부분은 옥스퍼드나 런던정치경제대학(LSE), 또는 브리스톨대학 출신이었다. 노동계급 출신이 그들처럼 될 기회는 흔치 않았다. 그러니까 나는 부자들이 가난한 자들을 조롱하는 그 수백년 묵은 현상을 목도하고 있었던 것이다.

나는 계속 생각했다. 어찌하여 노동계급을 멸시하는 일이 사회적으로 공공연한 일이 되었는가? 사립학교 출신의 백만장자 코미디언이 차브 차림을 하고 「리틀 브리튼」(Little Britain) 같은 시트콤에 출연해 우리를 웃긴다. 신문은 '차브의 생활'에 대한 경악에 찬 이야기를 악착같이 채집해서는 그것을 곧장 노동계급 사회의 전형으로 만들어버린다. 차브스컴(ChavScum, 차브쓰레기―옮긴이) 같은 인터넷 사이트는 차브들을 물어뜯는 캐리커처로 가득하다. 마치 노동계급이야말로 이 사회에서 뭔가 현실적으로 언급할 가치가 있는 유일한 그룹이라도 되는 것처럼 말이다.

아마 영국에서 리처드 힐튼(Richard Hilton)만큼 차브를 헐뜯는 사람도 찾아보기 힘들 것이다. 힐튼은 런던에서 피트니스 열풍을 타고 한창 성업중인 짐박스(Gymbox)의 대표다. 체육(gym) 수업에서 이름을 따온 짐박스는 뻔뻔하게도 한달 회원료 72파운드 외에도 가입비로만 175파운드를 청구하면서 부유층 운동광들을 타깃으로 삼고 있다. 힐튼이 설명하듯이 짐박스는 화이트칼라 전문직 고객들의 불안감에 호응해 설립되있다고 한다. 그는 말한다. "고객들은 런던에서의 삶을 불안해하기 때문에 호신술반을 선호합니다."

2009년 봄, 짐박스는 이미 진행되던 다양한 과정들(붐 에어로빅, 폴 댄싱, 비치 복싱) 외에 새로운 프로그램을 선보였다. 이름하여 차브 파이팅(Chav Fighting)이다. "차브에게 반사회적행동금지명령(Anti-Social Behaviour Orders, ASBO, 폭력 등 반사회적 행동을 금지한 영국 법원의 명령―옮긴이)에 해당되니 그만두라는 서글픈 야유를 보내지 마십시오." 짐박스의 홈페이지는 계속 꼬드긴다. "차브들을 그냥 걷어차버리세요." 나머지 홍보문구 역시 취지가 뚜렷한 자경단의 목소리로 주먹을 날린다. "애들한테 뺏긴 사탕은 잊어버리세요. 윗도리를 벗고 바카디(럼주의 제품명―옮긴이)를 빼앗는 방법, 꿀꿀대는 것들을 낑낑대게 만드는 방법을 가르쳐드립니다. 차브 파이팅에 오세요. 여기는 펀치백이 있는 곳, 세상을 정의롭게 만듭니다." 광고전단은 더욱 노골적이다. "펀치백과 널빤지로 기술을 연마해보세요. 차브들을 때려눕힐 때가 옵니다. (…) 여기서는 바카디 브리저(럼주의 일종―옮긴이)가 당신의 칼이 되고 반사회적행동금지명령이 당신의 트로피가 됩니다."

아무리 그래도 폭력을 찬양하는 것은 분명 선을 넘은 행위다. 광고규제기구(ASA)에서 압박을 가해오자 짐박스는 조목조목 따졌다. 짐박스는 "어떤 사람도 차브라고 인정하지 않기 때문에, 즉 누구도 차브에 속하길 원하지 않으므로" 그건 공격이 아니라고 주장했다. 놀랍게도, 광고규제기구는 차브 파이팅이 "특정 사회집단에 대한 폭력을 용납하거나 조장하지 않는다는 이유로" 짐박스의 혐의를 부정했다.

계급을 자극한 그 깊이있는 혐오에 감사하다는 말을 리처드 힐튼에게 전해야 할 지경이다. '차브'를 '버버리를 걸친 젊은 스트리트 키즈'로 정의하면서 힐튼은 다음과 같이 설명한다.

> 잉글랜드에 살면서도 그들은 이 나라를 '엥어랜드'(Engerland, 주로 축구장에서 국가대표팀을 응원할 때 쓰는 속어―옮긴이)라고 부른다. 그들은 발음이 어눌한 데다 스펠링도 모르고 제대로 글을 쓸 줄도 모른다. 또한 칼만큼이나 공격적인 개도 좋아하는데 그들과 가볍게 스치거나 좀 삐딱하게 쳐다보기만 해도 당신을 칼로 그어버리고 말 것이다. 그들은 열다섯살쯤 아이를 낳고 하루 종일 엄청나게 담배를 피워대거나 늘 땀이 고인 손에 걸리는 것은 무엇이든 뭉개버리려는 경향이 있다. 스무살이 되도록 그들이 보호시설에 수용되지 않는다면, 천하장사 또는 운 좋은 놈으로 사람들의 큰 존경을 받을 것이다.

상황이 이러하니 차브가 영국에서 어려운 시절을 겪고 있지 않느냐는 질문에 그가 노골적으로 "그럴 만하니 그렇죠"라고 대답한다고 해서 전혀 놀랄 일은 아니다.

차브 파이팅은 체육 애호가들에게 확실히 인기가 있었다. "우리가 해본 것 중에 가장 인기있는 과정"이었다면서 힐튼은 주장했다. "대부분의 사람들이 공감하면서 즐거워했어요. 누리꾼 몇몇은 괜한 비판을 일삼다가 공격을 당하기도 했지요." 하지만 흥미롭게도, 힐튼은 스스로를 속물로 여기지 않았다. 오히려 그 반대였다. 성차별, 인종차별, 동성애혐오는 "절대 받아들이지 않는다"는 것이다.

꽤 성공한 사업가인 리처드 힐튼은 낮은 사회계층을 향한 중간계급 런던 거주자들의 공포와 혐오에 손을 내밀었다. 도시의 은행원들이 거의 야수처럼 자라온 불쌍한 아이들에게 경기후퇴에 따른 불만을 쏟아내며 땀을 흘리는 이미지를 떠올려보라. 그것은 정말 흥미진진한 장면이다. '짐박스에 오시오, 계급전쟁이 신체단련과 만납니다.'

힐튼의 침착한 경멸은 어이가 없지만, 실은 중간계급에 널리 퍼진 노동계급 청소년의 이미지를 잔인하게 각색한 것이다. 이들 청소년의 이미지는 미련하고 폭력적이며 범죄적인 데다 짐승처럼 '번식하는' 것이다. 물론, 이 차브들은 고립돼 있지 않다. 그들은, 결국 '공동체 안의 천하장사들'이다.

영국 노동계급의 존재에 대한 중간계급의 폭넓은 공포를 이용하는 회사는 짐박스뿐만이 아니다. 액티버티즈 어브로드(Activities Abroad)는 2천 파운드가 넘는 휴일 해외여행을 제공하는 여행사다. 그 품목에는 캐나다의 자연을 탐방하는 사파리, 핀란드 오두막여행 등등이 포함돼 있다. 하지만 차브들은 신청할 필요가 없다. 2009년 1월 이 여행사는 2005년도 『데일리 메일』(Daily Mail) 기사를 인용하면서 2만 4천명의 고객에게 홍보 이메일을 보냈다. 그 기사에 따르면 '중간계급' 이름을 가진 아이들은 '웨인(Wayne), 드웨인(Dwayne)' 같은 이름을 사용하는 아이들보다 중등교육자격시험(GCSE)에 합격하는 비율이 8배나 높다고 한다. 이 발견에 고무된 회사는 액티버티즈 어브로드 여행에 어떤 이름을 가진 사람들이 참여했는지를 궁금해하기 시작했다.

그들은 자료를 대대적으로 뒤져서 두 리스트를 뽑아냈다. 하나는

'휴가에서 왠지 만날 것 같은' 이름이고 다른 하나는 그렇지 않은 이름이다. 앨리스(Alice), 조지프(Joseph), 찰스(Charles) 같은 이름은 전자에 속하는데, 결국엔 액티버티즈 어브로드 여행은 브리트니(Britney), 샨텔(Chantelle), 다자(Dazza) 같은 이름은 찾아볼 수 없는 여행이었다. 그들은 정당하게 '차브 없는 휴일여행'을 약속하기로 결정한 것이다.

또한번 불쾌한 일이 벌어졌지만 그 회사는 수치스러운 줄도 몰랐다. "중간계급이 스스로를 대변할 때가 온 것뿐이죠." 앨리스테어 맥클린(Alistair McLean) 상무의 말이다. "계급전쟁이든 아니든, 내가 중간계급이라는 걸 사과할 필요는 없잖아요."[1]

내가 그 회사의 간부 중 하나인 배리 놀란(Barry Nolan)과 대화를 했을 때, 그 역시 저항감을 드러냈다. "『가디언』(Guardian, 영국의 진보언론―옮긴이) 독자들이 엄청난 분노를 표출하던데 그건 그 사람들이 차브들 근처에서 살아보지 않았기 때문이죠. 잘못된 분노일 뿐입니다. 우리 여행사를 통해 휴일을 보내고 싶어 하는 부류들은 엄청나게 많습니다. 엄청난 고객층을 확보했다는 증거죠." 실제로 『가디언』에서의 소동이 있고 나서 그들은 매출이 44%나 성장하는 기쁨을 누렸다.

짐박스와 액티버티즈 어브로드는 약간 다른 관점을 지닌다. 먼저 짐박스는 어두운 복도에서 칼을 들고 그들을 기다리는 폭력적인 무리가 바로 사회적 하층계급이라는 중간계급의 두려움에 다가갔다. 반면 액티버티즈 어브로드는 중간계급의 외국 휴가를 '침해하는' 노동계급 사람들이 타고 다니는 저가항공에 대한 혐오감을 이용했다. "요즘은 노동계급을 피해 외국으로 도망가기도 힘드네"라는 식으로 밀이다.

그러나 그 둘은 주류 중간계급이 얼마나 노동계급을 싫어하는지를 보여준다는 점에서 똑같은 사례다. 즉 차브 공격이라는 이미 낯설지 않은 혐오감을 돈벌이의 수단으로 사용한 경우다. 신문의 헤드라인을 장식하는 그저 그런 이야기가 안티-차브 서사를 '증명하는' 손쉬운 미끼로 사용될 때 이런 면모는 더 뚜렷해진다.

2010년 7월 라울 모트(Rauol Moat)라는 사람이 감옥을 탈출해서 전 애인의 남자를 죽이고 도피행각을 이어갔을 때 그 사내는 노동계급의 반(反)영웅으로 추켜세워졌다. 범죄학자인 데이비드 윌킨슨(David Wilkinson) 교수는 모트가 "상심에 처한, 백인 남성 노동계급의 심금을 울렸다. 그들이 모트처럼 행동함으로써 세상에 자신을 정당하게 드러낼 수는 없다는 점에서 보통사람의 영웅으로서 아픈 곳을 건드린 것이다"라고 주장했다. 백인 노동계급이 한순간에 준법의식이 결여된 원시인 수준의 암살자로 둔갑해버린 것이다. 인터넷은 독설로 가득 찬 무료 파티장이 되었다.『데일리 메일』에 게재된 다음과 같은 댓글을 보자.

슈퍼마켓이나 버스, 최근 더 흔하게는 길거리를 둘러보면 문신을 하고 시끄럽게 상스러운 말을 내뱉으며 요란한 차림을 한 애들과 그들 뒤로 방귀를 뀌며 쫓아가는 녀석들을 볼 수 있다. 그놈들은 예의범절이라고는 알지도, 인식하지도 못하는 놈들이며 마음속으로는 아무 잘못도 없다고 우겨대는 놈들이다. 이런 놈들이 바로 그 불량한 살인자에게 동정을 품는 것이다. 그놈들은 가치도, 도덕도 없으며 낯짝이 너무 두꺼워서 무슨 비난에도 고개를 쳐든다. 차라리 피하는 게 상책이다.[2]

이런 식의 계급혐오는 없어서는 안될 영국 문화의 존경받을 만한 일부가 돼버렸다. 계급혐오는 신문, TV 코미디프로, 영화, 인터넷 토론회, 소셜네트워크 등 매일 매일의 대화에 등장한다. '차브' 현상의 핵심에는 노동계급 다수의 현실을 호도하려는 이런 시도들이 자리잡고 있는 것이다. "우리는 이제 모두 중간계급"(We're all middle class now)이라는 흔한 주문에 능력도 없이 반항을 일삼는 옛 노동계급의 잔당은 끼어들 자리가 없다. 사이먼 헤퍼(Simon Heffer)는 이런 견해를 강력하게 옹호하는 사람이다. 영국에서 가장 잘 나가는 우파 저널리스트 중한 사람인 그는 다음과 같이 주장한다. "이른바 존경받는 노동계급은 거의 다 소멸됐다. 사회학자들이 노동계급이라고 부르는 자들은 이제 거의 노동을 하지 않으며 오히려 복지국가의 지원이나 받는 신세가 돼버렸다."[3] 이른바 '부랑자 하층계급'으로 전락했다는 것이다.

내가 헤퍼에게 그 말의 진의를 묻자 돌아온 대답은 이랬다. "존경받는 노동계급은 다 그럴 만한 이유가 있어서 사라진 거예요. 그들은 열망이 있었고, 사회가 그 열망을 충족시켜줬거든요." 그들은 사회적 사다리를 타고 올라갔다. 그들은 "대학에 갔고 화이트칼라 전문직 종사자가 되었으며 그래서 중간계급이 되었다." 육체노동에 종사하는 수백만의 사람들 또는 대학에 가지 못한 사람들까지 이런 주장에 들어

맞느냐는 문제제기는 정말 중요하다. 하지만 헤퍼에 따르면 영국 사회에는 두 주류그룹이 있을 뿐이다. "그런 종류의 존경받을 만하고 소박한 환경을 대대로 누리는 가정은 더이상 없어요. 그들은 복지국가의 식객인 하층계급이 되었든지 아니면 중간계급이 되었죠."

이것이 바로 헤퍼의 시각에 비친 사회의 모델이다. 그에 따르면 한편에는 중간계급이, 다른 한편에는 구제불능의 쓰레기(열망은 물론 열의조차 없는 노동계급)가 존재한다. 사회가 실제로 어떻게 구축되었는지는 아무 상관이 없다—도대체 왜 그걸 알아야 한단 말인가? 결국 이런 견해를 쏟아내는 저널리스트들이란 자신들이 깎아내리는 사람들과 어떤 접촉도 하지 않는다. 헤퍼는 뼛속까지 중간계급 출신인 인물로 자기 아이들을 이튼(영국의 명문사립학교—옮긴이)에 보낸 사람이다. 어느 순간 그가 덧붙인다. "나는 하층계급에 대해서는 잘 몰라요." 그러면서도 그는 잘 모르는 하층계급을 물어뜯는 일을 그만두지 않는다.

어떤 사람들은 '차브'라는 말을 옹호하면서 주장하기를, 노동계급은 전혀 악마화되지 않았다고 말한다. '차브'는 그저 반사회적 홀리건이나 폭력배를 지칭할 뿐이라는 것이다. 이건 좀 문제다. 우선, 싫어도 그런 말을 듣는 사람들은 확실히 노동계급이기 때문이다. 2005년 '차브'라는 말이 처음 콜린스 영어사전에 등재되었을 때, 그 말은 '캐주얼 스포츠 복장을 한 젊은 노동계급'이라고 돼 있었다. 그때부터 이 말의 의미는 상당히 확대되었다. 급기야 차브가 '공영주택에 거주하는 폭력적인 사람들(Council Housed And Violent, CHAV)'을 뜻한다는 유명한 신화까지 만들어졌다. 많은 경우 그 말은 신중하고 우아한 부

차브

르주아와 달리 소비주의적인 성향이 강한, 조잡하고 야만적인 방식으로 돈을 쓰는 노동계급을 향한 혐오감을 드러낸다. 데이비드 베컴(David Beckham), 웨인 루니(Wayne Rooney), 셰릴 콜(Cheryl Cole, 영국의 가수 겸 모델—옮긴이) 같은 노동계급 출신의 유명인들은 때만 되면 차브라는 놀림을 받는다.

무엇보다, 최근 거론되는 '차브'라는 단어는 폭력, 게으름, 청소년 임신, 인종주의, 주정 같은 노동계급의 부정적인 특징과 연결된다.『가디언』의 조 윌리엄스(Zoe Williams) 기자가 쓴 대로 "차브라는 말이 원래 뭔가 정통적인 것—그냥 쓰레기나 친구가 아니라 버버리 차림의 쓰레기!—을 전달하면서 대중적인 상상력을 사로잡았다면 현재 그 말은 '프롤레타리아' 또는 '가난하기 때문에 쓸모없는 인간' 같은 폭넓은 의미를 가진다."[4] 보수 성향의『데일리 텔레그래프』(Daily Telegraph) 수석기자인 크리스토퍼 호스(Christopher Howse) 같은 사람조차도 "많은 사람들이 차브를 낮은 계급에 대한 혐오를 위장하는 말로 사용한다. (…) 어떤 사람을 차브라고 부르는 것은 사립학교 학생들이 좀 노는 애들을 '머저리'(oiks)라고 부르는 것과 같다"[5] 고 지적한다.

'차브'는 종종 '백인 노동계급'을 가리키는 말로 취급된다. 2008년 노동계급을 집중 취재한 BBC의 프로그램 「화이트」(White)가 그 예로 노동계급층을 퇴영적이고, 편견에 사로잡혀 있으며, 인종주의에 물든 전형적인 집단의 사례로 그려냈다. 실제로 대처리즘(Thatcherism) 이후 '노동계급'이란 말은 터부시된 반면 '백인 노동계급'(white working class)이란 말은 21세기초에 들어와 점점 더 자주 쓰이고 있다.

'계급'은 이미 오랫동안 정계의 주류에서 쓰이지 않았으며 정치인과 언론이 유일하게 논한 차별은 인종차별뿐이었다. 백인 노동계급은 또하나의 하찮은 소수인종이 되었으며 이것은 그들의 관심사가 오로지 인종의 시각에 머물러 있었음을 의미한다. 백인 노동계급은 역사의 고개를 넘으며 길을 잃은 부족이 되었고, 다문화주의에 의해 방향을 잃었으며, 집단 이민이라는 문화적 침략에 맞서 자신들의 정체성을 방어해야 한다는 강박관념에 휩싸인 집단이 되었다. 말하자면 '백인 노동계급'이라는 단어 때문에 새로운 자유주의적 편견이 탄력을 받은 셈이다. 이제 '백인 노동계급'을 혐오하는 것은 아무 문제가 없다. 그들은 한줌의 인종차별주의자에 불과하기 때문이다.

'차브'라는 단어를 옹호하는 빈약한 하나의 논리는 "차브족 스스로 그 말을 쓰는데 무슨 문제가 있느냐?"라는 관점이다. 이런 진단에는 일리가 있다. 일부 젊은 노동계급 사이에선 차브라는 말이 자신들의 문화적 정체성을 뜻하는 말로 받아들여지기 때문이다. 그러나 한 단어의 의미는 종종 누가 그 말을 사용하느냐에 따라 달라진다. 이성애자들에게 '퀴어'(queer, 특히 남자 동성애자를 뜻하는 속어―옮긴이)라는 말은 확실히 동성애혐오증을 불러일으킨다. 그러나 어떤 남성 동성애자들은 퀴어라는 말을 자신의 정체성을 드러내는 용어로 떳떳하게 사용한다. 마찬가지로, '파키'가 영국의 백인들이 사용할 수 있는 가장 공격적인 인종차별적 발언이긴 하지만 어떤 아시아인들은 그 단어를 동료들 사이에서 친근함을 표현하는 말로 사용한다. 2010년 논쟁적이고 쇼킹한 말을 일삼는 미국의 우파 라디오 프로 진행자 로라 슐레

싱어(Laura Schlessinger)는 확실히 이런 전형적인 사례에 속한다. 그녀는 방송중에 아프리카계 미국인 출연자와 11차례나 '깜둥이'(nigger)라는 말을 쓰고 나서는 흑인 코미디언들과 배우들도 이 말을 썼다고 변명했다.

단어의 의미는 그 말을 쓰는 사람에 의해 매번 달라진다. 중간계급이 '차브'라는 말을 쓸 경우 그것은 순전히 계급에 대한 경멸의 의미를 지닌다. 그레이터 맨체스터(Greater Manchester)의 노동계급 사회에서 자란 공장 노동자의 아들 리엄 크랜리(Liam Cranley)는 중간계급이 차브라는 말을 쓸 때 어떤 기분이 드는지를 나에게 말해주었다. "내 가족, 내 형, 내 어머니, 내 친구들에 대해 이야기하고 있다는 느낌이죠."

이 책은 차브 혐오가 절대 우연한 현상이 아님을 증거할 것이며 다른 한편으론 이러한 현상이 이 사회의 뿌리깊은 불평등의 산물임도 보여줄 것이다. 불평등과 사회적 문제 사이의 연관성을 훌륭하게 파헤친 저서 『스피릿 레벨』(The Spirit Level, 한국에서는 『평등이 답이다』라는 제목으로 출간됨—옮긴이)의 공동저자인 리처드 윌킨슨(Richard Wilkinson)은 "내 견해로는, 불평등이 확대됨에 따라 나타나는 핵심적 효과는 사회의 우월감이나 열등감이 늘어나는 것이다"라고 말한다. 실제로 불평등은 우리 역사의 어느 때보다 커졌다. "불평등이 이렇게 만연해진 것은 대부분의 세계에서 최근의 일"이라고 인류지리학자이자 '불평등 전문가'인 대니 도를링(Danny Dorling) 교수는 말한다.

여러 세대에 걸쳐 최하층 사람들을 악마화하는 것은 불평등한 사회를 성낭화하는 손쉬운 방법이었다. 결국 대략 생각해봐도, 출생의 우연에 따라 어떤 사람은 최상층이 되고 다른 사람은 바닥에 머문다는 사실은 뭔가 비합리적이다. 하지만 누군가 그럴 만해서 최상층에 오른다면? 또는 최하층 사람들이 기술이나 의지가 부족하기 때문에 그렇다면 어떨까?

하지만 그건 더 비합리적인 생각이다. 노동계급이 악마화된 뿌리에는 영국 계급전쟁의 유산이 있다. 마거릿 대처(Margaret Thatcher)가 정권을 인수한 1979년은 영국 노동계급을 향한 전면공격이 개시된 해로 기록된다. 노동계급 기관이었던 노동조합이나 공영주택은 붕괴되었고 노동계급의 일터는 제조업에서 광산업까지 완전히 망가져버렸다. 그들의 공동체는 산산조각났고 다시는 회복되지 못했다. 또한 연대와 집단적 열망 같은 노동계급의 가치는 단호한 개인주의에 밀려 휩쓸려갔다. 힘을 빼앗겨 더이상 당당하지 못한 노동계급은 점점 더 조롱거리가 되었고 하찮은 희생양으로 전락했다. 또한 노동계급이 미디어나 정치의 세계에서 축출당했기 때문에 당연히 그들의 생각은 퍼져나가지 못했다.

정치인들, 특히 노동당은 한때 노동계급의 조건을 향상시켜야 한다는 말을 했다. 그러나 오늘날 대략적인 공약은 노동계급을 회피하는 것들뿐이다. 정치가들은 중간계급을 확대하겠다는 약속을 더 좋아하고 '열망'이란 말은 개개인의 자기성취를 의미하는 말로 재규정되었다. 결국 사다리를 기어올라 중간계급이 되라는 말이다. 한때 가난이나 실업 같은 사회적 문제는 적어도 자본주의 내부의 취약성에서 비롯된 것으로 인식됐던 반면, 오늘날 그것은 개인의 행동이나 결점, 심지어는 선택으로 간주되고 있다.

노동계급이 처한 곤경은 보통 '열망의 부족'으로 치부돼버린다. 그들의 곤경은 책임이 있는 특권층들에 의해 조작된 불평등한 사회 때문이 아니라 개인의 특성 때문이라고 왜곡된다. 극단적인 경우 이런 시각은 새로운 사회적 다위니즘(Social Darwinism)으로까지 치닫는다. 진화 심리학자 브루스 찰튼(Bruce Charlton)에 의하면 "가난한 사람들은 부자보다 평균 IQ가 낮다. (…) 이것이 의미하는 바는 노동계급 가정 출신이 일반 대학 입학시험에 합격할 가능성이 전문직업인 가정 출신보다 훨씬 낮다는 것이다."[6]

앞으로 몇년 동안 영국 정치계의 심장부에선 차브를 희화하는 모습이 펼쳐질 것이다. 2010년 총선 이후 백만장자들에 의해 장악된 보수정권은 지난 1920년대 이후 유래를 찾아보기 힘들 정도로 공격적인 예산삭감을 주장하며 집권했다. 2007년 이후의 글로벌 경제위기는 탐욕스럽고 무능한 금융 엘리트들로부터 촉발되었건만 그 대가는 노동계급이 치러야 하는 상황이다. 그러나 복지국가를 난도질하려는 시도는 수많은 정치적 난관에 부딪혀 있고, 결국 정부는 은근슬쩍 국민들을 비난하고 나섰다.

410만 파운드의 재산가면서 보수당의 내각 각료 중 한 사람인 제레미 헌트(Jeremy Hunt)를 예로 들어보자. 복지혜택이 대폭 삭감된 것을 설명하기 위해 그는 장기복지수당을 챙기는 사람들이 자녀들을 스스로 책임져야 하며 국가는 더이상 실업가정에 자금을 제공하면 안된다고 주장했다. 하지만 실제로는 장기복지수낭 수혜자 중 겨우 3.4%

만이 4명 이상의 자녀를 두고 있다. 헌드는 하층계급이 무작정 아이를 낳는다는 해묵은 편견을 끌어들이면서 많은 아이를 가짐으로써 복지기금의 젖을 짜내는 지저분한 미혼모 이미지를 복지혜택 수혜자들에게 덧입힌 장본인이다. 목적은 뻔하다. 나라에서 가장 취약한 노동계급을 공격하기 위해서인 것이다.

이 책의 목적은 노동계급의 악마화를 폭로하는 것이다. 그러나 중간계급을 악마화하지는 않으려고 한다. 우리 모두는 이미 계급의 감옥에 갇힌 몸인데 계급편견의 감옥에 이중으로 갇힐 필요까지는 없다. 마찬가지로, 이 책은 노동계급을 찬미하거나 우상화하려고 하지도 않을 것이다. 이 책이 목표하는 바는 '차브' 풍자가 만연하는 가운데 그 존재가 지워져버린 다수 노동계급의 현실을 보여주는 것이다.

무엇보다, 이 책은 단순히 태도를 바꿔달라는 책이 아니다. 계급편견은 계급을 통해 깊게 분열된 사회의 본질적인 면모다. 결국 우리가 짚고 넘어가야 할 것은 편견이 아니다. 우리가 주목해야 할 것은 편견이 뿜어져나오는 연못인 것이다.

1장
섀넌 매튜스의 이상한 경우

모든 중간계급 사람들에게는 작은 일에도 활동을 개시하는 잠재적 계급편견
이 있다. (…) 노동계급이 터무니없게 응석받이인 데다 실업수당이나 노인연
금, 무상교육 때문에 완전히 도덕불감증에 걸렸다는 인식은 여전한 상황이
다. 최근 실업이 존재한다는 깨달음에 의해 약간 주춤했을 뿐 그런 인식은 여
전히 널리 퍼져 있다. ─ 조지 오웰(George Orwell), 『위건 부두로 가는 길』(*The*
Road to Wigan Pier)에서

왜 한 아이의 삶은 다른 아이의 삶보다 더 중요한가? 겉으로 보기에
2007년 5월 마들렌 맥캔(Madeleine McCann)과 2008년 2월 섀넌 매튜스
(Shannon Matthews)의 실종사건은 놀랄 정도로 유사하다. 둘 다 저항할
힘이 없는 어린 여자아이였으며 또한 흔적도 없이 사라졌다. 마들렌
은 침대에서 잠을 자다가 실종됐고 섀넌은 수영강좌를 듣고 오던 중
사라졌다. 두 경우 모두 사랑하는 딸의 장난감을 움켜쥐고 안전한 귀
환을 간구하는 거의 넋이 나간 어머니들의 눈물겨운 모습이 텔레비
전으로 방송됐다. 그나마 다른 점이 있다면 마들렌은 상류층이 휴가
를 보내는 포르투갈 알가르베(Algarve)의 리조트에서 사라진 반면, 섀

넌은 웨스트요크셔의 듀스베리(Dewsbury, 잉글랜드 북부의 대표적인 낙후시
역―옮긴이) 거리에서 실종됐다는 점이다. 물론 사회 전체가 자녀를 잃
은 어머니의 극심한 고통에 함께 직면했다는 점은 마찬가지였다.

그러나 두 경우 사이에는 9개월의 시간 차이와 수백 마일 떨어진
거리가 존재했다. 2주일 후 영국 언론들은 마들렌 맥캔을 위한 1,148
건의 기사를 쏟아냈다. 아이를 부모 품에 돌아오게 해주는 대가로
260만 파운드라는 놀라운 액수의 현상금이 제시되었다. 『뉴스 오브
더 월드』(News of the World)와 『선』(The Sun)을 비롯해 리처드 브랜슨 경(Sir
Richard Branson, 버진그룹 회장―옮긴이), 사이먼 코월(Simon Cowell, 음반기획자―옮
긴이), 조엔 롤링(J. K. Rowling, 해리포터 시리즈 저자―옮긴이) 같은 저명인사들이
기부에 참여했다. 실종된 아이는 곧장 친근한 이름이 되었다.

마들렌의 실종은 그냥 흥미 위주로 보도되지 않았다. 그 사건은 국
가적인 상처가 되었다. 몇몇 소름끼치는 리얼리티 쇼처럼 아주 작은
세부사항까지 TV를 통해 거실로 전송되었고 영국 사회는 숨을 죽이
고 그것을 지켜보았다. 뉴스 방송사는 가장 유능한 앵커들을 알가르
베로 보내 상황을 생중계했다. 마치 세살짜리 아이가 던디(Dundee, 웨
일스의 휴양도시―옮긴이) 혹은 애버리스트위스(Aberystwith, 스코틀랜드의 항구도
시―옮긴이)의 거리를 헤매다가 발견되기라도 할 것처럼 아이의 특징
적인 오른쪽 눈을 강조한 포스터들이 나라 전체의 상점 진열장에 내
걸렸다. 의회의원들은 참여를 표시하는 의미로 노란 리본을 달았다.
다국적기업들은 '마들렌을 찾아주세요'라는 광고를 자사 웹사이트
에 실었다. 한 아이의 실종이 매체의 엄청난 관심을 폭발시킨 것이다.

그 결과 집단 히스테리에 가까운 현상이 나타나기까지 했다.

그에 반해 섀넌 매튜스의 실종은 얼마나 빈약한 관심을 이끌어냈는가. 2주 후 그 사건은 마들렌의 경우와 비교해 3분의 1 수준의 기사가 나왔을 뿐이다. 듀스베리에는 뉴스팀이 교대로 상주하지도 않았다. 어떤 정치인도 노란 리본을 달지 않았으며 '섀넌을 찾아주세요'라는 광고는 어떤 회사 웹사이트에서도 찾아볼 수 없었다. 25,500파운드(나중에 5만 파운드로 오르긴 했지만)라는 비교적 미미한 액수가 현상금으로 나왔고 그마저도 거의 『선』에서 나온 것이었다. 순전히 돈으로만 치자면 마들렌 맥캔의 생명은 섀넌 매튜스보다 50배나 많은 가치를 지닌 셈이었다.

왜 마들렌인가? 어떤 뉴스 해설자들은 세상에 하고 많은 범죄 중에 왜 하필이면 이런 어린 여자아이에게 화딱지 나는 비극이 일어났는지를 정말 솔직하게 되묻는다. 『데일리 메일』[1]의 앨리슨 피어슨(Allison Pearson)은 "이런 일은 우리 같은 사람들에게는 잘 일어나지 않는다"고 애석해한다. 여기서 피어슨이 말하는 '우리 같은 사람'이란 풍족한 중간계급 출신을 일컫는다. 납치나 칼부림, 살인은 거의 대부분 페컴(peckham, 런던 남부의 낙후지역―옮긴이)이나 글래스고(Glasgow, 영국 스코틀랜드의 도시―옮긴이) 같은 곳에 사는 사람들의 일이다. 이런 비극은 매주 웨이트로즈(Waitrose, 영국의 대형 슈퍼마켓으로 주로 중간계급이 이용함―옮긴이)에서 쇼핑하다 마주치는 사람들에게는 일어나기 힘든 일인 것이다.

마들렌이 처한 곤경에 대한 피어슨의 고뇌는 섀넌 매튜스 사건에 대한 그녀의 무관심과 쌍을 이룬다. 그리고 그 이면에는 같은 이유가 작용한다. 바로 그 어린아이의 배경이다. 경찰이 섀넌을 찾을 희망이 거의 없을 때조차 앨리슨 피어슨은 그 아이의 가족환경에 대한 뻔뻔스런 공격을 감행했다. "오늘날 많은 아이들처럼 섀넌 매튜스는 어느 쌀쌀한 2월 밤 실종되기 한참 전부터 무고한 자녀들을 괴롭혀온 부모들이 만들어낸 지저분한 가정환경의 희생양이었다."[2] 이것이 섀넌 사건에 대한 피어슨의 유일한 개입이었다. 그러나 마들렌이 실종될 당시 아이를 혼자 두고 방을 떠나 있었다는 사실 때문에 부모들이 집중포화를 받자 피어슨은 그들을 가장 적극적으로 옹호하는 편에 섰다. "마들렌의 부모들은 아이를 잘 돌봤다." 피어슨은 확신에 차서 말했다. "그 누구도 부모들을 맘대로 심판할 수 없다. 왜냐하면 남은 생애 동안 그들은 끔찍하게 스스로를 심판할 것이기 때문이다."[3]

좀더 고급지인 『타임스』(The Times)의 인디아 나이트(India Knight)도 이런 중간계급의 연대감을 공유한다. "마들렌의 부모가 찾은 리조트는 마크 워너 그룹 소유로 중간계급에게 가족중심의 휴가를 전문적으로 제공하는 곳"이라고 인디아는 밝힌다. 그런 리조트에서 얻는 기쁨은 "모두가 다 우리와 비슷하구나"라는 안도감 속에 서로 "알 만한 사람들끼리" 모여 있다는 사실이다. 그런 곳에서는 "세인즈버리즈 (Sainsbury's 영국의 대중적인 슈퍼마켓—옮긴이)에서처럼 징징대는 자기 아이를 두들겨 패는 그런 사람들"[4]이 있을 가능성이 희박하다. 이 말에는 깊은 뜻이 담겨 있다. 즉 이들 언론인들이 깊은 슬픔을 느끼는 이유는 단순히 한 어린이가 납치되었기 때문이 아니라 납치된 아이가 중간계급이기 때문에 근본적으로 슬픔을 느끼는 것이다.

왜 마들렌 가족이 중간계급 언론인들에게 그렇게 강한 호소력을 지니는지는 쉽게 알 수 있다. 그 부모들은 쾌적한 외곽지역인 레스터 셔 주에서 의사로 일하고 있으며 교회 출석자들이다. 그들 부부는 사진이 잘 받는 외모에 옷차림이 단정하며 건강미가 넘친다. 쌍둥이 아이들을 다정스레 돌보는 사진을 보면 그들이야말로 중간계급 가정의 이상적인 표본처럼 보인다. 앨리슨 피어슨이나 인디아 나이트 같은 사람이 그들의 처지에 동정을 표하는 것은 당연하다. 왜냐하면 마들 렌 가족의 삶은 그 둘의 삶과 너무나도 똑같기 때문이다.

그러나 그들과 섀넌 가족과의 차이는 더 말할 필요도 없었다. 섀넌 은 잉글랜드 북부 오래된 산업지대의 가난에 찌든 동네에서 자랐다. 섀넌의 어머니 캐런 매튜스(Karen Matthews)는 5명의 남자에게서 7명의 자녀를 낳았다. 그녀는 직업이 없었고 동거인이었던 크레이그 미헌 (Craig Meehan)은 슈퍼마켓에서 생선을 파는 남자였다. 매튜스 부인은 촌티나는 옷에 머리는 뒤로 땋았으며 뚱한 표정에 화장기 없는 얼굴 로, 그야말로 서른두살이라는 나이가 믿기지 않을 정도의 노회한 모 습을 언론에 드러냈다. 구부정한 미헌 씨는 헐렁한 스웨터에 추리닝 차림으로 야구모자를 쓴 채 그녀 옆에 서 있었다. 그들은 완전히 '우 리와 다른' 사람들이었다.

중간계급 언론인들이 사회를 장악한 현실에서 이 사건은 똑같은 반응을 이끌어낼 수 없었다. 정말 그랬다. 『데일리 미러』(Daily Mirror)의 전 편집자인 로이 그린슬레이드(Roy Greenslade)는 매스컴의 보도가 별 로 없을 것이라고 확신했다. "무엇보다 중요한 것은 사회적 계급"이라는 것이다.[5] 이것이 부당한가? 왜 섀넌이 실종된 바로 그 주조차 신문들은 실종된 지 9달이나 지난 마들렌이 목격될 가능성에 1면을 할애하고 있는지를 해명하기는 쉽지 않다.

섀넌의 배경은 그런 스토리를 다루는 기자들의 체험과는 너무나 동떨어져 있었다. 뉴스를 쓰거나 방송하는 사람들이 왜 그렇게 '마디'(마들렌의 애칭—옮긴이)에 집착했는지, 그러면서도 잉글랜드 북부 구석 출신의 실종 어린이에게는 왜 그렇게 무관심했는지를 이해하기 위해 심리학 용어를 끄집어낼 필요까지는 없다. 왜 섀넌에 관해서 언론이 열광하지 않는지를 설명하면서 "듀스베리 모어는 전원마을도 아니고 포르투갈의 휴양지도 아니다"라고 『타임스』 기자는 언급했다. "그곳은 '완전히 북쪽'이다. 암울한 시멘트 공영주택에다 방치된 황무지며 하류 백인계급들이 쏟아내는 최악의 고정관념과 편견으로 가득 찬 곳이다." 그 기자는 이웃들의 고민을 찾아볼 수 없었고 그저 "빈곤하고 단조로운 삶에서 구출해줄 무슨 재밌는 게임인 것처럼 실종사건 드라마에 흥미를 가지는 사람들"[6]을 발견할 뿐이었다.

그런 언급들은 잘 배운 중간계급의 막말이 어떤 마음에서 나오는지를 알려준다. 기자들은 낯설고 기이한 곳으로 질척거리며 나아갔다. 그들은 이런 환경에서 자란 어떤 사람도 알지 못했다. 그러니 그곳 사람들의 삶에 공감하기 힘들다는 것은 놀랄 일도 아니다. "그 사건을 취재하러 북부지역으로 간 이 나라의 많은 기자들이 마치 외계로 들어가는 기분이었을 것"이라고 『미러』의 케빈 맥과이어(Kevin Maguire) 기자는 말한다. "그곳은 마치 칸다하르(아프가니스탄 동남부의 도시—옮긴이)나 팀북투(말리공화국의 중부 도시—옮긴이)만큼이나 낯선 곳이다. 기자들은 그곳이 영국인지도 몰랐을 것이다. 왜냐하면 그곳은 그들이 살았던 영국, 그들이 태어난 영국이 아니기 때문이다."

이는 근거없는 소리가 아니다. 기자들 사이에서조차 그런 고백이 터져나왔다. 『타임스』의 멜라니 리드(Melanie Reid) 기자는 "우리 얌전한 중간계급들"은 마치 "아프가니스탄에서 떨어져 있듯이 가난에서 멀리 떨어져 있기 때문에 그런 사건을 이해하지 못한다. 그래서 듀스베리의 백인 노동자층의 삶은 마치 외국의 사례처럼 보인다"[7]고 격렬하게 주장한 바 있다.

듀스베리 모어에 거주하는 노동계급은 사람들이 섀넌 매튜스 사건에 무관심한 이유를 뼈저리게 체득하고 있었다. 그들은 많은 언론인들이 하는 일이라곤 자신들을 혐오하는 일뿐임을 잘 알았다. "기자들이 공영주택 입주자들에 대해 쓰는 것처럼, 우리가 늘 술에 곤드레만드레 취해서 살지는 않습니다." 커뮤니티 지도자인 줄리 부시비(Julie Bushby)는 기자들을 호되게 꾸짖었다. "이곳 사람들의 90%는 일을 합니다. 우리 지갑에서 돈을 꺼내 쓴다는 말입니다." '마디'라는 애칭으로 불리며 전혀 다른 반향을 불러일으킨 실종 어린이에 대해서도 줄리는 잘 알고 있었다. "두 아이가 사라졌잖아요. 그게 핵심이에요. 부자건 빈민이건 사람의 느낌은 같아요. 케이트 맥캔(Kate McCann, 마들렌의 어머니—옮긴이)에게 행운을 빌어요. 우리가 찾고 있는 것은 아이들이잖아요. 엄마들이 아니라고요. 그렇지 않나요?"[8]

그러나, 이미 드러난 대로 두 사건 사이에는 큰 차이가 있었다. 마들렌 맥캔과는 달리, 섀넌 매튜스는 2008년 4월 14일 생존한 채로 발견되었다. 그 아이는 지붕 대들보에 묶여 침대겸용 소파 속에 숨겨져 있었으며 큰 소리를 못 내도록 약까지 먹인 상태였다. 그때까지 알려진 사실은 한 소원한 친척이 아이를 채갔다는 것이었다. 그러나 완전한 진실이 밝혀지기까지는 수주일이 더 걸렸는데, 비난은 괴짜 외톨이였으며 캐런 매튜스 동거인의 삼촌이라는 그 유괴범에게로 향하지 않았다. 집중 포화를 맞은 것은 캐런 매튜스와, 더 중요하게는 그녀로 대표되는 계급이었다.

섀넌이 안전해지자, 이제 캐런이 속한 공동체를 대놓고 공격하는 일이 비열하게 여겨지지 않았다. 그 사건은 비도덕적인 계급에게 영국이 얼마나 관대한지를 연구하는 좋은 사례가 되었다. "그녀의 환경은 물론, 그 기분 나쁘고 자제심 없으며 사람을 의기소침하게 만드는 영국의 표정이 담긴 시나리오는 실패에 대한 교훈으로 읽혀야 한다"고 『버밍엄 메일』(Birmingham Mail)의 한 칼럼니스트는 썼다. "서른두살에 불과하지만 마치 예순살처럼 보이는, 기름기가 도는 얼굴에 경박한 머리카락을 드리운 캐런 매튜스는 무책임한 자들에게 보상을 안겨주는 사회의 산물인 것이다."[9]

이제 싱싱한 정치적 득점의 기회가 찾아왔다. 멜라니 필립스(Melanie Phillips, 영국의 보수 언론인─옮긴이)는 영국의 가장 악명 높은 자칭 도덕적 재판관이며 전통적 가치를 수호하는 전투적 투사다. 멜라니가 보기에 섀넌 매튜스 사건은 자신이 늘 말해오던 바를 확신케 하는 선물이나 다름없었다. 그 어린아이가 발견된 며칠 후 필립스는 그 사건 덕분에 "우리 대부분이 영위하는 삶은 물론이거니와 우리가 당연시하는 태도, 그리고 사회적 합의와도 멀리 동떨어진 하층계급의 존재가 드러났다"고 주장했다. 신경질적인 비난을 이어가면서 멜라니는 "제대로 된 아버지들이 워낙 적고, 어떤 아이라도 왕따를 감수하며, 남자애들이 아무 생각없이 두서넛의 여자아이들을 임신시키는"[10] 곳이 바로 그들의 공동체라고 말했다. 이런 주장에 어떤 근거도 제공하지 않으면서 말이다.

점점 악의적으로 변해가는 분위기에서 가장 극단적인 편견들이 고개를 내밀기 시작했다. 2008년 3월 논쟁의 와중에 켄트 주의 보수당 의원인 존 워드(John Ward)는 다음과 같이 주장했다. "국가 지원에 의존해 살면서 둘 또는 셋, 또는 그 이상의 자녀를 갖는 사람들에게는 강제불임을 해야 할 때가 다가오고 있다." 그것이 어렵다면, "탐욕을 위해 번식하는 전문적인 식충이"들이라도 불임을 단행해야 한다고 워드는 고집을 꺾지 않았다.[11] 어디서 들어본 말 아닌가? 노동당의 지역의회 의원인 글린 그리피스(Glyn Griffiths)는 그것이 '서구 민주주의에서는 도저히 용납될 수 없는 나치식 우생학'이라고 지적했다.

그러나 그리피스의 우려는 존 워드 의원을 지지하며 댓글을 올린 수십명의 『데일리 미러』 독자들에게는 전달되지 못했다. "그의 말에는 아무 잘못이 없다"고 한 독자는 쓰면서 "아이를 대량생산하는 것은 절대 신이 주신 권리가 아니다"라고 덧붙였다. "얼마나 좋은 생각인가"라고 다른 지지자도 썼다. "정치인들이 그런 정책을 택할지 한번 두고 보겠나"는 지지자도 있었다. 좀더 현실적인 기고자들은 지지 캠페인을 벌이자고 했고, 어떤 상상력 넘치는 사람은 모든 상수도 관에 피임약을 투여한 뒤 '제대로 된' 부모들에게만 해독제를 나눠 주자는 제안을 하기까지 했다. "틀림없이 자유주의자 좌파들은 떼로 일어날 것"이라면서 이 날카로운 기고자는 "결국 그들은 권력을 얻기 위해 실업자 '차브족'에 의지할 수밖에 없을 것"이라고 일침했다. 또다른 사람은 워드의 제안에 100% 찬성한다면서 "이 나라는 국가의 재정을 빨아들이며 놀고먹는 사람들 때문에 가라앉고 있다"고[12] 말했다.

물론, 계급적 편견이 이처럼 노골적이기만 한 것은 아니다. 비록 혼란스럽기는 하지만, 이런 언급들은 의심할 여지없이 사회의 저류를 흐르는 혐오감을 반영한다. 그런데도 이는 다만 빙산의 일각일 뿐이다. 막상 섀넌 매튜스 사건의 어두운 진실이 드러나자, 듀스베리 모어 같은 사회를 향한 본격적인 비판이 제기되기 시작했다.

자신의 딸이 발견된 지 3주 후 캐런 매튜스는 극적으로 체포되었다. 그녀는 5만 파운드에 이르는 현상금을 챙기기 위해 아홉살 난 자기 딸을 납치하는 전대미문의 범죄를 저질렀던 것이다(이 사건은 현상금을 목적으로 캐런이 동거인 및 그의 삼촌과 공모하여 저지른 범죄였음이 수사 결과 밝혀졌다—옮긴이). 마치 더 비현실적인 사건은 없다는 듯, 동거남 크레이그 미헌 역시 아동 포르노 소지 혐의로 체포되었다. "다음엔 대체 어떤 놈이 체포될 것인가?" 사람들은 그녀가 법정에 나타나자 그 친구들과 친척들을 구경하기 위해 모여들어서는 조롱해댔다.[13]

캐런 매튜스에게는 자기 딸을 이용하면서까지 돈에 집착한 아동학대 엄마 이상의 의미가 부여되었다. 이 사건은 현대 영국의 계급 및 편견의 세계를 밝혀줄 조명탄처럼 타올랐다. 물론 그 사건이 지닌 상상을 초월한 끔찍함이나 지역사회는 물론 경찰, 나아가 온나라를 속인 캐런 매튜스의 사악한 태도에 미디어가 달려드는 것은 당연했다. 그러나 이 사건은 전체 미디어 관계자와 정치가들 사이에서 단지 한 개인과 공모자들이 저지른 범죄로 치부될 사건이 아니었다. "이 사건은 '하층계급'을 향한 많은 선입견들이 진실임을 확인시켜주었다"고 한 지역신문은 기고했는데[14] 그것은 마치 비슷한 배경을 지닌 사람이면 누구든 그녀와 함께 하역장에 처넣는 것과 같았다.

나라의 심판관이자 배심원, 집행인으로 자처하는 타블로이드판 신문들은 듀스베리 모어에 큰 관심을 가졌다. 지역민들은 좋은 사냥감이었다. 결국 그 신문들은 뻔뻔스럽게도 캐런 매튜스가 살던 거리에 진출했다. 그 장소는 나라 이곳 저곳의 노동계급 사회를 본뜬 모형이 되었다. "메스꺼운 베이루트와 같은 곳"이라고 『선』은 친절하게 헤드라인을 달았다. 척 보기에도 이것은 천박해 보였다. 베이루트는 매우 무시무시한 내전이 일어난 진앙이며 도시 대부분이 파괴되어 약 25만명의 사람들이 죽은 곳이다. 그러나 『선』은 터무니없는 주장에 거침이 없었다. "언론이 도착했을 때 사람들은 파자마 차림으로 가게에 들어가서 정오까지 죽치고 있었다. 빗속을 뚫고 말이다." 그곳은 "공전의 히트를 기록한 채널 4의 시리즈 「셰임리스」(Shameless)의 살아있는 버전"이다. 『선』은 맨체스터 공영주택의 난삽한 가성사를 다룬 인

기 프로그램을 언급하며 미묘한 기사를 내보냈다. 『선』에 의해 유죄
판결을 받았음에도 불구하고 그 신문은 놀랍게도 "지역주민들이 그
사실을 인정하지 않는다"는 점을 발견했다.[15]

기자들은 이런 우화들을 만들어내기 위해 좀더 사려깊을 필요가
있었다. 그들은 지저분한 노동계급 출신의 초라한 여자아이가 '북쪽
에서' 사라진 것에 미디어가 싫증을 낼 무렵 지역사회가 그녀를 찾기
위해 자진해서 모여들었다는 사실은 언급하지 않았다. 수많은 자원
봉사자들이 그녀의 실종 이후 매일 밤, 때로는 빗속을 뚫고 이집 저집
전단지를 돌리며 돌아다녔다. 자원봉사자들은 버밍엄 같은 먼 지역
까지 전단지를 돌리기 위해 전세버스를 예약했으며 지역에 많이 거
주하는 무슬림들을 위해 다국어로 된 전단지를 제작했다. 지역민 다
수는 가난했지만 섀넌을 찾는 데 조금이라도 보탬이 되려고 주머니
를 탈탈 털었던 것이다.

"나도 그랬지만 지역 의회의원들은 더더욱 지역사회가 독특한 힘
을 보여준다고 느꼈습니다"라고 지역의원 키자르 이크발(Khizar Iqbal)은
회상한다. "그들은 모두 함께 모였어요. 누구나 그 아이의 안녕을 깊이
걱정했고 안전하게 잘 지내기를 바랐지요. 나는 그때 지역사회가 보
여준 힘을 매우 자랑스럽게 생각합니다." 그러나 한정된 자원을 가지
고 공동의 대의로 모인 잘 조직된 노동계급 커뮤니티는 섀넌 매튜스
스토리의 어느 한 부분도 차지하지 못했다. 단지 미디어가 원했던 '파
렴치함'이라는 이미지에 맞아 떨어지지 않다는 이유로 말이다.

이런 취재범위 안에는 캐런 매튜스와 동일한 환경을 가졌거나 같

은 동네에서 살면 무조건 끔찍한 문제를 겪는다는 시각이 반영돼 있다. "내가 놀랍게 생각하는 것은 캐런 매튜스 주위의 사람들"이라고 전 장관 프랭크 필드(Frank Field)는 말한다. "모든 사실이 드러났을 때 그녀의 한 친구는 자기가 캐런을 만난다면 가볍게 등을 두드리면서 안아줄 것이라고 말했다. 내 생각에 언론이 방기한 것은 더 깊이있는 질문들을 제기하지 않았다는 것이다. 왜 캐런의 이웃들은 모범적인 부모인데 그녀는 자신뿐 아니라 아이들까지도 똑바로 돌보지 못하는 무지렁이였을까 하는 질문 말이다."

이런 논쟁은 미디어가 원하는 것이 아니었다. 절대 아니었다. 어떤 기자들은 이런 지역사회에 거주하는 부류들은 인간 이하라고까지 주장했다. 캐롤 말론(Carole Malone)의 예를 보자. 고소득 칼럼니스트이자 TV방송의 권위자인 그녀는 자신을 분노케 한 사람들을 향해 매주 폭언을 퍼부어대는 인물이다. 부자임에도 불구하고 그저 공영주택 지역 '근처에' 살았다는 이유만으로 그녀는 그곳 사람들에 대해서도 말할 충분할 근거가 있다고 생각했다. 그녀의 주장에 따르자면 그곳은 "듀스베리 모어와 거의 비슷한 곳이다. 그곳은 캐런 매튜스 같은 사람들로 넘쳐난다. 직업을 가질 의향도, 가져본 적도 없는 사람들이 자녀는 물론 술과 마약과 담배에 정부가 돈을 대주길 원하고 있다. 그들의 집은 돼지우리 같고 개가 바닥에 똥을 싸며(내가 본 적이 있으니 믿어도 좋다) 카펫에선 악취가 풍기고 옷가지며 씻지 않은 그릇이 여기저기 널려 있다."

이들 노동계급 사회의 인간성을 발가벗기려는 시도가 너무 완곡하게 들릴까봐 밀론은 흑백논리를 동원한다. 그녀는 매튜스와 미헌, 도너번(Michalel Donovan, 미헌의 삼촌으로 새넌을 은닉한 사람—옮긴이)은 "이 나라의 가장 깜깜하고 어둑한 구석에 존재하는 인간 이하의 계층"이라면서 그들은 "어떤 도덕도, 동정도, 책임감도 없으며 사랑이나 죄책감을 느끼지 못하는 쓸모없는 식객들"[16]이라고 주장한다. 밀론에 따르면 그들 지역사회는 부도덕하고 인간 말종이며 기본적인 감정도 없다. 그 공동체는 현금을 위해 자기 딸을 납치하는 연극을 꾸미려는 사람들, 또는 『데일리 메일』이 더 간결하게 지적하듯이 "야생의 하층계급"[17]으로 우글우글하다. 캐롤 말론이 이야기하는 대상이 흑인이거나 유태인, 심지어 스코틀랜드인이라고 상상해보라. 아마 엄청난 소동이 일어날 것이다. 말론의 직위는 끝날 것이며 『선』은 적대감을 조장했다는 혐의로 법적 조치를 받을 것이다. 하지만 그녀의 면직을 요구하는 어떤 성난 요구나 외침은 어디에도 없다. 왜일까? 그건 그녀가 공격하는 공동체가 모든 사람이 생각하기에도 당할 만하다고 여겨지기 때문이다. 캐런 매튜스에 대해 히스테리에 가까운 반응이 이어질 무렵 『데일리 스타』(Daily Star)의 칼럼니스트 조 모트(Joe Mott)는 "이 나라에는 특권을 가지지 못한 사람들을 공격하는 못난 유행이 횡행하고 있다. 난 그게 정말 싫다. 그 사건을 노동계급을 향한 비열한 공격에 이용하는 짓을 그만둬야 한다."[18]고 고백했지만 그의 목소리는 외로울 뿐이었다. 그의 동료들이 우려하는바, 캐런 매튜스는 한 개인이 아니었다. 영국은 그런 사람들로 가득 찼다는 것이다.

기자들은 뻔뻔스런 조작으로 자신들에게 필요한 사람을 창조해냈다. "이런 일들이 그렇듯이 거기에는 항상 사실들이 있게 마련이다. 그러나 그 사실들은 효과를 위해 꾸며지거나 미디어의 관점에서 더 나은 스토리를 만들어내기 위해 과장된다"고 제레미 디어(Jeremy Dear) 영국기자협회 회장은 말한다. "그건 이런 종류의 사람들에게서 무엇을 기대할 수 있을까 하는 희망에 가깝습니다." 신문은 "캐런 매튜스라는 한 개인이 아니라, 그녀의 출신과 계급에 포화를 겨누었어요."

무엇보다, 보도의 근거가 된 것은 노동계급이 무책임한 '차브' 잔당에게 자리를 넘겨주었다는 생각이다. "한때 노동계급이었던 사람들이 지금 어떤 곳에서는 하층계급이다"라고 『인디펜던트』(Independent)의 멜라니 맥도너(Melanie McDonagh) 기자는 썼다. "이 불운한 여인은 하나의 쇠퇴를 입증한다."[19] 그 우화의 핵심은 결국 다음과 같은 것인데, 우리는 모두 중간계급이며 타락한 노동계급 찌꺼기와는 차원이 다르다는 것이다.

섀넌 매튜스 사건은 '차브'에 대한 인상—무책임하고 제멋대로인데다 언급할 가치조차 없는—을 강화하기 위해 하나의 개별 사건을 이용해먹은 아주 강렬한 경우다. 하지만 이것이 결코 마지막은 아니었다. 사건은 또 이어지기 마련이기 때문에 미디어는 이 뒤틀린 초상을 확증하기 위한 또다른 사건을 정열적으로 찾아나섰다.

2008년 그냥 '베이비 P'라고만 알려진 아기가 런던에서 엄마와 그 배우자에 의해 잔인하게 학대당해 숨진 사건이 바로 그런 사례에 해당된다. 지역의회의 아동보호기구가 적절하게 작동되지 못했다는 비난은 온데간데없이 화살은 다시 '영국 중간계급'의 아늑한 공간을 벗어난 곳에 거주하는 사람들에게로 돌아갔다. "그들 중 나수의 어미는 여러 수컷과 교미하여 새끼를 낳은 어미"라고 『선데이 텔레그래프』(Sunday Telegragh)의 브루스 앤더슨(Bruce Anderson)은 주장했다. "아프리카 숲속에서 최고의 권력을 지닌 수컷 사자는 과거 경쟁자의 새끼들을 증오감에 차 죽이곤 한다. 런던의 정글에서도 비슷한 일이 없지 않다."[20] 베이비 P 공포는 섀넌 매튜스 사건이 본격적으로 불붙여놓은 시도에 기름을 끼얹은 경우가 되었다. 바로 가난한 노동계급 사회 거주민들을 비인간화하려는 시도 말이다.

그 역정에 휩쓸리길 거부한 소수의 기자들만이 노동계급에 쏟아지는 비열한 말에 저항할 수 있었다. 그런 말은 꾸며낸 이야기일 뿐이다. 미디어의 눈길이 노동계급에 쏠리는 경우는 매우 드물다. 만약 그런 경우가 있다면, 그건 거의 캐런 매튜스나 알피 패튼(Alfie Patten, 2009년 13세의 나이에 아이 아빠가 되었다고 잘못 알려진 소년. 아빠는 15세의 다른 소년이었음이 나중에 밝혀졌다—옮긴이)처럼 독특한 경우일 것이다. 기자들은 영국 노동계급 잔재들을 매도할 끔찍한 스토리를 찾아내려고 경쟁이라도 하는 것처럼 보인다. "그들은 찾을 수 있는 가장 낙후된 지역에서 가장 나쁜 사례를 캐내려고 한다"고 『가디언』의 칼럼니스트 폴리 토인비(Polly Toynbee)는 지적한다. "그들은 카메라를 가능한 가장 열악하고 무능한 실직자 가정에 들이대고 '이것이 노동계급의 삶'이라고 말한다."

나약한 어린아이들을 무자비하게 학대하는 사람들을 포함해 그들에게 문제가 없다고 주장하는 것은 아니다. 핵심은 그런 사람들은 아주 소수여서 노동계급을 대표하지 못한다는 것이다. "진짜 유별난 예외들, 그러니까 직업도 없으면서 10명의 자녀를 둔 가정이 집중적으로 파헤쳐지고 전형적인 것으로 둔갑한다"고 『인디펜던트』의 조헌 하리(Johann Hari) 기자는 지적한다. "그들 자신조차도 보살피지 못하기 때문에 자녀들을 방치하고 난삽한 삶을 사는 문제적인 가정은 극히 일부다. 이런 사람들을 가난한 환경의 전형적인 사례로 제시함으로써 그 숫자가 엄청나게 부풀려진 것일 뿐이다."

샤넌 매튜스 사건에 대한 미디어의 조작 자체가 가장 우려스러운 일은 아니다. 뭔가 시류를 탄다 싶으면 허둥지둥 올라타고 보는 정치인들이 더 문제다. 영국 노동계급의 잔재를 마구 상상하여 미디어가 만들어낸 매튜스 사건의 이미지는 정치적 목적에 유용하게 이용되었다. 급기야 신노동당(New Labour, 1990년대 토니 블레어 이후의 영국노동당―옮긴이) 지도부와 보수당은 복지혜택을 받는 사람들의 수를 급격히 줄이기로 결정했다. 또한 미디어는 노동계급이 거주하는 지역사회를 무책임하고 일하기 싫어하며 비도덕적인 데다 더럽고 성적으로 방탕하며 심지어 짐승 같은 사람들로 가득한 무직 사회로 깎아내리는 데 일조했다. 『데일리 메일』 같은 보수집단의 기관지는 캐런 매튜스에게 직업이 없다는 이유로 복지국가를 공격했다('집에 있는' 엄마들의 열렬한 투사로 대변되는 신문에서 나온 말로는 지나치다 하겠다).[21]

정치인들이 복지국가에 발길질을 하기로 결정하기에 그보다 더 좋은 때는 없었다. 보수당의 사회정책에 깊숙이 관여하면서 사회정의 센터(Centre for Social Justice)라고 이름이 희한하게 잘못 지어진 곳을 설립하기도 한 보수당 전 총수 이언 던컨 스미스(Iain Duncan Smith)는 매튜스

이야기가 등장하자 "그 사건은 마치 조금 열린 문 같아서 전 영국이 그 안을 들여다볼 수 있었다"[22]고 주장했다. 그 말만 들으면 마치 공영주택가 주변의 수백만 사람들이 타블로이드판 신문이 내는 현상금을 타내기 위해 아이들을 납치하러 뛰어다니는 것처럼 느껴질 것이다. 이런 현상에 대처하기 위해 사회정의센터란 곳은 천만의 공영주택 거주자들이 예의바른 행동을 보여줄 때, 그 보상으로 거주지에 영구 정착할 수 있도록 해야 한다고 제안했다. 이래야 영국의 공영주택 '슬럼가'를 무너뜨리는 데 기여할 것이라고 말이다.[23] 그러나 "예의바른 행동을 보상받는다"는 이런 말은 수감자나 아이들, 또는 애완동물에게나 어울릴 법한 언어다. 영국 인구의 거대한 부분이—그들 모두는 노동계급이다— 일거에 캐런 매튜스의 행위에 연루된 것이다.

보수당에게 캐런 매튜스는 유용한 정치적 지주가 돼왔다. 보수당 당수인 데이비드 캐머런(David Cameron) 자신이 복지국가를 철저히 재점검하는 데 그 사건을 이용했다. "캐런 매튜스와 비열한 공범자에 대한 심판은 파괴된 우리 사회에 대한 평결이었다"고 그는 『데일리 메일』에서 주장했다. "이게 그저 단막극이었으면 좋겠다." 그 대가로 주어질 개혁을 언급하면서 캐머런은 "공짜로 얻는 이익을 종식시키겠다. 합당한 취업기회를 거부할 경우 복지혜택을 잃게 될 것이다. 어떤 변명도 받아들이지 않겠다"고 약속했다.[24] 여기서 또 한번 캐런 매튜스와 그녀보다 엄청나게 큰 노동계급이 연관된다. 영리한 정치적 전술인 것이다. 그녀와 같은 배경을 가진 사람들이 그녀처럼 무시무시한 짓을 벌일 수 있다고 믿을수록 더 많은 영국인들은 노동계급에

차브

반대하는 정책을 지지하게 될 것이다.

보수당은 심지어 장기실업자 가정을 취조하는 일까지 심각하게 제안했다. 보수당의 노동연금 대변인 크리스 그레일링(Chris Grayling)은 비록 매튜스 사건이 "끔찍한 극단이긴 하지만 (…) 우리 사회의 가장 곤궁하며 다음 세대를 위해 아무런 생산적 활동을 하지 못하는 가정의 일단을 보여주었다. 그 세상은 정말, 정말 바뀌어야 한다"고[25] 주장했다.

이 상류 정치가들의 믿음대로라면, 캐런 매튜스는 복지국가의 혜택을 효과적으로 이용하여 뒤틀린 생활을 영위하는, 중간계급 아래의 수많은 사람들의 이면을 보여주었다. 그러나 "이것을 복지국가 탓으로 돌리는 것은 기괴하기 짝이 없다"고 조헌 하리 기자는 말한다. "그것은 19세기말 복지국가에 대항하는 담론으로 쓰인 담론, 즉 가난한 사람들이 태생적으로 비도덕적이며 부정직하다는, 그래서 그들을 도와줄 필요가 없다는 말의 또다른 버전이다."

물론 캐런 매튜스처럼 고질적으로 문제를 일으키는 개인이 다른 지역사회뿐 아니라 복지수혜자, 공영주택 거주자들로 이뤄진 노동계급을 대표한다는 주장은 터무니없는 것이다. 그런 주장을 하는 정치인들은 캐런의 딸이 실종됐을 때 지역사회가 느꼈던 경악과 그녀를 찾기 위해 확고하게 단결했던 모습을 언급하지 않았다.

기자들과 정치인들은 비난받아 마땅한 한 여인의 행동을 노동계급 전체를 악마화하는 데 이용했다. 그런데 왜 그들은 중간계급 바깥의 많은 공동체들의 삶을 통찰하는 데 그 사건이 유용하다고 생각했을까? 그들은 주정하기를, 그 모든 사건이 영국 사회를 드러낸다고 했으며 어떤 면에서는 그 말이 옳았다. 그러나 그 사건은 그들이 취재한 대상보다는 그들 자신에 대해 더 많은 말을 해주고 있다.

당신이 중간계급 출신의 기자라고 가정해보자. 당신은 괜찮은 중간계급 지역이나 교외에서 자랐을 것이다. 사립학교를 다녔고 당신과 비슷한 친구들과 어울렸을 것이며 중간계급 출신이 엄청나게 많은 좋은 대학을 나왔을 것이다. 또한 당신이 언론사에 자리를 잡을 때, 다시 한번 비슷비슷한 환경에서 자라온 사람들을 보게 될 것이다. 사정이 이럴진대 어떻게 듀스베리 모어 같은 곳에 작은 이해라도 가질 수 있겠는가?

『미러』의 케빈 맥과이어는 엉터리 기자들의 출신배경과 듀스베리 모어 같은 사회를 보도하는 방식 사이에는 깊은 연관이 있을 것이라고 확신한다. "내 생각에 연관성은 밀접합니다. 기자들은 아무 공감도 이해도 가지지 못할 것이며 그저 그들이 커피를 팔 때나 집을 청소할 때 그들을 마주칠 뿐이죠." 점점 더 기자들의 삶은 다른 사람들과 멀어져왔다. "나는 국립 언론사의 기자가 자기들의 자녀를 공립학교에 보낼 거라고는 생각하지 않아요"라고 그는 말한다. "게다가 그 정도 수준의 기자들은 대부분 개인 의료보험에 가입돼 있지요. 그러니 일상생활과는 떨어진 삶을 사는 겁니다."

케빈 맥과이어는 한줌도 안되는 노동계급 출신의 수석기자 중 하나다. 아마 듀스베리 모어 같은 곳에서 자란 사람이 뉴스를 쓰거나 방

차브

송하는 것을 보기란 하늘에 별따기일 것이다. 최상위 100명의 기자들 중 반은 사립학교 출신이며, 그 숫자는 20여년 전보다 2배나 많아졌다. 정반대로, 영국 어린이 16명 가운데 오직 1명만이 이런 사립학교에 진학한다.[26]

무엇보다도 강조돼야 할 것은, 캐런 매튜스가 노동계급 사회에 사는 사람들의 대변자가 된 것은 이런 무지에 기인한다는 점이다. "전도유망한 노동계급이 무책임하고 길들여지지 않은 하층계급으로 전락한 비극에 혀를 끌끌 차고, 온종일 모조가죽 소파에서 담배를 씹으면서 제머미 카일(Jememy Kyle) 쇼 같은 TV프로그램이나 즐기는, 아무 생각 없는 돼지 같은 얼간이들이라고 그들을 비웃는 것은 아마도 우리가 중간계급이기 때문일 것"이라고 시사평론가 크리스티나 패터슨(Christina Patterson)은 말한다. "우리는 그들에게 어울리는 단어를 가지고 있다. 그것은 바로 '차브'다."[27]

이것은 노동계급이 '차브' 우화 속으로 타락해가는 가운데 광범위한 중간계급이 지배층을 형성하면서 사회를 지배하게 되었다는 믿음을 가져왔다. 조헌 하리는 종종 동료기자들에게 영국의 평균임금이 얼마나 되는지 묻곤 한다. 대답은 항상 실제 숫자보다 엄청나게 부풀려 나온다. 한 수석기자는 평균연봉을 8만 파운드로 추정했다. 이는 터무니없는 금액으로 실제 연봉인 2만 1천 파운드의 거의 4배에 이르는 수치다. "물론 제1존(런던의 중심가—옮긴이)을 벗어난 적이 없다면, 공영주택 출신을 거의 만나본 적이 없고 가본 적도 없다면, 당신은 과열된 환상 속에서 살게 된다." 다른 수많은 동료들과 달리, 하리는 개런 매튜스를 '가련한 괴짜' 이상으로 바라보는 것은 터무니없는 짓이라고 생각한다.

섀년 매튜스 사건을 보도한 기자들은 거의 모두 같은 배경을 가지고 있으며 보통사람들의 삶과는 구제할 길 없이 동떨어져 있다. 어떻게 이런 일이 벌어졌을까? 노동계급 출신들이 신문사나 방송사에 자리를 잡는 것은 현실적으로 점점 더 어려워지고 있다. 더 많은 언론사 종사자들이 듀스베리 모어 같은 사회에서 자랐다면 아마도 이런 사건들을 다룰 때 좀더 균형있는 시각을 기대할 수 있었을 것이다. 그런데 그런 일이 일어날 가능성은 현재로서는 거의 제로에 가깝다. 제레미 디어 기자협회 회장은 그 이유가 간단하다고 생각한다. 기자가 되고 싶은 사람들은 적어도 하나 이상은 학위를 따야 하는데 그 수업료를 스스로 감당해야 한다는 것이다. 신참 시절 끔찍하게 낮은 급료를 받는 직업의 특성상 그것은 엄청난 부담이 아닐 수 없다. "경제적 지원 없이 그걸 해낼 수 있는 사람은 없어요"라고 제레미 디어 회장은 말한다. "그것은 곧 부모들의 지원 능력을 의미하며, 결국은 언론사로 유입되는 사람들의 성향이 극적으로 변화됨을 의미합니다."

문제는 단지 언론계에 노동계급 출신이 부족하다는 것이 아니다. 대부분의 신문들은 노조의 힘이 급격하게 떨어짐에 따라 이미 있던 노동전담 기자들을 없앴다. 전국에 걸쳐 보통사람들의 삶을 취재하던 지방자치단체의 기자들마저도 사라져버렸다. 지난 수년간 전통적으로 지역사회의 일상을 보도하던 지역지들은 문을 닫거나 심각한 경영난을 겪고 있다. 보통사람들의 삶이 언론에서 깨끗이 사라지자 사실상 캐런 매튜스 사건 같은 극단적인 보도만이 노동계급의 삶을 독차지하게 된 것이다.

"노동계급은 이제 언론이나 대중문화, 정치 영역에서 완전히 사라져버렸다"고 폴리 토인비는 주장한다. "이제 존재하는 것은 멋진 중간계급들, 즉 자기 집을 소유하고 『데일리 메일』을 좋아하는 그런 사람들뿐이다. 그 반대에 아주 나쁜 사람들이 있다. 긍정적일 뿐 아니라 공평무사한 보통사람이라는 친근한 이미지는 더이상 접할 수 없다."

우리는 저명한 정치인들이 미디어에서 끌어낸 광분을 어떻게 정치적 쟁점으로 뺑튀기는지를 이미 살펴보았다. 뉴스를 전달하는 기자들과 마찬가지로 정치적 권력의 회랑은 특정한 배경을 가진 사람들에 의해 지배되었다. "하원은 대표성을 상실했다. 전체 사회를 반영하지 못한다"고 케빈 맥과이어는 말한다. "그곳은 변호사, 정치적 언론인, 여러 전문직업인, 특히 교수들로 넘쳐난다. 반면 콜센터 직원이나 공장 노동자, 의회 공무원 같은 사람들은 거의 없다."

의회의원들이 거리의 대부분을 차지하는 사람들을 대표하지 못한다는 지적은 옳다. 의회의 녹색 벤치에 앉아 있는 사람들이 사립학교에 다녔을 확률은 다른 사람보다 4배나 높다. 보수당 의원 다섯 중 셋은 사립학교 출신이라고 한다.[28] 데이비드 캐머런을 비롯한 19명의 보수당 의원들, 그리고 다수의 정치 엘리트들은 이튼 스쿨 출신이다.

한때 특히 노동당의 경우 공장이나 탄광 노동자 출신이 전통적으로 포함뇌었다. 그런네 그 시절은 다 지나가버렸다. 그런 배경을 기진

의원들은 소수며 그미저도 점점 줄어들고 있다. 5% 정도의 의원이 노동자 출신이고 그 숫자는 1987년 이래 반으로 줄어든 것이다. 반면 놀랍게도 의원들 중 3분의 2는 전문직 또는 사업에 종사했던 인물들이다. 지난 1996년 노동당의 2인자 존 프레스콧(John Prescott)은 블레어 신봉주의자의 주술이기도 했던 "우리는 모두 중간계급이다"라는 주장으로 반향을 일으켰는데, 그건 아마 자기 동료 정치인들에게나 어울리는 말이었을 것이다.

만약 이런 의원들이 듀스베리 모어 같은 지역의 삶을 이해한다면, 어디서 그런 이해가 나왔는지 의심받을 것이다. "전에 의회에 들어온 사람들은 원래 많은 운동에 참여했고, 그들 자신의 커뮤니티를 위해 싸웠으며, 세상을 바꾸고 정치에 투신하기 위해 개인적으로 중요한 것들을 희생한 사람들이었다"고 노동당 의원 케이티 클라크(Katy Clark)는 주장한다. 그러나 "지금은 아마 그렇지 않을 것이다." 보수당의 지도자들과는 달리 그녀는 캐런 매튜스를 집단의 대표로 보지 않는다. "캐런 매튜스는 캐런 매튜스일 뿐"이다.

특권층 출신 정치인들이라고 해서 모두 불운한 사람들에 대해 불감증을 갖지는 않는다. 그럼에도 불구하고, 그들이 노동계급 사회의 현실을 이해하리라는 가능성은 필연코 떨어진다고 보아야 한다.

하물며 데이비드 캐머런 총리 같은 사람이 어떻게 듀스베리 모어를 이해할 수 있겠는가? 이른바 가장 평균적인 보수당 의원들조차도 지역의 선술집에서 캐머런을 마주치기는 힘들 것이다. 그는 윌리엄 4세의 후손이고 아버지는 부유한 증권업자로 지난 수십년간 금융 분

야에서 한몫을 단단히 챙긴 사람이다. 한 사치품 매장의 수석 지배인
이자 또다른 매장을 소유한 그의 아내는 대지주의 딸이자 운 좋게 찰
스 2세의 후손이 된 사람이기도 하다.

캐머런이 야당 원내총무로 있을 때 그가 받은 특권층 교육을 비판
하는 사람들에게 한 유명한 반격이 있다. 바로 "어디서 왔느냐가 아
니라 어디로 가느냐가 중요하다"[29]는 말이다. 그래, 그건 그렇다 치자.
하지만 그가 어디서 왔느냐는 것이 그가 어디로 가느냐에 결정적인
영향을 끼친다면 어쩌겠는가? 캐런 매튜스 사건이 광범위한 대표성
을 가진다는 캐머런의 믿음은 그녀와 같은 배경을 지닌 사람들을 향
한 그의 태도를 돌아볼 때 이해가 된다. 한번은 그의 2백만 파운드짜
리 저택에 딸이 지저분한 차림으로 모습을 드러내자 캐머런은 "넌 꼭
공영아파트에서 굴러 떨어진 아이 같구나"[30]라며 불편한 심기를 내뱉
었다는 말이 전해진다. 또한 그는 이미 우리가 살펴보았듯이 타블로
이드판 신문에서 종종 듀스베리 모어와 비교되곤 했던 TV프로그램
「셰임리스」를 시청한다고 시인했다.[31] 케빈 맥과이어는 말한다. "많
은 노동계급들 역시 「셰임리스」를 조롱하지만, 그들은 캐머런과는
좀 달라요. 캐머런은 그 드라마를 마치 다큐멘터리처럼 시청하니까
말이에요."

보수당의 몇 안되는 노동계급 출신 의원이자 교통부 차관인 마이
크 페닝(Mike Penning)은 노동계급 출신 정치가들이 부족하다보니 듀스
베리 모어 같은 지역사회 사람들과 관계하는 능력이 떨어지는 게 사
실이라고 인정한다. "그들이 지닌 문제들에 공감하거나 이해하기가

절대 불가능하죠. 말하자면, 최근에 해고되는 사람들이 많은네 막상 해고돼보지 않은 사람은 그 고통을 모르는 것하고 비슷해요." 문제는 그런 어려움이 정치 세계에도 해당된다는 것이다. "어느 정당 출신이 건 간에, 뭔가 배경이 뛰어나지 않으면 의사당에 들어오는 것 자체가 엄청나게 어렵습니다."

영국 엘리트가 중간계급 사람들로 북적인다는 것은 어떤 이중잣대가 적용되고 있음을 보여준다. 가난한 사람들에 의한 범죄는 하류층 사람들에 대한 비난으로 이어지지만 중간계급 사람들의 범죄는 그렇다고 할 수 없다. 연쇄살인을 저지른 의사 해럴드 시프먼(Harold Shipman, 약물을 주입해 무려 250명을 살해한 영국의 의사—옮긴이)은 괴물로 취급 받았지만 누구 하나 그 사건이 영국 중간계급의 삶을 밝혀주는 일이라고 논한 적은 없다. 또한 무자비한 타블로이드 신문의 헤드라인이나 정치인의 비난에 중간계급이 "진정으로 바뀌어야 한다"는 말은 없었다.

섀넌 매튜스의 실종 사건은 이른바 식객들을 공격하는 발판으로 사용됐지만 부자들은 미디어나 정치인들에게 그 비슷한 비난을 조금도 받지 않는다. 엉터리 복지금 수령으로 1년에 들어가는 예산은 10억 파운드로 추정된다. 그러나 공인회계사 리처드 머피(Richard Murphy)가 조사한 바에 따르면 탈세로 새나가는 1년 예산은 700억 파운드에 이른다. 결국 복지 사기보다 70배나 많은 것이다. 정말 치명적인 모순은 듀스베리 모어 같은 곳에 사는 가난한 사람들은 정치인이나 언론인보다 수입 대비 많은 세금을 낸다는 사실이다. 그런데 중간계급 식객들을 향한 비난은 과연 존재하는가? 미디어의 왜곡된 보도에서 세금 회피를 지나치게 과소평가하고 복지 사기를 과대평가하는 건 전혀 놀랄 일도 아니다.[32]

지도급 정치인들과 언론인들은 섀넌 매튜스 사건을 역사적으로 다루는 데 다른 잔인한 사건들만큼 관심을 기울이지 않았다. 자신의 연약한 딸을 금전적 목적으로 이용한 한 엄마의 기괴한 행각은 정치인과 언론인에 의해 의도적으로 부풀려져서 전통적인 노동계급 사회가 도덕적으로 타락한 노동회피 집단으로 전락했음을 입증하는 데 사용되었다.

그러나 그 사건에서 끌어낼 더 폭넓은 교훈이 없는 것은 아니다. 오히려 그 사건은 오늘날 영국에서의 계급문제를 웅변해주고 있다. 비록 듀스베리 모어에 정신착란에 빠져 자식을 학대하는 백수 부모로 꽉 차 있지는 않더라도 그런 곳에 문제가 전혀 없다고 말하는 것은 거짓일 것이다. 중요한 것은 누구에게 궁극적인 책임이 있느냐다. 노동계급 사회인가 아니면 지난 30년간 이어진 정부의 정책인가? 또한 영국은 왜 그토록 양극화되어 '차브'에 대한 조롱과 경멸이 이 사회에 깊이 뿌리내렸는가?

섀넌 매튜스 사건을 조작한 언론인들은 물론 정치인들까지도 그들의 과격한 주장을 정당하게 뒷받침하려 하지 않는다. 매튜스 가정이 놀고먹는 가정이 아니었다는 점—어쨌든 크레이그 미헌은 직업이 있었다—또한 공범인 마이클 노너번이 프로그래머였다는 사실은 우익 논객들이나 정치인들에게는 아무 문제가 되지 않았다.

"영국 남부, 더 정확하게는 영국 중간계급 사람들이 평균 이하로 가난한 북부 사회를 보고 흥분하는 것을 숱하게 목격합니다"라고 듀스베리 지역 성공회 사제 사이먼 피처(Simon Pitcher)는 말한다. "거기에는 미디어 포르노가 작용하고 있어요. 특히 듀스베리 지역이 다루기 까다롭게 그려지는데 사실은 그렇지 않습니다." 그의 진술은 가난에 시달리는 모든 지역에 적용될 수 있을 것이다. 영국의 정치가들과 시사평론가들의 전면적인 주장과는 달리, 정부 통계는 가난에 빠진 열 가정 중 여섯 가정에는 일하는 성인이 있음을 보여준다.[33]

그러나 이러한 보도에는 우리 사회를 한편에는 중간층, 다른 한편에는 듀스베리 모어 같은 반사회적 차브 무리로 갈라놓고 바라보려는 의도가 담겨 있다. 이것은 신화에 불과하다. 언론보도를 통해서는 드러나지 않지만, 우리 대다수는 스스로를 노동계급으로 생각한다. 2007년 10월 실시된 여론조사에서 반 이상의 영국인이 대답했듯이 말이다. 이런 수치는 대체로 1960년대 이후로 변함없이 이어져오고 있다.[34]

물론, 자기규정이란 것은 모호하기 마련이어서 모든 계급의 인간들은 다양한 이유로 사회적 서열에서 자신들의 위치를 잘못 파악할 수도 있다. 그러나 저 숫자는 으스스한 사실적 연관성을 보여주고 있다. 오늘날 손을 쓰는 블루칼라와 단순사무직 화이트칼라 인구는 총 노동인구의 반을 넘어서 2천 8백만 이상에 이른다.[35] 영국은 비서와 상점 점원, 단순관리직의 나라다. 이 다수의 삶은 언론과 정계에서 철저하게 무시된다. 말할 것도 없이, 인구의 절반 이상은 캐런 매튜스와 아무 공통점도 없다. 하지만 공적 무대에 노동계급이 등장하는 일은 거의 드물다. 캐런 매튜스의 경우와 같은 혐오 현상—어쨌거나 합법적인—은 예외적이지만 말이다.

듀스베리 모어 같은 사회가 영국의 나머지 사회와 구별되는 특별한 사회적 문제를 지녔다고 주장하는 정치인들과 기자들이 틀린 것일까? 대부분의 틀에 박힌 사고가 그렇듯이, 차브 우화에도 한줌의 진실은 들어 있다. 나라 전체를 통해 많은 노동계급 사회가 높은 실업률로 고통을 겪고 있다. 그래서 그들 사회는 상대적으로 많은 수혜를 누리고 있으며 범죄율 또한 높다. 그러나 지난 수십년간 이어져온 정부의 정책이 비난받아 마땅한데도 오히려 비난은 희생자들에게 쏟아지는 것도 사실이다.

듀스베리 모어는 좋은 사례다. 이 구역은 통상적인 빈곤과 아동 빈곤에서 전체 상위 10% 이내를 차지한다. 섀넌 매튜스 사건에서 터져 나온 언론의 울화통에서 보듯이 비난자들은 이 사건의 원인을 그곳에 사는 사람들의 무책임에서 찾는다. 그러나 그것은 옳지 않다. 노동계급 사회의 문제를 키워온 일등공신은 바로 이런 일들을 효과적으로 추진해온 정부이기 때문이다.

노동당의 어나이린 베번(Aneurin Bevan, 노동당 정치인으로 사회정의와 노동계급의 권리 신장을 위해 힘썼다—옮긴이)이 2차 세계대전의 후유증 이후 현대적 공영주택을 건립한 이래 영국은 많이 진보해왔다. 그의 관심은 무엇보다 함께하는 사회를 창조하는 것이었다. 그는 이런 노력이 다른 배경 출신 사람들이 서로를 이해하는 데 도움을 주고 오늘날 우리가 차브들에게서 목도하는 그런 편견들을 없애줄 것으로 기대했다. "현대 주택지구에 오로지 한가지 타입의 시민들이 거주하는 건 매우 바람직하지 않다"고 그는 주장했다. "시민들이 충만한 삶을 살게 하고, 또한 그들이 이웃의 어려움을 알게 하려면 사회의 여러 다른 분야의 사람들이 함께 살아야 한다. 우리는 잉글랜드와 웨일스의 마을들, 즉 의사와 상인, 푸줏간 주인과 농장 노동자가 같은 곳에서 사는 마을의 아름다운 풍경을 도입하려고 노력해야 한다."[36]

이 존중받아 마땅한 원칙은 대처 시대에 도입되었고 이른바 신노동당에 의해 유지돼온 정책들에 의해 폄하되었다. 듀스베리의 공영주택 단지는 오늘날 베번의 원래 의도와는 정확히 반대되는 모습을 보여준다. 대처 정부가 '구매권'(right-to-buy, 공영주택 세입자에게 집을 살 권리를 주는 제도―옮긴이)을 들고 나오기 이전―1970년대가 끝날 무렵―5명 중 2명 이상은 공영주택에 거주했다. 그러나 오늘날 그 숫자는 10분의 1로 줄었고 주택조합과 협동조합의 거주자는 50% 늘었다.[37] 공영주택 단지는 새 건물을 짓지 못하도록 규제되었고 노동당은 남아 있는 지역 단지들에 돈을 투자하려 하지 않았다. 공영주택이 무너지자 남은 주택들은 최극빈층 순으로 임대되었다. "아주 엄격한 기준에 해당하는 거주자들이 새로 들어왔는데 그들은 아이가 딸린 편부모 가정이거나 감옥을 비롯한 보호소 출신들이었어요." 고인이 된 앨런 월터(Alan Walter)는 말한다. 그는 평생을 공영주택 주민으로 살면서 '공영주택지킴이'(Defend Council Housing, DCH)라는 압력단체의 회장을 역임했다. "그래서 당연하게도 그들에겐 거의 직업이 없었죠."

공영주택에 남아 있던 대다수의—전부는 아니었지만—사람들은 '구매권'을 행사하기에는 너무 가난했다. "공영주택에서 벗어날 수 있는 사람들은 빠져나갔어요. 결국 공영주택은 훌륭한 집에서 거주할 필요가 없는 사람들에게 싼 값에 팔려나갔죠." 폴리 토인비는 주장한다. "사람들이 점점 더 공영주택에서 살려 하지 않자 차이는 더욱 심각해졌습니다. 결국, 사실상 임대되는 곳이 사라져버렸죠." 사람들이 마주친 문제는 공영주택에 거주한다는 사실이 아니었으며 단지 가장 가난한 사람들만이 그곳에 거주할 자격이 주어진다는 것이었다. 그 결과 당연하게도 공영주택 거주자들 중 3분의 2는 전체 인구 중 가장 못사는 5분의 2에 속하게 되었다. 공영주택 중 거의 절반이 인근지역 중 가장 가난한 하위 5개 지역에 위치한다.[38] 이는 최상위 10% 중 20% 정도의 사람들이 공영주택에 거주했던 30년 전에 비하면 엄청난 변화다.[39] 듀스베리 모어 같은 지역이 사회적 골칫거리가 됐다면, 그것은 이처럼 타의에 의해 만들어진 결과인 것이다.

영국에서 가장 가난한 사람들이 공영주택에 몰림으로써 이 단지들은 이른바 '차브'라는 집단과 연결되었다. 영국의 빈곤층 중 반 이상이 집을 소유한 것은 사실이지만 그들은 너무나 한곳에 밀집돼버린 것이다. 공영주택 단지가 싸구려 단지로 변모함에 따라 영국이 중간계급과 노동계급 차브—스스로 짊어진 문제들로 골머리를 앓는—로 이분화되었다는 논리는 더욱 힘을 얻게 되었다.

정부의 주택정책은 노동계급 영역에 사회적 손실을 끼치는 것으로 끝나지 않는다. 대처리즘은 듀스베리 모어 같은 사회를 질식시킴으로써 탈산업화의 쓰나미를 불러일으켰다. 제조업 일자리는 지난 30년간 완전히 붕괴되었다. 1979년 대처가 집권할 무렵 700만명 이상이 제조업으로 먹고살았다. 그런데 지난 30년간 그 수는 반 이상 줄어들어서 지금은 283만명이 제조업에 종사한다. 공장들이 임금이 싼 개발도상국으로 이전한 것도 무시못할 이유가 된다.

듀스베리 모어 마을은 한때 번성한 섬유산업의 고향이었지만 지난 30여년간 관련 일자리들은 다 사라져버렸다. 캐런 매튜스가 거주했던 거리에는 더이상 사용되지 않는 수많은 창고들이 있는데 거기에는 한때 팽창하던 공업단지에서 폐기된 직물기가 보관돼 있다. "여기는 웨스트요크셔의 엄청난 섬유지대로 유명했죠. 기계와 제조 분야에서 수많은 일자리가 있었어요"라고 피처 목사는 설명한다. "그 일자리들이 다 사라졌죠. 딱 보기에도 산업지역이 아니잖아요. 그럼 사람들은 무슨 일을 할까요? 어떤 선택을 했을까요? 그들은 대형 슈퍼마켓에 의존해요. 다른 괜찮은 일자리가 하나도 없거든요." 지역주민들에게 가해진 충격은 끔찍했다. "한 사회를 무력하게 만들어버린 거예요. 한때 가졌던 공동체의식마저도 다 증발해버렸어요." 큰 제조회사들이 사라지자 직업교육을 제대로 받아보지 못한 사람들은 심각한 어려움에 직면한 것이다.

이같은 산업 붕괴에 따른 충격은 매튜스 가족에게서도 감지된다. 그녀의 조부모와 부모들은 지역산업, 특히 섬유산업에 종사했다. 하지만 캐런의 어머니가 지적하듯이 "마을은 이제 변했어요. 섬유단지

차브

는 사라졌고 이제 그런 직업은 찾아보기 힘들죠."[40] 듀스베리 모어 같은 지역에서 제조업은 세대를 거쳐 안전하고, 상대적으로 좋은 임금에다, 높은 노동조합 가입률을 가진 직업을 제공해왔던 것이다.

"영국 제조업과 산업기반의 몰락은 나라 전체의 공동체를 질식시켰습니다"라고 노동당 케이티 클라크(Katy Clark) 의원은 말한다. "(노스에어셔와 애런 같은) 제 지역구를 말씀드리자면 원래 한때는 수많은 사람들을 고용한 거대 산업지역이었어요. 그러나 그런 직업들은 이제 사라졌고 저임금의 서비스 및 공공분야의 일자리로 대체되었죠."

산업은 지역사회의 중핵이다. 듀스베리 모어에서 그것이 갑자기 사라짐에 따라 1980년대 대량실업이 발생했다. 오늘날 이 지역의 공식 실업률은 다른 지역에 비해 1% 정도 높을 뿐이다. 하지만 이런 통계는 매우 기만적이다. 학업에 종사하는 사람들을 제외하고 듀스베리 웨스트의 4분의 1이 넘는 사람들은 무직자가 아니라 '경제적으로 활동이 없는' 사람으로 분류된다. 이는 다른 지역 평균보다 10%나 많은 수치다. 그 주된 이유는 직업을 잃은 많은 사람들이 공식적으로 아프거나 일손을 잠시 놓은 사람으로 집계되며 다른 모든 지역과 마찬가지로 1980년대와 90년대를 거쳐 그들의 산업기반을 잃어버렸기 때문이다. 이런 현상을 게으른 무위도식자들 때문이라고 주장하기는 어렵다. 2008년 말 정부는 350만의 사회보장 수혜자들을 일자리로 끌어내겠다는 계획을 발표했다. 그런데 같은 시기 정부는 남은 일자리가 약 50만개밖에 안된다고 추정했는데 이는 역대 최저치다. 즉 듀스베리 모어의 실업자 주변에는 마땅히 일할 자리가 없는 상황이었다.

캐넌 매튜스로 요약되는 '차브' 우화가 영국 사회에 깊이 스며들었다는 사실은 명백하다. 점점 더 많은 사람들은 정작 사회적 문제의 희생자들을 문제의 원인제공자로 믿으려고 한다. 가령 지난 2006년 영국민의 4분의 3 정도가 계층간 임금격차가 '매우 크다'고 생각하면서도 단지 3분의 1이 조금 넘는 사람들만이 가난한 자들을 위한 복지 확대를 지지했다. 1986년의 경우 2분의 1 정도가 직업이 없는 커플은 '빈곤층'에 속한다고 생각했지만 2005년 그 비율은 3분의 1 정도로 줄어들었다. 더 뚜렷하게는, 1986년에 게으름이나 일할 의지가 없기 때문에 가난하다는 의견이 19%인 반면, 20년 후 그 비율은 27%까지 올랐다.[41]

주목해야 할 것은 불평등이 급격히 증가함에 따라 계층상승 가능성은 줄어든다는 것이다. 소득불평등을 측정하는 데 쓰이는 지니계수는 1979년에 0.26이었는데 2011년에는 0.39까지 올랐다. 상위계층 사람들이 타인들의 삶을 점점 더 무시하게 만드는 것은 이처럼 점증하는 사회적 불평등 때문만이 아니다. 이미 보았듯이 부유하지 못한 사람들을 악마화하는 것 역시 전례없이 상승하는 사회적 불평등을 당연시하게 만든다. 결국 우리 사회에 내재한 사회적 불의 때문에 어떤 사람들이 더 가난해진다면 당연히 정부의 행동이 요청될 것이다. 그러나 민중들이 그들의 상황에 책임이 있다는 주장은 반대의 결론을 끌어낸다. "우리는 노동계급을 비인간적인 언어로 매도하는 것이 당연하게 받아들여지는 문화를 만들어냈으며 이는 상당히 불평등한 사회가 되었다는 반증"이라고 조헌 하리는 경고한다. "남아프리카나

베네수엘라, 또는 극소수의 부유층 엘리트가 존재하는 라틴 아메리카 국가들에서나 가난한 사람들을 비정상적이며 인간 이하라고 말하는 것이 상식으로 받아들여지고 있습니다."

섀넌 매튜스 사건은 영국의 현재에 불안한 빛을 드리운다. 그 빛이 노동계급을 향한 경멸을 불러일으키지는 않는다. 다만 우리 사회에 미쳐 날뛰는 편견을 드러내줄 뿐이다. 그 사건을 둘러싼 신경증은 차브라고 묘사되는 사람들에 대해 뭔가 실제적인 언급이 가능함을 보여준다. 이 나라의 거대한 일부가 그들과 아무 상관도 없는 범죄에 공범으로 지목된 것이다. 중간계급 정치가들과 언론인들도 노동계급 사회의 현실을 전해줄 매개가 되지 못했으며 아주 극소수의 비참하게 문제적인 사람들이 이른바 영국 중간계급 밖에 존재하는 삶을 보여주는 사례로 지목되었다. 사실상 '차브'는 다른 어떤 그룹의 사람들보다도 모욕을 받았다.

이런 모욕은 어디서 비롯되었나? 사회의 최하층을 향한 이런 모욕은 확실히 새로운 것은 아니다. 17세기의 신학자들은 "국가의 게딱지이자 오물이며 해충에 불과한 가난한 사람들에게 베풀어진 맹목적이고 잘못된 자선을 깊이 탄식했다."[42] 19세기에 삼엄했던 구빈법은 빈곤층과 실직자들을 지옥 같은 환경의 구빈원으로 몰아넣었으며 평론가들은 존경할 만한 노동계급이 이른바 '최하층의 인간'으로 전락했다고 떠들어댔다. 20세기초 우생학의 등장으로 심지어 스스로 좌파라고 생각하는 사람들조차 '건강하지 못한' 극빈자들을 단종시키거나 멸절해야 한다고 주장했다.

차브 때리기는 계급 경멸의 오래되고 야비한 전통에 속한다. 그러나 그것은 최근의 사건들 속에서만 제대로 이해될 수 있다. 또한 기억해야 할 것은 그것은 영국 노동계급의 전쟁 속에서 태어난 녀석이라는 점이다.

2장
계급전사들

한 세계는 계급전쟁을 설교하고, 다른 세계는 필사적으로 그 전쟁을 치른 다. —조지 버나드 쇼(George Bernard Shaw) 『므두셀라로 돌아가라』(*Back to Methuselah*)

현대의 보수당은 자신들이 계급과 파벌의 이해관계 너머에 있음을 보여주려고 온갖 노력을 다했다. '하나의 국가'라는 표어는 20세기를 통틀어 그들이 보석같이 여겼던 단 하나의 신념이었다. 지난 2005년 데이비드 캐머런이 보수당의 총수로 선출되자 그들은 먼저 비주류 젊은층을 이해한다는 온갖 푸근한 말들을 쏟아냈고(캐머런은 신노동당을 조롱하면서 후드티를 걸친 청소년들을 포옹하라고 했다), 부자와 빈자 간의 차이를 줄여야 한다고도 역설했다.

하지만 카메라를 피해 닫힌 문 뒤로 숨자마자 달콤한 홍보성 멘트 는 돌연 사라졌다. 대학 졸업반 시절에 나는 그 가면이 벗겨지는 순간 을 목격했다. 비교적 온건한 계파에 속하는 전도유망한 보수당 정치 인이 학생들에게 비공개 연설을 한 적이 있었다. 학생 기자들에게 보 도금지를 요청한 데다 그의 이름을 밝히지 않기로 서약까지 받았기 때문에 그는 솔직하게 터놓을 수 있었다. 왜 보도금지를 요청했는지는 곧 드러났다. 어느 비오는 11월의 밤이었는데, 벽난로 속 통나무 장작들이 타탁거리는 동안 그 보수당 고관은 마치 하찮고 시답잖은 말을 하듯이 입을 열었다.

"보수당에 관해 알아야 할 것은 그 당이 특권층의 이익을 대변한다는 겁니다. 당의 주목적이 특권층 보호라는 말입니다. 또한 그들이 선거에서 이기는 방법은 딱 필요한 만큼을 딱 그만큼의 사람들에게 주는 것이죠."

가히 『사회주의 노동자』(Socialist Worker, 영국의 좌파 사회주의 신문―옮긴이) 지면에나 나올 법한 분석이었다. 그런데 다름 아닌 보수당의 일인자가 자기 당이 영향력 있고 부자인 사람들의 정치적 오른팔임을 고백한 것이다. 최상층 사람들의 편에서 싸우는 정당이 바로 보수당이었다. 이것은 계급전쟁이었다.

'계급전사'라고 하면 사람들은 통통한 얼굴에다 납작한 모자를 쓰고서는 얼굴이 벌게진 채 둔탁한 사투리로 '경영진'을 깎아내리는 노조 지도부를 떠올릴 것이다.

전 노동당 당수 닐 키녹(Neil Kinnock)에게 보수당이 영국 정치의 계급전사였느냐고 물었더니 그는 진지하게 고개를 저었다. "아니요, 그들은 계급전쟁에 뛰어들 필요가 없었습니다. 더 넓게 보자면 그들이 관여하지도 않은 평화협정에 우리가 서명을 했기 때문이죠."

노동계급의 악마화는 현재 우리가 살고 있는 사회를 형성한 1980년대 대처리즘의 실험을 뒤돌아보지 않고는 이해될 수 없다. 그 핵심에는 노동계급 사회와 산업, 가치와 기구에 대한 공격이 자리잡고 있다. 더이상 노동계급은 자랑할 만한 무엇이 아닌 벗어나야만 하는 것이었다. 이런 전망은 다른 데서 나온 것이 아니다. 그것은 지난 2세기 동안 보수당에 의해 행해진 계급전쟁의 정점에서 나온 것이다.

이것은 확실히 보수당이 대중에게 드러내놓고 치르는 전쟁은 아니다. '특권적 이득과의 연대'에 대한 그들의 관심이 사회변혁을 향한 아주 온순한 논의에 의해 위협받을 때마다 보수당은 그 위협을 '계급전쟁'의 시도로 묘사했다. 전후 노동당 정부에 의한 6년간의 개혁―가령 국가의료서비스라든지 복지국가 같은―에 저항한 이후 보수당은 노동당을 정확한 언어로 비난했다. "모든 걸림돌 중 계급전쟁이 가장 끔찍하다"고 1951년 보수당은 성명을 발표했는데 그들은 "계급 증오를 조장하고 탐욕과 질투의 정서에 호소함으로써 또다른 권력을 얻으려고 한다"며 노동당을 힐난했다.

하지만 역사를 대충 훑어봐도 보수당은 특히 노동계급의 위협에 맞서 언제나 '특권층의 이익'을 감싸왔다는 사실이 드러난다. 19세기 내내 보수당은 투표권을 부유층에서 서민으로 확대하자는 의견에 열렬하게 반대했다. 1831년 참정권을 성인 남성 다섯 중 하나로 늘리자는 선거법 개정안이 의회에 상정됐을 때 보수당의 반응은 놀라웠다. 한 보수당 의원은 그 법안이 "자연스런 계급과 재산의 영향력을 뒤집어엎는 혁명이 될 것"이라며 충격적인 주장을 펼쳤다. 나중에 보수당 당수가 된 솔즈버리 경(Lord Salisbury)은 참정권 확대를 가리켜 "일류의 사람들은 군중을 뽑시 않을 것이며, 군중 또한 일류 인사들을 외면할 것"이리는 암울힌 전망을 내놓으며 분을 가라앉히지 못했다.

20세기에 들어서 보수당과 특권층의 이익연대는 최고의 정치적 위기에 봉착했다. 노동계급이 뭉쳐 자신들의 조합을 결성하게 된 것이다. 이들 노동조합은 더 나아가 처음으로 의회에서 노동계급의 이익을 관철할 특별한 임무를 띤 노동당을 설립했다. 대처가 등장하기 한참 전에 보수당은 이런 위협에 맞서 지연전술을 폈다. 솔즈버리 경과 아서 밸포어(Arthur Balfour) 정부는 파업으로 인한 손해배상을 인정함으로써 노조에 타격을 입힌 악명높은 태프 베일(Taff Vale) 법안(1901)을 열렬히 지지했다. 이 사건을 보수당 당수 스탠리 볼드윈(Stanley Baldwin)은 이렇게 회고했다. "보수당은 계급전쟁에 대해 떠들어대지 않았다. 그들은 그것을 바로 실천에 옮겼다."

1926년 노동조합이 총파업에 나서자 보수당 정부는 적색혁명을 경고하면서 군대를 동원했다. 파업이 일어난 후 원로 보수당원이자 단호한 계급전사였던 아서 밸포어는 호언장담했다. "총파업은 몇년을 걸쳐 깨달아야 할 교훈을 단 4일 만에 노동계급에게 가르쳐주었다." 이 교훈 덕분에 대규모 집회와 다른 노동자와 연대하는 파업이 금지되었으며 노동당과 연계된 조합은 약화되었다. 노동계급은 자신들의 작업장으로 되돌아갔다.

이를 통해 아마 사람들은 대중 민주주의의 시대에 보수당이 어떻게 선거에서 이겨왔는지 의아해질 것이다. 그러나 보수당은 서구 세계에서 가장 성공한 정당이다. 그 당은 20세기의 3분의 2에 해당하는 기간 동안 영국을 통치했다. 마거릿 대처 정책연대의 수장이었던 퍼디난드 마운트(Ferdinand Mount)는 보수당의 '특권층 연대' 이론을 다음과 같이 평가절하했다. "그건 옛 정치인들이 빠져들기 좋아한 일종의 과시적 냉소주의예요. 비특권층 다수에게 진실한 공감을 표하지 못하면 총선에서 1,200만에서 1,400만표를 날려버리고 말죠." 이것은 설득력 있는 견해였다. 과연 왜 노동계급은 부자 편을 드는 특권 정당에 표를 던지는 것일까?

왕년의 계급전사 솔즈버리 경은 20세기초 제조업 노동자들의 3분의 1 이상이 보수당에 투표하는 현상을 보고 놀랐다. 이런 현상은 다시금 우리를 익명의 정치가가 던진 주제로 되돌아가게 한다. 즉 보수당은 "딱 그만큼의 사람들에게 딱 필요한 만큼을 주면서" 선거에 승리한다는 사실이다. 보수당은 언제나 사회적 조직으로서의 노동계급의 힘을 약화시키려 했다. 하지만 그들은 동시에 아주 교묘한 방법을 동원하여 개인으로서의 노동계급을 회유하여 선거에서 이기는 법을 알고 있었다.

하나의 일반적인 책략은 보수적인 목표달성을 위해 수립된 온순한 사회개혁의 제시다. 이것은 19세기말 보수당의 벤저민 디즈레일리(Benjamin Disraeli) 수상에 의해 큰 효과를 본 방법인데, 그는 점점 쇠약해지는 '하나의 조국'에서 보수당의 시조로 끊임없이 사랑받는 인물이다. 디즈레일리 정부는 최대 노동시간을 10시간으로 단축하고 어린이들의 종일노동을 금하는 등의 진보적인 정책을 도입했다. 그의 계산은 이런 정책들이 "노동계급의 지속적인 지지를 얻고 유지하는 데 도움이 된다는" 것이었다. 실제로 어떤 노동조합 지도자들은 이

기간 동안 보수당보다 자유주의자들을 더 싫어했다. 대처 스스로는 19세기 자유주의 지도자인 윌리엄 글래드스톤(William Gladstone)의 자유방임적 자본주의에서 영감을 받기도 했다.

물론, 디즈레일리식 보수당주의의 핵심은 현존하는 사회질서를 유지하는 것이다. 상대적으로 온건한 보수당원 마이클 헤슬타인(Michael Heseltine)은 1세기 후에 이런 보수주의를 "선하고 계몽된 자본주의, 또는 온정주의, 노블리스 오블리제로 불러도 좋다. 권력과 특권을 가진 사람들이 책임감도 가져야 한다고 믿는다"고 언급했다.

결국, 어떤 보수당원도 자기 당이 노동계급을 때려잡는다고 생각하지는 않는다. 아무리 반동적일지라도, 모든 정치인은 더 보편적인 선을 위한 정책을 고안해낼 필요가 있다고 느낀다. 확실히 많은 정치인들은 고귀하고 온정적인 공적 서비스에 대한 아이디어를 가지고 있다. 사업에 좋은 것이 국가에도 바람직하다는 게 보수당의 깊고 신실한 믿음이다. 하지만 보수당의 리더십이 언제나 사회의 최고 부유층에 의해 점유돼왔다는 사실만은 변함이 없다. 그들은 처음에는 자유주의자 그 다음에는 노동당에 의해 제안된 개혁들을 열렬히 가로막았다. 채찍만으로는 노동계급을 민주주의 체제 안에 가둬놓을 수 없었다. 때로는 당근도 필요했던 것이다.

보수당 사람들은 오랫동안 노동계급의 지지를 얻기 위해 포퓰리즘(대중영합주의―옮긴이)을 이용해왔다. 19세기말부터 그들은 아일랜드인과 유대인 이민에 대한 국민들의 반발을 이용하여 1904년 급기야 엄격한 외국인법을 도입했다. 이민에 대한 단호한 조치는 보수당의 선

차브

거공약에서 주된 약속이 돼왔다. 길가에 국기를 게양하는 것은 변함 없이 보수당의 설립근거를 뒷받침해주었다. 가령 지난 20세기초 아일랜드의 자치에 반대하는 민족주의적 감정에 호소하는 식으로 말이다. 또한 범죄에 대한 대중적인 공포 역시 엄격한 법집행 메시지를 가진 정당에 비옥한 정치적 영토가 돼주었다.

오늘날엔 많이 사라졌지만 종교적 충성은 한때 보수당에서 중요한 역할을 했다. 1914년 이전에 영국 국교회의 신실한 신자라면(전에는 기도하는 보수당이라고 조롱받기도 했지만) 보수당에 투표할 가능성이 컸다. 오늘날 리버풀은 아마 가장 견실한 노동당 지지층이지만 종교적 당파주의와 보수당의 반가톨릭주의는 그곳을 보수화된 노동계급의 중심 도시로 만든 적이 있다.

노동계급의 정체성을 약화시키는 사회적 열망은 또하나의 풍부한 표밭을 형성해주었다. 최상층에는 약속의 자리가 남아 있으며, 사회적 사다리에 다가설수록 당신의 운명은 더 나아질 수 있다고 그들은 유혹했다. 물론 강력한 중간계급이 없는 지역—스코틀랜드, 웨일스, 대부분의 영국 북부—에서 이런 회유는 잘 먹혀들지 않는다. 그러나 견고한 중간계급이 있는 지역의 노동계급 출신들은 언제나 보수당을 지지하는 경향이 있다. 그것이 이웃사람들과 경쟁하는 하나의 방식이며, 심지어는 이웃과 연합하는 하나의 방식이라고 그들은 생각한다. "노동당은 양차 세계대전 기간에도 탄광지역과 런던 동부지역에서 강세를 보였죠. 그건 근본적으로 그런 곳에 중간계급이 없기 때문이에요"라고 정치역사학자 로스 맥키빈(Ross McKibbin)은 말한다.

무엇보다 보수당은 무사비한 실용주의 덕분에 노동세급의 지지를 얻을 수 있었다. 2차 세계대전 이후, 보수당과 그 지지자들은 뒷걸음질 칠 수밖에 없었다. 대공황의 기억은 자유시장체제에 기반한 자본주의에 불신을 보냈고 이제 보수당은 복지국가나 높은 세금, 강한 노동조합 등을 수용해야만 했다. 전후 노동당 정치인 토니 크로스랜드(Tony Crosland)는 보수당은 "넓게 봐서 20년 전 좌파에 의해 추진된 정책들이자 우파가 반대했던 정책들"에 의지해서 선거를 치를 수밖에 없었다고 회고한다.[1] 그러나 1950년대 보수당이 권력을 회복하고 노조와 노동당이 온건한 노선을 취하자 일부 보수당원들은 그들이 우세하다는 생각을 숨기지 않았다. 급기야 1959년 "계급전쟁은 끝났고 우리가 이겼다"고 해럴드 맥밀런(Harold Macmillan) 보수당 수상은 주장했다. 그러나 이런 휴전상태는 오래가지 않았다. 1970년대 이윤이 떨어지고 노동조합이 다시 한번 근육을 키우자 새로운 사회적 합의가 도출되었다. 갑자기 계급전쟁 시대가 되돌아온 것처럼 보였다. 이 시기에 노동당의 신세대들은 공공선을 내세워 그 전쟁에서 승리하고자 했다.

　　현대 영국에 키스 조지프(Keith Joseph)처럼 큰 영향력을 행사한 사람은 없을 것이다. 건설업계 거물의 아들로 태어난 조지프는 1970년대 보수당 우파 중 가장 눈에 띄는 인물이었다. 1974년 보수당이 두 차례의 선거에서 연이어 패배하자 조지프는 이전 보수당 정부에서 유지돼온 전후 복지 자본주의라는 사회적 합의에 반대하는 신보수당의 새로운 리더 중 하나가 되었다. 복지 자본주의 대신 그들은 노동조합의 세력을 약화시키고 정부 소유의 산업을 민영화하여 19세기의 자유방임 자본주의로 돌아가려고 했다. 보수당의 에드워드 히스(Edward Heath)가 광부들에게 인기를 잃고 정권을 내주자 조지프에게는 생애를 뒤바꿀 결정적인 순간이 찾아왔다. "내가 보수당으로 완전히 개종한 것은 1974년 4월이었다"고 그는 회고한다. "그전까지 스스로 보수당원이라고 생각했지만 실제론 전혀 그렇지 않았던 것이다."

키스 조지프와 동료 자유방임주의자들은 미국 자유시장의 교부 역할을 하던 밀튼 프리드먼(Milton Friedman)을 지원했다. 1974년 노동당이 "노동계급의 입장에서 권력과 부의 균형을 이루는 데 근본적이고 지속적인 개혁"을 약속하면서 다시 총리 관저로 되돌아왔을 때, 프리드먼의 생각은 아직 교과서에나 적용되는 것이었다. 한 예외가 칠레였는데 그곳에서 1973년 아우구스토 피노체트(Augusto Pinochet) 장군은 미국의 지원 아래에 라틴 아메리카 역사상 가장 잔인한 쿠데타를 일으켜 선거로 선출된 살바도르 아옌데(Salvador Allende) 대통령을 제거했다. 피노체트는 주된 목표 중 하나를 영국의 사상적 동료와 함께하고 있었다. 바로 노동계급이라는 개념을 없애버리는 것이다. 피노체트는 자신의 목표는 "칠레를 프롤레타리아의 나라가 아니라 기업가의 나라"로 만드는 것이라고 주장했다.

하지만 키스 조지프는 선거에서 패배함으로써 비슷한 프로젝트를 이끌 기회를 날려버렸다. 1974년 10월의 연설에서 그는 한때 중간계급 우생학자들 사이에서 유행하던 '하층계급'에 대한 견해를 드러냈다. 그는 "아이들을 양육하여 세상에 내놓기에 합당치 않은 엄마들이 너무 많은 아이들을 낳고 있습니다. 그리고 그 비율은 점점 더 높아지고 있습니다. 그 엄마들은 청소년 시기에 임신한 4 내지 5등급 정도의 사회계급 출신입니다. (…) 그들의 지능은 떨어지며 교육수준도 매우 낮습니다." 하지만 결정적인 한방은 이것이었다. "그리하여 우리 인재의 균형이 위협받고 있습니다." 조지프의 메시지는 분명했다. 가난한 사람들이 너무 빠르게 번식하여 위협이 사방으로 퍼져나가고 있다는 것이다.

조지프는 단지 영국의 부유층 다수에서 오랫동안 유지돼온 편견을 반복했을 뿐이지만 그의 실수는 그것을 공공연하게 떠들어댔다는 것이다. 보수당의 수장이 되겠다는 그의 열망은 물거품이 되었다. 하지만 모든 것을 잃어버린 것은 아니었다. 그의 수제자이자 핀츨리(Finchley, 런던 북부의 지역구로 보수당 성향이 강함—옮긴이) 출신 의원인 마거릿 대처가 그를 대신하여 등장했고 선거에서 이긴 것이다. 조지프는 대처리즘으로 알려진 지적 토대에 명백한 영향력을 행사했으며 비평가들은 그를 철의 여인의 '미친 수도사'로 불렀다. 1979년 선거에서 이긴 보수당은 300년 전 청교도들이 영국을 지배했을 때 이후 가장 대담한 사회적 실험을 감행하려고 했다. "우리는 사물을 보는 방식을 바꾸고 완벽히 새로운 태도를 창조하기 위해 이 나라를 새로운 방향으로 끌고가야 한다"고 대처는 당에 요청했다.

노동계급을 향한 대처리즘의 태도를 이해하기 위해서는 대처라는 인물을 살펴보는 것이 중요하다. 그녀의 가장 열렬한 숭배자들은 종종 그녀가 비천한 출신이라며—이는 잘못된 것인데도—그녀를 미화한다. 그러나 확고한 대처주의자이자 보수당 의원인 데이비드 데이비스(David Davis)는 나에게 말했다. "마거릿은 알려진 것보다는 조금 더 중간계급에 가까웠습니다." 대처를 식료품집 딸로 묘사하는 것은 거의 진부한 것이지만 결국 그것이 그녀의 정치적 색깔을 만들어냈다. 링컨셔 주의 그랜섬(Grantham) 마을 상점가에서 자란 그녀의 아버지는 하류 중간계층의 가치로 불리는 것들, 다시 말해 자수성가와 경영, 집단적 행동에 대한 뿌리깊은 적대감 등을 그녀의 마음속 깊숙이 주입시켰다. 전기작가 후고 영(Hugo Young)은 그녀가 노동조합 운동은 물론 노동계급 사람들과도 거의 접촉하지 않았다고 기록했다.

1951년 부유한 사업가이자 노동조합은 무조건 금지돼야 한다고 믿는 데니스 대처(Danis Thatcher)와 결혼했을 때 그녀의 태도는 더욱 확고하게 굳어졌다. 대처는 자기 주변에 특권층 출신의 사람들을 배치했다. 첫번째 내각구성에서 장관의 88퍼센트는 사립학교 출신이었고 71퍼센트는 회사의 경영자들이었으며 14퍼센트는 거대 지주들이었다. 그녀의 내각장관 중 하나가 1979년 총선 직전에 한 기자에게 던진 말은 전혀 놀라운 말이 아니었다. "대처는 여전히 근본적으로 핀츨리 여성입니다. (…) 그녀는 노동계급이 게으르고 부정직하며 저급하고 폭력적이라고 생각합니다."[2]

대처에게 하나의 목표가 있다면 그것은 계급의 관점에서 벗어나는 것이다. "계급은 공산주의의 개념이다"라고 나중에 그녀는 썼다. "그것은 사람들을 다발로 묶어서 서로 적대하게 만든다."[3] 대처는 사람들이 각각의 자기계발을 추구할 때가 아니라 함께 행동할 때 삶을 더 풍요롭게 이끌 수 있다는 생각을 지워버리고 싶어 했다. 말하자면 "스스로의 힘으로 자신을 끌어올려야 한다"는 것이다. 1979년 총선 승리 후 불과 몇달 만에 그녀는 단호하게 계급을 없애버리려고 했다.

"도덕은 개인적인 덕성이다. 집단적 양심이나 집단적 선의, 집단적 관용, 집단적 자유 같은 것은 없다." 그녀는 작정한 듯 주장했다. "사회적 정의, 사회적 책임감, 새로운 세계질서와 같은 말은 하기도 쉽고 우리를 기분 좋게 만들어준다. 하지만 그것이 개인적인 책임에서 우리를 벗어나게 해주지는 않는다." 이것은 분명히 그녀의 연설 초안자들에게 부담스런 것이었고 최종 편집에서 반대에 부딪혔을 것이다. 하지만 그들은 그녀의 악명 높은 주장을 더이상 막을 수 없었다(이 내용은 하고 많은 잡지 중 『여자 자신Woman's Own』에 실렸다). "사회 같은 것은 없다. 개별적인 남자와 여자, 가족이 있을 뿐이다."

보수당은 영국의 계급분할에 뿌리박은 당이 틀림없지만 그들은 이런 사실을 연상시키는 것은 무엇이든 애써 왜곡하려고 했다. 실제로 대처 진영의 우익 이데올로그들에게는 계급에 대한 어떤 언급도 이성을 파괴시키는 행위가 된다. 이런 계급적인 태도는 사회의 한쪽 그룹이 부와 권력을 소유한 반면, 다른 편은 그렇지 못하다는 것을 암시한다. 당신이 그것을 받아들인다면, 뭔가 시정될 필요가 있다는 결론에 한발 다가서고 말 것이다. 이는 노동으로 먹고사는 사람들이 착취의 문제를 제기하리라는 것을 시사한다. 또한 당신의 경제적 이해관계를 다른 사람의 그것과 대비하여 규정하도록 만들 것이다. 하지만 무엇보다 그것은 정치경제적 힘으로 조직된 잠재적 연합을 떠올리게

차브

하며 이 연합이 부와 특권을 향한 전쟁을 선포할 수도 있다는 생각을 불러일으킨다. 결국 그것은 노동계급의 존재를 개념화시켜서 모든 사람이 스스로의 이익을 추구한다는 대처의 자본주의 모델에 치명적인 적대감을 조성한다.

대처는 사회계급을 없앨 마음이 추호도 없었다. 단지 모두가 사회계급에 속한다는 사실을 우리에게 감추고 싶어 했던 것이다. 1976년 보수당의 공식문건에는 "국가의 연합을 위협하는 것은 계급이 아니라 계급감정"이라고 밝힌 바 있다.[4] 그러나 같은 순간 대처리즘은 영국 역사상 가장 공격적인 계급전쟁을 수행했다. 그들은 노동조합을 두들겨 쓰러뜨렸고, 부유층의 세금부담을 노동계급과 빈곤층에 전가했으며, 기업을 정부의 규제에서 풀어주었다. 대처는 계급전쟁을 끝내고 싶어 했지만 그것은 영국 사회 최상위층의 조건을 수용하는 한에서였다. "옛날의 보수당원들은 계급전쟁은 없다고 말합니다"라고 보수당 신문의 편집자 퍼러그린 워스트혼(Peregrine Worsthorne)은 주장했다. "그러나 신보수당원들은 그 전쟁을 솔직히 인정합니다. 우리는 계급전사들이며 이 전쟁에서 이길 것입니다."

이 십자군전쟁의 핵심에는 노동계급의 가치와 조직, 전통적 산업을 허물어뜨리려는 일치된 의도가 숨겨 있다. 핵심은 사회에서 정치경제적 힘으로 존재하는 노동계급을 지워버리고 그것을 개인들, 또는 기업들의 집합으로 대체하며 각자의 이익을 위해 서로 투쟁하도록 하는 것이다. 아마도 지위향상을 목표로 삼는 새로운 영국에서 모든 사람은 사다리를 오르려고 열망할 것이며 그렇지 않은 사람들은 자신의 실패에 대한 책임을 져야 할 것이다. 개념으로서의 계급은 제거된 반면, 실제에서의 계급은 강화되었던 것이다.

영국 노동계급을 향한 모욕 중 가장 끔찍한 것은 산업과 노조에 가해진 대처의 두 갈래 공격일 것이다. 사회를 황폐화한 주원인은 단지 국가의 제조업을 구조적으로 폐기처분했기 때문이 아니며—물론 이것은 실업과 가난, 그리고 그에 따른 심각한 사회적 문제들로 공동체를 파괴시켰고 그 때문에 나중에 큰 비난을 받았다—노동계급의 정체성 자체를 맹공격했기 때문이다.

예전의 산업들은 그들이 지속해온 공동체의 살아있는 심장이었다. 대부분의 지역민들은 몇대에 걸쳐 비슷한 업종에 종사했다. 또한 노조는 실패와 한계에도 불구하고 노동자들에게 힘과 연대, 권력을 제공했다. 이 모든 것들이 소속감과 노동계급으로서 공유된 자부심을 뒷받침해주었다.

나처럼 강한 노조가 없는 지역에서 자란 사람들은 노동계급 조직을 향해 대처리즘이 수행한 전쟁의 참혹성을 절감하지 못하는 경향이 있다. 1997년 노동당이 집권했을 때 토니 블레어(Tony Blair)가 자신의 개혁에도 불구하고 노동조합법은 '가장 제한적인' 것으로 남아 있을 것이라고 떠벌릴 수 있었던 것도 대처의 유산이었다. 대처리즘의 출현 이전 노동계급이 악마시되었던 것은 거의 노조에 대한 두려움 때문이었다. "60, 70, 80년대에 파업자들—당시 파업자들은 대부분 노동계급이었다—은 언론에서 매우 나쁘게 다뤄졌어요. 항상 아주 적대적인 편이었지요,"라고 『미러』지의 케빈 맥과이어 기자는 회고한다. 공격적인 피켓 시위자들과 '노조가 국가를 협박하여 요구한다'는 내용이 신문의 주된 타이틀이었다. 보수당 정책의 핵심에는 1978년과 79년 엄청난 저임금에 시달리던 공공부분 노동자들이 벌인 일련의 파업—흔히 불만족의 겨울(Winter of Discontent, 영국 노동당 정부의 임금삭감에 맞서 일어난 대규모 파업을 일컬음—옮긴이)로 알려진—을 영리하게 조작해낸 경험이 있다.

30여년이 지난 오늘날까지도 불만족의 겨울은 산업에서의 동요에 따른 잠음이 일어날 때마다 어떻게 노조를 두들겨야 하는지를 보여주는 일종의 우익 전설로 남아 있다. 환경미화원과 매장 노동자들의 파업으로 아무렇게나 쓰레기들이 거리에서 썩어가는 모습과 죽은 자들이 매장되지 못한 채 방치된 모습은 거의 묵시록적인 어조로 상세히 기술된다.

하지만 그 파업들은 거의 피할 수 있는 것들이었다. 제임스 캘러헌(James Callaghan)의 노동당 정부는 인플레이션을 막는다는 명분으로 몇 해 동안 공공부분 노동자들의 임금삭감을 강행했는데, 사실상 이런 접근방식은 노조의 임금인상 요구가 물가상승을 가져온다는 신화에서 비롯된 것이다. 그러나 서구 세계에서 당시 인플레이션은 노조가 얼마나 강한지에 상관없이 사납게 기승을 부리고 있었다. "1960년대 말 실제로 시작된 일은 경제자유화와 신용규제의 철폐로 이는 과도한 대출증가로 귀결되었다"고 전 런던은행의 경제학자 그레이엄 터너(Graham Turner)는 말한다. 또다른 요인은 미국 정부가 베트남전쟁을 수행하기 위해 엄청난 규모의 돈을 써어낸 것인데 이는 서구에서 연쇄적인 인플레이션 해일을 일으켰다. 생활수준이 급격히 나빠진 데다 자신들이 만들어낸 것도 아닌 인플레이션 위기에 책임을 지도록 내몰린 환경미화원 같은 저임금 노동자들은 1978~9년에 파업에 돌입했다.

불만족의 겨울 동안 토니 벤(Tony Benn)은 노동당 내각의 장관이었다. "그 파업은 노동자와 고용인 사이의 경제적 충돌이었으며 정부는 사실상 고용인 편을 들었어요"라고 그는 회고한다. "결국 그 일은 엄청난 파장을 불러일으켰지요."

불만족의 겨울이 노조에 대한 대중적인 환멸에 기름을 끼얹었음은 틀림없는 사실이었다. 우익 타블로이드 신문들은 영국이 혼돈에 빠지는 것처럼 묘사함으로써 부채질을 해댔다. 공공서비스가 중단됨에 따라 대중은 불편함에 직면했고 파업으로 내몰린 가난한 노동자들은 어디 호소할 데가 없었다.

대처 정부는 이런 기억들을 가차없이 조작했다. 정부의 목적은 노조를 영원히 괴멸하는 것이었다. 새로운 법안은 고용주들이 파업에 참가한 사람들을 해고할 수 있도록 했고, 해고 수당을 경감해주었다. 또한 노동자들이 다른 노조의 파업을 지원하지 못하게 했고, 법원이 노조의 자금을 압류하지 못하도록 하는 보호조치를 철회했으며 노조에 엄청난 벌금을 물릴 수 있도록 했다.

노사관계 전문가인 그레고어 골(Gregor Gall) 교수는 정부가 "공공부문과의 독립적인 전쟁에서 노조에 일련의 패배를 안겨주었고 민간기업의 고용주들이 노조를 맘껏 주무르도록 고무했다"고 주장한다. 대처의 철권통치가 직면한 첫번째 상대는 1980년의 철강 노동자들로, 그들은 13주를 끌어온 파업전쟁에서 패배했으며 그 대가로 수천개의 일자리를 내놓아야 했다. 3년 후 『스톡포트 메신저』(Stockport Messenger)지(誌) 앞에서 피켓시위를 벌이던 파업 노동자들은 3천명의 기동경찰에 의해 체포되어 인근 들판에서 얻어맞았다. 그들의 노조였던 국가사무노조는 정부로부터 재산을 압류당했다.

독자들은 이러한 맹공격에 맞서 노동조합이 연합하여 싸울 것이라고 기대하겠지만 실상은 그렇지 않았다. 노조―그리고 노동당―들은 대책없이 분열돼 있었다. 노조지도자들은 대처주의 십자군의 완고함과 흉포함 때문에 비참하게 균형을 잃어버렸다. 정부는 적진의 허약함을 알고 있었고 감히 싸우려는 노동자들을 제거해버렸다. 하지만 그 모든 법들을 동원한 각개전투조차 대처의 또다른 무기만큼 압도적인 효과를 거두지는 못했다. 그 무기는 바로 영국의 끊임없이 늘어나는 실업자들이었다.

1979년 노동당 정권하에서 실업자가 1백만에 이르자 보수당은 사치 앤 사치(Saatchi & Saatchi)라는 광고대행사를 통해 '노동당은 일하지 않는다'(Labour Isn't Working)는 유명한 포스터를 제작하며 난리법석을 떨었다. 그러나 정작 대처 정부하에서의 실업자 수는 4백만까지 치솟은 것으로 추산되고 있다. 직업을 잃을지도 모른다는 공포는 어떤 저항의 의지도 뿌리치게 만든다. "대처가 노동법을 개정하게 된 촉매제는 바로 실업이다"라고 선 노동당 당수 닐 키녹은 말한다. "신문기사나 쓰는 바보 같은 부르주아들은 4백만의 실업자들이 분노만 하는 공격적인 노동력이라고 말하지만 사실은 그렇지 않습니다. 그것은 적어도 4백만의 사람들이 매우 큰 두려움에 빠졌다는 것을 의미하죠. 또한 실업의 두려움에 빠진 사람들은 호전적인 노동운동을 감행함으로써 자신들의 일자리를 위험에 빠트리지는 않아요. 절대 그렇게 하지 않습니다."

내가 대처 정부의 첫 재무장관이었던 조프리 하우(Geoffrey Howe)에게 대량실업이 노조의 힘을 약화시키는 데 도움을 주었는지 묻자 그는 동의하며 말했다. "대량실업은 노동자들이 행동해오던 방식 그대로 행동하는 게 얼마나 공허한 짓인지를 보여주었다고 생각합니다." 하지만 그는 재빨리 덧붙이기를 자신의 정책이 "그런 목적을 달성하기 위한 의도적인 것은 아니었다"고 해명했다. 그렇더라도, 하우가 생각하는바, 대처리즘의 가장 위대한 성취 중 하나는 바로 "노동조합 독재"를 깨부순 것이다.

보수당 정부에 참여했던 다른 인사들은 그것을 좀더 냉담하게 묘사한다. 앨런 버드(Allen Budd) 경이 1990년대 초 재무부의 수석경제학자였던 시절, 그는 의심하며 다음과 같이 말했다. "정부가 한번도 그런 방식이 인플레이션을 낮추는 올바른 길이라고 믿지는 않았습니다. 오히려 그들은 그것이 실업률을 높이는 가장 좋은 방법이며 실업은 노동계급의 힘을 약화시키는 가장 이상적인 방법이라고 생각했어요."

정부의 의도와는 상관없이 "조프리 하우의 유산은 우리 경제를 탈산업화시킨 것"이라고 경제학자 그레이엄 터너는 밝힌다. 1979년 3개월의 권력 쓸어담기 기간에 보수당은 금융회사들이 환투기를 통해 막대한 이득을 얻도록 방치함으로써 급격하게 통화관리를 포기해버렸다. 이는 런던이 제조업 같은 다른 경제 분야를 희생하는 대가로 누리게 된 이득이었다. 무엇보다 이는 파운드의 가치를 끌어올려 수출산업의 가격경쟁력을 다른 경쟁국보다 떨어트렸다. 겨우 5년 후인 1983년 영국 해안가 제조업의 거의 3분의 1은 사라졌고 한때 번영하던 노동계급 공동체는 폐허 속에 방치되고 말았다.

런던 금융가에 지나치게 의존하는 성향과 제조업 기반의 고갈 때문에 빚어진 경제위기의 시대인 오늘날, 보수당의 지도자들조차 다시 물건을 만들어야 한다고 떠벌리고 있다. 옛 산업지역은 대부분 산산이 흩어졌다. 하지만 대처리즘의 초토화정책에 대한 깊은 뉘우침은 나오지 않는다. 나는 대처의 재무장관에게 금리인상 같은 무딘 수단을 사용한 것을 후회하는지 물어보았다. "그건 어쩔 수 없었지요"라고 조프리 하우는 말한다. "우리가 고심한 대부분의 것들은 정신을 못 차리고 자멸 충동에 빠진 경영 분야였어요. (…) 금리인상은 불만족스러운 것이었죠. 하지만 아무도 탈출경로를 이야기하지 않았어요. 금리인상은 괜찮을 뻔했죠. 그러나 잘못된 길로 빠지게 된 다른 요인들이 있었어요." 하우가 보기에는 제조업 그 자체가 책임을 져야 한다는 것이다. "모두가 안타까워합니다. 맞아요. 그건 산업 자체에 책임이 있는 거예요. (…) 그 시절 많은 영국 산업의 자살예보에 대해 저는 종종 의심을 품습니다."

원로 보수당원이사 당수에도 한번 도전했던 데이비드 데이비스는 여전히 후회가 별로 없다. "아니, 피힐 수 있었다고요?" 그는 임청 흥분하면서 물었다. "당신 같으면 뭘 했겠소? 뭘 할 수 있었겠는지 한번 말해봐요. 제조업에 돈을 투여한다고? 엿이나 먹으라고 해요! 그런다고 그들이 뭘 할 수 있었겠소?" 그는 말하길, 대처 정부가 "노동자들 재교육하려는 계획을 비롯해 여러 조치들을 취했습니다. 정말 많은 일을 했어요. 사실 그게 잘 먹혀들지 않았다는 게 바로 문제죠. (…) 대부분의 공공정책이 정말 운이 좋으면 50% 정도의 성공률을 갖거든요." 그 점에서 하우조차도 "창업 같은 그들의 시도들은 (…) 세금회피 사회를 확인하는 데 그쳤다"고 말했다.

데이비드의 생각은 제조업은 걷어차버리는 것 외엔 다른 선택이 없다는 대처의 '버팀목'에 기댄 것이었다. "그래서 카누트 왕(11세기 왕으로 파도를 멈추게 하라는 명령을 내릴 정도로 강력한 권위를 행사했다―옮긴이)처럼 밀려오는 파도를 멈추고 제조업이 중국으로 이동하는 것을 막으라고 하는 데는 한계가 있는 거요"라고 그는 주장했다. "아이러니하게도, 이것에 반대하는 자들은 흔히 사회주의자들이더군요. 사실상 물질자원이 재분배되는 과정이에요. 시장의 소득 재분배는 부유한 서구에서 가난한 동양으로 이뤄지고 있잖아요. 여러 면에서 나는 그것을 인정합니다." 그는 재빨리 덧붙였다. "그렇다고 내 말의 뜻이 일자리를 날려버리자는 건 아니에요." 그는 이렇게만 말했다. 거기서 어떤 다른 결론을 내기는 힘들어 보이는데도 말이다.

"제 생각에 그건 역사를 기괴하게 왜곡하는 짓이군요." 『가디언』의 경제 에디터 래리 엘리엇(Larry Elliott)은 응수한다. "보수당은 집권하고 나서 재앙에 가까운 일련의 경제정책을 쏟아냈는데 파운드의 가치를 엄청 올려서 수출경쟁력을 크게 떨어뜨린 게 그 하나였죠. 그들은 인플레이션을 20%, 금리를 17%까지 높여서 대출을 어렵게 해놓았어요. 이게 제조업에 치명타였죠." 래리는 궁지에 몰린 영국 산업의 15%가 대처 시대 초기에 거의 고사 직전이었다는 사실은 언급하지 않았다.

다시 정리하자면, 영국 산업이 황폐화된 것은 정부의 정책 때문이지 역사의 행진 때문이 아니다. 서구의 다른 어떤 나라도 제조업이 그렇듯 단기간에 무너지지 않았다. 2009년 폭발한 금융위기에 대응했던 방식을 한번 되돌아보자. 1980년 대처리즘이 제조업이 피투성이가 되어 죽어가도록 내버려둔 반면, 신노동당 정부는 탐욕과 어리석음 때문에 파국의 경각에 매달린 은행에 세금 수백만 파운드를 쏟아부었다. 왜냐고? 은행은 무너뜨리기엔 너무 거대했기 때문이다. "같은 이야기를 제조업에 대해서도 할 수 있겠죠"라고 그레이엄 터너는 말한다. "세계는 결국 회복되었고, 만약 제조업을 더 지원했다면 그렇게 많은 일자리를 잃지는 않았을 겁니다."

이 모든 것들은 의문을 불러일으킨다. 보수당은 제조업을 구하는 데 진짜 관심이 있었을까? 거짓 눈물은 아니었을까? 적어도 대처와 그녀의 신봉자들에게 금융과 서비스는 미래였다. 전 BBC 정치 특파원이었던 존 콜(John Cole)은 대처에게 어떻게 이런 '서비스' 또는 '탈산업적인' 경제가 작동할 것인지를 물었다고 한다. "그녀는 몇주 전 만난 기업가 이야기를 하너군요. 그 기업가는 배터시(Battersea, 옛 런던의 지치서 옮긴이) 발전소를 인수해 테마 파크—우리 둘다 '디즈니랜드'라고 알고 있었지만—로 전환한다고 했어요." 다음날 존은 이 이야기를 미국 대사관의 경제담당관에게 해주었다. "그는 정말 놀라서 나를 쳐다보더니 생각에 잠겨 포크를 내려놓고 말하더군요. '하지만 존, 당신들은 제대로 된 상호 개방은 할 수 없을 거요.'"[5] 하지만 모두가 '서로 문호를 개방하는 것'은 정확히 대처가 원하는 바였다.

노조와 산업에 대한 대처의 공격은 산업 노동계급에 패배를 안겨주었다. 노동계급 정체성의 중핵을 이루던 고임금의, 숙련된 직업들은 그렇게 뿌리가 뽑혔다. 노동계급과 연관된 모든 것들은 사라져버렸다. 그러나 1983년 대처가 재선된 이후에도 영국 노동계급의 정치사회적 힘이 완전히 사멸되지는 않았다. 아직 결정적인 전쟁이 남아 있었던 것이다.

조프리 하우는 지적한다. "사람들이 잘 인식하지 못하는 흥미로운 점은, 대처 정부가 사실상 히스(Ted Heath) 정부의 재집권이며 거의 같은 인맥으로 유지되었다는 점입니다." 정말 밑줄을 그어야 할 부분이다. 테드 히스가 이끌던 보수당은 1974년 국영 탄광노조의 파업으로 내각에서 쫓겨났다. 히스는 유권자들에게 물었다. "누가 영국을 통치합니까?" 답이 돌아왔다. "자네는 아니네, 친구!" 이는 굴욕적인 패배였고 노조가 효과적으로 정부를 뒤엎은 첫번째 사건이었다. 이것을 잊을 대처가 아니었다. 그녀의 대응은 영국 역사상 가장 냉혹한 복수로 기록될 것이다.

차브

단지 복수만이 동기가 된 것은 아니다. 광부들은 20세기를 통틀어 영국 노동운동의 선봉이었다. 영국에서 단 한번 있었던 1926년 총파업은 광부들의 찬성으로 실행되었다. 1970년대에 보여주었듯이 그들은 에너지 공급을 차단함으로써 단독으로 나라 전체를 멈추게 할 수 있는 능력을 소유하고 있었다. 당신이 광부들을 쫓아버릴 수 있다면, 다른 노동자들은 말해 무엇 하겠는가? 이것이 바로 현대 영국 노동계급사에서 광부들의 파업이 하나의 전환점이 된 이유다.

광부 공동체는 활기찬 사회로서 당연히 탄광 주변에 형성된다. "탄광은 공동체의 핵심이었고 모든 사람들을 묶어주는 장소였습니다"라고 전국광부노조의 크리스 키츤(Chris Kitchen) 의장은 회고한다. "땅밑에 존재하는 명예라는 암호는 공동체에서도 한 부분을 이루는 요소였어요. 주말에 탈선하는 청소년들은 찾을 수도 없었어요. 노인들역시 탄광에서의 작업중엔 서로의 생명을 보호하며 의지해야 할 사람이기 때문에 화나게 해서는 안되죠. 그러니 주말에 술을 좀 했다고 노인을 성나게 할 이유가 있겠어요?"

그런데 1984년 대처 정부가 탄광폐쇄 프로그램을 발표하자 이렇듯 긴밀하게 조직된 공동체가 멸종의 위기에 직면했다. 자발적인 파업이 요크서 석탄지대에서 발생했고 전지역으로 곧 확대되었다. 전국광부노조 의장 아서 스카길(Arthur Scargill)은 이 파업이 국가적인 파업으로 모든 광부들을 소집시켰다고 설명했다. 주요 탄광 중에 오직 노팅엄셔 광부들만이―결국 밝혀졌지만 이들은 자신들의 일자리가 안전하다고 잘못 생각했다―파업을 거부했는데, 이 때문에 전체 광부 사회에서 큰 반감을 사기도 했다.

토니 벤은 회고한다. "그 투쟁은 노동운동을 감동시켰어요. 한해 동안 나는 299번의 만남을 가졌고 어디를 가든 엄청난 지원과 활동이 있었죠." 하지만 언론이나 대처의 지지자들에게 스카길은 미움을 샀다. 거기에는 광부들의 투쟁으로 촉발된 격정을 향한 두려움도 섞여 있었다. 내가 대처리즘 계열의 『데일리 텔레그래프』의 사이먼 헤퍼 기자와 이야기를 나눌 때 그는 나치와 비교하는 데 정신이 팔려 있었다.

> 나는 사실 스카길의 정신이 병들었다고 생각해요. 1984년 노동당 전당대회 자리에 나도 있었고 스카길이 연설하는 것을 봤는데 충격적이더군요. 그러니까 저는 그의 연설을 처음 들었고 그런 충격을 주는 연설을 들어본 적이 없었던 거죠. 그건 정통 스탈린주의 식의 비판을 펼쳤어요. 이런 문장도 있었어요—25년이 지났는데도 생생하게 기억하죠. "마거릿 대처는 자신의 계급을 위해서 싸우고 나는 나의 계급을 위해 싸우려고 여기에 있습니다." TV에서 본 히틀러의 선동을 떠올리게 했어요. 나는 홀로 떨어져 간신히 서 있었는데 다른 모든 이들이 엄청나게 흥분하는 걸 보고 두려움을 느꼈어요. 아마 오늘날도 사람들은 그런 장면에 흥분을 느낄 거예요.

다른 노팅엄셔 광부들과는 달리 에이드리언 길포일(Adrian Gilfoyle)은 최후까지 파업에 가담했다. 무엇보다 그는 갱도 안에서의 우정을 기억

했다. "직업을 지킨다는 점에서 파업은 중요했어요. 저한테는 자식이 둘 있어요. 애들이 다른 직업을 얻을 수 있다면 솔직히 갱도에 밀어넣고 싶지는 않았죠. 하지만 다른 직업이 없을 때라면 그건 기회가 되거든요. 아주 괜찮은 견습인 셈이죠. 한번 도전해볼 만한 일이에요."

때때로 그 투쟁은 그 말 자체로 계급전쟁이라는 느낌을 주었다. "새벽 5시쯤 일어나곤 했는데 런던에서 온 경찰들이 있었죠. 그들은 새벽 5시에 방패를 두드려 모든 사람들을 깨웠어요. 아마 믿지 못할 거예요. 끔찍했죠. 하지만 그럴수록 제 결심은 더 굳어졌어요."

하지만 '오그리브의 전투'(Battle of Orgreave)만큼 치열한 전쟁은 없었다. 1984년 7월 18일 6천명이 넘는 광부들이 사우스요크셔의 오그리브 광산을 봉쇄하려고 시도했다. 에이드리언 길포일도 그들 가운데 있었다. 그들은 영국 10개주 전역에서 온 수천명의 경찰과—말을 탄 경찰도 있었다—대면했다.

문제가 일어난 그날, 그들은 이 사태가 광부들의 책임이라고 했어요. (…) 시위대는 아무것도 하지 않았는데 갑자기 말을 탄 경찰들이 나타났고 문제가 발생했지요. 제 기억으로 저와 제 형이 거기 있었는데 믿을 수가 없었어요. 이윽고 말 탄 경찰이 우리를 쫓아왔고 우리는 겨우 그를 피했죠. 그런데 그가 다른 청년의 머리를 곤봉으로 내리치는 거예요. 머리가 깨지고 (…) 우리는 달려서 아스다(월마트의 영국 체인점—옮긴이)로 들어갔고 가게 주인이 경찰이 들어오는 걸 막았어요. 그가 말하더군요. "바구니를 집고 원하는 걸 담아서 적당히 나가요. 내가 도와줄 테니." 정말 끔찍한 일이었어요.

체포된 시위대들은 재판에서 모두 졌고 수천 파운드를 배상해야 했다. 다른 파업 광부들처럼 길포일도 아내의 도움에 의지했다. "아내는 여성행동그룹 단체에 소속돼 있었어요. 그녀는 여기저기 행진에 참여했고 그 청년이 살해됐을 때(스물세살 먹은 요크셔의 광부 데이비드 존스는 시위대에 있다가 미심쩍은 죽음을 맞이했다) 올러턴의 장례식에도 갔어요. 무덤 주변에서 찍은 사진도 있죠." 어느날 그는 아내에게 말했다. "아, 난 내일 일자리로 그냥 돌아갈 거야." "갈 테면 가요. 다리를 분질러놓을 테니!" 그녀는 대답했다. 길포일 같은 광부들만 희생당한 것은 아니었다. 그의 아내도 어느날 복직한 광부의 불평 때문에 초등학교 보조교사 자리를 잃고 돌아와서는 '가슴이 찢어지도록 흐느꼈다.'

파업이 끝나고 얼마 지나지 않아 그녀는 몸에 이상을 느끼며 집으로 왔다. "의사를 불러달라고 하더군요. 파업중에 전화를 끊어버리는 바람에 이웃집에 가서 연락을 해야 했죠. 그녀는 심장마비로 쓰러졌고 몇분 되지 않아 숨을 거두었어요." 그녀는 겨우 서른다섯살이었고 슬하에 열살, 다섯살짜리 두 아들이 있었다.

광부들의 파업은 1985년 3월 3일 1년간의 거대한 투쟁 끝에 막을 내렸다. 그들이 다시 일자리로 돌아갔을 때 브라스 밴드와 노조 깃발이 그들과 함께했다. "대처는 뜻을 이뤘죠, 그렇지 않나요?"라고 길포일은 말한다. "그리고 우리는 꼬리를 내리고 되돌아갔어요." 1974년과 달리 정부는 구체적인 준비를 했다. 그건 1978년 누출된 보수당 문건

차브

인 리들리 플랜에 의해 수행되었었는데 그 문서는 노조, 특히 광부 노조를 접수하기 위한 청사진을 ―석탄 비축을 포함한― 담고 있었다.

다른 노조들과 지도부들은 광부들을 지원하지 않았다. 그들에겐 전국적인 투표망이 없었기 때문이다. "그 계획은 노동운동에서 지도부를 분리했어요. 때문에 지도부가 사실상 광부들을 지원하지 못했죠"라고 토니 벤은 말한다. 광부를 지원하지 못한 이유가 무엇이든간에 노동운동의 운명은 그 파업과 연관돼 있었다. 그 패배는 결코 회복되지 못할 결정타였다. 광부들은 나라에서 가장 강력하게 조직된 세력이었다. 그런 그들이 패배했는데 다른 무슨 희망이 있겠는가?

스카길 광부노조 의장은 정부가 광업을 파괴하려 획책했다는 집요한 주장으로 비난을 받았다. 오늘날 사실상 광업은 사라져버렸다. 대처의 보좌관이었던 노먼 테빗(Norman Tebbit)조차 최근 이렇게 밝혔다. "광부 사회는 대부분 완전히 붕괴되었습니다. 직장을 잃은 사람들은 마약에 빠졌고 모든 직장이 사라져버렸기 때문에 아무도 남지 않았죠. 결국 가정이 파괴되고 청년들을 통제할 수 없게 되는 등 이들 공동체를 붕괴시켰어요. 폐쇄의 여파가 너무 컸지요."[6]

파업의 지지자들과 반대자들 모두 찬성하는 한가지는 파업이 노조에게 잊지 못할 교훈을 심어줬다는 것이다. "그것은 정부의 전환점이었어요"라고 웨스트로디언에서 퇴직한 광부 로버트 포사이스(Robert Forsythe)는 말한다. "정부가 광부를 때린다면, 이제는 아무나 때릴 수 있는 거예요." 사이먼 헤퍼 기자도 같은 의견이다. "제 생각에 광부들의 파업은 많은 쇄파들에게 못이룬 꿈으로 남을 거예요. (…) 그 사건이 남겨준 교훈은 정부와 싸우려면 위험을 감수하라는 것이었죠." 사반세기가 지난 오늘날까지도 노조지도자들은 그 파업에서 공포를 느낀다. 노조지도자 마크 서웟카(Mark Serwotka)는 그 파업의 유산이 "수년을 이어온 실망과 패배주의"라고 말한다.

많은 광부들과 지지자들은 파업을 지지하지 않은 닐 키녹 전 노동당 당수를 비난했다. 오늘날 그는 스카길과 대처를 향해 '두 집안 모두 저주가 있으라'는 양비론적 태도를 유지하면서도 대부분의 신랄한 비판은 노조지도부에 가하고 있다. 심지어 그는 그것을 노동운동에 '유익한' 패배라고 묘사하면서 결과를 받아들인다. "노조는 보수당 정부가 탄광산업을 가루로 만들 수 있다면, 다른 어떤 산업도 그렇게 할 수 있다는 것을 보았습니다. 그것이 당연히 조직된 노동의 관점을 바꿔놓았어요. 저는 아무도 비난하지 않습니다!" 그는 이어 덧붙였다.

대처 정부의 야심은 어느 정도 테드 히스의 패배와 관계가 있었습니다. 그러나 훨씬 더 중요한 것은 노동운동을 제자리로 돌려놓겠다는 결심이었죠. 그리고 그것을 행할 전략적으로 가장 확실한 방법은 광부들에게 도전해 싸워 이기는 것이었어요. 왜냐하면 결과적으로 드러났듯이 광부들을 물리치는 것이 나머지 노조들에 끼칠 반사효과가 아주 뛰어났거든요.

당시 많은 사람들이 보기에도 광부 파업은 노동계급의 마지막 기회였다. 하지만 광부들의 사나운 대오는 부서졌고 그 여파는 탄광 마을까지 밀려들어갔으며 지지부진한 퇴락을 맞이했다. 인기 역사가 데이비드 키너스턴(David Kynaston)은 파업 이후의 분위기를 다음과 같이 회상한다. "사람들은 옛날 노동계급이 더이상 힘도, 강한 영향력도 가지지 못한다고 생각했어요. 그건 근본적으로 엄청난 사고의 전환을 의미했죠. 또한 저처럼 런던 교외에 거주하는 중간계급들이 있었죠. 그들에게는 뭔가 잘 마무리되었다는 느낌이 들었고 갑자기 그런 운동이 상대적으로 덜 중요해진 것처럼 보였어요."

대처의 십자군전쟁 즈음에 노동자의 반은 노조원이었다. 그런데 1995년에 그 숫자는 3분의 1로 줄었다. 노동계급에게 정체성을 부여해주던 산업들은 파괴되었고, 더이상 노동계급임을 기념할 만한 아무것도 남지 않은 것처럼 보였다. 그러나 대처리즘은 대안을 약속했다. 노동계급을 떠나보내고 번영의 중간계급 시대를 맞이하자는 것이었다. 이에 동참하지 못한 사람들은 새로운 영국에서 설 자리를 잃을 지경이었다.

1979년 새로 선출된 대처 정부의 주택법안이 모습을 드러내자, 정부는 흥분을 감추지 못했다. "이 법안은 금세기 가장 중요한 사회적 혁명 중 하나를 기초할 것이다"라고 보수당 마이클 헤슬타인 의원은 당당하게 주장했다. 그 법안의 핵심에는 잘 알려진 대로 '구매권'이 있었다. 공영주택 거주자는 거주기간만큼 할인된 가격에 집을 살 수 있었다. 가령 20년간 공영주택에 살았다면 시장가격의 반에 집을 구입하는 식이나. 100%의 주택담보대출도 제공되었나. 선에 없던 내집 마련의 기회가 정부에 의해 추진된 것이다.

이 정책은 의심할 바 없이 많은 노동계급에게 인기가 있었다. 10년 동안 백만 채의 공영주택이 팔렸다. 이전 거주자들은 페인트칠 한번 하고는 내집 마련의 꿈을 이루었다. 1985년 노동당은 그 정책에 더이 상 반대하지 않았다. 하지만 그것이 소문처럼 그렇게 자발적인 것만 은 아니었다. 1980년대 말, 보수당 정부는 공영주택조합을 재정적으 로 압박해 강제로 집을 팔게 하는 법안을 도입했다.

단지 집을 소유한다고 중간계급으로 편입되는 것은 아니다. 세를 내는 대신 대출을 갚아야 한다는 사실이 먹고살기 위해서 노동을 해 야 한다는 현실을 바꿔주지는 못한다. 그의 전생애를 돌아보면서 닐 키녹은 "1950, 60, 70년대에 사람들은 개인 소유자에게 집을 샀어요. 그렇다고 그게 그들의 소속이나 의무나 정체성을 변화시킨 것은 아니 에요"라고 말했다. 영국의 자동차 노동자들은 오래전부터 집을 소유 했지만 1970년대를 통틀어 가장 전투적인 노조원으로 남아 있었다.

하지만 그 정책은 다른 누구보다도 인간 자신을 '스스로 책임지는 개인'으로 만들겠다는 대처의 결심을 대변하는 것이었다. 그것만으 로도 사람들이 자신의 성공이나 실패에 책임을 느끼도록 할 수 있었 다. 대처리즘은 성공이 소유에 따라 측정된다는 새로운 문화를 촉진 시켰다. 이 문화에 적응하지 못하는 자들은 도태되었다. 공동체를 발 전시키기 위해 함께 일하는 인간이라는 열망은 사라졌다. 그것은 사 회적 희생과는 상관없이 개인으로서 자신을 위해 더 노력하는 것으로 새롭게 정의되었다.

사회적 대가는 매우 컸다. '낙오자들,' 곧 그 부동산 사다리에 올라타지 않은 용감한 공영주택 거주자들은 공적인 비난에 직면했다. 대처 집권 이전 공영주택의 평균 임대료는 주당 6.2파운드였는데 10년 후에는 거의 4배나 상승했다. 대처 집권기에 주택공급은 60%나 떨어졌다. 그러나 가장 고통을 겪은 것은 다음 세대였다. 정부는 팔려나간 분량을 채우기 위한 공영주택 건설을 금지했다.

주택구호피난처(Housing Charity Shelter, 영국의 부동산 시민단체—옮긴이)는 당시 구매권에 반대했다. "그 정책이 오랜 기간 공영주택 재고의 유동성에 끼칠 충격을 알고 있었기 때문이지요"라고 피난처의 마크 토머스(Mark Thomas)는 말한다. "이 주택들을 할인해서 팔아버리면 실제로 공공주택을 재공급하는 데 투자할 수 없게 되는데 이런 우려가 결국 현실로 드러났어요. 아주 최근에서야 우리는 구매권 시절에 잃어버린 집보다 더 많은 공공주택을 건설하는 쪽으로 방향을 바꾸었어요."

주택에 대한 급증하는 수요는 가격을 높였고 재앙에 가까운 집값 버블을 일으켰다. 사회는 주택공급에 대한 사람들의 엄청난 요구를 점점 더 감당할 수 없는 지경에 처했고, 수백만의 사람들이 수년간 공영주택 대기자 명단에서 목을 빼고 기다리는 사태도 벌어졌다. 1984년에서 1989년 사이 집 없는 사람들이 숫자가 38%나 증가한 것도 놀랄 것이 못된다.[7]

그 정책은 또한 내집 소유자와 공영주택 거주자들 사이의 분리를 초래하면서 노동계급을 갈라놓았다. 구매권이 의미하는 바는 가장 괜찮은 주택 재고분은 팔려버렸나는 것이나. 또한 상대적으로 형편이 좋은 공영주택 거주자들이 주택 소유자가 되었음을 의미한다. 공영주택에 남겨진 사람들은 점점 더 가난해졌고 가장 나쁜 집에 머물게 되었다. 1986년에는 공영주택 거주자들의 거의 3분의 2가 소득 대비 하위 30%를 차지했고 단지 18%만이 상위 50%에 속했다. 하지만 그보다 7년 전에는 상위 10%의 5분의 1이 공영주택에 살았다. 공영주택은 점점 더 가장 곤궁하고 불우한 처지에 있는 사람들에게 돌아간 것이다. 공영주택 단지가 황폐화된 우범지대에다 아주 못사는 동네라는 이름을 얻은 것이 바로 80년대였다. 이런 말에는 과장이 섞이긴 했지만 거기에 일말의 진실이 있다면 그것은 정부 정책이 빚은 직접적인 결과였다.

열망을 재규정하는 도구가 단지 내집 소유를 부추기는 것에 그친 것은 아니다. 대처 정부에서 부(또한 부자가 되는 것)는 찬미되었다. 보수당은 부자는 스스로의 재능으로 열심히 일해서 된다는 생각과 그러지 못한 사람들은 뭔가 모자란다는 암시를 계속 던져주었다. "나는 열심히 일할 준비가 된 사람들이 가장 큰 보답을 받아야 한다고 생각합니다. 그래서 우리는 게으름뱅이가 아니라 노동자들을 밀어줘야 합니다." 이것이 대처의 낭랑한 목소리였다.

부자들은 전에 없이 우상화되었고 런던 금융가 사람들도 그랬다. 이른바 빅 뱅(Big Bang, 1986년의 런던 주식시장 대개혁—옮긴이)이나 금융서비스의 규제 철폐는 영국을 더욱 런던 금융가에 의지하게 만들었을 뿐 아니라 건달들과 투기자들을 영웅으로 변모시켰다. "모든 사람은 자

본가"라고 대처는 주장했다. 이는 성취될 수 없는 목표였지만 사람들
이 이제부터 행진해야 할 길을 보여주었다.

　가능한 한 많은 돈을 부자들에게 삽으로 퍼주는 게 정부의 목표
가 되는 뻔뻔스런 일이 역사상 처음으로 벌어졌다. 첫번째 예산편성
에서 최고소득층의 근로소득세(83%)와 불로소득에 대한 세금(97%)은
60%로 삭감되었으며 법인세는 52%에서 35%로 감면되었다. 1988년
당시 재무장관이었던 니겔 로슨(Nigel Lawson)은 한술 더 떠서 최고 세
율을 40%로 줄였다. 조프리 하우 재무장관은 "세무구조를 기업에 걸
림돌이 되지 않게끔 바꿔야 한다"는 자신의 생각을 완고하게 고집했
다. 하지만 대처가 벌인 계급전쟁에서 이것이 의미하는 바는 세부담
을 부자에게서 모든 사람들에게 확대하는 것에 다름 아니었다. "그것
이 재산이나 수입의 분배에 올바른 영향을 주는지 그렇지 않은지에
대해선 말할 수 없어요"라고 하우는 이야기한다. "하지만 확실한 것
은 그것이 자유를 주며 돈을 벌고, 저축하고, 사업을 확장하는 기회를
높여준다는 것이죠."

　하우가 주장하듯이 보수당은 "직접세의 부담을 줄여주는 자원을
개발해야만" 했다. 그래서 짜낸 계책이 부가가치세(VAT), 즉 구입하는
상품에 부과하는 세금이다. 당신이 가난할수록 소득 중 더 많은 부분
을 부가세로 지불하게 된다. 하지만 이는 부자들에게 봄바람처럼 푸
근한 제도다. 보수당 정부 말년인 1996년, 상위 10%의 세 자녀 가구
는 대처가 처음 정권을 잡았을 때보다 1년에 평균 2만 1천 파운드를
더 벌었다.[8] 상위 10%의 수입이 결혼한 가구 수입의 65%를 차지하

게 된 것이다.[9] 영화감독 스티븐 프리어즈(Stephen Frears)는 로슨이 최고 세율을 40%로 감면했을 때를 이렇게 회고한다. "그건 로슨이 문을 두드리고 '여보게. 여기 5만 파운드짜리 수표 받으시게'라고 말하는 것과 같았어요."

그 밖의 다른 보통사람들에게 세금은 1979년 임금의 31.1%를 차지하다가 1996년 말에는 37.7%까지 올라갔는데 이게 다 그놈의 '감세를 추구하는 보수당' 때문이었다. 하위 10% 수입은 부동산비용을 제외하고 거의 5분의 1 수준으로 떨어졌다.[10] 이들이 소유하던 국내 재산은 거의 반토박이 났다.[11] 1996년 하위 10%의 세 자녀 가구의 소득은 대처가 집권을 시작할 때보다 625파운드나 줄어들었다. 1979년에 5백만이었던 빈곤층이 1992년에는 거의 1천 4백만에 이르렀다. 보수당 정부하에서 상위 1%의 소득증가율이 4%에 달했던 반면, 중간계층의 소득은 평균 1.6% 상승하는 데 그쳤다.[12]

내가 빈곤층의 삶의 질이 사실상 떨어졌다는 통계수치를 읽어주자 조프리 하우는 꽤 심기가 불편해졌다. "그런 방식으로 생각해본 적이 없어요, 왜냐하면⋯ 아니, 그런 식으로 해본 적이 없고, 그래도⋯ 말기에는 더 좋아졌잖아요, 안 그런가?"

공인회계사이자 탁월한 세무전문가인 리처드 머피에 따르면 "대처는 사회 최고위층의 세금 부담을 최저층에게 전가시킨 장본인이죠. 대처 시절 급증한 빈부간 차이는 그런 재정정책 때문에 발생했습니다. 그게 신중한 선택이었다는 점은 부인하지 못하죠." 신중하다고? 무엇이? "왜냐하면 사회 최고위층이 부를 발생시킨다는 게 그녀

차브

의 철학이기 때문이죠. 그녀는 나머지 사람들을 그저 낙오자로 봤고 별로 중요하게 여기지도 않았죠." 세무구조는 민중의 재산을 대충 반영하여 재정립되었던 것이다.

어떻게 정부가 부자들의 뒤를 밀어주는 것이 정당화될 수 있었을까? 대처주의자들은 낙수효과 즉, 최고위층에 쌓인 부가 점점 아래로 떨어진다고 주장하는데 이런 현상은 결코 일어나지 않았다. 그래서 대처리즘은 실패한 경제정책 대신 희생자들을 공격했다. 희생자들이 고통을 겪고 있다면, 그건 희생당한 개인 자신의 잘못이라는 것이다.

대처 철학의 핵심에는 가난이 실제 존재하지 않는다는 생각이 자리잡고 있었다. 누군가 가난하다면, 그건 그들의 개인적인 실패 때문이다. "오늘날 이 나라에 근원적인 가난이란 존재하지 않는다"고 대처는 언젠가 말했다. "서구 사회에 남겨진 문제는 가난이 아니다. 물론 사람들이 어떻게 투자할지, 수입을 어떻게 지출할지 몰라서 생기는 가난은 있다. 하지만 가난은 정말 근본적으로 성격과 인품의 결함일 뿐이다."[13]

1981년 보수당 회의에서 노먼 테빗은 자신의 부친이 "자전거를 타고 일자리를 찾아나섰고 찾을 때까지 계속 찾아다녔다"는 유명한 말을 했다. 영국의 산업이 해체기에 접어들었기 때문에 이는 엄청나게 증가한 실업자들이 마땅히 해야 할 일이라는 것이다. "자전거를 타라"는 말은 대처리즘을 아주 간결하게 요약하는 국가적인 상투어가 되었다. 그 말은 특히 실업자들이 정부가 떠넘긴 문제들에 개인적으로 책임을 서야 한다는 말이었다. 이런 생각에 비추어 실업수당은 삭감되었고 더이상 소득에 따라 증가하지 않았다. 민중들을 이 지경으로 몰아넣은 것이 정부 정책이라는 말은 들으려고도 하지 않았다. 또 하나의 아이러니는, 노동자들이 일자리를 위해 싸울 때—광부들이 그랬듯이—그들은 더욱 심하게 악마화된다는 것이다.

보수당은 여전히 때만 되면 이른바 복지의존(welfare dependency)에 일제사격을 가하곤 한다. 하지만 복지를 위한 공공부문의 지출이 전례없이 치솟았던 시기는 바로 대처 정부 때였는데 그 이유는 전통의 산업지대에서 안정된 일자리가 지속적으로 사라졌기 때문이다. 대처는 자신의 정책이 잘못되었다는 지적에 맞서 완고하게 저항했다. 생활보호 대상자들을 향해서 그녀는 "그들의 가난은 물질적인 것이 아니라, 행동에서 비롯된 것"이라고 주장했다. 심지어 그녀는 "복지의존은 여전히 지나치게 사회주의적인 사회에서 나오는 고전적인 선언"[14]이라고 주장하기도 했다. 그렇다면 아마도 대처야말로 나라를 이전보다 더 사회주의에 가깝게 만든 장본인일 것이다.

범죄의 폭발은 대처리즘 이데올로기가 현실에서 어떻게 적용되었는지를 보여주는 또다른 충격적인 사례였다. 1981년 폭력적인 범죄의 수치를 측정하기 위해 설립된 국가범죄연구소는 첫 조사에서 200만 건이 넘는 폭력사건이 발생했다고 보고했다. 보수당 집권이 끝날 무렵 그 수치는 두 배로 증가했다. 가장 범죄가 빈발한 지역은 일자리가 사라진 가난한 동네들이었다. 대량실업과 가난에 의해 발생한 사회적 충격과 범죄의 연관성은 부정할 수 없었다. 단지 대처만 다르게 생각했다. "실업이 범죄에 영향을 준다는 말을 종종 들었고, 저도 혼자 그렇게 생각해보기도 했습니다. 그러나 그렇지 않습니다. 절대로 그럴 리가 없습니다."[15]

대처는 자신의 경제초토화 정책이 이런 징후들을 만들어냈다는 사실을 인정하지 않으려고 했다. 1986년 발의된 형법은 형량을 늘리고 배심원의 이의제기권을 축소함으로써, 더 많은 범죄자들을 구속하면 범죄문제를 해결할 수 있다는 환상에 호소했다. 같은 해에 발효된 치안유지법은 경찰이 범죄세력을 쓸어버리도록 허락했다. 대처리즘은 범죄가 개인적인 선택일 뿐 산산조각난 공동체에서 번성하는 사회적 질병은 아니라고 보았던 것이다.

마약 사용자를 향한 태도도 이와 아주 유사했다. 등록된 마약 중독자의 숫자 역시 보수당 통치기간에 급증했는데 1980년에 3천명 미만이던 것이 1996년에는 4만 3천명에 이르렀다. 1960년대에는 중간계급 마약 남용자가 지배적이었던 반면, 1980년대의 중독자들은 실업자, 독신자, 가난한 지역 거주자, 무능력자들이었다. 마약 전문가 줄리언 부캐넌(Julian Buchanan) 박사는 비숙련 젊은층들을 위한 취업 기회가 사라지면서 나타난 탈산업화 현상이 근본원인임을 밝혀냈다. "마약 중독은 고립된 지역의 불만에 찬 젊은 노동자층에서[16] 처음 형성되었습니다."

마약 구호단체이자 약물 방지기구인 드럭스코프(DrugScope)의 마틴 반즈(Martin Barnes) 대표도 구(舊)산업의 붕괴에 큰 책임이 있음을 부정하지 않는다. "저는 1980년대와 90년대의 경기후퇴를 기억하는 세대입니다. 경기후퇴는 수많은 지역사회, 가정, 개인들을 나락에 빠뜨렸습니다."

지역사회와 가정, 개인들이 실업의 충격을 받았을 때, 이것은 단지
직업을 잃었다거나 몰락한 사업 때문에 영향을 받았다는 의미가 아
닙니다. 그것은 그들의 수입이 대단히 부족하다는 것을 의미하죠. 누
군가 헤로인을 구입할 수 있거나 그걸 구입하기 위한 재물을 훔칠 수
있다면, 그걸 처음 해보는 기분이란 명백히 황홀한 거예요. 당신은
얼마나 기분이 좋은지 아마 상상할 수 없을 겁니다. 어떤 사람들이
기분전환에 중독되는 것이 이상한 일인가요?

그러나 대처의 대응은 "우리는 마약과 전쟁중"이라는 선언이었다.
1995년 거의 10만명에 달하는 사람들이 마약 관련 범죄로 기소되었
는데 이는 12년 전보다 4배나 증가한 것이었다.

또다른 힘없는 노동계급은 공격에 직면했다. 대부분 가난하게 사
는 홀로된 부모들은 무책임하며 자선에 중독된 채 일자리를 회피하
는 자들로 규정되었다. 1991년 그들의 숫자는 20년 전보다 2배나 증
가했다. 그 증가는 가난한 지역, 특히 실업으로 큰 타격을 입은 지역
에서 더 심했다. 하지만 정부는 아이를 혼자 키우기 위해 고군분투하
는 그 가난한 여성들을 향한 일말의 동정도 없었다.

1992년 보수당 회의에서 사회복지부 장관이었던 피터 릴리(Peter
Lilley)가 홀로된 엄마들을 공격하면서 한 연설은 그들을 향한 케케묵
은 편견을 반복했을 뿐이다. 그는 길버트와 설리반(빅토리아 시대의 오페

레타 작사가와 작곡가—옮긴이)의 노래를 부르듯 말했다. "나는 그저 주택분양 리스트에 오르기 위해 임신을 하는 젊은 여성들의 명단을 꽤 가지고 있습니다." 그건 자기 목소리라고는 없는 가난한 사람들을 비웃기 위해 내각장관이 공공장소에서 부르기에 딱 적합한 노래였다. 이것이야말로 대처리즘의 뼛속깊은 모습이었다.

이런 언짢은 일이 노동계급에 잘 먹혀들었을까? 분명히 그랬다. 또한 이것은 노동자 그룹들이 서로를 반목하도록 만드는 정치적 유도장치가 돼주었다. 대처리즘은 사방에서 밀려든 대처리즘의 과잉 때문에 거의 파괴된 노동계급 공동체를 갈라놓으려 했다. 이는 여러 세대를 걸쳐 정복자들이 즐겨 쓰던 구식 분열정책이었다. 대처의 파괴적인 계급전쟁으로 고초를 겪은 노동계급은 이제는 가난을 자초한 것으로 취급되는 '하위계급'으로 재편성되었다.

노동계급 문화와 공동체, 정체성을 향한 이 모든 망치질은 치명적인 결과를 가져온 것으로 보인다. 축구는 오랫동안 노동계급 레저의 핵심으로 자리잡아왔다. 각본가 지미 맥거번(Jimmy McGovern)은 다음과 같이 지적한다.

노동계급의 대중적 이미지는 축구와 끈끈하게 연결돼 있었다. 전통적인 탄광, 섬유, 토목 산업 시대에서 노조와 정당이 역사적인 결합을 이룬 시대와 노동계급이 자부하던 것들이 모두 퇴화된 후까지 단 하나 남아 있던 노동계급의 자부심이 휩쓸려가버린 것이다.[17]

축구 팬들은 과격한 소수의 행동 때문에 훌리건 또는 악당으로 악마화되었다. 그 가운데 노동계급은 악마화되었을 뿐 아니라 비인간화되기까지 했으며 영국 축구 역사상 가장 끔찍한 비극인 1989년 힐즈버러 참사(Hillsborough Disaster)에 이르러서는 참담한 처지에 놓이기까지 했다.

어느 청명한 봄날 셰필드의 힐즈버러 스타디움에서 리버풀과 노팅엄 포레스트의 FA컵 준결승이 열렸다. 경기 시작 전 엄청난 숫자의 리버풀 팬들이 경기장 밖에 운집했다. 중앙관중석에는 이미 흥분한 관중이 가득한 채 심판의 휘슬을 기다리고 있는데, 애석하게도 경찰이 관중을 더 들여보내려고 비상구를 열었던 것이다. 지침에 의하면, 중앙관중석이 가득 찰 경우 경찰은 관중들을 양쪽 관중석으로 인도하게 돼 있었다. 그런데 불가사의하게도 경찰들은 그렇게 하지 않았고 연쇄적으로 관중들은 점점 앞으로 쏠렸다. 이 나라의 다른 경기장과 마찬가지로, 리버풀의 관중들도 마치 동물들처럼 철로 된 펜스에 터질듯 갇힌 상황이었다. 질식한 관중들이 생존을 위해 절박하게 경기장으로 쏟아져나오자 경기장 침입으로 오인한 경찰은 그들을 다시 관중석으로 밀어넣으려고 했다.

관중들이 경기장에서 죽어가는 사람들에게 인공호흡을 시도할 때조차 경찰은 차단선을 치고 리버풀 관중들이 반대편 노팅엄 서포터들에게 접근하는 것을 막는 데만 급급했다. 차단선을 뚫고 부상자들을 앰뷸런스로 옮기려는 관중들마저 완력으로 저지되었다. 경찰이 '군중 소란'을 우려했기 때문이었다. 44대의 앰뷸런스가 경기장에 도착했지만 경찰은 단 1대만 들어가도록 허락했다. 1989년 4월 15일의 이 사건으로 96명의 리버풀 팬들이 죽어가는 동안 단 14명만이 병원에 후송되었다. 가장 나이어린 희생자는 열살짜리 소년이었다.

사후 조사 결과 경무관 데이비드 더큰필드(David Duckenfield) 지휘하에 있던 경찰에게 책임이 돌아갔다. "부적절한 안전조치와 허술한 관중관리"가 그 이유였다. 하지만 경찰은 책임을 질 의향이 없었다. 대신, 경찰은 희생자들을 공격했다. 경찰은 술에 취한 리버풀 관중들 때문에 재앙이 빚어졌다는 잘못된 정보를 퍼트렸다. 더큰필드는 잠겨 있던 문이 리버풀 팬들에 의해 강제로 열렸다고 주장했으며 그의 부하들은 기꺼이 팬들의 책임을 입증할 증거들을 조작해냈다.

비극이 있고나서 수요일자 『선』지는 경찰에 의해 조작된 거짓말을 근거로 희생자들을 잔인하게 공격해댔다. 관중들은 죽거나 죽어가는 사람들의 지갑을 털었고, 경찰, 소방관, 앰뷸런스 구급대원들도 훌리건의 공격을 받았으며, 리버풀 서포터들은 시신에 오줌까지 쌌고, 인공호흡을 하던 경찰도 구타를 당했으며, 사망한 한 소녀는 강간을 당했다고까지 기술했다. 이런 거짓말에 대해 기사가 나간 15년 후에 해당지가 사과를 했음에도 오늘날까지도 머지사이드 주에서는 『선』지 불매운동이 널리 퍼져 있다. 영국에서 노동계급에 가해진 10여년의 공격과 중상모략의 역사에서 힐즈버러는 이렇게 새로운 암흑을 기록했다.

어떻게 새롭고 공격적인 보수당 계급전사늘이 거늡 승리할 수 있었을까? 조프리 하우가 뻔뻔하게 밝히기로는, "우리 일에 반대하는 세력이 실제로 그리 두렵지 않았다"고 한다. 그 이유는 오랫동안 신비에 싸여 있다. 대처가 노동계급의 지지를 받는 이유는 공영주택 판매, 그리고 법과 질서를 중요시한 정책 덕분이라고 자주 언급된다. 그런 조치들이 특히 남부지역을 중심으로 한 노동계급의 표를 보수당으로 가져왔다는 것은 사실이다.

하우에 의하면, "보수당은 노동자들이 성공에 대한 존경심과 스스로 성공을 이루겠다는 열망을 가졌기 때문에 지지를 얻었다. 그래서 우리의 접근방식을 더 호의적으로 보는 것이 훨씬 자연스럽다. 노동자들은 가난 따위는 크게 걱정하지 않는다." 보수당 정책의 핵심에 자리잡은 것은 바로 '상층에는 빈자리가 있다'는 생각을 주입시키면서 상류층과 가난한 노동계급 유권자를 갈라놓는 것이다.

그러나 사실상 대처는 1979년 집권시 2차 세계대전 이후의 어떤 집권당보다 적은 표를—1974년 두번의 총선을 제외하고는—얻었다. (노동당이 패배한) 1979년에는 (노동당이 승리한) 1974년보다 더 많은 사람들이 노동당을 찍었다. 그것은 대처의 승리에 기여한 보수당 캠프에 대한 자유주의적 유권자들의 배신이었다. 앤서니 에든(Anthony Eden) 같은 사회적 보수당 지도자들 시대에 보수당은 보통 50% 수준의 지지율을 이끌어냈다. 그러나 대처 시기에는 잘해야 44% 정도일 뿐이었다. 실제 투표장에 간 사람들을 헤아려볼 때—노동당 성향의 가난한 사람들이 투표장에 잘 안 가는 것을 참작해서—대처는 실제 유권자의 3분의 1 이상의 지지를 받은 적이 한번도 없는 것이다.

사실상 대처는 첫번째 수상 재임기간 중 여론조사에서 3위까지 추락하기도 했다. 그러자 아르헨티나 군사정부가 그녀를 구원했다. 1982년 아르헨티나 군사정부가 포클랜드 제도를 침공했을 때, 이 섬에 대해 들어본 사람은 거의 없었다. 하지만 영국이 전쟁에서 승리하자 애국주의 열풍이 불어닥쳤다. 그뿐 아니라 이 사건은 재앙에 가까운 정책에도 불구하고 그녀가 1983년 총리 관저에 재입성하는 결정적인 계기가 되었다.

대처의 승리 이후 노동당이 좌파 쪽으로 움직이자 노동당 내 우파들이 사회민주당(Social Democratic Party)을 형성하고 자유주의자들과 연대하면서 당은 분열되었다. 1983년의 파국을 회고하면서 마이클 풋(Michael Foot)은 "그 주된 원인은 이른바 사회민주주의자들의 이탈이었으며 그들의 배신이 나라를 대처리즘으로 이끌었다"[18]고 확신했다. 대처는 1979년 이후 50만표를 잃었지만, 분열된 적진 덕분에 유권자들 사이를 뚫고 압도적인 승리를 거두었다.

그 1983년의 저주받은 선거에서조차 노동당은 단순 노동자 층에서 우위를 지켰다. 그러나 숙련 노동자와 반(半)숙련 노동자층에서는 1992년까지 보수당에 우위를 되찾지 못했다. 1992년이 돼서야 선거 연합에 참여한 사람들이 자신들의 정치적 고향으로 돌아왔기 때문이다. 대처가 계속 승리한 이유는 그녀에게 반대한 숙련 노동자와 반숙련 노동자층의 60%가 절망적으로 분열되었기 때문이었다.

하지만 노동당의 거듭된 대패에는 그들 자신의 잘못도 있었다. 노동낭이 노동계급의 요구와 이익을 옹호함으로써 그들의 목소리를 전

날한다는 생각은 1980년대를 지나면서 심각하게 악화되있다. 사안을 거듭할수록 키녹 당수가 이끄는 노동당은 대처의 자유시장 정책에 꼬리를 내렸으며 이에 저항하는 사람들은 도태되었다.

무엇보다 이런 식의 항복에 길을 터준 것은 대처리즘의 승리 앞에서 극심하게 떨어진 사기 탓이었다. 가령, 내가 키녹 당수에게 그 스스로 '드잡이'라고 불렀던 노조와의 싸움—대처의 노조 관련법을 노조가 받아들이라는—에서 어떻게 승리를 거두었느냐고 물었을 때 그는 다음과 같이 대답했다. "그건 패배 때문이죠. 1987년의 커다란 패배 말입니다. 저는 그 연장선상에서 패배를 활용하기로 했어요. 그리고 가차없이 그렇게 했는데 왜냐하면 1988년에 저 스스로에게 거듭거듭 '그게 네가 택할 유일한 제안이야'라고 말했기 때문입니다." 신노동당이 출현하기도 전에 대처리즘은 노동계급이 정치적 옹호자를 잃을 것임을 확신했던 것이다. "진정한 승리는 하나의 당이 아니라 두개의 당을 바꾸는 것"이라고 하우는 나중에 주장한 바 있었다.

대략 12년 사이에 대처리즘은 계급의 모양새를 확 바꿔놓았다. 부유함은 아첨을 받았다. 마침내 모든 사람들은 사회적 사다리를 기어오르라고 강요당했고 사람의 가치는 소유가 얼마나 많은지에 따라 규정되었다. 가난한 자들이나 실업자들은 자기 자신을 탓하는 수밖에 없었다. 영국 노동계급의 전통적 기둥들은 땅에 처박혔다. 노동계급이 된다는 것은 더이상 자랑스러운 일이 아니었으며 절대 축하할 일도 아니었다. 연대와 같은 노동계급의 옛 가치들은 인정사정 없는 개인주의로 바뀌었다. 이제 노동계급에게는 더이상 자신들의 코너에서 싸워줄 정치인들이 없었다. 대처리즘에 의해 창조된 새로운 영국은 자본소유자, 스스로와 가족들만을 돌보는 중간계급의 세상이 되었다. 열정은 더 큰 차와 더 넓은 집을 향한 탐욕을 의미했다. 광부노조 지도자 크리스 키츤이 주장하듯 "공동체정신은 잊어버린 채 이윤을 남길 수 없다면 무슨 일이든 그만둬야 하는 것, 그것이 이른바 대처리즘의 정신이었다."

대처리즘에 의해 처참하게 산산조각난 노동계급 사회는 또한 가장 심각하게 조롱도 당했다. 그들은 피할 수 없는 역사의 행군에 짓밟힌 옛 세상의 찌꺼기들이었으며 낙오자들이었다. 그 어떤 연민도 받지 못한 채, 그들은 오히려 풍자되고 욕을 먹었다.

한때 노동계급이 공개적으로 경멸당하지 않고 후원을 받던 시절이 있었다. 디즈레일리는 노동계급을 '대리석 속의 천사'라고 불렀다. '지구의 소금'이라는 말은 그들을 가리키는 또하나의 비유어였다. 하지만 오늘날 그들은 차브라고 불릴 가능성이 더 커졌다. 지구의 소금에서 지구의 쓰레기가 된 것이다. 노동계급과 관련된 모든 것이 악마화된 것은 바로 대처리즘의 유산이다.

3장
정치인 vs 차브

이제 노동계급은 더이상 정치적 위협으로 다가오지 않고 더이상 존경할 필요
도 없다. 그리하여 상류층은 마치 18세기라도 된 듯 우월한 입장에서 잔치를
벌일 수 있게 되었다. ─폴리 토인비[1]

보수당의 데이비드 캐머런 당수에게 용기가 부족하다고는 말할 수
없다. 2008년 총선 당시 보수당 후보를 지원하기 위해 글래스고 이스
트(Glasgow East)에 진군했을 때, 그는 현장에서 사실에 근거한 적절한
관찰사례를 여럿 접할 수 있었다. 글래스고에는 나라 평균보다 2배나
많은 실업자들이 있었고, 도시 아이들 중 절반 이상이 가난했다. 이
도시는 스코틀랜드에서 마약 중독자, 주택밀집도, 가난한 연금수령
자 등의 통계치에서도 수위를 달렸다. 글래스고 칼튼 지역의 기대수
명은 54세로 런던의 켄싱턴이나 첼시 지역보다 30년 이상 낮았고, 심
지어는 이스라엘의 가자지구보다도 낮았다.

"저는 1980년대 대처 정부 시절 파괴된 산업에 대해 사과드리려고
왔습니다"라고 캐머런은 말할 수도 있었을 것이다. "오늘날 보수당
은 예전 정책들이 일자리와 공동체와 사람들의 희망과 열성에 끼친

악영향을 알고 있습니다. 다시는 이런 일이 없을 것입니다." 이렇게 말하며 이전 보수당의 정책으로 빚어진 상처를 인정하는 일이 분명 적진에서 강한 도전에 직면한 보수당 후보에게는 심각한 영향을 줄 수도 있었을 것이다.

그러나 데이비드 캐머런은 난공불락의 지역에서 보수당의 표를 구걸하기보다는 중간계급이라는 편견을 강화하는 데 더 관심을 쏟았다. "우리는 가난이라든가 사회적 배제의 위기에 처한 사람들에 대해 이야기합니다. 이는 마치 비만이나 알코올 남용, 마약 중독 같은 것들이 순전히 전염병이나 나쁜 날씨처럼 외부적인 사건이라고 말하는 것과 같습니다. 물론, 외부적 환경─어디서 태어났고, 이웃이 누구이며, 학교는 어디를 다니는지와 같이 여러분의 부모들이 만들어준 것─이 중요한 영향을 끼치긴 합니다. 그러나 사회적 문제란 많은 경우 사람들이 선택한 결과입니다."

보수당의 보도자료에 힘입어 신문들은 캐머런이 의도하는 바를 그대로 독자들에게 전달했다. "데이비드 캐머런이 비만과 가난을 말하다─책임감을 가져라"라고 『타임스』는 썼고, "비만과 가난? 그건 당신의 잘못이라고 캐머런은 주장한다"고 『데일리 메일』은 확실히 더 기쁘게 반응하며 결과물을 내놓았다. 캐머런은 대처리즘이 존중해 마지않던 정서에 기꺼이 다가갔다. 바로, 운이 나쁜 사람들은 오직 스스로에게 책임이 있다는 논리 말이다.

글래스고의 노동계급은 실제로 데이비드 캐머런이 가볍게 일축해버린 '외부적 요인', 즉 산업의 몰락에 의해 고통을 받아왔다. 그런데

차브

도 보수당 지도자는 사라진 일자리에 대해 민중들이 책임을 지라고 요구했다. 3만명이나 됐던 철강 노동자가 1순위로 사라졌고 그 뒤를 템플턴 카펫 공장, 마지막으로는 애롤의 기술자들이었다. 이들 산업 중심에 의존하던 수많은 중소기업 종사자들과 납품업자들은 이들과 함께 사라져버렸다. 그러나 캐머런은 이 불편한 진실에 대해서는 언급하지 않았다. 대신 그는 희생자들을 비판하기에 급급했다.

캐머런의 연설을 더 주목하게 만드는 것은 그 자신의 초특급 배경이다. 캐머런이 그가 비난한 사람들과 실제적으로 접촉했다는 어떤 증거도 확보되지 않은 상황이지만 글래스고의 평균적인 시민들과 달리, 그는 모든 것을 가족의 재산, 권력, 인맥에 의존했던 인물이다. 그가 런던의 한 모임에서 떠벌렸듯이 그의 "아버지는 증권거래인이었고, 할아버지도 증권거래인이었고, 증조할아버지까지 증권거래인"이었다.

소년 시절, 캐머런은 버크셔의 히서다운(Heatherdown) 사립초등학교에 다녔는데 이곳은 앤드류 왕자와 에드워드 왕자가 다녔던 초등학교다. 11세의 이른 나이에 그는 콩코드 비행기를 타고 4명의 급우들과 함께 미국에 있는 피터 게티(Peter Getty)의 생일파티에 갔는데, 피터는 석유재벌 존 폴 게티(John Paul Getty)의 손자였다. 전 가정교사 리디언 루엘런(Rhidian Llewellyn)은 캐머런과 그의 친구들이 캐비어, 연어, 적포도주로 요리한 소고기를 즐겼다고 회고했다. 기꺼이 캐머런은 돔 페리뇽 69년산을 치켜들고 "건강하세요, 선생님!"이라고 외쳤다.

캐머런이 청소년기에 이튼 스쿨을 다녔다는 사실은 잘 알려져 있다. 이 학교는 영국을 지배하는 엘리트를 육성해온 뿌리깊은 전통을 자랑한다. 대학생활을 시작하기도 전에 그는 자신의 대부였던 보수당 의원 팀 래스본(Tim Rathbone)을 위해 청소년의회 연구원으로 일했다. 몇달 후 그의 부친이 뒤를 봐준 결과 그는 홍콩으로 건너가 다국적기업에서 근무하기도 했다. 이후 옥스퍼드 대학을 졸업하고—이 시절에는 악명높은 상류 주당(酒黨)들의 모임인 벌링던 클럽의 일원이었다—보수당 중앙사무국에 낙하산 인사로 취업했는데 어느날 사무국에 그의 성공을 날려버릴 수 없다는 미스터리한 전화 한통이 버킹엄 궁전으로부터 걸려왔다. 웅장한 목소리의 남성이 사무국 직원에게 말했다. "당신들은 데이비드 캐머런을 만나게 될 거요. 정치에 시간을 낭비하지 말라고 그렇게 타일렀는데도 소용이 없더군. 정말 뛰어난 청년 하나를 당신들이 곧 만나게 될 거라는 사실을 알려주고 싶어 전화했소."

몇년 후 캐머런이 중앙사무국을 떠났을 때 주변의 뛰어난 엘리트들은 다시 한번 그가 사다리를 타고 올라가도록 도왔다. 특히 그와 마찬가지로 특권층에 속했던 약혼자 사만사 셰필드(Samantha Sheffield)의 어머니 애너벨 애스터(Annabel Astor)는 칼튼TV 사장인 자신의 친구 마이클 그린(Michael Green)에게 캐머런을 고용해달라고 청탁했다. 캐머런은 다음과 같이 회고했다. "그녀는 매우 각별한 여성이었어요. 나한테 '뭔가를 해봐'라고 했고 나는 결국 그걸 했죠!² 내 이력은 정말 진부해요. 이튼, 옥스퍼드, 보수당 연구소, 재무부, 내무성, 칼튼TV, 그리고 보수당 의원이었어요." 캐머런이 우리 같은 다수 대중과 얼마나 다른 삶을 살았는지는 딜런 존스(Dylan Jones)가 쓴 책 『캐머런에 대한 캐머런』(Cameron on Cameron)에 잘 드러나는데, 이에 따르면 그는 "기숙학교가 아닌 통학학교에 다닌 자기 아내가 '엄청 자유로운' 학창시절을 보냈다"고 부러워했다. 그래도 캐머런이 글래스고의 노동계급과 공유하는 단 하나의 특징이 있긴 하다. 노동계급과 마찬가지로, 그 역시 배경에 사로잡혀 있다는 점이다. 그가 꼭 수상이 될 이유는 없었다. 하지만 무슨 일이 있었든지간에 확실한 것은, 태어날 때부터 그가 가진 부와 특권은 죽을 때까지 변하지 않는다는 점이다. 이는 수많은 글래스고의 주민들이 부모가 물려준 가난과 실업의 위험을 안고 살아가야 한다는 사실과 유사하다.

그의 옛 친구에 따르면 캐머런은 확고한 사회적 엘리트주의자였다. "내게 국가를 경영할 자격과 권리가 있다는 믿음 자체가 보수적이라고 생각하진 않아요. 지배할 권리를 가졌다고 생각하는 사람들이 귀환하는 것, 권력을 추구하는 사람이 권력을 가진다고 보는 게 더 자연스런 것이겠지요." 이튼 출신의 또다른 동급생은 말한다. "그는 우리 시대의 이상한 산물이에요. (…) 그는 옛 보수당 시절의 '노블레스 오블리주'로의 퇴화 또는 연장이에요. 우리가 진정 아서 왕 기사단의 재집권을 원하는 걸까요?"[3]

그러나 다소 예상치 못한 취재원이 전해준 강력한 지적에 의하면 캐머런은 실제로 특권층 '아서 왕 기사단'에 둘러싸여 있었다. 레이첼 존슨(Rachel Johnson)이란 그 취재원은 절대 좌파 선동가가 아니다. 별로 신통치 않은 네나 머리카락은 축 늘어진 보수당 출신 런던 시장 보리스 존슨(Boris Johnson)의 여동생으로 그녀는 더 잘 알려져 있다. 그녀의 아버지 스탠리는 유럽의회의 보수당 의원이며 또다른 오빠 조는 런던의 기자였다가 보수당 의원으로 전직한 사람이다. 그녀는 영국 중부의 상류층 여성들이 주로 읽는 다소 너저분한 잡지 『레이디』(Lady)의 편집자로 성공한 이력을 가지고 있다. 실제로 이 잡지의 주 타깃독자는 보모와 가정부들로, '웨스트 비플릿(런던 서쪽 지역—옮긴이)에서 활발한 여아를 돌봐줄 보모 구함'이라는 광고를 흔히 볼 수 있는 잡지다.

그런데 이튼 스쿨을 졸업한 보수당 정치인의 여동생임에도 불구하고(그녀는 보리스 존슨의 배경이 데이비드 캐머런과는 '매우 다르다'고 주장하긴 하지만) 레이첼 존슨은 2010년의 총선 전에 나에게 "증권거래인들이 뒤를 봐주는 이튼 졸업생들이 정권을 잡을 거예요. (…) 맥밀런(1957~63년 영국 보수당 수상—옮긴이)과 이든(1955~57년 영국 보수당 수상—옮긴이)의 시대로 돌아가는 거죠"라고 전했는데, 과연 그녀는 옳았다. 캐머런의 첫 내각 장관 29명 중 23명이 백만장자들이었고 59%는 사립학교 출신이었으며 단 3명만이 종합학교(학생 선발 없이 입학하는 학교—옮긴이) 출신이었다.

한 여론조사가 보여주듯이 사람들 중 52%는 당연히 "보수당 정부가 일반인들보다는 부자들의 이익을 대변할 것"이라고 믿는다. 노동계급 사람들의 정서가 대부분 이렇다. 동부 런던의 간병인 레슬리(Leslie)와 연금생활자 모라(Mora)가 다음과 같이 말하듯 말이다. "보수당 사람들은 자기들만 알죠. 그들은 부자들만 알지 가난한 사람들에겐 관심이 없어요."

과연 캐머런 정치철학의 핵심에는 인간의 가능성이 경제적 배경이 아니라 행위 요인에 따라 결정된다는 이념이 자리잡고 있다. 이를테면 그는 "아이들의 가능성은 보호자의 재력이 아니라 양육의 포근함에 의해 좌우된다"고 주장한다. '물질적 가난과 가난한 삶의 가능성' 사이의 연관을 마지못해 인정하면서도 그는 개인의 삶을 이끄는 결정적인 요인은 그 자신의 행동임을 의심하지 않는다. 당연히 이런 관점은 정치적으로 간편하다. 가난에 대한 해결책이 좋은 부모가 되는 것이라면 정부가 육아보조금을 깎는다고 문제될 것이 뭐가 있겠는가?

계급불평등에 관한 이런 캐머런식 태도를 지지해마지 않는 사람이 바로 전 보수당 총재 이언 던컨 스미스였다. 수상이 되자 캐머런은 던컨 스미스를 사실상 영국 복지정책의 수장인 노동연금부 장관으로 임명한다. 캐머런의 싱크탱크인 사회정의센터를 거치면서 던컨 스미스는 가난은 돈의 문제가 아니라는 사고를 발전시켜왔다. 그에 의하면 결국 가난은 훈련의 부족, 가정 파괴, 약물 남용에 의한 문제였다.

보수당 지지기반의 연인이자 우익 유럽의회 의원인 대니얼 해넌(Daniel Hannan)도 다음과 같이 주장한다. "결과적으로 가난한 사람들에게 돈을 주어서 가난을 종식시키지는 못합니다. 이것이 바로 영국 복지주의가 지난 60년간 충분히 증명한 이론이죠."[4] 데이비드 캐머런 역시 사회정의센터의 한 보고서를 수용하면서 대단히 의심스러운 진술을 한다. "우리가 직면한 사회문제의 대부분이 가족의 안정에 연관되기 때문에 가성문제는 중요합니다." 일자리 부족이나 계급의 양극회가 문제가 아니라 '가족 인정'으로 모든 문제를 실명하는 것이다. 보수당의 비전에 의하면 당신이 가난한 것은 당신의 행동이 변하지 않기 때문이다.

이런 생각들이 '부서진 영국'을 향한 캐머런의 거의 묵시론적인 비전에 초석이 된 것이다. 각각의 가난한 노동계급 사회에 영향을 준 사회문제는 우선 부풀려지고, 그리고는 계급의 자화상으로 제시된다. 끔찍한 사건이 헤드라인을 장식할 때마다 캐머런은 사건을 하나의 증거로 제시한다.

가령, 2009년 각각 아홉살, 열한살 먹은 소년들이 사우스요크셔의 이전 탄광지역인 에들링턴(Edlington)에서 또다른 두명의 소년에 의해 고문당하고 살해되는 일이 나라를 발칵 뒤집어놓은 적이 있다. 가해자들조차 수년간의 학대에 시달려왔던 사건이었다. 그러나 캐머런에게 그 사건은 나라가 이른바 그가 말하는 '사회적 후퇴'로 붕괴된 증거였다. 캐머런은 소리쳤다. "이 사건을 개인적인 일로 말해도 되는 걸까요? 이 사건들은 더 넓은 우리 사회의 문제들, 그러니까 가정 파괴, 마약과 알코올 남용, 폭력적인 영상물, 각각의 가정에서 잘못 돌아가는 많은 문제들에 기인한 것이 아닐까요?"

또는 알피 패튼의 경우를 들어보자. 2009년 초 그가 겨우 열두살이었을 때 그의 여자친구가 임신을 했다는 주장이 제기되었다. 신문들은 아직 애 티도 벗지 못한 122센티미터짜리 아빠를 1면에 앞다투어 실었다. 이언 던컨 스미스는 이 사건이 보수당이 늘 지적하던 '부서진 영국'이라고 주장하며 급기야 정치적 언급을 하고 말았다. 옳고 그름이 어떤 사회에서는 붕괴되었다고 경고하면서 그는 "오늘날 너무나 많은 결손가정들이 아무렇게나 아이들을 양육하고 있다"고 지적했다. 그런데 결국 알피가 아빠가 아니라는 사실이 밝혀지자(아이 아빠는 당시 15세인 또다른 소년 타일러 바커로 드러났다—옮긴이) 보수당은 이상할 정도로 잠잠해졌다.

그러나 보수당원들은 정부지원금을 받아 사납게 돌아다니는 야만인들에 대한 중간계급의 두려움을 바로 키워냈다. 2010년 총선이 있기 몇달 전 당시 보수당 출신 내무부장관인 크리스 그레일링은 남부 맨체스터의 노동계급 지역인 모스 사이드(Moss Side)를 볼티모어의 마약조직과 경찰의 전쟁을 다룬 미국 드라마「더 와이어」(The Wire)와 비교하여 세간을 깜짝 놀라게 했다. 즉, 모스 사이드 역시 '도시 전쟁'을 치르는 중이라는 의미의 발언이었다. 말할 것도 없이 지역사회는 분노에 휩싸였다. 2007년 63만명 인구의 미국 볼티모어에선 237건의 살인사건이 있었다. 같은 해 영국 전체를 통틀어 624건의 과격한 살인사건이 있었는데 2010년 그레이터 맨체스터 지역 전체의 살인사건 숫자는 31건이었다. 그레일링이 모스 사이드와 비교한 볼티모어는 영국 인구의 1%밖에 안되지만 살인율은 영국의 3배에 이르는 도시였다.

또한 타락한 노동계급 사회의 이미지를 만들어내기 위해 보수당 사람들은 노골적으로 잘못된 정보를 인용하기도 한다. '노동당의 두 나라'라는 제목으로 지난 2010년 발간된 선전책자에서 보수당은 10대 임신이 영국의 가난한 지역을 중심으로 전염병처럼 유행하고 있다는 놀라운 주장을 했다. 그 책자는 가장 낙후된 지역의 18세 미만 임신 확률이 가장 부유한 지역에 비해 3배나 높다고 여러 차례 주장했다. 가장 낙후된 지역의 18세 미만 임신율이 54%인 데 반해 가장 괜찮은 지역은 19%라는 것이다.

이건 정말 충격적인 일이었다. 어떤 지역에서 10대 청소년의 반이 넘게 임신을 한다니 말이다! 그러나 이는 결국 보수당이 소수점을 제대로 찍지 않아서 10배나 많은 통계가 나온 것으로 밝혀졌다. 사실 낙후지역의 청소년 임신율은 5.4%였던 것이다. 그 책자는 또한 이들 낙후지역에서 18세 미만 임신이 10% 이상 감소되었다는 사실은 언급하지 않았는데 이는 이전 보수당 정부에서 꾸준히 상승했던 것과는 반대의 경향이었다.[5] 2007년 당시 전체 임신 중 11.4%가 20세 이하 여성이었으며 이는 가족 가치의 황금기였던 1950년대 보수당 시절과 같은 수준이었다.[6] 이런 엄청난 잘못이 단순한 실수에서 비롯됐다는 것은 분명하다. 하지만 언론에 내보내기 전에 몇번씩 문건을 체크하면서도 이런 괴상한 숫자에 전혀 놀라지 않았다는 것은 낙후된 사회에 대한 보수당의 편향된 시각을 단적으로 보여주는 예이다.

그런데 보수당은 그런 실수 이후에도 10대 임신—그래도 노동계급 사회에 더 일반적이라고 할 수밖에 없는—을 향한 중간계급의 편견을 이용하는 공격적인 모습을 보여주었다. 피터 릴리(보수당 출신 전 사회복지부 장관, 2장 참조—옮긴이)의 족적과 그가 비난한 10대 엄마들의 '리스트'를 따라 보수당의 아동부 장관 팀 라우튼(Tim Loughton)은 그들을 잡아들일 것임을 넌지시 암시했다. "열네살에 싱글맘이 되는 게 그리 좋은 생각이 아님을 확실하게 전달할 뭔가가 필요합니다. 열네살에 임신하는 것은 불법이에요. 이런 미성년 성행위로 기소되는 아이들은 얼마나 되나요? 사실상 없습니다. 법을 어기고 무책임한 섹스를 한 것에 대한 응분의 대가는 무엇인가요? 아직 아무것도 없습니다." 그래서 만약 그들이 기소돼야 하느냐고 물으면, 그는 재빨리 질문을 피해간다. "더 엄격해질 필요가 있다는 말이지요."[7]

차브 신화를 영국 정치의 한가운데 위치시킴으로써 보수당이 노리는 바는 무능하고 제멋대로이며 과격하고 성적으로 문란한 가망없는 사람들이 나라 전체를 오싹하게 만든다는 신념을 확고하게 하는 것이다. 중간계급 영국은 하나의 세계이고 차브는 다른 세계에 속한다. 2008년 보수당 지도자들이 선호하는 싱크탱크인 정책교환(Policy Exchange)에서 발간된 보고서는 이런 논리를 뒷받침한다. 이 보고서는 리버풀, 선더랜드, 브래드포드 같은 북부 도시들은 산업의 침체 때문에 '존재 이유를 잃어버린' 회생 불가능한 지역이며 그들 거주지를 모두 남쪽으로 옮겨야 한다고 전망했다. "자력갱생의 가망은 없다. 그건 불가능하기 때문이다."

보고서는 격렬한 후폭풍을 몰고왔고 데이비드 캐머런은 그 내용을 부인할 수밖에 없었다. 그러나 이 싱크탱크는 현대 보수당의 핵심에 자리한다. 그 단체는 내각장관들인 마이클 고브(Michael Gove)와 프랜시스 모드(Francis Maude, 캐머런의 자랑스런 정치적 업적의 공동설립자로 묘사되는)뿐 아니라 현재 보수당 의원이자 캐머런의 '노팅 힐 세트'의 핵심 인물인 니콜라스 보울즈(Nicholas Boles)에 의해 설립되었기 때문이다.

이 깜짝 놀랄 계획에 대한 반향은 2010년 총선 이후 보수당이 수도한 연립정부 시절 이언 던컨 스미스가 밝힌 제안에서 윤곽을 드러냈다. 정부가 일자리와 실업자들을 위한 보조를 삭감하는 동안 던컨 스미스는 공영주택 거주자들을 실업 위험지역에서 빼내 필요하다면 수백 마일 떨어진 곳으로 이주시키자고 제안했다. 이 지역에 일자리를 만들 생각은 조금도 하지 않고 수백만의 사람들이 "일자리가 없는 곳에서 파산지경에 놓여 있다"고 한탄한 셈이다. 그가 던진 메시지는 분명하다. 이 지역들은 희망도 미래도 없으며 이들을 구하기 위한 어떤 조치도 불가능하다는 것이다. 친보수당 신문인 『텔레그래프』가 주장했듯이, 1981년 노먼 테빗이 실업자들에게 '자전거를 타라'고 요청한 것과 놀랄 만큼 유사한 생각이었다.[8]

정권을 잡기도 전에 보수당은 이미 이른바 '사회정화'로 불리는 지점들을 만들어나갔다. 2009년 보수당이 집권한 해머스미스-풀럼 의회는 가난한 거주자들을 공영주택에서 쫓아내려고 시도하다가 집중적인 비난을 받았다. 의회는 3,500개의 공영주택을 허물고 그 자리에 중산층 거주자들을 끌어들일 고급주택을 건설한다는 계획을 제출했다. 데이비드 캐머런의 자문위원인 스티븐 그린할프(Stephen Greenhalgh) 의회의장에 따르면 공영주택은 '가난의 창고'이며 '복지에 목을 맨 참호' 같은 곳이었다. 정보공개법에 따라 공개된 문서들은 공영주택을 '가난한 사람들을 위한 막사'로 표현하면서 임대료를 주당 85파운드에서 360파운드로 올리려는 계획까지 제시하고 있다.[9] 그런데 아이러니하게도 해머스미스-풀럼은 캐머런에 우호적인 의회로 자주 언급된다. 즉 이것은 노동계급에 대한 보수당의 편협한 태도를 확실히 보여주는 사례다. 사회적 불평등에 대한 보수당의 많은 제안들은—그들이 처한 환경이 아니라 사람을 비난하는 식의—확고한 대처리즘의 전통을 따른다. 하지만 그런 제안들은 미국의 우익 사이비 정치학자 찰스 머레이(Charles Murray)의 족적을 따른 것으로도 볼 수 있다. 찰스 머레이는 1994년 발간된 그의 그저그런 책 『종형곡선』(*The Bell Curve*)으로 논쟁을 일으켰는데, 여기서 그는 타고난 인종적인 차이가 IQ에 영향을 준다고 밝혔다. 오늘날 보수당과 마찬가지로, 찰스 머레이는 가족 붕괴가 영국 사회의 '하층계급'을 융성하게 만들었다고도 주장한다. 그는 "유력한 경제계층—상위 중간계급으로 불리는—에 속한 가족은 생각보다 괜찮은 상태며 점점 나아질 것이다. 반면 하층계급은 악화일로를 걷고 있다"고 말했다.

하층계급의 증가하는 불법행위로 말미암아 찰스 머레이가 '새로운 오합지졸'이라고 부르는 군중이 생산되었는데 이들의 특징은 '범죄의 증가' '일자리로부터의 도피' '아동 학대' 같은 것이 대부분이다. 그리하여 찰스 머레이가 주장하는 하나의 해결책은 "홀로 사는 여자가 출산하면 경제적 제제를 가해야 한다. 끔찍한 성차별이라는 것을 나도 알지만 그래도 한번 해볼 만한 일이다."[10] 하는 식이다.

혼자 사는 여자에게 경제적 불이익을 주는 대신 보수당은 2010년 대선운동 당시 결혼한 커플에게 150파운드의 세금혜택을 부여하는 정책을 추진했다. 첫번째 예산집행에서 보수당은 임신중 건강보조금을 폐지해버렸고 결혼하지 않은 부모들은 아이가 다섯살이(열살에서 바

꿰었음) 되기 전까지 의무적으로 직업을 갖도록 했으며 아동 지원금을 동결했고 남편 없는 엄마들에게 불리한 복지삭감과 제재들을 과감하게 도입했다. 결국 찰스 머레이와 캐머런 정부는 근본 철학이 비슷했다. 그들은 노동계급 사회의 사회적 문제들을 부풀린 후 개인적인 특성과 거주자들의 생활방식에만 비난을 가했다.

영국 사회의 사회적 분열에 대처하는 보수당의 입장을 더 잘 이해하기 위해 나는 데이비드 데이비스 의원과 대화를 나눴다. 데이비스는 보수당원으로서는 드물게 노동계급 출신으로 칭송되는 사람이지만 그 자신은 출신성분을 그리 따지지 않는 편이다. "사람들은 제가 불우한 환경 출신이라고 보는 모양이지만, 그렇지 않아요. 그냥 평범한 환경이었죠." 사실 그는 워릭 대학을 졸업하고 17년간 테이트 앤 라일 사에서 근무했으며 이사까지 올랐다. 내가 보수당 거물급 장관들의 특권적인 배경이 유권자들과의 연대를 어렵게 하지는 않는지 물었을 때 그의 대답은 솔직담백했다. "사실상 그건 나도 마찬가지예요! 알다시피 나는 오랫동안 공영주택에 살았지만 현실적인 감을 되찾는 유일한 방법은 금요일 저녁부터 토요일 아침까지 유권자들의 문제에 부딪히는 만남의 자리거든요."

확실히 데이비스는 노동계급이 처한 곤경에 대해 다른 보수당 인사들보다 더 우호적이지는 않다. "최근에 몇몇 TV프로그램이 있었죠. 그중 하나는 전 같으면 백수라고 불리는 그런 사람들을 다뤘어요. 이런 대사가 있었어요. '직업을 원하나?' 상대방이 그렇다고 하자 '농장에서 호박을 따는 일이라네'라는 대답이 돌아왔어요. 알다시피 그런 일을 하려고는 안해요. 이런 일은 1, 2주 전에 발표된 영국 노동자와 폴란드 노동자의 취업률 비교에서도 드러나죠. 게다가 폴란드 노동자들은 두 배나 일을 빨리 하거든요. 물론 이건 추측이에요. 사실이 아닐 수도 있어요. 하지만 이런 일을 접할 때 나의 일차적인 반응은 이거예요. 우리는 근면성의 위기를 겪고 있으며 이건 복지의존보다 더 심각하다는 겁니다."

데이비스는 자신이 별로 일하고 싶어 하지 않는 영국 노동자라고 묘사한 자들과 더 강렬한 근면성으로 무장한 수많은 이민자들을 비교하는 데 매우 열중한다. "경영자의 입장에서 보면 이민자들은 상대적으로 싼 가격에 열심히 일하는데, 비싼 급료를 원하면서 일도 제대로 안하는 영국인을 쓸 현실적인 이유가 무엇인가요?"

나를 놀라게 한 것은 그가 불평등을 옹호하는 지적 논쟁을 벌이고 싶어 했다는 점이다. "나는 불평등을 시정하기 위해 어떤 것도 하고 싶지 않아요." 그는 설명했다. "왜냐하면 불평등은 점점 가난해지는 사람들이 아니라, 점점 부유해지는 사람들 때문에 확산되니까요. 부자들은 더욱 부자가 된다는 말이죠. 그리고 솔직히 부자들이 경제를 위한 부를 발생시키고 세금을 더 많이 내는 한 나는 그것으로 만족해요."

나는 최근 리처드 윌킨슨과 케이트 피켓(Kate Pickett)이 수행한 획기적인 연구서 『스피릿 레벨』이라는 책을 언급했다. 이들은 사회가 불평등하면 할수록 더 많은 사회적 문제가—가령 범죄나 질병 같은—발생한다는 사실을 보여주는 확실한 통계들을 제시했다. 즉, 평등한 사회가 더욱 행복한 사회라는 것이다. 그런데 데이비드 데이비스는

"개수작"이라는 말로 간단히 그 책을 무시해버렸다. "그건 개수삭이지요. (…) 유행이나 타는 멍청한 생각이에요. 팔아먹기는 쉽겠지만 나는 그 책이 정당하다고는 보지 않아요."

정치역사학자 로스 맥키빈은 말한다. 보수당은 "언제나 불평등을 방어하기 위해 존재해왔지요. 그건 어디에 있는 보수당이든 마찬가지예요. 그들은 불평등과 사회적 특권을 옹호하기 위한 집단이죠." 데이비스의 언급은 로스의 분석을 증명한다. 아마 더 잘 증명하기도 힘들 것이다. 사실상 데이비스는 불평등을 선한 것으로 추켜세운다. 보수당의 노동계급의 악마화는 이런 점에서 고찰되어야 한다. 부의 심각한 편중을 공정하다고 말하기는 어려울 것이다. 그러나 상류층 사람들이 기업가적인 안목 덕분에 그 자리에 있는 거라면, 또한 하류층 사람들에게 심각한 결함이 있어 그 대가를 치루는 것이라면, 영국 노동계급을 향한 데이비스의 태도는 민중들의 운명은 자신들이 특성에 의해 결정된다는 생각에 의해 형성된 것이다. 그의 논점 중 핵심은 영국 민중들이 이민자들만큼 열심히 일하지 않는다는 점인데 그는 바로 이런 점이 실업 같은 이슈를 설명해준다고 말한다.

노동계급에게 상처를 입힐 보조금 삭감을 슬쩍 처리해버리려는 보수당 정부로서는 그들 계급을 비판하는 것이 정치적으로 유용하다. 2010년 총선 이후 예산삭감 프로그램에는 무료급식과 청년실업 보조금에 대한 삭감이 포함되었다. 그 예산안은 우선 지난 한세기 동안 대규모의 공공서비스 감축안이었고—1980년대 보수당 정부와 유사하게—저소득층에게 타격을 주는 부가가치세율은 높인 안이었다. 자

차브

신들이 '진보적 정부' 밑에서 일하고 있다는 각료들의 볼멘소리에도 불구하고 경제학자들은 빈민층이 최고 부유층보다 6배는 더 타격을 받을 것으로 추정했다.[11] 왜 북부 도시들이 남부 도시들에 비해 수백만 파운드를 손해봐야 하느냐는 질문에 보수당 밥 닐(Bob Neil) 장관은 뻔뻔스럽게도 "제일 곤궁한 사람들이 빚을 청산해야 하기 때문"이라고 대답했다.[12]

보수당 사람들은 대체로 그랬다. 대부분의 보수당 지도층들은 태어날 때부터 특권층이었고 부와 권력의 불평등한 분배를 뿌리깊게 옹호했다. 노동당은 어떠한가? 전 내각관료로서 철두철미하게 신노동당 계열인 헤이즐 블리어스(Hazel Blears) 같은 정치인조차도 노동당의 목표가 무엇보다 노동계급이 의회에서 목소리를 내는 것이라는 점을 분명히 했다. "그것이 노동당이 설립된 근거입니다. 그전에는 그러지 못했거든요." 보건의료제도에서 노동자의 인권까지 전후 노동계급의 복지를 증진시켜온 굵직 굵직한 개혁은 모두 노동당 정부에서 시도된 것들이다. 신노동당이 현재 노동계급이 받고 있는 부정적인 평가에 대부분 책임이 있다는 점은 비극이지만 말이다.

2010년 총선 당시 TV에서 방영된 역사적인 두 건의 장면이 있었다. 그 하나는 각당 지도자들의 TV 토론으로 한때 자유민주당(Liberal Democrat, 영국의 제3당으로 2010년 총선에서 57석을 얻어 보수당의 연정 파트너가 됐다—옮긴이) 지지 붐을 일으켰으나 막상 선거 때는 유권자들의 표가 분산된 사건이었다. 하지만 더 중요할뿐더러 시선을 끌었던 사건은 고든 브라운(Gordon Brown) 노동당수가 로치데일 거리에서 65세의 연금생활자 질리언 더피(Gillian Duffy)와 우연히 마주친 사건이었다.

만약 당신이 전형적인 노동당 지지자를 찾고 있다면 더피 부인이 딱 그런 사람일 것이다. 은퇴할 때까지 그녀는 30년을 로치데일 지방의회에서 장애 어린이들을 위해 일했다. 고인이 된 그녀의 아버지는 그녀가 청소년일 때 노동당 찬가 '붉은 깃발'을 입에 달고 살았고 더피 부인은 아버지의 정치적 입장을 공유했으며 평생 노동당에 투표했다.

더피 부인이 동네를 걷다가 고든 브라운과 마주쳤을 때 그녀는 수백만 노동계급 사람들이 우려하는 일들에 대해 답변을 요구했다. "제가 아이였을 때 강조한 세 가지는 교육과, 공공의료와 약한 자들에 대한 보호였어요"라고 그녀는 세 가지를 꼬집어 말했다. 그녀는 아직 어린 두 손주들이 대학에 갈 일이 걱정된다고도 말했다. 마지막으로 그녀는 이민 기준에 대해 상당히 부드럽게 우려를 전했다. 브라운 당수가 더피 부인에게 "당신은 정말 훌륭한 부인입니다. 지역사회를 위해 평생을 헌신하셨잖아요"라고 대화를 마쳤을 때만 해도 분위기는 우호적이었다.

그게 마지막이어야 했다. 그러나 브라운은 TV 마이크를 뗀다는 것을 깜빡하고 대기중인 차에 올라타자마자 성가시다는 투로 말했다. "끔찍하군. 제발 저런 여자한테 데려가지 말게. (…) 대체 누구 생각이었나?" 그녀가 뭐라고 말했는지 보좌관이 묻자 브라운은 자기 정치인생을 종식시킬 언사를 마치 관에 마지막 못을 박듯이 중얼거렸다.

차브

"어휴, 전부 다 말했네. 그 여자는 고집불통인데 자기가 노동당 지지 자라고 하더군. 웃긴 일이지."

이 스캔들―결국 고집불통 게이트라는 별명이 붙은―은 신노동 당의 노동계급을 향한 경멸을 잘 보여준 사건이었다. "노동계급은 골칫덩어리처럼 보인다. 그들은 술을 너무 마시고 담배도 많이 피우 며 아이들을 제대로 돌보지 않는다. 그들은 무능하고 일하기를 싫어 한다. 인종차별까지 한다. 그게 노동계급의 본질처럼 보인다"라고 『가디언』의 경제 기자 래리 엘리엇은 말한다. 그는 2010년 총선에서 노동당이 패배한 큰 이유 중 하나가 노동계급과의 연대를 상실했기 때문이라고 주장한다. "노동당은 이런 사람들을 싫어합니다. 노동당 은 그들의 양상추에 얹을 적당한 와인 식초가 없다고 생각하죠. 노동 계급을 향한 경멸은 점점 높아지고 있어요. 우파뿐 아니라 좌파까지 도 그렇죠. 지난 30년간 영국에서 가장 많이 변한 것은 그것이라고 생각해요."

고집불통 게이트는 선거통에 노동계급을 향한 신노동당의 사적인 경멸이 우발적으로 끓어오른 사건이었다. 하지만 그런 경멸은 의도 적인 정책에서도 드러났다. 영국에는 4백만명이나 되는 사람들이 공 영주택에 거주한다. 2010년 총선에서 전체적으로 30퍼센트가 노동 당을, 37퍼센트가 보수당을 택한 반면, 공영주택 거주자들은 47퍼센 트가 노동당을, 24퍼센트가 보수당을 택했다. 그러나 신노동당은 그 들의 충성에 보답하지 못했다. 2008년 초 당시 주택부 장관인 캐롤 라인 플린트(Caroline Flint)는 공영주택 거주자들의 실업률을 비꼬았다.

"여기선 아무도 일하지 않는다"고 언급하면서 플린트는 직장을 구하지 않는 사람들은 집도 잃게 될 것이라고 주장했다. 새로 이사 오는 사람들에게는 '서약서'에 사인을 받으려고 했으며 이런 서약이 공영주택의 현거주자들에게까지 적용될 거라는 암시가 주어졌다.

영국의 NGO 주택구호피난처는 유감을 표명하면서 플린트가 영국인들을 빅토리아 시대로 돌려놓았다고 주장했다. "정부는 실업자들을 길거리로 내쫓아 구빈원(영국에서 17세기에 시작된 빈민구호시설로 인권의 사각지대에 놓여 있었다—옮긴이)으로 몰아넣고 있습니다. 그런 정책은 가정과 공동체를 파괴할 뿐 아니라 이미 차고 넘치는 무주택자의 대열에 이들을 합류시킬 뿐이죠"[13]라고 피난처의 아담 샘슨(Adam Sampson) 대표는 말한다.

피난처의 마크 토머스는 덧붙인다. "현재의 거주지를 떠나야 하는 사람들에게서 무슨 일이 벌어질지를 물어야 합니다. 그들은 어디로 가게 될까요? 그리고 그들을 부양해야 할 세금은 또 얼마가 될까요? 정부는 그런 문제들에 대해 아무런 해결책도 없습니다."

캐롤라인 플린트의 제안은 현행법상 불법이었기 때문에 실현될 수 없었다. 사람들을 쫓아낼 권위가 지역의회에는 없었던 것이다. 하지만 그녀는 공영주택 거주자들이 공짜로 먹고사는 사람이라는 널리 퍼진 정치적 견해를 더욱 확산시켰다.

플린트는 공영주택 지역에서 형편없이 낮아진 사회적 융합과 치솟은 실업률에 놀랐지만 그녀가 끔찍하게 무능하지만 않았다면 아마도 이것이 구매권의 유산임을 알아챘을 것이다. 가장 가난한 거주자들이 집을 구입했으며 보수당은—신노동당에 이어—더이상 집을 짓지 않았다. 그것이 의미하는 바는 점점 축소되는 주택재고가 가장 곤궁한 사람들에게 우선적으로 배분되었다는 것이다.

평생을 공영주택에 살았고 공영주택보호연대의 전회장이었던 앨런 월터는 이런 악마화에도 정치적 목적이 있다고 지적하며 두 가지 목적을 읽어냈다. "그들은 집을 소유하고자 하는 열망이 있지만 더이상 어쩌지 못할 사람들만 공영주택에 남겨두려고 했어요. 그들의 목적 중 하나는, 공영주택에 사는 사람들이 사회적 부적응자라는 인상을 심어주는 것이고, 다른 하나는 누구든 능력이 있거나 의지가 있는 사람은 그곳을 빠져나와야 한다는 것이에요." 그것은 대처시대식 부동산소유의 꿈을 포기하지 않은 노동계급을 고무하는 신노동당의 전략 중 하나였다.

플린트의 사례는 '구노동당'과 '신노동당' 사이에 노동계급을 향한 어떤 태도의 변화가 있었는지를 잘 보여준다. 사실 '구노동당'이란 용어는 문제가 있는 말이다. 신노동당의 전 내각관료였던 제임스 퍼널(James Purnell)은 나에게 이렇게 고백했다. "구노동당이란 말에는 분명 어떤 생각이 담겨 있죠. 그 말이 뭔가를 의미한다면 그건 '유권자들'이 노동당이 해온 일에 대한 기억 때문에 우리를 좋아하지 않게 되었다는 말입니다."

하지만 '구노동당 우파'로 알려진 옛 사회민주주의 지도부는 퍼널이 말한 구노동당과는 명백히 달랐다. (사실 보수당의 한 우파 의원은 2010년 총선에서 퍼널이 의원에서 물러나는 것을 아주 유감스럽게 생각한다고 나에게 말했다. 보수낭 의원늘과 퍼널 사이에 모송의 정치적 유사점이 있다고 나는 말했다. '오, 굉장한 유사점이 있죠. 아주 유사해요. 나는 그가 노동당 당수가 되면 좋겠어요.')

제임스 캘러헌 전 노동당 수상은 구노동당의 전형적 사례다. 그는 권력의 기반을 노동조합에 둔 노동계급 정치인이었다. 그때만 해도 구노동당은 노동계급의 정체성을 찬양했고 적어도 경의를 표했다. 비록 캘러헌이 당의 우파였지만 그는 계급적 관점에서 정책을 이끌어야 한다는 의무감을 가졌다. 1960년대 말의 수상으로서, 가령 그는 통화 평가절하를 주장하는 그룹에 맞서 다음과 같이 주장했다. "평가절하를 옹호하는 사람들은 임금수준의 저하를 요청하고 있습니다. 노동계급 모두의 실제적인 임금저하를 말이죠."

그렇다고 구노동당의 결점이 없었다는 말은 아니다. 그 당은 권위적이고 관료적이었다. 또한 노동계급의 정체성을 높이 사면서도 여성이나 소수민족은 노동력으로 인정하지 않았다. "근본적으로 1970년대와 80년대 런던 좌파가 구노동당 문화에 저항했던 이유는 그 당이 너무 성차별적이고 인종차별적이었던 탓입니다"라고 전 노동당 출신 시장 켄 리빙스턴(Ken Livingstone)은 말한다. "구노동당에는 커다란 약점이 있었던 것이죠. 우리가 7,80년대에 했던 대부분의 일들은 런던 노동운동이 여성과 소수민족을 조직하도록 만드는 것이었어요." 그런데 구노동당은 노동계급의 상황을 '계급'으로 고무하자는 생각에 머물러 있었다. 이따금 그조차 사탕발림에 머물곤 했지만 말이다.

그와 반대로, 신노동당의 철학은 노동계급의 운명을 개선하는 데

차브

뿌리박고 있지 않았다. 그들의 철학은 노동계급을 회피하는 것이었다. 신노동당은 이 기획에 매우 순순히 응했다. 가령 고든 브라운은 2010년 총선에서 '어느 때보다도 확대된 중간계급'을 만들어내는 데 매진했다.

블레어 총리의 전 정책실장 매튜 테일러(Matthew Taylor)에 의하면 신노동당은 '노동당은 열망에 반대한다고 생각하는 열망있는 노동계급'과 '열망이 없는 노동계급'을 구분했다. 여기서 '열망없는 노동계급'은 신노동당에 발붙일 자리가 없었다. 그들은 목표가 없으며 투표를 하기도 꺼려한다는 이유로 무시당했다. '그래서' 테일러는 다음과 같이 말한다.

> 노동당의 전략은 이랬죠. '어떻게 하면 열망있는 노동계급에 다가갈 것인가?' 그게 열망없는 노동계급은 어떻게 되든 그냥 놔두자는 의미였을까요? 아마도 그랬을 겁니다. 그들은 그냥 내버려두면 노동당이 어차피 승리할 지역구에 거주했거든요. 좀 냉담해 보일 수 있지만 최다득표가 필요한 선거제도하에서 뭘 어떻게 하든지 변화가 없는 곳에는 전력을 기울이지 않는 편이죠. 그런 지역 사람들은 거의 투표장에 나타나지도 않거든요.

하지만 신노동당이 말하는 열망이란 무엇이었을까? "열망을 둘러싼 담론을 살펴보면 그 개념이 굉장히 한정된 것을 보게 됩니다"라고 노동당의 영향력 있는 평의원이자 전 토니 블레어의 고문인 존 크루더스(Jon Cruddas)는 말한다. "남동부에 거주하는 블레어와 브라운의 중간계급을 살펴보면 그들은 모두 상대적으로 유복하고 전도유망한 편이죠. 그건 아주 단편적인 열망을 뜻하거든요. 그건 물질적으로 더 풍요해지고 싶다는 열망이에요."

크루더스에게 열망은 아주 다른 의미를 가진 말이다. 그는 철학자 줄리안 바지니(Julian Baggini)가 진정한 '중간계급 영국'을 탐구한 책 『웰컴 투 에브리타운』(Welcome to Everytown)을 언급한다. 이 저자는 로더럼(Rotherham)이라는 잉글랜드 북부의 노동자계급 마을에서 결론을 찾는다. "그 마을은 더 우애가 깊고, 연대감이 강하며, 서로 다정합니다"라고 크루더스는 말한다. "제 생각에 그건 우리가 얼마나 열망이라는 것을 곡해하는지를 보여주는 이야기입니다." 다시 말해 진정한 열망은 단순한 자기발전과는 다른 의미라는 것이다. "앨런 밀번(Alan Milburn, 신노동당의 장관이자 블레어의 핵심참모)은 신노동당 프로젝트의 핵심을 질문받을 때마다 이렇게 말했죠. '사람들이 넉넉하게 소유하는 것이죠.' 그런데 과연 그럴까요? 나는 그렇지 않았거든요."

신노동당의 시각에서 열망있는 노동계급이란 개인주의와 이기주의를 받아들이는 것을 의미한다. 이것은 브라운이 말한바, '어느 때보다 확대된 중간계급'이 되기 위해 애쓰는 것을 의미한다. 노동당 의원인 스티븐 파운드(Stephen Pound)의 다음과 같은 주장처럼 말이다. "내 생각에 노동계급은 임계점에 다다랐다. 그들은 거기에 머물러서는 안되고, 충분히 스스로를 끌어올릴 수 있다. (…) 옛날 사회주의자의 모토는 '당신의 계급과 함께 일어서되 계급을 넘어서지 말라'였

차브

다. 이제 현실은 '당신의 계급을 넘어서서 일어서라'가 되었다."

그렇다면 '열망이 없는 노동계급'이란 무엇일까? "모든 사람에겐 열망이 있다"고 켄 리빙스턴은 말한다. "블레어 추종자들이 거만하게 열망없는 자들이라고 부른 사람들은 추정컨대 여전히 공동체 마인드를 지녔으며 전체 공동체가 함께할 때 더 나은 결과를 가져온다고 생각하는 사람들입니다." 열망없는 노동계급은, 그들에게 붙은 딱지처럼, 눈살을 찌푸리게 한다. 왜냐하면 그들은 재산을 소유하려는 끊임없이 탐욕스런 대처주의 마차에 올라타지 못했기 때문이다. 신노동당의 사전에 따르면 오직 스스로 풍요를 추구하는 것만이 열망의 축에 든다. 만약 계급 사다리에 오르기를 포기한다면, 당신은 열망이 없는 사람이다.

신노동당 전 내각에서 헤이즐 블리어스만큼 독실한 블레어 추종자는 아마 없을 것이다. 하지만 그녀는 '열망없는 노동계급'이라는 말에는 격노한다. "저는 그런 분석에 찬성할 생각이 없어요"라고 그녀는 말한다. "열망이 없는 청년은 자기가 처한 상황 때문에 그런 거예요. 열망없는 노동계급이라는 시각은 사람을 망가뜨리죠. 저는 그런 의견에 심각하게 반대해요. 그건 마치 가치있는 빈곤층과 가치없는 빈곤층을 나누는 보수당식의 구분 같아요. 그런 구분은 빅토리아 시대에나 있던 것이죠. (…) 노동당이 일하기 싫어하는 사람들을 위한 당은 아니겠죠. 하지만 그런 이유로 그 자식들과 전체 가족들까지 망가뜨려서는 안된다고 봐요."

열망없는 자들로 분류된 사람들은 단지 어른만이 아니다. 종종 신노동당 정치인들은 형편없는 학교 성적이나 가난이 내물림되는 이유를 설명하기 위해 노동계급 내 '열망의 빈곤'을 분석하기도 한다. 가령, 신노동당 전 교육담당 비서 앨런 존슨(Alan Johnson)은 "특히 오늘날 노동계급 아이들 세대에 팽배한 열망의 빈곤"을 비난했다. 산업의 파괴에 따른 일자리와 직업연수의 부족이 문제가 아니라 노동계급 아이들의 태도가 문제라는 것이다.

이런 관점에서 2008년 출간된 정부 보고서는 옛 산업지대에 거주하는 노동계급의 이른바 '부족한 열망'을 강조했다. 좋은 일자리가 부족한 이런 지역에서 열망을 가지기 위해 아이들에게 무엇이 필요한지는 언급조차 되지 않았다. 이런 식의 접근은 대처주의 시대에 극히 전형적인 것이었다. 노동계급이 직면한 사회적 문제들에 대한 책임은 정확히 그들 자신의 것이라는 말이다.

'열망있음' 대 '열망없음'의 대립구도는 대처리즘 시대에 드러난 노동계급의 균열을 이용하려는 신노동당의 의도에서 비롯된 것이다. 신노동당 정치인들이 '열심히 일하는 가족'이라고 부르면서 부정하게 복지금이나 타내는 수많은 게으른 사람들의 반대편에 세워놓은 사람들의 지지를 얻기 위한 방편인 것이다. '복지 식객'을 때리는 것이 백만장자가 아닌 저임금 노동자의 지지를 끌어내기에 더 매력적인 방법이라는 것은 사실이다. 결국 적은 임금을 받으려고 열심히 일하는 사람이라면, 자기 돈으로 흥청망청 사는 부자들에게 분노할 이유가 없는 것이다.

사실 산업의 붕괴로 가장 큰 타격을 입은 노동계급 공동체에게 복지에 대한 공격이 돌아갔다. 옛 산업지대는 실업자와 복지기금에 의존하는 사람들의 숫자가 가장 많았다. 사라진 일자리를 대체할 만한 안정된 일자리가 없기 때문이었다. 이언 던컨 스미스가 말하듯이, 고용지표를 맞추는 데 급급했던 후계 정권들은 새로운 일자리를 만드는 대신, 실업자들에게 장애급여를 신청하도록 유도했다.

그러나 신노동당의 접근방식은 그들을 연약한 노동계급이라 낙인찍었고 악마로 만들고 말았다. 당시 정부의 복지 고문 데이비드 프로이드(David Freud)—당연하게도 나중에 보수당으로 도망친—는 2008년 200만명을 복지혜택에서 쫓아내 일터로 보내야 한다고 주장했다. 하지만 정부는 당시 비어 있는 일자리가 50만에 불과하다고 발표했으며 그때는 엄청난 불황이 닥치기 직전이었다. "그러니까 그건 데이비드 프로이드 입에서 불쑥 나온 말이에요"라고 프로이드의 이전 상관 제임스 퍼널은 시인했다.

2009년 고든 브라운을 무너뜨리려는 헛된 시도를 하기 전까지 제임스 퍼널은 신노동당의 이른바 복지개혁 프로그램을 주관하고 있었다. 그는 실제로 '모든 사람이 복지혜택을 받은 만큼의 뭔가를 해야만 하는 시스템'을 만들겠다고 약속했다. 그가 주장하기를, 일을 하려 하지 않는 사람을 '벌줄' 권리가 있다는 것이다. "일자리가 있다면, 사람들은 그 일을 해야 한다고 믿습니다. 시스템을 가지고 노는 사람들에게 국민들의 혈세를 낭비할 수는 없습니다."[14] 그러나 매년 160억 파운드의 복지금이 청구되지 않는다는 사실은—정부가 아끼려고 하는 논의 2.5배에 달하는—언급되지 않았다. 사실 빈곤층 사람들의 대다수는 일을 하고 있었다. 퍼널은 일만 하면 자동적으로 빈곤에서 벗어난다고 했지만, 저임금 구조에서 그건 이치에 맞지 않았다.

퍼널의 제안 중 하나는 복지혜택을 포기하면 사람들이 일하게 될지도 모른다는 것이었다. 당시 실업수당이 60.5파운드에 불과했기 때문에 가령 일주일에 40시간을 일한다면 겨우 시간당 1.5파운드를 받는 셈이었다. 때마침 황폐한 공동체에 속한 재수없는 사람들은 '시스템을 가지고 논다'는 비난까지 감수했다. 그들은 겨우 최저임금을 받기 위해 일터로 나가야만 했다.

나에게 이야기하면서 퍼널은 현저하게 목소리를 낮췄다. "그 시스템이 내세운 조건이란 사람들이 스스로 노력해야 됨을 확실히 하는 것이었어요"라고 그는 주장했다. 그것은 노동당의 오래된 전통과도 일치한다고 강조했다. 하지만 옛 산업의 일자리들이 실종되고 찾기도 어려우며 불안정한 저임금 서비스 업종의 일자리만 남은 상황에서 더 많은 사람들이 복지에 의존한다는 사실이 그렇게 비난받을 일인가? "실업급여를 받는 게 슈퍼마켓이나 콜센터에서 일하는 것보다 낫다는 주장을 받아들이고 싶진 않군요"라고 그는 대답하면서 오랜 기간 지속된 실직상태는 개인에게도, 가족에게도 건강하지 못하다는 증거를 언급했다. "고도의 기술집약적인 직업에서 아무도 원하지 않는 직업으로 옮겨가는 것은 분명히 후퇴겠지요. 하지만 결국 실업급여에 의존하는 것보다는 덜 후퇴라고 생각합니다."

마크 서윗카는 퍼널을 그리 좋아하지 않는다고 보는 게 옳을 것이다. 서윗카는 30만명을 거느린 강성 서비스노조인 공공및상업서비

차브

스(Public and Commercial Services) 노조의 수장이다. 퍼널의 이름만 듣고서도 서윗카는 흥분해서 그를 '역사상 가장 형편없는 사회 안전망 담당관'이었으며 '자칭 노동당 정치인이라고 떠들어댄 부끄러운 인물'이라고 묘사했다. 특히 그는 자신이 성장한 지역인 머서(Merthyr) 같은 곳을 향한 퍼널의 태도에 분노했는데, 후버(Hoover, 영국의 가전제품 업체―옮긴이) 사가 61년 동안 이 지역에 일자리를 제공하던 공장을 최근 폐쇄한 상황이었다. "거기에는 광산도, 갱도도 없어요. 진정한 궁핍만이 있지요. 그런데도 퍼널은 원칙을 되풀이하죠. '당신들은 일자리를 얻기 위해 열심히 노력하지 않는다. 그래서 우리에게는 당신들을 일자리로 몰아넣기 위한 제재가 필요하다.'"

서윗카는 퍼널이 내각에 있을 때 틈만 나면 그와 격돌했다. 그 관리는 자신이 어떻게 사람들에게 상처를 입히는지 말해보라고 했고 이에 서윗카는 퍼널이 복지혜택을 받는 사람들을 가리켜 '온 우주가 침실에서 거실로 이어진 여행뿐인 비참한 인생'[15]이라고 쓴 『뉴 스테이츠맨』(New Statesman)의 글을 인용해주었다. 서윗카는 퍼널이 '그저 다른 사람의 말을 인용했을 뿐'이라고 주장하지만 그 글에는 어떤 인용부호도 없었다고 말한다. 서윗카는 덧붙였다. "잠시만 생각해보면, 그건 전적으로 모든 일의 희생자들을 비난하는 것이다. 그들이 문제아들이 아니라, 희생자들임을 염두에 둔다면 말이다."

서윗카가 말하듯 그 정책들이 황당한 이유는 그것이 "전체 나라에 똑같이 적용된다는 것이다. 마치 남서부의 노동시장이 남부 웨일스지역의 노동시장과 똑같다는 듯이 말이다. 사실은 전혀 그렇지 않은

데 똑같은 정책을 편다면 그것이야말로 일자리가 없는 지역에 큰 상처를 입히는 짓이다." 이른바 '복지개혁' 프로그램은 가장 가난한 노동계급 사회를 악마화하는 일에 기름을 끼얹은 격이었다. 그것은 안 그래도 잘못 알려진 문제들을 증폭시켰으며 그 배후의 이유를 설명하는 데도 실패했다. 또한 그것은 2010년 5월 집권한 보수당—제임스 퍼널과 그의 복지정책을 힘써 칭찬한—이 더 심한 정책을 펴는 데 근거를 마련해주었다.

이 모든 복지 논쟁을 지켜보면서 존 크루더스는 "아무도 인정하지는 않지만, 그것은 우리가 통제해야 할 '폭도'(mob)라는 관념에 기반한다"고 지적한다. 크루더스는 이른바 '목전의 폭도'라고 불리는 기획이 "TV프로그램의 형태를 띠며 문화적으로 반복 재생산되는"것을 목격했다. '차브'를 둘러싼 그 모든 언어들을 되돌이켜보라. 이것이야말로 전적으로 근본적인 핵심이다. 복지개혁 같은 프로그램을 통해 신노동당은 결국 도덕적 근성이 부족하기 때문에 사람들이 가난해진다는 생각을 퍼뜨림으로써 차브 삽화를 번식시킨다. 설문조사가 말해주듯이 가난에 대한 태도는 대처 시대보다 지금이 훨씬 강경해졌다. 만약 노동당조차 불운한 사람들 스스로 그들의 운명에 책임을 져야 한다고 주장한다면, 누가 다른 생각을 가질 수 있겠는가? 무능한 차브로 우글거리는 사회라는 이미지가 최근에 급격히 확산된 것도 이상한 일이 아니다.

크루더스가 불러낸 '목전의 폭도들'이라는 이 유령은 반사회적 행동에 대한 정부의 단호한 처벌에서 잘 드러난다. 수많은 노동계급 사람들은 반사회적 행위에 대한 정부의 싸움을 지지한다. 그것은 결국, 교외지역에 거주하는 전문직업인들보다는 공영주택에 거주하는 사람들의 삶에 더 큰 영향을 주었으며 그래서 사람들의 삶에 실제적인 충격을 안겨주었다. 그러나 정부의 반응은 그 근본 원인을 캐내는 것이 아니라 노동계급 출신 젊은이들을 악마화하는 것이었다.

신노동당 정부에서 도입되었으나 보수당 정부에 들어와 폐지될 운명에 처한 반사회적행동금지명령(ASBO)을 예로 들어보자. 이 명령은 거리 출입을 금지한다거나 욕설을 못하게 하는 식의 여러 방법으로 개인들의 행위를 제약했다. 이 명령을 어긴 사람은 최고 5년까지 감옥에 들어갈 수 있었다. 원래 신노동당은 이 명령이 아주 예외적인 상황에서만 18세 이하 청소년들에게 적용될 것이라고 약속했다. 하지만, 해를 거듭할수록 이 명령에 따라 처벌받은 사람들 중 반은 청소년들임이 드러났다. 적용대상 중 가난한 노동계급은 압도적으로 많았다. 게다가 2005년의 통계에 따르면 그들 10명 중 4명은 아스페르거 증후군(Asperger's Syndrom, 사회적응에 어려움을 겪는 일종의 정신장애—옮긴이) 같은 정신적 문제를 가진 청소년들이었다. 한 예로 투렛증후군(무의식적인 반복 신경장애의 일종—옮긴이)을 가진 아이가 강박적인 욕을 했다는 이유로 처벌을 받기도 했다.

ASBO에 찬성하든 그렇지 않든 그것이 노동계급 자녀들에 대한 나쁜 평판을 키우는 동시에 차브 이미지를 대중화시켰다는 점은 부인하기 힘들다. 어쨌거나 펍이나 레스토랑을 깨부수는 것을 위대한 전통으로 간직한 벌링던 클럽(옥스퍼드 대학의 학생 서클—옮긴이) 사람들이 ASBO에 의해 처벌을 받는 일은 거의 없었다. 심지어 신노동당의 청년 규율의 군주로 불리는 로드 모건(Rod Morgan) 교수조차도 나라 안의 모든 청소년들을 '악마화'하고, 전 같으면 '야단법석' 정도로 치부되었을 것을 범죄로 만든 이 제도를 비판했다. 앤서니 호로위츠(Anthony Horowitz) 같은 작가가 ASBO는 "금이 쩍쩍 간 도시주택과 더불어 깡패로 가득한 영국, 지방 마을을 미쳐 날뛰는 술취한 젊은이들 같은 이미지를 만들어냈다"고 말할 때 누구도 그의 의견에 이의를 제기하지 못할 것이다.[16]

이를 종합해보면 신노동당의 복지정책은 무능하고 열망이 없으며 얻어먹기만 하고 비정상적인 데다 무질서하다는 일련의 차브 이미지를 노동계급에 부여하는 데 기여했다. 이런 이야기들이 보수당이 아닌 노동당에서 나옴으로써 노동계급 사회와 개인을 향한 중간계급이 가진 수많은 선입견과 고정관념은 더욱 강화되었다. 하지만 이런 공격은 직접적인 공격보다 더욱 교묘하다. 신노동당의 기반이 된 많은 철학들은 중간계급 승리주의에 깊이 발을 담그고 있었다. 그 철학들은 넝마를 걸친 채 남아 있는 노동계급은 역사의 잘못된 편에 있으며 그렇기 때문에 우리 같은 '중산층 영국'에 참여하도록 해야 한다는 가정에 기초하고 있다.

1997년, "새로운 영국은 실력사회"라고 토니 블레어는 거만하게 주장했다. 신노동당의 공식적인 종교가 있다면, 그건 틀림없이 실력사회일 것이다. 하지만 이 개념이 유명해진 데에는 쓰디쓴 아이러니가 숨어 있다. '실력사회'는 원래 바람직한 사회를 설명하려는 낱말이 아니다. 그것과는 거리가 멀다. 그건 영국이 무엇이 될 것인지를 경고하는 성격이 강했다.

1945년 노동당 강령을 기초한 마이클 영(Michael Young)은 그 문장을 1958년 그가 펴낸 『실력주의의 융성』(The Rise of the Meritocracy)이라는 책에 박아넣었다. 나중에 그가 설명했듯이 이는 "1958년과 실력사회에 대한 마지막 상상의 반격이 일어난 2003년 사이의 영국에 무슨 일이 일어날지를 경고하는 의미가 담긴 풍자(당연히 별 주의 없이 작성된)"였다. 그는 그 결과 "가난한 사람들과 혜택받지 못한 사람들이 깎아내려질 수 있음을, 그리고 사실상 그렇게 돼왔음"을 경고했다. "그렇게 자랑할 거리가 많은 세상에서 단지 가진 것이 없다는 이유로 평가받기는 억울하죠."[17]

실력사회에서 뛰어난 '재능'을 소유한 사람들은 자연스럽게 최고의 위치까지 이를 것이다. 그러므로 사회적 계층은 '장점'에 따라 정해질 것이다. 사회는 불평등하게 남겠지만 그 불평등은 능력의 편차를 반영할 것이다. 매튜 테일러는 그 위험성을 이해했지만 이것이 나와 있는 논리 중 가장 합리적이라고 믿었다. "실력사회는 괜찮은 경종이었죠. 왜냐하면 우리는 그것과 너무 멀리 떨어져 있으니까요. 당신도 무슨 말인지 알 거예요. 순수한 실력사회를 이룬다는 것은 세습된 부를 철폐하고 사립학교를 없애야 하는 것 등등을 의미하죠. 그래서 사람들이 '글쎄 실력사회라는 게 반동적인 개념은 아닌가요? 우리는 좀더 논의를 해봐야 하는 거 아닐까요?'라고 말할 때 나는 '좋아요, 하지만 우리는 그것조차 이뤄본 적이 없잖아요'라고 대답할 수 있었어요."

물론 신노동당은 세습된 부와 사립학교를 철폐할 의도가 전혀 없었다. 신노동당은 중간계급의 입맛에 맞는 범위 내에서만 '실력사회'를 주장했다. 실력사회는 현존하는 불평등에 승인도장을 찍어주고 그것을 가치있는 브랜드로 만들어주고 말았다. 내가 우파 신문인 『텔레그래프』의 칼럼니스트 사이먼 헤퍼를 인터뷰했을 때 그는 다음과 같이 주장했다. "중등학교가 파괴되더라도 우리는 여전히 실력을 갖춘 사회라고 생각해요. 계급이란 것도 그점에서 마음의 상태라고 봅니다." 실력사회는 최상층 사람들이 그럴 만한 자격이 있으며 바닥층 사람들은 그저 충분한 재능이 없어서 그런 자리를 차지한 거라는 주장에 이용될 수 있었다. 교육면에서는 학구적인 것을 선호하고 직업적인 교육을 무시하는 데 이용되었다. 무엇보다 '가치'의 기준조차 흔들렸다. 가령, 백만장자 광고 컨설턴트가 서열에서 병원 청소부보다 상위에 있을 가치가 있는가?

실력사회의 자연스런 친구는 '사회적 유동성'으로, 이것은 신노동당이 2010년 선거운동에서 핵심에 둔 것이다. 수년 전 토니 블레어의 가장 측근 인사 중 하나인 앨런 밀번이 "더 많은 사람이 중간계급에 합류할 기회를 얻게끔" 하자는 노동당 십자군에 대해 언급한 적이 있었다. 사회적 유동성은 노동계급의 조건을 전반적으로 향상시키는 것이 아니라 노동계급 개인 중 소수를 뽑아서 중간계급에 낙하시키

차브

는 데 기여한다. 그것이 강조한 것은 노동계급이란 빨리 벗어나야 할 짐이라는 인식이다.

그것은 계급을 폐지하거나 파괴하자는 말이 아니라 그저 개인들이 계급 사이를 이동하기 쉽게 만들자는 것이다. 따라서 노동계급 다수의 상황에는 어떤 영향도 미칠 수 없다. 사회적 유동성은 가난을 폐지하는 것이 아니라 가난에서 도망치는 길을 제공하는 것이다. 사회학자 존 골드소프(John Goldthorpe)는 사회적 유동성이 줄어들었다는 의견에는 동의하지만 그것은 그저 주의를 딴 곳으로 돌리는 것에 불과하다고 반박한다. "사회적 유동성에 대한 강조가 이뤄진 것은 모든 당이 조건의 평등이 아닌, 기회의 평등에 대해 언급하기를 선호하기 때문입니다."

놀랍게도 블레어 진영의 헤이즐 블리어스 역시 이에 비판적이다. "나는 '사회적 유동성'이라는 말을 결코 이해하지 못하겠는데 그것은 누군가 움직일 수 있다는 이유로 어느 장소에서 탈출해 다른 곳으로 가길 원한다는 것을 암시하기 때문입니다. 나는 스스로 자랑스러워할 만한 것이 무엇인지에 대해서 많은 이야기를 나눠야 한다고 생각해요. 그리고 노동계급이라면 어깨에 매달린 칩이나 지워진 짐이 아니라, 뭔가 가치있는 것, 그러니까 자신이 누구이고 어떤 장점을 지니고 있으며 어디서 왔는지를 말해야 합니다."

삶에서 당신의 운명을 증진시키는 공식적인 길이 중간계급이 되는 것이라면 그 뒤에 남겨진 사람들은 무엇이 되는가? 확실히 모든 사람이 중간계급 전문직업인이나 사업가가 되지는 못한다. 대다수 사람들은 사무실이나 가게에서 사회가 돌아가는 데 필요한 일을 하는 노동계급으로 일해야 한다. 그러니 그들이 처한 환경을 개선하는 것이 아니라 이런 직업에서 벗어나는 데 주안점을 두는 것은 결국 그들을 부적합한 사람들로 내몬다는 뜻이다. 그래서 슈퍼마켓 종업원이나 청소부, 공장 노동자처럼 사회적 유동성에 의해 제공된 사다리를 타고 오르지 못한 의무태만자들을 보면 눈살을 찌푸리는 것이다.

신노동당이 불평등의 문제를 회피하는 또다른 방식은 대처의 꽁무니를 따라 계급이 더이상 존재하지 않는 척하는 것이다. 1990년대 말 정부는 국가통계를 위해 사용된 사회적 분류를 다시 짜기 위한 위원회를 소집했다. 그 국가통계는 당시 '직업에 근거한 사회계급'이었는데, 존 골드소프는 그 통계가 자신의 연구를 바탕으로 작성된 데 기뻐했으나 그 이름이 '사회-경제적 분류 국가통계'로 바뀐 것을 발견하고는 호기심이 일었다. 그가 위원회의 한 위원에게 물어본 결과, 신노동당은 계급에 대한 어떤 언급에도 거부권을 행사했다는 사실이 곧 밝혀졌다. 이는 국가의 사전에서 계급을 문질러 지워버리고 싶은 노동당의 끈질긴 편향성을 드러내주는 대목이다.

헤이즐 블리어스는 1980년대와 90년대 초 노동당이 계급을 부인하는 과정을 추적한 끝에 당시 노동당은 "계급정치에 매우 대립적인 쪽으로 정체성을 세워오고 있었다"고 말한다. 부분적으로 이는 한때 자신들의 권력을 남용하던 강력한 노동조합에 대한 기억 때문에 노동당에 오명이 씌워졌기 때문이라고 그녀는 믿는다. 그녀가 주장하는바, 이는 대처 정부로 하여금 노조를 억제하기 위해 '뭔가를 해야

차브

한다'고 믿게 했다. "내 생각에 그 반작용으로 노동당은 경제적 용어나 계급 용어 모두에서 절대적으로 신임을 얻어야겠다는 결심을 하게 됩니다. 당이 그저 불화나 일으키는 급진적이고 적대적인 조직이 아님을 보여주려는 것이었죠." 블리어스는 계급에서의 후퇴가 대처리즘의 승승장구 속에서 거듭된 패배를 맛본 결과임을 인정했다.

'계급'으로는 더이상 사회의 불평등과 사회적 불편함을 제기할 수 없게 되자 신노동당은 새로운 용어들을 창조해냈다. '사회적 배제'와 '사회적으로 배제된 사람들'은 바로 '가난'과 '가난한 사람들'의 암호가 되었다. 신노동당은 정권을 잡자마자 사회적 배제 분과(Social Exclusion Unit)를 발족시켰다. 심지어 사회적 배제를 위한 장관까지 두었다. 이 용어는 열악한 주거환경, 저임금처럼 가난을 뜻하는 더 기분 나쁜 암시들에서 벗어나게 해주었다. 사실 그것은 사회에서 탈락된 사람들을 뜻하는 '하층계급'에 대한 덜 경멸적인 단어에 불과했지만 차브 현상, 즉 하층에 속한 무능하고 배제된 그룹이 있고 나머지는 행복한 사람들이라는 구분을 신노동당 스스로 도입한 꼴이었다.

존 골드소프는 말한다. "이런 사람들이 어떻게 규정되었는지는 알 수 없을 거예요. 그런 사람들이 얼마나 되는지, 어떤 비율인지도 모르죠. 다만 누군가 '도대체 사회적으로 어떤 그룹에서 배제된 것인가'라고 물으면 '영국 사회의 주류에서 배제되었다'는 답을 듣게 될 겁니다. 하지만 그건 엉터리죠! 우리처럼 계층화되고 불평등한 사회에서 주류가 어디 있겠습니까. (…) 다시 한번 신노동당스런 일이 벌어진 것이죠. 그들은 바닥계층에 대해 뭔가를 하기를 원하면서도 짐짓 그 계층과는 떨어진 척했어요. 별 문제는 없었죠. 하지만 그건 옳지 않았어요! (⋯) 지금 보듯이 사회적으로 배제된 사람들이란 노동계급 안에서도 가장 불이익을 감수하는 사람들이었거든요."

'배제'는 반드시 사회 때문에 배제당한다는 뜻일 수는 없었다. 오히려 스스로의 행위 때문에 배제된다는 것에 더 가까웠다. 내가 대처리즘의 유산 중 하나는 현재 정치인들이 사회적 문제들을 개인적 행위 때문이라고 생각하는 것이 아니냐고 물었을 때 매튜 테일러는 그건 복잡한 문제지만 어느 정도는 사실이라면서 다음과 같이 대답했다.

지금까지 배제에는 "나 스스로 배제한다"는, 그러니까 자신의 행위가 사회적 지위 가운데 재생산되는 그런 과정이 있다는 견해가—이게 개념적으로는 '계급'에서 '배제'로의 움직임이었죠—일반적으로 퍼져 있었어요. 계급은 나에게 주어진 것인 반면에 배제는 나에게 일어난 일이며 그렇기 때문에 나 스스로가 행위자인 셈이죠. 그래요, 내 생각에 비록 그런 측면이 있다고 해도 가난한 사람을 가난하다는 이유로 비난해서는 안된다는 생각이 있었죠. 하지만 동시에 가난은 어떤 거대하고 외부적인 사회적 힘에 의한 것이 아니라 사람들의 이런저런 행위 때문이라는 생각도 있었던 거예요.

토니 블레어의 최측근 고문이자 가장 날카롭고 명민한 정치 평론가인 매튜 테일러의 솔직한 고백은 신노동당에 의해 형성된 철학의 한 켠을 잘 드러내준다. 한 사람의 사회적 위치는 사회적 힘이 작용한 결과가 아니라 그 사람의 행위의 결과라는 것이다.

존 크루더스는 여러 입장을 가진 정치인들이 계급의 존재를 부인하는 것에는 하나로 뭉쳤다고 확신한다. 그것은 소수의 특권화된 중간계급의 입장에 설 때 노동계급의 관심사를 언급할 필요가 사라졌다는 것을 의미한다. "정치인들은 아주 작은 유권자 집단과 함께하는 더욱 과학적인 방법을 고안해낸 것이죠. (…) 중간계급은 하찮은 숫자의 유권자들일 뿐인데도요." 노동계급 유권자들은 신노동당 정치인들이 특권층 유권자들을 위한 정책을 만들어내는 것을 뻔히 지켜보면서도 다른 선택을 할 수 없는 '핵심 유권자'로 당연시됐다.

이런 태도를 체현해낸 가장 대표적인 정치인이 바로 토니 블레어다. 매튜 테일러는 블레어의 정치적 접근법에 대한 흥미로운 통찰을 제시한다. "나는 토니 블레어를 위해 일했어요. 나 또는 다른 사람들이 '모든 문제에서 좀더 좌측의 선택을 하면 어떨까요? 좀더 가난과 정의의 편에 서는 게 어쩌구 저쩌구…' 하면서 충고를 하면 그의 대답은 다음처럼 퉁명스럽기 일쑤였죠."

좋네. 하지만 나까지 그런 일에 끼어들 필요가 있겠나. 그건 노동당의 모든 사람들이 원하는 바고 내각의 모든 사람이 원하는 바며 고든 브라운이 원하는 바 아닌가. 그건 정말 착한 일이지. 그리고 그들이 온종일 그런 일에 매달려 있다는 걸 아는 만큼 나는 신경을 쓰지 않을 작정이네. 그들은 공공부분 서비스 개혁이나 부의 창출에는 관심이 없지 않나. 그서 열심히 하는 척이나 하겠지. 내 업무는 노동당이 일반적으로 관심을 던지지 않는 이슈들을 가지고 수많은 대중들과 씨름하는 일이라네.

노동계급 유권자를 거의 강박에 사로잡혀 무시하는 일은 '중산층 영국'(Middle England)이라고 불리는—생뚱맞게도—한줌의 부유층을 이유 없이 떠받드는 짓을 의미한다. 진짜 한가운데 있는 중간계층의 수입은 2만 1천 파운드에 불과한 데도 말이다. 매튜 테일러도 이렇게 인정했다. "우리가 '중간계급 영국'을 잘못 그려낸다는 지적은 맞아요. 하지만 내가 우려하는 것은 그게 노동당만의 특징은 아니라는 점이에요. 그건 중간계급의 대체적인 특징이기도 하죠."

이런 왜곡은 종종 거의 부조리한 수준에 이르기도 한다. 스티븐 바이어스(Stephen Byers)는 노동당의 전 내각장관이자 블레어의 최측근이다. 2006년 그는 '중산층 영국'의 기치를 회복하기 위해 상속세를 폐지하자고 떠벌리며 다녔다. 실상 상속세를 낼 사람은 최상류층의 일부임에도 불구하고 말이다.

매튜 테일러는 말한다. "그저 거의 미쳤다고 볼 수밖에 없는 초-블레어주의가 있어요. 아마 스티븐 같은 친구가—요새는 만나지 못하지만 개인적으로는 이 친구를 좋아합니다—이런 식의 미친 블레어주의를 만들어낸 주범일 거예요." 신노동당은 바이어스가 제안한, 비굴하기 그지없는 데다 순전히 부자만을 위한 상속세 폐지를 채택하지는 않았다. 그럼에도 불구하고 바이어스의 사고방식은 금빛으로 반짝이는 소수층의 이익을 위하여 노동계급을 밀어내는 블레어주의

차브

의 깊숙하고도 본질적인 한 측면을 보여준다.

　노동계급을 가시권에서 멀어지게 한 요인은 단지 부자와 기득권층의 요구를 우상처럼 떠받들었기 때문만은 아니다. 계급 개념이 포기되는 시기에 더욱 강화된 다문화주의는 불평등의 요인을 전적으로 인종과 종족 정체성의 시야로 바라보게 했다. 사회계급 전문가이자 뛰어난 인류학자인 질리언 에반스(Gillian Evans) 박사는 "당신도 알다시피 계급 평등을 위한 투쟁이 시들해지는 동안 인종 평등을 향한 전투는 다문화주의를 타고 꾸준히 진행돼왔다"고 주장한다. "흑인과 아시아인들은 좀더 나은 인종적·문화적 대우를 위해 투쟁했고 이는 그 이름에 값하는 환상적인 저항이었습니다."

　하지만 그 투쟁에서 다문화주의가 단 하나의 인식 가능한 기반이 되었기 때문에 한편으론 '다-인종 노동계급의 존재'가 무시되었고 다른 한편으론 백인 노동계급은 스스로를 '고유한 문화를 가진 새로운 인종 그룹'으로 받아들여야만 했다고 에반스 박사는 주장한다. 가장 위험스러운 것은, 결국 중간계급이 백인 노동계급 문화를 정당한 것으로 받아들이길 거부함으로써 경제, 정치, 사회 전반에 걸쳐 이들 백인 노동계급이 존중받지 못했다는 점이다.

　최소한 지금까지도 견고하게 유지되는 인종차별주의에 균형을 맞추기 위해서라도 우리는 인종적 소수자들을 기꺼이 맞아들이고 포용해야 마땅하다. 하지만 인종적으로 '백인'으로 분류되는 노동계급은 계급 없는 다문화주의에서 어떤 위치도 차지하지 못한다. 결국 수많은 소수자 그룹은 있지만 존경을 받는 탁월한 노동계급의 지도자는 나오지 못하는 것이냐. 그서 주도적인 직업군 안에서 나양성을 추구하면서 소수인종 중에서도 중간계급을 육성하는 데만 초점이 맞춰진 상황에선 소수자 노동계급의 이익 또한 무시되기 마련이다.

아무튼 고든 브라운 정권하에서 신노동당이 이런저런 위기에 봉착하자 그저 노동계급이 더이상 존재하지 않는 척하기는 점점 더 어려워졌다. 가령, 극우 인종주의 성향의 영국국민당(British National Party, BNP)은 동부런던과 영국북서부 노동계급을 중심으로 성장을 거듭했다. 그런데도 신노동당 정치인들은 적절한 주택이나 치안, 좋은 일자리 같은 근본적인 대책을 마련하는 대신 이민에 저항하는 노동계급의 반발을 순진하게 받아들이고 말았다. 신노동당은 종파와 인종을 떠나 모든 노동계급에 해당되는 경제적 질병에 주목하는 대신 백인 노동계급에 먹힐 만한 문화적 문제로 시선을 돌려버린 것이다. 그에 따라 백인 노동계급은 하나의 소외된 소수인종이 되고 말았다.

예를 들어 지난 2009년 신노동당은 백인 노동계급을 지원하기 위해 특별히 1,200만 파운드의 기금을 마련했다. 물론 신노동당 정권하에 무시되고 심지어 포기되기까지 한 많은 노동계급—더욱이 대부분은 백인들이었던—에게는 도움이 간절히 필요했다. 그러나 이런 식의 접근에는 노동계급의 문제를 계급의 문제가 아닌 인종의 문제로 둔갑시키는 오류가 있었다. 더욱 위험하게는 이것이 여러 인종 그룹에 속한 노동계급이 한정된 자원 속에서 관심을 얻기 위해 서로 경쟁한다는 사고방식을 강요한다.

신노동당 내각의 마거릿 홋지(Margaret Hodge)가 2007년에 한 경솔한 발언은 이런 관점을 뒷받침해주었다. 자신의 지역구에서 영국국민당이 융성하는 것을 두고 그녀는 이른바 '합법적 권리'를 소유한 본토인들에 비해 이주민 가족이 우선권을 행사하고 있다고 서툰 불평을 해댔다. 겉만 번지르르한 사회주택 정책에 대해 뭔가를 해야 한다고 요청하는 대신 그녀는 백인 노동계급과 이주민의 이익이 서로 다투는 듯한 인상을 주고 말았던 것이다.

"백인 노동계급은 종종 아무도 자기들의 이야기를 들어주거나 대변해주지 못한다고 느낀다"고 2009년 당시 노동당 비서였던 헤이즐 블리어스는 말한 바 있다. 수많은 백인 노동계급이 대변자가 없고 목소리가 없음을 경험했다는 그녀의 말은 백번 옳다. 하지만 블리어스에게 노동계급의 우려는 거의 철저하게 이민에서 비롯된 것이다. "노동계급이 이민의 직접적인 영향을 받지 않지만, 그에 대한 두려움은 극심합니다. (…) 사회의 변화는 불편과 불확실성을 만들어내지요."[18]

영국국민당이 사력을 다하자 그때서야 신노동당은 노동계급에 대해 다시 이야기하기 시작했는데 그나마도 인종적인 것이어서 주제는 이민에 한정됐다. 아무튼, 그런 이야기는 노동계급의 가치를 평가절하하고 중간계급에의 참여를 강조해온 신노동당의 기류에는 이의를 제기하는 것이었다.

만약 현대 영국에서 계급은 죽었으며 이제 누구나 스스로의 노력 여하에 따라 상층계급으로 올라설 수 있다는 신화를 폭파시키길 원한다면, 국회의사당이 좋은 예가 될 것이다. 거기서 의원들은 들락날

락거리며 로비스트나 유권자들을 만나고 표결을 알리는 날카로운 벨이 울리면 등원하여 발언을 하거나 투표에 참여한다. 거의 대부분이 중간계급 출신이며 전문직을 가진 일반 의원의 평균 연봉과 경비는 전체 인구 중 상위 4% 안에 너끈히 든다. 그들 뒤를 종종거리며 뒤따르는 일군의 앳된 무리는 의회에서 포부를 키워가는 연구원들이다. 국회의원의 이런저런 보좌관들은 반드시 급여가 없는 인턴십—의원들과 달리 이들은 경비도 거의 받지 못한다—을 거쳐야 하기 때문에 그들의 직업은 늘 중간계급에만 개방된 조직이 되었다. 부모들의 재정적인 지원을 받을 수 있는 사람들만이 그 자리에 낄 수 있기 때문이다.

의원들의 조수뿐만 아니라 청소부와 식당 직원들의 경우도 심각하다. 그들 대부분은 새벽에 의회에 도착하기 위해 심야버스를 타고 런던을 가로지른다. 임금으로 따져볼 때 그들은 전체 인구 중 하위 10% 안에 든다. 2006년 생계 임금을 위한 투쟁이 성공적으로 마무리되기 전에 '전세계 의회의 어머니'라는 영국 의회의 청소부들은 세계에서 가장 물가가 비싼 도시 중 하나인 런던에서 최저 임금으로 근근이 살아갔다. 만약 누군가 의회에서 먹다 남은 구운 치킨이나 초콜릿 조각을 손수레에 싣고 털털거리며 가는 중년 여인을 본 사람이 있다면, 그녀가 빅토리아 시대 귀족의 대저택으로 들어가는 하녀 같다는 느낌을 받았다 해도 무리는 아닐 것이다.

의회를 영국 계급체계의 축소판으로 보는 것이 쉬운 방법일지는 몰라도 성실한 방법은 아닐 것이다. 하지만 분명히 그것은 현대사회

차브

에 벌어진 틈을 보여주고 있다. 보수당과 자유민주당에 정권이 넘어간 2010년 총선 직전 제임스 퍼널을 인터뷰하면서 나는 의회가 얼마나 대표성이 떨어지는지를 이야기했다. "의원들 중 3분의 2는 전문직 출신이었고 보통사람들보다 4배나 많은 의원들이 사립학교를 나왔습니다." 내가 20명당 단 1명 정도만이 노동자계급 출신이라고 말하자 그는 정말 깜짝 놀랐다. "스무명당 하나라고요?"

이런 사실 때문에 정치인들이 노동자계급의 문제를 이해하기 어렵지 않겠느냐고 묻자 그는 거의 반대하지 못했다. "그래요, 사실 의회는 닫힌 가게나 마찬가지죠…." 퍼널이 보기에 이처럼 정치적 구조가 보통사람들에게 닫혀온 결과 중간계급에게 권력이 집중되었던 것이다.

2010년 총선이 한창 준비중일 때 노동조합이 확실한 의석에 낙하산 후보를 내려보내고 있다고 많은 언론들이 흥분해서 보도했다. 가령 『타임스』는 "노동조합이 노동당을 더 왼쪽으로 몰아놓기 위해 후보들을 꽂아넣는다"고 으르렁거렸다. 그러나 결국 새로 선출된 의원 중 단지 3%만이 노조 출신이었다. 이른바 1930년 이래 가장 심각했던 경제위기에 책임이 있는 런던 지역의 수많은 예비후보들에 대해서는 그 어떤 분노도 표출되지 않았다. 선출된 의원 열 중 하나는 금융계 출신이었는데 이는 노동당에 압도적인 승리를 가져다준 1997년 총선에 비하면 두 배나 많은 숫자였다. 정치 역시 점점 더 근무경력이 아니라 정치경력이 돼버려서 이제 의원이 된 다섯 중 하나는 의회에 입성하기 전에 이미 정치경력이 있는 사람들이 차지하게 되었다.

2차 세계대선의 광분이 시나간 후 복지국가의 틀을 세운 1945년 노동당 내각을 되돌아보면 좀더 선명한 대비를 볼 수 있다. 클레멘트 애틀리(Clement Attlee) 정부의 거장들 가운데는 세계 속의 영국을 대표한 어니스트 베빈(Ernest Bevin), 국민보건서비스(National Health Service)를 기초한 니 베번(Nye Bevan), 애틀리의 2인자였던 허버트 모리슨(Herbert Morrison) 같은 노동자 출신 정치인들이 있었다.

4장
진퇴양난에 빠진 계급

론다특별시(Rhondda)의 트레오치(Treorchy, 론다 계곡에서 석탄이 발견되면서 한
때 공업도시로 명성을 떨친 농촌마을—옮긴이) 마을에는 차브들이 득실댄다. 트레
오치 주민들은 '차브'가 무엇인지도 모른다! 왜냐하면 주민 모두가 '차브'이
기 때문이다! 이곳에는 화려하고 세련된 상류층은 살지 않는다. 노동계급 거
주지인 트레오치에는 실업자들이 넘쳐난다! — 웹사이트 ChavTowns

역사적으로 노동계급은 찬사를 받는 것은 고사하고 제대로 사람 대
접을 받은 적도 없었다. 빅토리아 시대부터 2차 세계대전 때까지 노
동자들의 삶은 그 어떤 기록에도 거의 언급된 적이 없었고, 그나마 언
급이 되었다 하더라도 캐리커처처럼 우스꽝스러운 모습으로 그려졌
다. 한 빅토리아 시대 문학 전문가가 지적한 바와 같이, 찰스 디킨스
(Charles Dickens)처럼 개혁을 지지하던 중간계급조차도 노동자들을 '만
화 캐릭터처럼 깊이가 없는 평면적인' 인물들로 묘사했다.[1] 조지 오웰
(Geroge Orwell)도 "소설, 특히 영국 소설에서 노동계급의 모습을 찾다
보면, 뻥 뚫린 구멍만 보게 됩니다. (…) 소설가들에게 공장의 바퀴가
놀아갈 수 있게 해주던 마을의 평범한 프롤레타리아들은 언제나 관

심 밖의 대상이었고, 소설 속 어느 한귀퉁이에라노 이들이 등상할 때는 거의 항상 동정의 대상이나 극의 긴장을 완화시키는 희극적인 요소로 그려졌습니다"고 말했다.[2] 그러나 2차 세계대전 이후 변화가 찾아왔다. 노동자들이 자신들의 이익을 대변하기 위해 만든 정당인 노동당이 선거에서 압승을 거두면서 영국의 양대 정치세력 중 하나가 된 것이다. 노동계급의 관심사와 걱정거리를 해결하기 위한 전면적인 사회개혁 조치들이 도입되었고, 노동조합은 국가의 최고 권력기관에 영향력을 행사할 수 있게 되었다. 노동계급은 이제 더이상 무시할 수 없는 존재로 부상했다.

영화감독 스티븐 프리어즈(앨런 베넷Alan Bennett의 희곡을 TV 드라마 시리즈로 만든 초기 작품에서부터 이제는 고전의 반열에 오른 1985년의 「나의 아름다운 세탁소」My Beautiful Laundrette에 이르기까지)는 자신의 작품에 계급간의 문제를 자주 등장시키는 것으로 유명한데, 그는 "전쟁이 모든 것을 변화시켰습니다"라고 말한다. "소설이 노동자계급의 삶을 다루기 시작했어요. 연극도 노동자들의 이야기를 담기 시작했죠. 이런 모든 현상들이 매우, 아주 매우 흥미로웠어요."프리어즈 감독과 같은 중간계급 출신들은 이같은 현상을 통해 가슴깊이 자유로워지는 기분— 그의 표현에 따르자면 '해방감'—을 느꼈다. "갑자기 이전에는 듣도 보도 못했던 완전히 새로운 부류의 사람들이 나타났어요 (…) 그전까지는 영국 국민들 중 극소수에 불과한 상류층이나 중간계급이 주류를 차지하고 있었지요. 그런데 갑자기 세상이 갑자기 훨씬 더 흥미진진해진 거예요."

이와 같은 변화의 실질적인 이정표가 된 것은 1960년 영국 ITV에서 방영된 「코로네이션 스트리트」(Coronation Street, 1960년 방영을 시작한 영국 드라마. 맨체스터 교외의 가상의 노동계급 거주지역에서 벌어지는 다사다난한 에피소드들을 그린 작품―옮긴이)였다. 「코로네이션 스트리트」는 현실성 있고 공감할 수 있는 노동계급 인물들을 중심으로 그들이 어떤 삶을 영위하는지 보여주면서 시청자들의 공감을 얻어 수개월 만에 2천만이 넘는 시청자들을 끌어모았다. 이 드라마와 같이 노동계급의 현실을 탐색하는 새로운 영화 장르인 북부리얼리즘(Northern Realism)의 흐름을 따랐던 대표적인 고전 작품들로는 「토요일 밤과 일요일 아침」(Saturday Night and Sunday Morning), 「꿀맛」(A Taste of Honey), 「꼭대기 방」(Room at the Top), 「캐시 집에 돌아오다」(Cathy Come Home) 등이 있다. 「잘나가는 녀석들」(The Likely Lads)과 같은 인기 프로그램의 주요 인물들도 노동계급에 속하는 사람들이었지만, 「멋진 인생」(The Good Life) 등의 시리즈에서 웃음거리를 찾은 사람들은 중간계급이었다. 심지어 1970년대에는 「넝마주이」(The Rag Trade)라는 시트콤이 인기를 끌었는데, 이 작품에 나오는 여성 노조원들은 자신들의 상사와 싸움을 벌이고 또 항상 이긴다. 1980년대까지도 TV 드라마는 「바보들과 말들뿐」(Only Fools and Horses)이나 「또 만나요」(Auf Wiedersehen), 「애완동물」(Pet) 등에서와 같이 호감가는 노동계급 인물들을 중심으로 씌어졌다.

그러나 그렇다고 해서 이들 작품이 노동계급의 삶을 항상 완벽하게 사실적으로 그린 것은 아니었다. "30년이나 4~50년 전에는 노동계급과 그들이 속한 지역사회를 정말 심하게 낭만적으로 묘사했다고 생각합니다"라고 역사가 데이비드 키너스턴은 말한다. "선생 직후의 영화 속에서 노동계급은 악당이나 비호감 캐릭터로 묘사되는 것이 아니라 우스꽝스러운 모습으로 그려지는 경우가 많았습니다. 이들은 대체로 피상적이고 1차원적인 인물로 그려졌지요. 상스러워 보일 수는 있지만, 악한은 아니었어요." 전 노동당 당수였던 닐 키녹도 여기에 동의한다. "아주 아주 오랫동안, 분명 20세기 대부분의 기간 동안 노동계급은 예술계와 교육계에서 강한 영향력을 가진 소수의 지식인들에 의해 이상화되거나, 또는 하찮고 모자란 존재로 취급을 받았습니다."

그런데 노동계급을 업신여기던 분위기가 이제는 그들을 노골적으로 경멸하는 것으로 급변한다. 대처리즘의 대두와 이른바 '노동계급다운 특성', 다시 말해 노동계급의 가치와 제도, 산업과 지역사회에 대한 대처리즘의 공격에 상황이 달라지기 시작한 것이다. "노동계급에 대한 묘사가 크게 달라진 것은 분명—눈에 보이는 자명한 것이기도 했지만, 명확한 사실이기도 하지요—80년대 즈음부터였어요. 각종 매체에서 (…) 무례하고 아주 기분 나쁜 표현을 써가면서 노동계급을 '경멸'하는 것이 가능해졌어요"라고 데이비드 키너스턴은 지적한다.

대중문화 속에 스며든 이런 정서가 처음으로 그 모습을 드러낸 것은 코미디언 해리 엔필드(Harry Enfield)가 만들어낸 웨인 슬롭(Wayne Slob)과 웨이네타 슬롭(Waynetta Slob)에서였다. 1990년에 처음 등장한 웨인 슬롭과 웨이네타 슬롭은 '차브의 원형'이라고 볼 수 있는 인물들이다. 엔필드는 무기력하고, 말투는 상스럽고, 복지혜택에 의존해 살아가는 고약한 성질의 인물들을 창조해냈다. 일례로 웨이네타(1997년에 한 언론인이 표현한 바에 따르면 '악몽에 나올 것만 같은 프롤레타리아')[3]가 임신하자 슬롭 부부는 태아를 '재떨이'라고 부를지 의논한다. 오늘날도 언론은 노동계급을 도매금으로 싸잡아 공격할 때면 아주 열심히 노동계급의 전형으로 웨이네타 슬롭을 거론한다. 최근 『데일리 메일』은 "신노동당 정권하에서 질병 관련 복지혜택을 신청하는 여성들의 수가 남성의 3배에 달하는 등, '웨이네타'들의 증가로 정부의 재정부담이 증가하고 있다"라는 헤드라인 기사를 싣기도 했다. 기름에 찌들어 보이는 웨이네타 슬롭이 아기를 안고 있는 사진 아래에는 "해리 엔필드가 허구의 인물 웨이네타 슬롭을 통해 풍자하던 사람들이 늘고 있다"는 친절한 설명이 붙어 있다.[4]

그러나 '차브' 현상의 등장과 더불어 사람들이 노동계급에 대해 가지고 있던 여러가지 편견들이 하나로 통합된다. 2003년 말에 출범한 '차브스컴'(ChavScum)이라는 웹사이트에는 '영국의 마을과 도시를 집어삼킨 무식한 최하위계층'이라는 태그라인이 달려 있다. 현재는 차브스컴을 대신하여 '차브타운스'(ChavTowns)라는 사이트에서 기고자들이 서로 경쟁적으로 차브에 대한 험담을 늘어놓는다. 예를 들면 '더러운 영세민들을 위한 (과거) 공영주택'에 살고 있는 '더러운 공영주택의 쓰레기 같은 주민들'처럼 짧은 글을 올리거나, 또는 소도시 리크(Leek)에 거주하면서 '할인매장 알디(Aldi)의 계산대나 즐거운 케리골드(Kerrigold) 치즈 공장에서 일하는 차브들을 공격 대상으로 삼는다. 또한 "어느 15세 미혼모가 언뜻 지나가는 말로 자신이 언젠가는 모리슨스(Morrisons, 영국의 대형마트—옮긴이)의 델리 계산대에서 일하게 될지 모른다고 말하자 『리크 포스트 앤 타임스』(Leek Post and Times)는 마을 역사상 가장 야심찬 포부를 밝힌 이 미혼모에 대한 기사를 신문 1면에 실었다"라는 식으로 차브들을 욕한다.

윈체스터(Winchester) 지방의 슈퍼마켓 직원들이 듣는 평판도 별반 다르지 않다. 마켓을 방문한 한 고객은 "차브들은 계산대에서 일하는 중에도 열네살 때 아이를 임신한 경험에 대해서 수다를 떨거나 '크리스탈이 금요일 밤에 술에 취해서 타이론이라는 빌어먹을 놈과 함께 집에 갔어' 같은 이야기를 쉬지 않고 해대느라 고객들은 전혀 안중에도 없습니다"라고 말한다.

책 한 권을 온통 이러한 이야기들로 채운 경우도 있다. 작가 리 복 (Lee Bok)의 『차브에 관한 작은 책』은 지금은 파산한 체인식 서점 보더스(Borders)의 계산대 위에서 오랫동안 한 자리를 차지했었다. 가장 최신판은 현재까지 10만부 이상이 팔렸으며, 8쇄까지 인쇄가 됐다고 관계자들은 자랑한다. 이 책에는 차브들을 알아보는 데 도움이 되는 '차브 직업' 목록까지 담겨 있다. 차브족 여자(일명 차벳Chavette)라면 헤어디자이너 견습생, 메이크업 아티스트 견습생, 청소부 또는 바텐더 등의 직업이 있고, 남자 차브족은 기능직 노무자, 지붕수리공, 배관공이나, 시장 상인, 정비공, 경비원 등의 직업에 종사하는 경우가 많다. 또한 리들(Lidl), 네토(Netto), 알디(Aldi) 같은 저렴한 슈퍼마켓 체인의 계산대나 패스트푸드 음식점에서도 느릿느릿 움직이는 차브 남녀를 발견할 수 있다.[5] 전작만큼이나 독설로 가득 찬 후속작 『차브의 인생 가이드북』(The Chav Guide to Life)에서 작가는 차브들이 "시끄럽고, 저급할 뿐 아니라, 대부분이 영세민 공영주택에 거주하는 가난한 노동계급 가정 출신이며, 실업수당으로 살아간다"라고 밝히고 있다.[6]

차브스컴 사이트를 만든 이들 또한 차브에 대한 혐오감으로 가득한 책을 출간했다. 『차브! 영국의 새로운 지배계급에 관한 사용자 가이드』(Chav!: A User's Guide to Britain's New Ruling Class)에서 미아 월러스(Mia Wallace)와 클린트 스패너(Clint Spanner)는 '야생에서 차브를 발견'하는 요령을 알려준다. 차브는 말하자면 짐승과 같은 존재인 것이다. "최첨단의 짝퉁 디자이너 패션, 유명 상표의 스포츠웨어와 액세서리에 목숨을 거는 사람들, 놀랄 정도로 화려한 9캐럿짜리 금붙이. 여기 온가족이 함께 즐길 수 있는 점수내기 게임에서 누가 차브인지 맞춰보세요!" '차 벳'은 17세 이전에 아이를 낳지 않으면 '가장 가까운 이웃과 친구들로부터 애도 못 낳는 괴물' 취급을 받는다. 차브족이 시청하는 TV 채널은 "ITV 차브 채널로, 차브들도 이 채널의 프로그램 중 의욕이나 도전의식을 불러일으키는 프로그램이 전혀 없다는 것을 잘 알고 있다." 물론 「오늘 아침」(This Morning)이라는 프로그램을 시청한다면, "중간계급의 관심사들이 일부 다루어지기 때문에 차브들은 약간 겁이 날 수도 있다." 그러나 무엇보다 최악인 것은 전국 어느 학교에서나 멀쩡한 아이들이 차브 아이들한테 치일 위험이 있다는 것이다.

예선에는 무상급식을 받으면 낙인이 찍히기 때문에 집안 형편이 너

어려운 일부 가정에서조차 무상급식 혜택을 받기보다는 아이들의 점심 도시락을 싸 보내곤 했다. 그러나 학생들의 구성비가 달라지고 차브 가정 출신 아이들이 많아지면서 무상급식을 받는 것이 유행이 되어버렸다. 이제 차브가 아닌 아이들은 창피해하면서 급식비를 내고, 이렇게 급식비를 내고 나면 '돈 많은 집 애'라고 공격을 당하기도 한다.[7]

2004년 차브에 대한 적대감이 주류 문화에서 힘을 얻기 시작하자 주류 언론인들 중에서도 이를 지지하는 사람들이 생겨났다. 『텔레그래프』 소속의 언론인 저마이머 루이스(Jemima Lewis)는 차브스컴에 대해 '속물근성에 관한 옹호론'(In defence of snobbery)이라는 칼럼으로 응수하면서, "두 종류의 속물근성, 즉 전통적 의미의 속물근성이나 역속물근성(inverted snobbery, 상류사회를 무조건 백안시하고 낮은 사회계층에 자부심을 갖는 태도—옮긴이) 모두 유해한 점이 있지만, 전체적으로 봤을 때 나는 차라리 전통적 의미의 속물근성이 낫다고 생각한다"라고 직설적으로 적고 있다. "그 이유 중의 하나는 내가 중간계급이기 때문인데, 나는 중간계급이라는 이유로 조롱당하고 싶지는 않다. 또한 고전적 의미의 속물근성에는 일부이기는 하지만 그래도 교육, 미래에 대한 포부와 의욕, 타인에 대한 배려와 존중 등의 가치들을 추구하고자 하는 마음이 있기 때문이다."[8] 그녀의 핵심 주장은 하위계층 사람들을 미워하는 것이 그들에게 약이 된다는 것이다. 미움의 대상이 되면 고통스러운 환경에서 벗어나고 싶은 마음을 갖게 되고, 이에 따라 행동도 일부 조심스러워진다는 것이다.

차브 현상을 잘 이해하지 못하는 독자들을 위해 『데일리 메일』은 『차브의 모든 것』(A to Z of chavs)이라는 유용한 참고자료를 발표했다. 'A'는 'A 레벨'을 뜻하며, '그 어떤 차브도 가져본 적 없는 것'을 의미한다. 'U'는 '미성년'(Underage)를 말하는 것으로 '모든 차벳이 처음으로 성경험을 하는 나이'를 뜻한다. 데일리 메일의 '농담' 섹션에는 차브 혐오자들이 가장 집요하게 물고 늘어지는 부분 중 하나인 차브 여성들의 문란한 생활태도가 압축적으로 표현되어 있다. "차벳과 요크 공작(The Grand Old Duke of York, 영국 동요로 가사 일부는 다음과 같음: Oh, the grand old Duke of York/ He had ten thousand men/ He marched them up to the top of/ Everyone stands up/ The hill and he marched/ Them down again./ Everyone sits down—옮긴이) 간의 차이점은 무엇일까요? 정답은 요크 공작에게는 부하(남자)가 고작 1만명뿐이었다는 겁니다." 물론 차브들이 낮은 임금을 받는다는 것 또한 놀림거리 중 하나다. "직장에서 일하고 있는 차브에게는 어떻게 말을 걸까요? '빅맥과 감자튀김 좀 주세요'라고 말한답니다."[9] 또다른 글에서 저마이머 루이스는 차브들이 영국 전역으로 급속도로 퍼져 나가고 있다고 주장하면서, "어떤 사람들은 그들을 인간쓰레기라고 부르고, 사회학자들은 최하위계층이라고 부른다. 그들을 어떻게 부르건 간에, 지금 영국은 이들 손아귀 안에 있다"고 경고한다.[10]

'차브'라는 꼬리표가 붙은 사람들은 복장이나 음식에서 중간계급의 높은 기준을 맞추지 못해 비웃음을 사는 경우가 많다. 영국의 학교 급식 메뉴를 건강식으로 바꾸는 운동을 펼쳐온 스타 셰프 제이미 올리버(Jamie Oliver)에게 친사가 쏟아지는 것은 당연한 일이다. 하지만 옥의 티처럼 그는 하위계층의 식습관을 못마땅해하는 발언들을 쏟아냈다. 채널 4에서 방영되는 프로그램에서 제이미 올리버는 저녁식사 시간에 함께 자리하지 않는 부모들을 '백인 쓰레기'(white trash)라고 비난했다. 실제로 「제이미 올리버의 학교 급식」(Jamie Oliver's School Dinners)이라는 TV프로그램 시리즈는 식비조차 넉넉하지 않은 엄마들이 얼마 안되는 돈을 가지고 아이들을 먹이기 위해 애를 쓰는 가난한 지역들을 중점적으로 다루었는데[11] BBC 1의 한 프로그램에서 아나운서 조너선 로스(Jonathan Ross)는 제이미 올리버에게 '농담'조로 다음과 같은 질문을 던졌다. "부모가 되어서는 안되는 사람들이 있다는 것에 대해서 생각해보신 적이 있습니까? 예를 들면 공영주택에 사는 주민들 같은 사람들 말입니다." 관객들은 이런 질문에 박수를 쳐댔다.[12]

음주도 마찬가지다. 보건부 장관 리엄 도날드슨(Sir Liam Donaldson) 경이 15세 미만의 청소년은 절대 술을 마셔서는 안된다는 권고안을 담은 지침을 발표했을 때 『데일리 텔레그래프』의 제임스 델링폴(James Delingpole) 기자는 화가 치밀어 올랐다. 리엄 경은 어린 아이들에게 소량의 와인을 주는 것은 '중간계급의 잘못된 사고'라는 의견을 과감하게 제시했다. 그러나 델링폴 기자는 리엄 경이 '잘못된 표적'을 조준하고 있다고 생각했다. "영국에서 청소년 음주가 가장 심각한 곳이 어딘지는 누구나 알고 있다. 빈민지역과 붕괴된 가정에서 부모 없이 자란 부랑아들이 10대가 되기도 전에 알코올이 들어간 탄산음료와 알코올 도수가 높은 라거 맥주를 들이켜는 것은 일상적인 일이 돼버렸다"고 델링폴은 발끈한다.

중간계급은 '손쉬운 대상'이기 때문에 공격을 당해온 반면 문제의 진짜 장본인은 별다른 비난도 받지 않은 채 그냥 넘어갔다. 왜냐하면 그들은 "신문을 읽을 줄은 알지만, 그 어떤 일에도 별 신경을 쓰지 않기 때문이다." 그러나 영국의 국립사회연구센터(National Centre for Social Research)에서 실시한 연구조사에서는 음주량이 가장 많은 집단은 부유한 가정 출신의 아이들이고 실업상태의 부모를 둔 10대 자녀들은 음주를 시도조차 하지 못할 가능성이 더 높다는 결과가 나왔다. 해당 조사를 실시했던 연구자들은 "이러한 결과는 사회적 지위가 낮은 젊은 세대는 술을 마실 가능성이 더 낮다는 것을 보여주는 것으로, 이는 집에 술이 있을 가능성이 더 낮기 때문"이라고 밝혔다.[13] 그러나 델링폴 기자는 단순히 고정관념에 살을 붙여서, 중간계급은 점잖고 세련된 주도에 따라 술을 마시는 데 반해 하위계층 사람들은 술에 취해 인사불성이 된 채 여기저기 굴러다닌다고 확신한다. 규제가 필요한 것은 이들 하층민의 생활방식이지 교양을 갖춘 중간계급의 생활방식이 아니라는 것이다.

중간계급 언론인들 역시 차브들의 무례한 태도에 불쾌해했다. 이들은 뻔뻔하게도 비싼 값에 팔리는 자신들의 칼럼을 통해, 스스로를 변론할 기회나 공간이 없는 사람들을 공격했다. 『데일리 텔레그래프』의 재닛 데일리(Janet Daley) 기자는 잘 씻지 않아 더러운 군중을 특히나 혐오한다. 극장에 가면 "술 취한 차브들이 소란스럽게 공연을 방해하고, 이들에게 뭐라고 한마디라도 하면 수먹다짐이라도 할 듯이 위협한다"고 말한다. 한편 재닛 데일리에 의하면 국립미술관 역시 '노숙자들이나 재미를 보려는 노출증 환자들로 이루어진 인간 바리케이드'에 완전히 점령돼버렸다.

데일리 기자의 신경을 특히 건드린 것은 휴가를 갈 때 '망나니 같은 놈들이 관심을 갖지 않는 외국으로 도망'을 가게 만드는 '무뢰한들'이었다. 그러나 그녀를 심리적으로 가장 불편하게 한 것은 이들이 '가난하지도, 직업이 없지도 않다'는 점이었다. "실제 이들 대부분은 한때는 '존경할 만한 노동계급'의 일자리로 여겨진 직업들을 가지고 있었다." 그러나 무뢰한 노동자들이 그녀와 같이 섬세하고 우월한 사람들의 휴가를 망치고 있다는 것은 사실이었다. 데일리 기자는 중간계급이 하위계층을 가르치길 원했지만, 중간계급은 그런 일을 할 수 없는 상황에 처해 있었다고 항변한다. "부르주아적인 죄책감 때문에 기준을 강제할 수 있는 사람들이 행동을 취하지 못하고 있다. 사회적 특권층은 자신들보다 처지가 나쁜 사람들을 경멸하는 것처럼 보일까 두려워 그냥 움츠러들거나 개입하기를 거부한다."[14] 그러나 예의범절은 중간계급의 문화였고, 무뢰한 차브들을 정리하는 것을 더이상은 늦출 수 없는 시점에 도달해 있었다.

중간계급으로 나고 자란 사람들만 죄책감을 느끼는 것은 아니다. 노동자 집안에서 태어났지만, 어려운 환경에도 불구하고 부와 성공을 거머쥔 사람들도 "내가 해낼 수 있다면, 재능과 의지가 있는 누구나 할 수 있다"고 말한다. 『빅 이슈』(Big Issue, 노숙인 자활을 돕는 월간잡지―옮긴이)의 창업자 존 버드(John Bird)의 경우를 살펴보자. 그는 한때 "나는 지금 중간계급입니다. 나는 내가 할 수 있는 한 최대한 빨리 노동계급을 탈출했습니다"라고 말한 적이 있다. "노동계급은 폭력적이고 사납고, 부인에게 폭력을 행사합니다. 나는 그들의 문화를 혐오합니다."[15] 노동자 출신이지만, 성공하여 부자가 된 후 노동계급을 욕하는 사람이 존 버드 한 사람만 있는 것은 절대 아니다. 그들은 순전히 자신이 가진 뛰어난 재능과 능력 덕분에 '탈출'했고, 따라서 출세하지 못한 사람들은 모두 그들 자신 탓이라고 생각한다.

차브 혐오주의를 시끄럽고 말 많은 우익 칼럼니스트들에게만 나타나는 비주류적 정신병이라고 치부해버릴 수 있다면 좋겠지만, '진보주의적 편견'이 된 또다른 형태의 차브 혐오주의도 있다. 이와 같은 편견을 가진 사람들은 자신들이 차부를 혐오하는 것을 상대 집단의 편견을 근거로 합리화한다. 노동자들을 '백인종'이라고 정의 내리면, 차브들을 혐오하면서도 진보주의적인 견해를 유지할 수 있다고 생각하는 것이다. 백인 노동자들의 인종주의나 그들이 다문화사회에 적응하지 못한 것을 강조함으로써 자신들이 백인 노동자들을 미워하는 것을 정당화한다. 이같은 행태를 두고 언론인 조헌 하리는 "'무식한' 백인 노동계급에 맞서 이민자들을 옹호하는 것처럼 행동함으로써 자신들의 속물적인 사고방식에 대해 사회적인 용인을 받는다"고 지적했다.

백인 노동계급을 사회적 계층이 아니라 인종적으로 정의함으로써 진보 성향의 차브 혐오주의자들은 노동계급의 문제를 경제적 요인이 아니라 문화석 요인에서 기인한 것으로 만늘어버린다. 다시 말해 차브들의 생활방식에 문제가 있는 것이지 불공정한 사회구조가 문제가 아니라는 것이다. 백인 노동자들이 고통을 당하고 있다면 그것은 그들 자신이 무책임하게 살아왔기 때문이다. 진보적 성향의 차브 혐오주의자들은 소수인종에 대한 전반적인 차별 때문에 실업과 가난, 그리고 심지어는 폭력과 같은 문제까지 발생한다는 것은 받아들이지만, 백인 노동자들도 그와 같은 차별을 받고 있다는 것은 믿지 않는다.

"'진짜' 노동자계급은 백인에다가, 교육수준이 낮고, '부자가 되고 싶어 하며', 편견에 가득 차 있고, 남의 말에 쉽게 흔들린다"고 빌리 헤이즈(Billy Hayes)는 말한다. 그는 리버풀의 공영주택에서 태어난 유명한 노조지도자다. 2007년 BBC가 제작, 방영한「화이트 시즌」(White Season)이라는 프로그램에는 백인 노동계급에 속하는 우스꽝스러운 인물들이 여럿 등장했는데, 원래 이 프로그램은 백인 노동자들에 대한 동정적 시각을 담기 위한 것이었다. 그러나 실제로는 인종에 집착하고, 선거에서는 영국국민당에 표를 던지는 백인 노동자들의 오합지졸 같은 이미지만 더 부각시키는 결과를 낳았다. 또한 차브들의 문제를 경제적 측면에서, 즉 인종을 불문하고 모든 노동자들이 영향을 받는 주거와 일자리 같은 측면에서 들여다보지 않고, 대거 유입되는 이민자들로 위협받는 소수자들의 문화로 표현했다. "「화이트 시즌」은 일부 영국민들이 점점 더 심각한 소외감에 빠져드는 이유와 일부 지역에서 극우 정치가 인기를 끄는 이유에 대해 살펴본다"라고 BBC는 발표했다.[16]

그러나 프로그램의 예고편이 이미 모든 것을 말하고 있었다. 예고

편에는 검은색 유성펜을 든 흑인의 손이 백인의 얼굴이 배경 속으로 사라질 때까지 얼굴에 낙서를 하는 장면이 나온다. 그리고 다음과 같은 질문이 함께 등장한다. "백인 노동자계급은 투명인간이 돼가는가?" 프로그램은 바로 이렇게 차브들이 가진 모든 문제를 인종적인 것으로 치부해버렸다. 사라 무헤르지(Sarah Mukherjee) BBC 기자도 이런 편향적인 내용에 분노했다. 에식스(Essex) 카운티에서도 주민 대부분이 백인인 공영주택 지구 출신의 아시아계 여성인 무헤르지 기자는 프로그램을 보고 "뒷맛이 씁쓸했다"고 표현했다. 그녀는 이어서 "일부 뉴스룸에서 노동계급을 업신여기는 기자들의 대화들을 듣다 보면, 영국의 백인 노동자들은 인사불성이 될 때까지 술을 마시다가, 복지혜택을 받을 때와 아시아인이나 흑인들을 팰 때만 잠시 음주를 멈추는, 구제불능인 인간들이라는 생각을 하게 될 겁니다"라고 덧붙였다.

반인종주의가 차브 때리기(chav-bashing)를 정당화하는 데 어떻게 이용될 수 있는지, 언론인인 야스민 알리브하이-브라운(Yasmin Alibhai-Brown)이 쓴 칼럼을 예로 살펴보자. 칼럼에서 그녀는 "세금을 납부하는 이민자들이 과거에도 그랬고 지금까지도 게으른 영국 거지들이 거실 소파에서 맥주를 마시면서 TV를 보게 해주고 있다"고 주장했다. "우리(이민자들)는 이들 게으른 인간들이 원하지 않는 일자리까지도 마다하지 않기 때문에 멸시를 당한다."[17] 「백인 노동계급에게 눈물을 흘리지 않게 해주오」라는 제목의 또다른 칼럼에서 그녀는 백인 노동계급을 인종주의자라고 부르지 않는 사람들을 맹비난한다.

백인 노동자들은 50년대와 60년대에 걸쳐 인종 폭동을 선동했다. 그들은 깜둥이(darkies)들이 술집이나 클럽, 구내식당 등에 출입하지 못하게 했다. 게다가 오스월드 모슬리(Oswald Mosley, 영국의 파시스트 운동가—옮긴이)와 이녹 파월(Enoch Powell, 영국의 극우 정치인—옮긴이)을 지지했던 사람들은 또 누구였던가? 권력에서 밀려난 자들이 힘있는 자들을 향한 태생적인 분노를 표출하는 데 우리를 이용해왔다.[18]

알리브하이-브라운은 자신을 좌파 언론인이라고 평가하면서도 왜곡된 반인종주의로 백인 노동자들을 비난하는 데 주저함이 없다. 진보주의적 편견에 의한 차브 때리기가 최고조에 다른 형국이다. 에반 데이비스(Evan Davis)가 진행한 BBC의 또다른 프로그램도 이와 비슷한 정서를 건드린다. 「이민자들이 떠난 날」(The Day the Immigrants Left)은 사실 이주노동자들이 '영국에 와서 우리의 일자리를 모두 뺏어가는 것'이 아님을 보여주는 훌륭한 목적을 가진 프로그램이었다. 그러나 11명의 장기 실업자들과 계약을 맺고 이주노동자들이 선호하는 일자리에서 일을 하게끔 한 다음(그러나 일을 제대로 하지 못한 경우도 많았고, 아예 직장에 나타나지 않은 경우도 있었다), 이 상황을 통해 영국의 실직 노동자들이 얼마나 게으르고 무책임한지를 보여주는 사례 연구처럼 그려냈다. 궁극적으로 이 1시간짜리 프로그램은 이와 같은 특정 사례들을 통해서 영국민들이 실제로는 너무나 게으르고 나태해서 일자리를 구하지 못한다는 것을 보여주려는 것 같았다.

　　　　　　　　　　　　　　　　　　　　　　　　차브

칼럼니스트 재닛 데일리는 소수인종 옹호를 위한 수단의 하나로 차브 때리기를 정당화시키는 사람들 중 하나다. '영국의 노동계급 사이코패스'—그녀의 표현에 따르면—와 교통사고 때문에 벌였던 언쟁(타고 있던 차끼리 서로 스치자 상대 차에 타고 있던 남자가 뭐라고 소리를 지르고는 떠나버렸다고 함)에 대해 이야기하면서 그녀는 '노동계급의 폭력성'에 대해 장광설을 늘어놓았다. 그녀는 영국의 노동계급에 대해 '자기혐오적이고, 자기파괴적인 집단'으로 '시민문화가 결여'되어 있다고 비판한다. 반면 소수인종들의 '종교, 문화적 품격과 가족의식'에 대해서는 찬사를 보냈다. 이들 소수인종들이 기를 펴지 못하는 유일한 이유는 "영국 본토 노동계급의 무분별한 증오감으로, 이들은 소수인종들의 문화적 건전성, 바로 그것 때문에 소수인종을 혐오한다. (…) 나는 영국이 성공적인 다인종 사회가 되고 난 후에도 세력을 잃어가는(그러나 동시에 점점 더 소외되어가는) 산업혁명의 잔재들 때문에 오랜 시간 고통을 받게 되지 않을까 두렵다"고 주장했다.[19] 노동계급에 대한 혐오감을 정말 기발한 방법으로 정당화한다. 하지만 재닛 데일리는 그냥 단순한 속물이 아니다. 그녀는 계급투쟁을 벌이는 투사다.

차브들에 대한 혐오감을 지속시키는 데 이용되는 또다른 허구는 나이든 점잖은 기성 노동계급은 사라지고 도덕성을 잃어버린 일부 소수만이 남아 있다는 주장이다. 『데일리 메일』의 한 칼럼에서 외무부 장관 윌리엄 헤이그의 연설 작가였던 아만다 플라텔(Amanda Platell)은 이들 잔당의 '한심한 가치관'이 현재와 같은 상황을 초래했다고 비난했다. "왜 그렇게 수많은 노동계급 출신들이 학교생활을 제대로 못하고, 소득은 적고 수명은 짧은지, 진짜 원인을 찾고 싶다면, 그 원인은 다른 곳에 있다. 바로 수없이 많은 무책임한 부모들이 원인이다." 심지어 그녀는 노동계급의 어머니들을 '슬럼 맘'(slum mum)이라고 부르기까지 한다. 차브의 현재 상황에 대해 차브들 자신에게 직접적인 책임이 있다는 주장과 더불어 그녀는 "과거의 노동자계급은 자존심이 매우 강했다. 아무리 가난해도 남자들은 양복과 넥타이를 갖춰 입었고, 여성들은 현관 앞 계단을 쓸고 닦았다. 어머니들은 공공장소에서는 물론이고 집안의 부엌에서조차도 잠옷을 입지 않았다"고 주장했다.[20]

레이첼 존슨은 "우리의 언론 매체는 중간계급에 의해, 중간계급을 위해 운영되는 중간계급의 매체입니다. 그렇지 않습니까?"라고 말한다. 정곡을 찌르는 말이다. 차브에 대한 혐오감을 부추긴 언론인들은 소수의 특권층 출신들이다. 그러나 독자들의 절대 다수가 노동자인 신문들조차도 차브 때리기에 동참한다. 케빈 맥과이어는 『선』에서 개최한 워크샵에 참가한 모든 언론인들이 차브처럼 옷을 차려입었다고 이야기한 적이 있다. 물론 독설로 가득 찬 이들의 칼럼을 가볍게 웃어넘길 수도 있다. 하지만 그것은 특권층 사람들이 자신보다 형편이 어려운 사람들을 경멸하는 것에 맞장구를 치면서 같이 즐기는 일이라는 것을 잊지 말아야 한다. 차브들을 혐오하는 요즘의 분위기 덕분에 플리트 스트리트(Fleet Street, 과거 다수의 신문사들이 위치해 있던 런던의 중심 지역, 영국 언론계를 가리킴—옮긴이)의 계급 투사들은 마침내 공개적으로 그리고 노골적으로 노동계급을 멍청하고, 게으르며, 인종주의적이고,

성적으로 문란하며, 더럽고, 천박하게 옷을 입는 사람들로 그리게 되었다. 다시 말해 영국의 노동계급은 사회에 그 어떤 긍정적인 가치에도 기여하지 못하는 것으로 그려지고 있다.

심지어 특권층 젊은이들 사이에서도 차브 혐오가 어떤 유행처럼 번지고 있다. 옥스퍼드에서는 중간계급 학생들이 노동계급 출신들처럼 옷을 입는 '차브 파티'(chav bop)를 연다. 영국의 최고 특권층 젊은이들 중 하나인 윌리엄 왕자도 차브의 외모를 흉내내며 조롱하는 파티에 참석했다. 샌드허스트(Sandhurst, 영국육군사관학교의 소재지―옮긴이)에서의 첫학기 종강을 기념하여 차브를 주제로 열린 가장(假裝) 드레스 파티에서 윌리엄 왕자는 헐렁한 윗도리와 '반짝이는 액세서리', 그리고 차브의 필수 아이템인 '앵글 박힌 야구 모자'를 쓰고 참석했다. 그러나 다른 생도들이 윌리엄 왕자에게 '왕족이 아니라 차브 같은 말투로 말할 것'을 요구하자 그렇게는 못했다고 한다. 『선』과의 인터뷰에서 한 생도는 "윌리엄 왕자는 왕족이라는 집안 배경에도 불구하고 샌드허스트에서 상류층 티가 가장 많이 나는 생도는 아니었습니다. 하지만 노동계급의 말투까지 흉내내는 것은 힘들었지요"라고 전했다.[21] 우리는 이제 재미를 위해서 왕족이 노동계급 신하처럼 옷을 입는 21세기 영국을 맞이하고 있다.

특권층 출신의 젊은이들에게 '차브' 현상이 무엇을 의미하는지 좀 더 자세히 알아보기 위해 이튼 칼리지(Eaton College) 졸업생이자 옥스퍼드대학보수당협회(Oxford University Conservative Association, 옥스퍼드 대학생들로 구성된 보수당 계열 학생 정치단체―옮긴이)의 협회장인 올리버 하비(Oliver

Harvey)와 이야기를 나누었다. "노동계급, 소위 차브 문화에 대한 중간 계급의 태도를 보면 영국민들의 삶에 계급이 여전히 중요한 부분을 차지하고 있는 것을 알게 됩니다"라고 그는 말한다. 하비 협회장은 '꿈꾸는 첨탑들의 도시' 옥스퍼드에서도 '차브'라는 단어가 사람들의 입에 오르내리는 것을 들을 수 있다고 한다. "사람들은 이곳이 학식과 교양을 쌓는 곳이라고 생각들 하겠지만, 여기 학생들도 '차브'가 우습다고 생각합니다." 다른 학생들과 달리 그는 '차브'라는 단어가 가진 계급적인 의미 때문에 이 단어를 싫어한다. "나는 이 단어에 노동계급을 깔보는 태도가 있기 때문에 오히려 불쾌하게 느껴집니다. 이 단어는 운이 좋은 사람들이 운이 나쁜 사람들을 가리킬 때 쓰는 단어예요. (…) 그런데 이제는 안타깝게도 사람들의 일상적인 의식 세계에 뿌리를 내린 대중적인 단어가 돼버렸어요."

옥스퍼드 같은 곳은 차브에 대한 혐오감을 키우기에 아주 좋은 환경을 갖추고 있다. 학생들 중 거의 절반은 사립학교를 다녔고, 노동계급 출신 학생은 극소수에 불과하다. 이러한 환경은 차브 현상의 진실을 밝히는 데도 도움이 된다. 왜냐하면 여기에는 자신보다 사회적 지위가 낮은 사람들과는 거의 접촉할 기회가 없는 특권층들만 모여 있기 때문이다. 자신이 이해하지 못하는 상대는 과장되고 우스꽝스럽게 표현되기 쉽다. 실제로 특권층에 속하는 가정환경 덕분에 우수한 교육을 받고 옥스퍼드에 오게 된 학생들이 많다. 그들이 자신들의 능력으로 옥스퍼드에 다니고 있다고 주장할 수 있다면, 그리고 최하위 계층 사람들은 그들이 우둔하거나 무책임하기 때문에 아니면 그보다도 더 못하기 때문이라고 주장할 수 있다면 얼마나 마음이 편할까.

그러나 이처럼 공개적으로 차브를 조롱하는 현상은 최근 들어서야 나타난 현상이다. 적어도 아주 최근까지는 많은 학생들이 특권층이라는 것을 부끄러워했기 때문이다. "20년 전에는 중간계급이라고 하면 사회적으로 너무나 심한 낙인이 따라 다녀서 현재 40대가 된 졸업생들 중에는 대학을 다니는 내내 노동계급의 말투를 흉내냈던 사람들이 많습니다"라고 『가디언』의 기자 데카 에이트켄헤드(Decca Aitkenhead)는 말한다. "하지만 요즘 학생들 사이에선 '차브'처럼 옷을 입는 파티가 유행이죠. 다시 말해 돈도 없으면서 버버리 옷을 좋아하는 노동계급을 흉내낸 것인데, 오늘날 대학 캠퍼스에서 오가는 농담의 반은 노동계급의 이처럼 분수 없는 처신에 관한 것이에요."[22]

인터넷을 뒤져보면 차브들에 대한 적대감이 사회 전반에 걸쳐 걱정할 만한 수준에 다다르고 있음을 확인할 수 있다. 차브들을 달에 보내자고 제안한 유튜브 동영상은 조회수가 약 50만 건을 기록했다. "차브들 모두가 KFC나 맥도날드, 번화가도 없는 곳으로 가버린다고 해서 누가 신경이나 쓰겠어?"라고 흥에 겨워 노래한다. "매해 4천 명의 차브들이 테스코(Tesco, 세계적인 영국 유통회사―옮긴이)에서 파는 싸구려 술 때문에 죽어갑니다. 여러분의 작은 성의도 그들에겐 도움이 됩니다:)"라는 제목이 걸려 있던 페이스북 페이지는 최종적으로 삭제되기 전까지 총 회원수가 거의 75만 명에 달했다. 구글에서 '차브 죽이기'(kill chavs)라는 검색어를 입력하면 수십만 건이 넘는 결과가 나오는데, '차브를 죽이는 5가지 방법' '안티 차브―지금 당장 차브 쓰레기를 죽이자' 등의 목록이 쉽게 발견된다. 심지어는 차브들에게 총을 쏘는 '차브 헌터'라는 컴퓨터 게임도 있다. "차브 헌터는 80년대 래퍼처럼 옷을 입은 부랑아 새끼들을 죽이는 게임입니다. 저격수들이 하듯이 차브의 머리를 조준하세요"라고 컴퓨터는 게임의 요령을 알려준다.

그러나 차브 현상은 영국의 계급체계 내에서 차브들에 대한 반감이 증가하고 있음을 보여주는 그 이상으로 더 암담한 현실을 시사한다. 2009년 초 노팅엄(Nottingham)시 출신의 교사인 랄프 서먼(Ralph Surman)은 "최상위 차브계급은 생산적인 일은 전혀 하지 않고 세금만 축낸다"면서 이런저런 비난을 늘어놓았다. 그는 이것이 누구의 잘못인지 정확하게 알고 있었다. "미혼모의 숫자가 크게 늘어나 처음으로 한 세대를 구성한 시기는 1980년대였는데, 이때 출생한 아이들이 성장하여 이제 부모가 되면서 높은 범죄율 증가와 노동참여율 저하로 이어지고 있다"[23]고 그는 밝혔다. 그러나 젊은 세대 중 많은 수를 차지하는 이들을 이처럼 매도하는 것은 대단히 심각한 결과를 초래할 수 있다. 언론인 한나 프랭클(Hannah Frankel)은 노동계급에 대한 제도교육의 접근방식에 대해 깊이있는 의견을 피력하면서 "캐서린 테이트(Catherine Tate) 같은 코미디언들의 패러디물에 등장하는 '차브의 탄생'은 노동계급으로 하여금 남들이 자신들을 깔보고 웃음거리로 생각한다고 느끼게 한다"고 적고 있다.[24]

캐서린 테이트는 불량한 태도에 귀에 거슬리는 유행어—'나한테 하는 말인가요?(Am I bovvered?)'—를 사용하는 코믹한 캐릭터를 만들어냈다. 그러나 이 게으른 10대 소녀는 차브 때리기가 어떻게 해서 전국가적인 오락이 되었는지를 보여주는 하나의 예일 뿐이다. 리얼리티 TV 쇼, 스케치쇼(보통 10분 이내의 짧은 코미디물— 옮긴이), 토크쇼, 그리고 심지어는 영화까지도 영국의 노동계급을 조롱하는 데 시간과 노력을 바치고 있다. '차브테인먼트'는 자녀들은 말할 것도 없고, 자기 자신조차도 돌볼 능력이 없는 괴팍하고 게으르며 공격적인 사람들로 노동계급을 바라보는 주류 사회의 시각을 더욱 강화시킨다. 노동당 출신 국회의원 존 크루더스는 "한편으로는 「아내 바꾸기」(Wife Swap, 영국의 리얼리티 프로그램—옮긴이)처럼 차브들을 오락거리로 제공하죠. 동시에 자신의 집 문앞에 바로 무정부적인 반사회적행동금지명령(ASBO) 이 내려진 나라가 바로 이곳이라는 두려움을 느끼게 만듭니다." 편견에 사로잡힌 영국 특권층으로 인해 노동계급 전체가 정말로 두 손 두 발이 모두 묶여 옴짝달싹할 수 없는 처지에 놓이게 된 것이다.

리얼리티 TV 쇼의 세계는 버몬지(Bermondsey, 런던 남쪽에 위치한 구—옮긴이) 출신의 스물한살짜리 치과 간호사였던 고(故) 제이드 구디(Jade Goody)에게는 당혹스러운 경험이었을 것이다. 「빅 브라더」(Big Brother, 영국의 리얼리티 TV프로그램—옮긴이) 프로그램이 촬영되는 집에 입소하기 전까지 그녀의 인생은 가슴 아픈 고통스러운 사건들의 연속이었다. 그녀가 한살일 때 그녀의 어머니는 아기 침대 밑에 총을 숨겼다는 이유로 마약 중독에 빠진 아버지를 내쫓았다. 제이드 구디는 처음으로 영화관에서 「트레인스포팅」(Trainspotting)을 봤을 때 배우 이완 맥그리거(Ewan McGregor)가 마약 주사를 맞는 장면을 보고 토했다고 한다. "이

완 멕그리거의 표정이 내가 봤던 아빠의 얼굴과 똑같았어요"라고 그녀는 당시의 기억을 떠올렸다. 그녀는 자신의 어머니를 위해 처음으로 마리화나 담배를 말았던 때를 기억해냈다. 당시 그녀는 겨우 네살이었다. 오토바이 사고로 어머니가 장애인이 되자 그녀는 어머니를 보살펴야만 했다. "팔을 못 쓰게 되자 어머니는 극도로 화를 내면서 나를 자주 때렸습니다."

아버지가 혼혈이었던 그녀는 —"그래서 제 입술이 이렇게 커요"— 학교와 동네에서 모두 인종주의적인 학대를 겪었다. "어머니는 우리가 살던 동네의 여러 여자들과 싸움을 했어요. 어머니는 그 여자들이 편견을 가지고 있다고 생각했지요"라면서 그녀는 어머니가 비슷한 이유로 자신을 자퇴시켰다고 털어놓았다. 구디는 치과 간호보조사로 취직하기 전까지 여러 가게에서 일했다. 그러나 밀린 임대료 3천 파운드 때문에 공영아파트에서 쫓겨나고 미납 세금 때문에 감옥에 갈처지에 놓이자 2002년 채널 4의 새로운 리얼리티쇼 프로그램인 「빅브라더」에 자신을 홍보하는 비디오를 보냈다.[25]

영국 언론매체의 최근 역사에서 제이드 구디에 대한 언론사들의 추적 보도만큼 부끄러운 사건도 아마 없을 것이다. 참가자들 중 가장 나이가 어렸던 그녀는 프로그램의 지나친 밀착취재 때문에 매우 고통스러워했다. 스트레스를 해소하려고 먹고 마시고, 참가자들 중 하나와 애정 행각을 벌이고, 급기야는 다른 참가자들에게 왕따와 괴롭힘을 당해서 전국적으로 방영되는 TV에서 옷을 벗기까지(프로듀서들은 편집된 하이라이트 영상에 이 장면을 삽입했다) 했다. 미디어는 그녀를 경멸했다.

차브

'돼지'라고 부르면서 아스파라거스가 무엇인지 모른다(정말 끔찍한 일이다!)고, 그리고 'East Angular'(캠브리지 시가 런던 내에 있다고 생각하는 그녀에게 캠브리지는 동 앵글리아East Anglia에 있다고 알려주자 East Angular가 어느 나라에 있는 곳이냐고 물어봄—옮긴이)가 어느 나라에 있는지 물어봤다고 그녀를 가혹할 정도로 놀려댔다. 『선』은 '투표로 돼지를 쫓아내자'라고 요구하면서 그녀를 '꿀꿀이'라고 불렀다. 다른 매체들은 그녀를 '절대 용납할 수 없는 깡패 같은 여자'나 '엘리펀트 우먼(희귀병 때문에 심각한 기형을 앓는 주인공이 등장한 영화 The Elephant Man의 제목을 패러디하여 구디에게 붙인 이름—옮긴이)으로 부르면서 조롱했다. 그녀에 대한 여론이 히스테리에 가까운 마녀 사냥이 되자(실제로 언론 기사들 중에는 '마녀를 던져버려라!'라는 제목의 기사가 있었다), 스튜디오 밖에는 '돼지를 태워버려라!'라는 팻말을 든 사람들이 나타나기까지 했다.

이처럼 주변 모두가 반감을 표출하는 상황을 역전시킬 수 있을까. 그런데 그녀는 이런 분위기를 반전시켰다. 상대방의 경계심을 무너뜨릴 정도로 한없이 정직하고, 반면 '존경받을 만한' 사회적 에티켓이나 매너에 대해서는 개의치 않는 그녀의 태도와 고통스러웠던 과거가 점차적으로 수백만 시청자들의 호감을 불러일으켰다. 그녀가 리얼리티 TV프로그램의 세계로 다시 돌아갔을 때 그녀는 「빅 브라더」에서 유명인사들이 참여하는 편에 출연하게 되었다. 그러자 그녀를 미워하고 괴롭히는 일들이 다시 한번 반복되었다.

제이드 구디와 함께 출연했던 사람 중에는 부유한 집안 출신의 인도 영화배우 실파 셰티(Shilpa Shetty)가 있었다. 구디는 그녀를 눈에 띄게 싫어했고, 둘 사이에는 공공연한 싸움이 오갔다. 그러나 이들간의 다툼에는 너무나 많은 오해가 결부돼 있었다. 셰티는 구디가 '말을 똑바로 하는 수업'을 받을 필요가 있다고 주장했고, 구디는 셰티에게 노골적으로 '슬럼으로 돌아가라'고 말하면서—사람들은 이 말을 인종주의적인 의도가 있는 것으로 잘못 받아들였다—진짜 인생이 무엇인지를 경험해봐야 하는 '자기밖에 모르는 상류층 공주'라고 셰티를 공격했다. 그러나 나중에 그녀는 "결국 우리는 서로 다른 계급 출신이기 때문에 싸우고 있었던 거예요"라고 주장했다. 셰티가 닭고기 요리를 변기에 내려 보내려고 하자 구디는 "니가 도대체 뭔데? 너는 네버랜드에서 온 공주가 아니야!"라고 소리를 질렀다. 프로그램에 참여한 대니엘 로이드(Danielle Lloyd) 같은 유명 모델은 셰티를 '개'라고 부르고 "집으로 꺼져버려"라고 말했는데도 언론으로부터 크게 비난을 받지 않았다. 그러나 어리석게도 셰티를 '실파 포파덤'(Poppadom, 기름에 얇게 구운 동남아시아 지역의 빵. 흔히 카레와 함께 먹음—옮긴이)이라고 인종주의적인 색채가 섞인 별명으로 부르는 등의 사건을 저지른 구디는 언론으로부터 신랄한 비판을 받았다.

『데일리 익스프레스』(Daily Express)는 구디를 향해 '가장 저급한 쓰레기'라고 일갈했다. 이어서 '돼지 같은 제이드 구디'라고 맹비난하면서 '인도에서는 거물급 스타인 실파 셰티 양이 슬럼가에서나 있을 법한 괴롭힘을 당하는 것'은 안타까운 일이며 "구디와 그녀의 불쾌한 동료 출연자들처럼 반문맹인 사람들이 전세계인들 앞에서 우리를 망신시키고 있다"라고 개탄했다. 또한 가난한 집안의 눈치없고 못생

차브

긴 여자가 아름답고 부유한 여자를 공격한다고 격분했다. 신문은 "구디와 그녀의 동료들은 자신들과는 매우 다른 사회계층 출신 여성의 존재에 분명 위협을 느끼고 있다"고 주장했다.[26] 사이먼 헤퍼는 구디가 '자신보다 사회적 지위가 높은 사람들을 미워하면서 현재 법적으로 처벌받지 않는 유일한 형태의 차별행위'를 저지르고 있다고 공격했다. 그는 채널 4가 영국 사회의 '역겨운 일면'을 보여주는 데 왜 굳이 「빅 브라더」라는 프로그램을 필요로 했었는지 의문을 제기했다. "가까운 공영주택지를 30분만 돌아보면 누구든 이런 모습을 손쉽게 볼 수 있는데 말이다."[27] 진보적인 『가디언』의 스튜어트 제프리(Stuart Jeffries) 기자도 구디와 셰티 간의 충돌을 '못생기고 멍청한 백인 영국인과 이론의 여지없이 품위있는 인도 여성' 간의 충돌로 그리지 않을 수 없었다. 제프리 기자는 심지어 구디의 불분명한 발음까지 공격하면서 구디가 번 돈을 '재교육'을 받는 데 써야 한다고 제안하기까지 했다.[28] 그러나 스튜어트 제프리 기자는 옥스퍼드 대학에서 교육을 받은 반면, 제이드 구디의 아버지는 구디의 침대 밑에 총기를 숨겨놓는 마약 중독자였다.

BBC의 뉴스 진행자 앤드류 닐(Andrew Neil)은 구디가 '비키 폴라드(Vicky Pollard, 「리틀 브리튼」의 주요 등장인물—옮긴이) 무리' 중 하나에 불과하며, TV 화면을 가득 채우는 '멍청한 여자들' 중 하나일 뿐이라고 주장했다. 칼럼니스트 리처드 리틀존(Richard Littlejohn)은 그녀를 '창녀 정치의 여성 대사제'라고 묘사했고, 또다른 이들은 '영국 사회 최하위 계층의 승거'라고 설명했다. BBC의 한 전화참여 프로에서는 구디를

"그냥 흔히 보는 차브들 중 하나일 뿐이며, 영세민들을 위한 공영주택지에 가면 이런 사람들이 가득하다"고 묘사하기도 했다. 참여자의 이야기를 듣고 난 진행자는 웃으면서 이들을 '호스로 물을 뿌려서 쓸어버릴 것'을 제안했다.[29] 한편 『이스턴 아이』(Easter Eye)의 전 편집장인 하먼트 버머(Hamant Verma)는 '인종차별주의가 공개적으로 드러난 것'은 '채널 4가 제이드 구디 같은 거의 문맹에 가까운 차브들에게 너무나 많은 방송시간을 배정했기 때문'이라고 지적했다.[30] 『노팅엄 이브닝 포스트』(Nottingham Evening Post)의 한 기고자는 셰티를 괴롭히는 출연자들을 "찌꺼기라도 먹고 싶어서 침을 질질 흘리는 차브들이 사는 동네의 잡종견 무리와 다를 바 없다"고 묘사하면서[31] 제이드 구디만이 아니라 그녀와 출신 배경이 같은 모든 사람들을 싸잡아 공격하고 영국 사회의 최하위계층들을 짐승들과 별 다를 바 없는 존재로 표현했다. 문학평론가 존 캐리(John Carey)는 1차 세계대전이 끝난 후 2차 세계대전 발발 전까지 영국에서는 가난한 사람들을 "냄새가 나고 더러운"사람들로 취급했다고 설명했는데, 그때와 달라진 것이 무엇이 있는가?

후에 피오나 스터지스(Fiona Sturges) 기자는 "구디는 다시 한번 타블로이드 신문의 더러운 비방의 대상이 되었고, 형편없는 백인 노동계급의 전형적 사례로 제시되었다"고 설명했다.[32] 그러나 2008년 제이드 구디가 말기암 판정을 받자 그녀를 향한 진심어린 동정론이 폭넓게 확산되었다. 마치 언론들이 자신들의 잘못을 속죄하려는 것만 같았다. 어쨌거나 일부 언론에서는 그랬다. 구디가 맨 처음 진단을 받았을 때 『스펙테이터』(Spectator)의 칼럼니스트 로드 리들(Rod Liddle)은 '제이드의 암 진단, 그 다음은? "나는 암적인 존재입니다. 나를 여기에서 빼주세요"인가?'라는 제목의 칼럼에서 구디를 '음탕하고, 멍청한 버몬지 차브'라고 부르면서 암은 그녀의 홍보담당자인 막스 클리포드(Max Clifford)가 꾸며낸 거짓일 것이라고 암시했다.

> 사람들이 더이상 구디에게 관심을 보이지 않으면 일정 시점에 치명적인 질환을 앓고 있는 것으로 등장해야 한다는 요구사항이 계약서에 적혀 있을 가능성도 아주 배제할 수는 없다. 뇌졸중이었다면 프로그램을 좀더 드라마틱하게 만들기에 좋았겠지만, 암 또한 나름대로 특징이 있다고 할 수 있다.[33]

구디가 사망하기 며칠 전까지도 일부 기자들은 그녀를 사회 최하위 계층민의 대응물로 삼아 공격을 계속했다. 『데일리 메일』의 칼럼니스트 잰 모어(Jan Moir)는 "천박한 허풍선이 구디는 처음에는 화가 윌리엄 호가드(William Hogarth, 영국의 화가이며 판화가로 영국 사회를 풍자적으로 표현함―옮긴이)가 그린 것과 같은 하층민을 상징하는 인물로 쇼에 등장했다. 그리하여 우리는 처음에는 우울하고 끔찍한 결혼식을, 그 다음에는 아이들의 세례식, 또 그 다음에는 수상하고 급작스러운 죽음, 그리고 결국에는 주정부 차원의 차브 장례식을 보게 됐다"[34]고 야유했다. 삶의 마지막 몇주간을 촬영하도록 허용한 구디의 결정을 공격한 것은 모어 기자만이 아니었다. 존 다이아몬드(John Diamond) 기자 같은 저명인사가 『타임스』의 칼럼을 통해 암으로 인한 자신의 죽음을 기록으로 남겼을 때는 찬사가 쏟아졌다. 그러나 그는 중간계급 독자를 대상으로 하는 신문에 글을 기고한 중간계급이었다.

제이드 구디의 사례가 영국 언론이 얼마나 무신경하고 잔인해질 수 있는지를 보여준 것 이외에 우리에게 가르쳐준 교훈은 무엇일까? 그것은 무엇보다도 구디와 같은 사회적 배경을 가진 사람에 대해서는 사실상 아무 말이나 해도 상관이 없다는 것이다. 구디와 같은 배경을 가진 사람들은 만만한 사냥감인 것이다.

계급간 혐오감의 뚜껑을 연 TV 리얼리티 프로그램이 「빅 브라더」만 있는 것은 아니다. 채널 4의 장기 흥행 프로그램인 「아내 바꾸기」는 서로 다른 배경을 가진 아내들 둘이 2주간 가족을 바꿔서 살아가는 모습을 보여준다. 폴리 토인비 기자가 말한 바와 같이 이 프로그램은 사실 '계급 바꾸기'(Class Swap)라고 불렸어야 한다. 이 프로그램에도 역시나 '가족으로서의 기능을 제대로 하지 못하는' 어느 노동계급 가족이 등장한다. 이들은 무책임하며 자녀들을 돌볼 능력이 없고, 편협하며, 흡연과 폭음에 찌들어 있다. 프로그램의 이전 애청자 중 하나는 인터넷 시청소감에 방영 시작 후 "뚱뚱하고 무례한 노동계급 사람들이 줄담배를 피워가며 서로를 헐뜯고 캔맥주를 벌컥벌컥 들이키는 모습을 보여주는 저급한 프로그램으로 변질되면서 남 비웃기를 좋아하는 시청자들을 끌어모으고 있다"고 항의의 글을 남겼다. 토비 영(Toby Young) 기자는 프로그램 방영 후 이혼을 한 세 자녀의 어머니인 29세의 베키 페어허스트(Becky Farihurst)에게 미안해했다. "그녀는 제대로 교육을 받지 못한 백인 노동계급의 여자였고, 프로그램 제작자들은 그녀를 '영세민 공영주택에 사는 쓰레기'로 그리기 위해 갖은 노력을 기울였다"고 적고 있다. 토비 영 기자는 '아내 바꾸기' 프로그램은 "우리 안에 살고 있는 우월의식을 자극하는 프로그램으로, '차브'라는 이름으로 알려진 도시 생물종의 전형적인 예를 보여준다"고 결론내릴 수밖에 없었다.[35]

제머미 카일의 토크쇼도 이와 비슷한 목적을 갖고 있다. 매주 노동계급 출신의, 뭔가 문제가 있는 사람들이 낮 시간 동안의 오락거리로 제공된다. 복잡한 개인사정으로 심신이 취약한 사람들이 사냥감을 향해 이빨을 드러내고 으르렁거리는 시청자들 앞에, 영국의 한 판사가 묘사한 것처럼 '괴롭히기 놀이'(bear-baiting, 파키스탄에서 곰의 이빨과 발톱을 모두 뽑아놓은 상태에서 개들이 공격하도록 시키는 경기—옮긴이)에 곰 대신 내던져진다. 시청자들이 짜릿한 자극과 대리만족을 느끼도록 배우자의 외도나 '누가 친부일까?' 등과 같이 극도로 감정적인 문제들을 건드린다. 제머미 카일의 토크쇼에 대해 조지프 라운트리 재단(Joseph Rowntree Foundation, 영국의 사회정책 연구 및 개발 재단—옮긴이)이 '하위계층을 조롱하는 잔인한 형태의 오락 프로그램'이라고 맹비난한 것도 당연하다. 조지프 라운트리 재단은 이 프로그램이 하위계층에 속한 사람들을 '가치없는' 인간으로 묘사함으로써 빈곤퇴치를 위한 지원을 약화시킬 수 있다고 우려했다.[36]

물론 코미디에도 차브 캐릭터들이 등장한다. 그중에서도 코미디언 매트 루카스(Matt Lucas)와 네이비드 윌리엄스(David Williams)가 만들어낸

「리틀 브리튼」의 비키 폴라드만큼 대중의 상상력을 사로잡은 인물은 없었다. 폴라드는 성적으로는 문란하고, 올바른 문장으로 말을 하지도 못하며, 태도가 매우 불량한 노동계급의 4차원 10대 싱글맘이다. 그녀는 웨스트라이프(Westlife, 아일랜드의 보이밴드―옮긴이)의 CD와 자신의 아기를 맞바꾸기도 하고, 누군가 집에 아이를 데려가야 한다고 상기시켜주면 "아, 아니, 괜찮아요. 그냥 가지세요. 어짜피 집에도 많이 있는 걸요"라고 답한다. 칼럼니스트 조헌 하리는 우리가 노동계급 싱글맘처럼 차려입은 두명의 사립학교 소년들의 코미디에 웃고 있다고 평한다. 「리틀 브리튼」의 작가인 매트 루카스가 졸업한 헤이버대셔즈 애스크스(Haberdashers' Aske's)는 1년 수업료가 1만 파운드다. "그러나 우리는 짐 데이비슨(Jim Davidson, 영국의 코미디언이자 TV 진행자―옮긴이)이 흑인처럼 입고 나와 흑인들은 모두 멍청하다고 말했을 때는 당연히 그것이 얼마나 어리석고 터무니없는지 지적했었죠"라고 하리는 말한다.

이 모든 일들을 그저 무해한 장난쯤으로 치부해버릴 수도 있다. 그러나 우리는 2006년 에딘버러 영화제(Edinburgh Film Festival)에서 유거브(YouGov, 영국에 세워진 인터넷을 기반으로 하는 시장조사 회사―옮긴이)가 실시한 여론조사 결과 TV 방송업계 종사자 중 대부분이 비키 폴라드는 영국 백인 노동계급의 모습을 정확하게 보여주고 있다고 답변한 사실에 주목해야 한다.[37] 매트 루카스 자신도 "나와 데이비드가 백인 노동계급 출신이 아니기 때문에 노동계급 싱글맘인 캐릭터를 만들 권리가 없다고 암시하면서 우리가 백인 중간계급 남성이라는 것을 문제삼는” 비평가들을 공격했다. 그는 “관찰의 결과가 사실을 말하고 있고 재미가 있다면 관찰의 주체가 누구인지, 그리고 그들의 출신 배경이 무엇인지가 왜 문제가 되어야 합니까?”라고 자신들의 입장을 옹호했다.[38] 다시 말해 자신과 같은 특권층 출신이 노동계급을 조롱해도 아무 문제가 없다는 것이다. 왜냐하면 노동계급 싱글맘들은 실제로도 그들이 말하는 그런 모습이기 때문이다.

비키 폴라드가 우익 계급투사들의 마음을 사로잡은 것도 놀랄 일이 아니다. 리처드 리틀존에 따르면 “매트 루카스와 데이비드 윌리엄스가 만들어낸 버버리를 입은 차브들은 오늘날 영국의 암울한 현실을 너무나 많은 부분에서 정확하게 보여줬다.”[39] 자신은 영국 사회에서 가장 심하게 차별을 당하는 ‘백인에 중년이며, 공립중고등학교를 거쳐 옥스브리지 대학을 졸업한 중간계급 남성’이라고 너스레를 떠는 제임스 델링폴은 “우리 사회의 비키 폴라드와 웨인과 웨이네타들의 자업자득입니다. 그들이 그렇게 혐오감을 불러일으키지 않았다면 우리가 그들을 조롱할 일도 없었겠지요, 그렇지 않은가요?” 진정으로 「리틀 브리튼」은 사실을 이야기한 것이었기 때문에 재미있는 프로그램이었다는 것이다. 델링폴은 말한다.

비키 폴라드가 대중의 마음을 사로잡은 이유는 현대 영국을 덮친 가장 심각한 재앙들을 무서울 정도로 정확하게 보여주었기 때문이다. 적개심에 가득 찬, 호르몬에 지배받는 술취한 10대 소녀들로만 구성된 과격한 폭력배들, 제대로 된 직업을 갖기보다 임신을 선택하는 10

대 미혼모들, 어디에서든 손쉽게 구할 수 있는 창백한 얼굴에 살찐 창녀들, 영어나 역사에 대해 거의 아는 것이 없으며 교육이 불가능하고 앞날이 캄캄한 인간들이지만, 이들은 자신들의 권리를 주장할 때면 매트릭스 체임버스(Matrix Chambers, 영국의 유명 법률회사―옮긴이) 출신의 법정변호사조차 부끄럽게 만들 정도로 놀랍고 유창한 영어로 자신들의 입장을 밝힌다.

무엇보다도 "이들은 분명 존재하며, 윌리엄 호가스(William Hogarth)가 「진 래인」(Gin Lane, 호가드의 1750년 작품으로 음주가 사회에 미치는 영향을 표현한 작품―옮긴이)에 그려 넣은 지친 표정의 술 취한 노동자들만큼이나 술에 절어 있고, 사회적 풍자의 대상이 되고 있다."[40] 그래서 제임스 델링폴 같은 특권층 인사가 노동계급 여성들을 조롱의 대상으로 삼아도 아무 문제될 것이 없었다. 왜냐하면 그들은 실제로도 못생기고, 멍청하며, 문란했기 때문이다.

영국의 노동계급이 비키 폴라드 같은 인간들로 북적이고 있다고 생각한 것은 우익 지식인들뿐만이 아니다. BBC도 이와 같은 생각을 가지고 있었다. BBC의 한 온라인 뉴스기사 제목은 '노동계급이란 무엇인가?'라고 물으면서 여기에 비키 폴라드와 그의 친구들의 사진을 함께 게재했다. 그리고 사진 밑에는 '비키 폴라드는 노동계급을 축약적으로 보여주는 인물인가?'라는 해설을 덧붙였다. 해당 기사는 질문에 대한 답을 제시하지 않고 독자들이 스스로 판단할 수 있도록 가능성을 열어두었다.[41] 런던정치경제대학(LSE)의 데보라 파인딩(Deborah

Finding) 연구원이 말한 바와 같이 "뚱뚱하고, 줄담배를 피우는 싱글맘인 비키 폴라드를 보고 웃으면서 우리는 그녀의 전형적인 모습에 모든 노동계급 싱글맘들에 대해 일반 대중들이 가지고 있는 생각, 즉 무책임하고, 멍청하며, 문란하다는 생각을 투사함으로써 노동계급에 대한 두려움과 혐오감을 표현하고 있다."[42]

　문제는 TV프로그램이 노동계급에 속하는 사람들을 욕보이기 위해서 항상 의도적으로 상황을 만드는 것은 아니라는 데 있다.「셰임리스」라는 채널 4의 장기 흥행 프로그램은 맨체스터의 챗스워스 이스테이트(Chatsworth Estate)라는 가상의 지역에 살고 있는 정신나간 갤러허(Gallagher) 가족의 이야기를 다룬 작품이다. 갤러허 가족의 아버지는 술만 찾는 게으름뱅이로 두 여자에게서 여덟 자녀를 낳았다. 그들의 삶은 섹스와 복지혜택, 범죄와 마약 주변을 벗어나지 못한다. 그러나「셰임리스」를 만든 사람은 폴 애봇(Paul Abbott)이다. 그는 '사회적으로 신분이 낮은 건방진 놈'들에게는 손가락질하고 조롱해도 된다고 생각하는 부잣집에서 자라난 편협한 인간이 아니다. 그는 번리(Burnley, 맨체스터의 베드타운 역할을 하는 도시—옮긴이)의 노동계급 가정에서 자란 자신의 경험을 바탕으로 시리즈를 제작했다.「셰임리스」의 등장인물들 중 하나는 대학교에 진학하고, 다른 하나는 영재반 학생이다.

　「셰임리스」의 문제는 등장인물들이 어떻게 해서 현재 상황에 처하게 되었는지, 또는 산업파괴가 맨체스터의 노동계급 거주지역에 어떤 영향을 미쳤는지에 대해 다루지 않는다는 데 있다. 계층은 삶의 방식에 대한 선택의 문제가 되고, 가난은 삶을 제한하고 삶의 기회를 산산조각내는 무언가가 아니라 일종의 농담거리처럼 그려진다. 「셰임리스」 시리즈는 다른 사람들과 실질적으로 접촉해본 경험이 없는 중간계급 시청자들에게 좀더 폭넓은 시각에서 문제의 배경을 이해할 수 있는 기회를 거의 제공하지 않는다. 레이첼 존슨 기자에게 그녀가 생각하는 '최하층민'은 누구를 가리키는지 묻자, 존슨 기자는 즉각적으로 「셰임리스」라는 답변을 내놓았다. "하지만 재미있지 않나요! 그들의 삶이 우리들의 인생보다 더 재미있어 보이지 않나요?" 그러나 그들의 삶이 왜 재미가 있는가? "그 사람들은 그냥 매일 굉장한 파~~~티를 하잖아요!"(파티라는 단어를 그녀는 맨체스터 주민들이 하듯이 발음했다.)

「셰임리스」 시리즈에 대해 당초 폴 애봇이 세웠던 계획은 실제 프로그램이 진행된 방식과는 좀 다른 것이었다. 「셰임리스」를 제작한 컴퍼니 픽쳐스(Company Pictures)의 공동창업자인 조지 페이버(George Faber)에 따르면 애봇의 원래 계획은 "실질적으로 자전적인 작품을 써서, TV용 단편영화로 만드는 것이었습니다. 애봇은 작품을 반 정도까지 써내려갔지요. 그런데 글의 분위기가 매우 비관적이고 암울했어요. 그러자 그는 '이건 안되겠어, 그렇지?'라고 물었어요." 애봇은 지금까지 써놓은 것을 개작해서 자신의 인생 경험을 적나라하게 보여주는 대신, 사람들이 보고 웃을 수 있는 작품을 만들기로 했다. "그는 자신의 인생 중 그때 그 시절로 돌아가 코미디적인 시각에서 당시를 돌아보았어요"라고 페이버는 말한다. "이런 과정을 통해 「셰임리스」가 탄생했어요." 이렇게 완성된 애봇의 글이 가진 문제점은 시청

차브

자들이 등장인물들의 삶을 이해하기보다는 비웃도록 부추긴다는 점이다.

중간계급 시청자들 사이에서는 논란이 일었다. 케이트 레포드(Kate Wreford)는 채널 4의 「셰임리스」웹사이트에 '영국의 진짜 노동계급이 「셰임리스」를 시청할까?'라는 질문을 게재했다. "나는 중간계급이라고 할 수 있는데, 진짜 노동계급 사람들은 「셰임리스」에 대해 어떻게 생각할까?"라는 질문을 올린 것이다. [43] 한 학생 포럼 참여자는 「셰임리스」시리즈가 '오늘날 영국 노동계급의 모습을 정확하게 대변'하고 있는지 궁금하다는 질문을 제기했다. 한 답변은 직설적으로 다음과 같이 주장했다. "맞습니다. 노동계급 중 많은 수가 인간쓰레기입니다. 노동계급 사람들 중 다수가 지나친 음주와 흡연을 하며, 도둑질을 하고 아무런 인생 계획도 없이 살아갑니다."[44] 연극과 TV 드라마 부문 교수인 로빈 넬슨(Robin Nelson)이 「셰임리스」를 시청하는 노동계급 시청자들을 인터뷰했을 때 "자기 자신이 속한 계층을 비웃으라고 하는 것 같은 느낌이 들어서 보기에 불편했다고 말했다"고 한 것도 놀랄 일은 아니다.[45]

그러나 오늘날의 엔터테인먼트 산업은 차브들을 비웃는 것에서 그치지 않고 그들을 두려움의 대상으로까지 만들려고 한다. 영화 「이든 레이크」(Eden Lake)만큼 이런 경향을 극단적으로 보여준 예는 없을 것이다. 줄거리는 매우 간단하다. 부유하고 잘생긴 남녀 한쌍이 런던을 떠나 로맨틱한 주말여행을 즐기기 위해 시골 마을로 떠난다. 그런데 목가적인 이든 레이크가 담으로 둘러싸인 채 외부인 출입제한 주거지로 변해가는 모습을 보고 이들은 주민들이 누구의 접근을 막기 위해 담을 세운 것일까 궁금해하며 의견들을 서로 제시한다. 결국 커플은 중간계급이 왜 자신들보다 낮은 계층 사람들을 무서워해야만 하는지 비싼 대가를 치른 후에야 깨닫는다.

이들 남녀는 반야생 상태의 공격성이 강한 개를 가진 마을 아이들에게 맞섰다가 사냥감처럼 무자비하게 추적을 당하고 괴롭힘을 당한다. 정신병자 같은 우두머리의 지시에 따라 아이들은 남자를 칼로 난도질한 후 불에 태우며 그 모습을 핸드폰으로 녹화한다. 그러나 여기에서 가장 충격적인 것은 부모들의 역할이다. 음식점 종업원, 도장공, 도배업자 등등의 직업을 가진 부모들은 아이들을 매일같이 때리고 그들에게 욕을 한다. 충격적인 마지막 장면에서 여자가 죽은 애인에 대한 복수로 두서너 명의 차브를 죽이자 그 여자를 고문하다 죽이는 것도 바로 아이들의 부모다.

「이든 레이크」의 제임스 왓킨스(James Watkins) 감독에게 인터뷰를 요청하자 그는 "매우 영광스러운 일이지만 (…) 작품에 대해 작가로서 그 어떤 해석도 강요하고 싶지 않으며, 영화에 대해 폭넓고 다양한 반응이 제기되었으면 합니다"라는 답변만 돌아왔다. 그러나 '노동계급 사람들은 모두 폭력배라는 끔찍한 암시'를 비판한 『선』의 해석이나, "이 흉측하고 무분별한 영화는 영국의 보통사람들에 대한 두려움과 혐오감을 표현한다"는 『텔레그래프』의 결론 이외에 다른 해석이 가능할지는 잘 모르겠다. 이 영화는 중간계급은 이제 반짐승 같은 노동계급 하위계층과는 더이상 함께 살아갈 수 없다고 주장한다. 이에 대

차브

해 노동당 국회의원 중 몇 안되는 노동자 출신 스티븐 파운드 의원보다 더 잘 표현할 수는 없을 것 같다. 그는 나에게 다음과 같이 말했다.

나는 중간계급과 교회, 사법부, 정치계, 언론계에 정말로 차브에 대해 물리적인 두려움을 느끼는 사람들이 있다고 생각합니다. 액세서리를 주렁주렁 단 거대한 몸집의 부랑노동자(lumpenproletariat, 계급의식이 희박하여 혁명세력이 되지 못하는 노동자층 —옮긴이)들이 현관문을 차고 들어와 자신들의 외국인 입주 가정부를 잡아먹어버릴지도 모른다는 두려움을 느끼는 사람들 말이죠.

『데일리 메일』이 「이든 레이크」를 '너무 지나치게 사실적'인 일종의 다큐드라마로 호들갑스럽게 취급하면서 정치인들 모두가 시청해야 한다고 촉구한 것도 놀랄 일은 아니다. 『타임아웃』(Time Out)의 한 독자는 이 영화가 "너무나 아픈 곳을 건드린다. 하위계층에 대해 사회가 가지고 있는 두려움을 증폭, 확산시킬 것이다. 내 자신이나 친구들 중에도 무식한 '아이들'한테서 위협을 느끼는 사람들이 많다. 만약 영국에 사형제도가 다시 부활한다면 (…) 나는 이를 지지할 것이라고 단 한점의 후회 없이 말할 수 있다"고 자신의 견해를 피력했다.[46] 영국처럼 계급이 서로 분리되어 있는 사회에서 노동계급을 일단의 사이코패스로 묘사하는 영화들을 보여주고, 중간계급이 영화의 내용을 사실로 믿기 시작한다고 해서 놀랄 일은 아닌 것이다.

영화 감독 스티븐 프리어스에게 노동계급을 성확하게 그려내는 영국 영화가 부족하다고 생각하지는 않는지 물어보았을 때, 그는 "아니요, 드라마들이 그런 역할을 하고 있지 않나요?"라고 대답했다. 그러나 오늘날의 드라마는 예전과는 많이 다르다. 일반 대중들의 삶을 현실적으로—물론 드라마적 요소가 가미되기는 하지만—보여주기보다는 선정적이고 코믹한 모습으로 그려낸다. 이미 1990년대 초에 「이스트엔더스」(EastEnders, 런던시의 동쪽 끝 서민 주거지역을 배경으로 하는 드라마—옮긴이)의 이전 시나리오 작가인 데이비드 앨롭(David Yallop)은 "중간계급이 자신들의 시각으로 만들어낸, 노동계급을 깔보고, 고매한 척하며, 거짓으로 가득 찬, 음울한 사람들의 암울한 쇼"라고 주장하면서 「이스트엔더스」 쇼를 맹렬하게 비난했다.[47]

그때 이후로 무언가 변한 것이 있는가? 각종 상점이나 콜센터, 또는 사무실에서 일하는 수백만의 노동자들과 「이스트엔더스」—「코로네이션 스트리트」도 이 점에서는 마찬가지—는 무슨 관계가 있을까? 실제로 두 드라마에는 술집 주인, 카페 주인, 시장 행상, 노점상, 가게 주인 등이 등장한다. 이들 드라마는 누가 더 터무니없는 줄거리를 내놓는지 서로 경쟁한다. 심지어 「이스트엔더스」의 더티 덴(Dirty Den, 「이스트엔더스」에 등장하는 대표적인 악당—옮긴이)이 부활하는 에피소드가 방영된 적도 있다.

영화 감독 켄 로치(Ken Loach)는 드라마의 배경이 노동계급 거주지임에도 불구하고 이들을 제대로 그려내지 못함을 지적한다.

이들을 시대에 뒤떨어지고, 다소 노골적이며, 약간 거칠고, 좀 우스꽝스러운 인물들로 묘사한다는 점에서 이 드라마는 노동계급을 깔보는 시각을 가지고 있다. 그러나 이런 드라마를 보다보면 중간계급 사람들은 일반적으로—나는 이것이 「코로네이션 스트리트」의 본래 의도라고는 생각하지는 않지만—이들 인물과 그들의 터무니없는 행동들, 그리고 그들이 사랑에 빠지고 또 헤어지는 과정들을 (…) 그들의 '인물 특성'이라고 은연중 생각할 것이다. 말하자면 그들은 「한여름밤의 꿈」(A Midsummer Night's Dream)에 나오는 무례한 정비공들인데, 거기에는 항상 이들을 열등한 존재로 보는 일단의 다른 인물들이 암시적으로 존재하는 것처럼 말이다.

TV는 노동계급에 대해서는 제대로 들여다보지 못하지만, 부유층에 대해서는 지나칠 정도로 다양한 프로그램을 내놓는다. 「영국의 드림 하우스」(Britain's Dream Homes)나 「나는 영국에서 가장 멋진 집을 가지고 있다」(I Own Britain's Best Home)를 틀면 멜리사 포터(Melissa Porter)와 로드리 오언(Rhodri Owen)이 전원지역의 대저택을 탐욕스런 시선으로 바라보면서 어슬렁거리는 모습을 볼 수 있다. 아니면 「전원주택 구조대」(Country House Rescue)에서 대저택을 복원하는 모습, 「햇빛이 비추는 곳」(A Place in the Sun)으로 채널을 돌리면 아만다 램(Amanda Lamb)이 부동산 매입을 위해 그리스나 크레타 섬으로 떠나는 영국 부자들에게 안내를 하는 모습을 볼 수도 있다. 「릴로케이션, 릴로케이션」(Relocation, Relocation)과 「자산 사다리」(Property Ladder) 같은 부동산 관련 프로그램은 수도 없이 많고, 상류층 특유의 화려함은 이들 프로그램에 거의 빠지지 않고 등장한다. 이튼 칼리지 졸업생이자 유명 요리사인 휴 핀리-휘팅스털(Hugh Fearnley-Whittingstall)은 유기농 요리를 선보이고, 발렌틴 워너(Valentine Warner)나 토마시나 미어스(Thomasina Miers) 같은 공립학교 출신의 유명 TV 요리사들도 눈이 부시게 매력적인 요리를 선보인다. 그리고 귀족적인 커스티 올숍(Kirstie Allsopp, 채널 4에서 핸드메이드 소품이나 인테리어 팁을 알려주는 프로그램 진행자—옮긴이)은 엄청난 액수의 집을 선망의 눈빛으로 바라보라고 부추긴다.

돈과 힘이 있는 사람들의 생활방식과 욕구, 그리고 그들이 독점적으로 향유하는 것들을 시끄럽게 홍보하는 내용으로 가득 찬 TV프로그램들이 너무 많다. 이런 프로그램은 시청자로 하여금 자신들의 꿈에 대해 다시 생각하게 하고 정의하게 하며, 인생은 자산 사다리를 올라가는 과정이고, 더 큰 집과 자동차를 사고, 개인 소유의 열대낙원 같은 곳에서 사는 것이라고 착각하게 만든다. 또한 이를 시청하는 보통사람들로 하여금 위화감을 느끼게 할 뿐 아니라, 이런 꿈들을 위해 노력하지 않는 사람들은 '포부가 없거나' 좀더 직설적으로는 실패자로 생각하게 한다. 노동계급에 속하는 사람들의 희망과 두려움, 그들의 주변환경과 지역사회, 그들이 생계를 해결하는 방법 등은 TV프로그램들만 놓고 보면 아예 존재하지 않는 것처럼 보인다. TV 속의 노동계급은 보통 돈 많은 제작자들과 코미디언들이 만들어낸 우스꽝스러운 인물로 등장하고, 이와 같이 희화된 인물은 다시 중간계급 언론인들에 의해 정치적인 목적으로 이용된다.

차브 혐오주의는 대중음악계까지도 번져나갔다. 비틀즈(Beatles) 이후로 락음악과 인디음악의 대세는 노동계급 밴드였다. 더 스톤 로우지즈(the Stone Roses), 더 스미스(the Smiths), 해피 먼데이즈(Happy Mondays), 더 버브(Verve) 등과 같은 밴드들이 그 예다. 그러나 1990년대 중반, 그룹 오아시스(Oasis)의 전성기 이후로는 눈에 띄는 노동계급 출신 밴드가 등장하지 못했다. 현재는 콜드플레이(Coldplay)나 킨(Keane) 같은 중간계급 출신 밴드들이 음악 시장을 주도하고 있다. "음악 산업의 흐름이 중간계급의 가치관을 추구하는 쪽으로 눈에 띄게 달라지고 있다"고 락밴드 더 레블러스(the Levellers)의 리드싱어 마크 채드윅(Mark Chadwick)은 말한다. "노동계급 밴드들을 거의 볼 수 없게 되었다." 그 대신에 데이먼 얼반(Damon Albarn)과 릴리 앨런(Lily Allen) 같은 '런던 노동계급의 말투를 흉내내는' 가수들이 노동계급을 우스꽝스럽게 따라 하는 중간계급 밴드들은 수도 없이 많다.

밴드 카이저 치프스(Kaiser Chiefs)는 멜로디가 반복돼서 클럽에서 술 취했을 때 부르기에 좋은 일종의 인디음악계의 애국가 같은 곡으로 유명해진 그룹이다. 그러나 그들이 부르는 노래의 가사를 자세히 들어보면 계층간의 적나라한 혐오감을 드러낸다. '나는 폭동을 예언한다'라는 곡은 '택시를 타려고 했지/ 운동복을 입은 어떤 남자가 나를 공격했네/ 나보다 자기가 먼저 택시를 봤다고 말했지/ 피를 좀 보고 싶어지네/ 여자들이 옷도 입지 않은 채 허우적거리며 다닌다/ 콘돔 살 돈 1파운드를 빌리려고/ 튀김 기름이 아니라면 얼어버렸을 텐데/ 그들은 분별력이 별로 없다'라고 노래한다. 이렇듯 가사의 마지막 부분은 천박하고 '헤픈' 차브 여자들을 우스꽝스러운 모습으로 재현한다.

노동계급은 조롱과 반감, 그리고 혐오감의 대상이 되었다. 이것이
바로 21세기초 영국 대중문화계의 현주소다.

대처주의가 지배하던 시절부터 자라나기 시작한 노동계급 멸시 풍
조는 힐즈버러 참사에서 그 끔찍한 절정에 이른다. 오늘날 축구는 지
난 30년간 노동계급에 대한 사회적 분위기가 얼마나 극적으로 달라
졌는지에 대한 단초를 제공해준다. 스포츠에 대한 영국 노동계급의
오랜 열정과 관심에 무슨 일이 일어났었는지를 살펴보면 차브 혐오
증이 문화적으로 어떤 영향을 미쳤는지 알 수 있다. '아름다운 경기'
는 이제 원래 모습을 찾아볼 수 없을 정도로 변해버렸다.
　　주요 축구 클럽들이 자신들의 태생과 거리가 멀어진 지는 오래됐
지만—예를 들어 맨체스터 유나이티드는 철도 종사자들에 의해서
설립됐다—한때는 여전히 노동계급의 지역사회에 깊게 뿌리박고 있
었다. 축구선수들은 일반적으로 클럽의 연고지에서 선발된 소년들이
었다. 일부 프리미어 리그 선수들이 버릇없고 무례한 부유층이 된 것
과는 달리 20세기 대부분의 기간 동안 "축구선수들은 토요일에 관람
석에서 경기를 지켜보는 관중들보다 더 가난한 경우가 많았다"고 축
구선수 스튜어트 임라크(Stuart Imlach)의 아들은 쓰고 있다.[48] 1950년대
에는 시즌이 진행되는 동안 선수들에게 지급된 최고임금이 주당 고
작 14파운드—육체노동자들이 받던 평균임금보다 그리 많지 않은 금
액—에 불과했고, 그것도 다섯명 중 운 좋은 한명만이 받을 수 있는
금액이었다. 선수들은 클럽이 소유한 '임대 사택'에 살았는데, 언제

쫓겨날지는 아무도 모르는 처지였다. 1955년 영국 노동조합총연맹 (Trades Union Congress)에서 증언한 한 축구선수는 "프로 축구선수들의 고용조건이 노예계약에 가깝다"고 항의했다.

축구는 한쪽 극단에서 다른 쪽 극단으로 변해갔다. 1980년대에는 자유주의 경제의 매서운 바람이 축구계에 거의 영향을 미치지 못했지만, 1990년대에 들어서자 이를 앙갚음이라도 하듯 더욱 세차게 축구계를 강타했다. 1992년 과거 퍼스트 디비전(First Division)에 속했던 22개 클럽이 떨어져 나가 프리미어 리그(Premier League)를 만들고, 리그에 속한 다른 클럽들과 수익을 공유해야 하다는 의무조건에서 벗어났다. '축구의 미래를 위한 청사진'(Blueprint for the Future of Football)에서 축구협회(Football Association)는 '좀더 부유한 중간계급 소비자들'을 끌어들여야만 한다고 주장했다.[49]

힐즈버러 참사 이후 사람들이 서서 구경하던 예전의 계단식 관람석이 없어지자 값싼 입석 티켓들이 사라졌다. 1990년에서 2008년 사이 축구경기의 평균 입장권 가격은 600%가 인상됐는데, 이는 축구경기 입장권을 제외한 물가 평균상승률의 7배를 훌쩍 넘는 수치였다.[50] 노동계급 다수에게 절대 살 수 없는 가격이 된 것이다. 그러나 일부 축구계 원로들은 이러한 사실을 알고 있었을 뿐 아니라 환영하기까지 했다. 전 잉글랜드 국가 대표팀의 매니저였던 테리 베너블스(Terry Venables)는 다음과 같이 말했다.

속물처럼 들리거나 내 자신의 출신 배경인 노동계급에 대한 신의를 저버리고 싶지는 않으나, 영국 축구의 명예를 훼손시키는 사람들은 입장권 가격인상으로 경기장에 들어오지 못하게 될 것이다. 다시 말해 영국과 유럽 전역에서 축구장과 기차, 해협횡단 페리호와 마을과 도시들을 두려움에 떨게 하는, 대부분이 노동계급인 젊은이들을 배제시킬 수 있을 것이다.

노동계급 사람들을 악인으로 만들어서 입장권 가격인상을 정당화하고, 또 가격인상을 통해 노동계급을 축구경기에서 배제시켰다.

이와 동시에 축구는 거액이 오가는 대형 사업이 되었다. 1990년대 초에 루퍼드 머독(Rupert Murdoch)의 BSkyB(영국의 위성 디지털 방송사—옮긴이)는 새로운 FA 칼링 프리미어십(Carling Premiership, 1993년에서 2001년까지 프리미어 리그를 후원했던 맥주회사 Molson Coors Brewing Company가 자사의 맥주 브랜드 Carling의 이름을 따서 정한 리그명—옮긴이)의 독점중계권에 3억 5백만 파운드를 지불했고, 1997년에 이후 4년간의 독점중계권 계약을 체결할 때는 6억 7천만 파운드를 지불했다. 노동계급의 다수가 비싼 입장료 때문에 경기장에 갈 수 없게 됐을 뿐 아니라 이제는 BSkyB의 셋톱박스에 돈을 쏟아붓지 않고서는 TV로도 자신들의 팀이 경기하는 모습을 볼 수 없게 됐다. 반면 축구경기 주변에 몰리는 엄청난 액수의 돈 때문에 축구팀과 연고지의 관계는 단절되어버렸다. 어마어마한 액수의 이적료를 받고 수백, 수천 마일 떨어진 곳으로부터 온 선수들이 주요 팀들을 장악했고, 축구 클럽들은 미국의 자산 수탈자(asset stripper, 기업의 자산을 개별적으로 쪼개어 매각해서 이윤을 내는 것을 목적으로 하는 투자자—옮긴이)

차브

와 러시아계 신흥부호들(oligarch)의 장난감이 됐다. 또한 선수들도 1주에 16만 파운드씩을 벌게 되면서 자신들의 뿌리인 노동계급과는 완전히 결별하게 된다. 노동당 소속 의원인 스티븐 파운드는 노동계급의 우상이 사라져버린 것을 애석해한다. "프랭크 램파드(Frank Lampard)와 데이비드 베컴 같은 노동계급의 영웅들이 가장 먼저 한 것이 무엇입니까? 노동계급이 대다수를 차지하는 지역에서 벗어나 체셔(Cheshire)나 서리(Surrey)로 이사하는 것입니다. 롤 모델로 여겨지는 이들이 자신이 속한 계층에 대해 자신감이 없는 거지요."

너무나도 치욕스러운 일이었다. 그토록 오랫동안 노동계급 정체성의 중심에 있었던 스포츠가 뜨내기 억만장자들이 좌지우지하는 중간계급의 소비재가 되어버린 것이다. 또한 노동계급에 속하는 모든 축구 팬들을 아무 생각 없이 폭력을 휘두르는 과격한 훌리건들로 매도하여 그들을 경기에서 배제시켜버렸다.

축구는 노동계급의 문화 중 수익 창출 가능성이 있는 요소였기 때문에 노동계급에게서 강탈되어 다른 모습이 되어버렸다. 오늘날 영국 노동계급의 삶에서 가치가 있거나 존경할 만한 것은 아무것도 없다. "'노동계급'이라는 단어에는 '존경할 만한'이라는 형용사를 붙일 수 없게 되었다. 왜냐하면 이제 '노동계급'이라는 단어는 거의 모든 상황에서 은연중에 모욕적인 의미를 담은 단어가 되었기 때문이다"라고 데보라 오어(Deborah Orr) 기자는 쓰고 있다. "노동계급이라는 단어는 보수적이고 퇴행적인 가치들 중에서도 가장 최악의 것을 암시하는 단어다."[51]

우리가 살펴본 그 어떠한 형태의 차브 때리기도 따로 떼어서 이해할 수는 없다. 이들은 모두 대처리즘에서 시작하여 '신노동당'에 의해 강화된, 노동계급과 관련된 모든 것들에 대한 공격에서 가장 중요한 부분을 차지한다. 켄 로치는 "문화는 정치를 반영한다"고 말한다. "대처 집권 기간 동안 중대한 변화가 일어났다 (…) 대처가 집권했던 시기는 '넘쳐나는 돈'의 시대였으며, '자기 자신을 돌보는' 시대였고, 온갖 종류의 보석, 빨강색 멜빵을 맨 시티 보이(City Boys, 런던의 금융권에서 일하는 젊은 남성들을 일컫는 말―옮긴이)들의 시대 즉, 자본을 숭배하던 시대였다." 이와 같은 노동계급의 와해는 문화계에도 여파를 미칠 수밖에 없었다. "이후 노조의 수가 줄어들었고, 노동계급 문화 역시 위축되었으며, 노동계급의 문화를 향유하는 일도 줄어들었다. 이 모든 것이 바로 그러한 정치적 시기로부터 기인한 것이다"라고 로치는 말한다.

노동계급 문화의 위대한 영웅은 (좌파 연극 연출가인) 조앤 리틀우드(Joan Littlewood)였다. 그녀는 스트래트포드 이스트(Stratford East)에서 공연을 올렸는데, 그녀가 연출한 작품들은 아마도 지금까지 우리가 만들어낸 연극들 중 가장 최고일 것이다. 그녀의 작품들은 독창적이고, 무정부적이며, 유머러스하고, 인간적이며, 재미있고, 활기에 넘치면서 동시에 노동계급에게 강력한 정치적 힘과 의식을 불어넣어주었다. 대처 정권 이후로는 이런 것들을 상상조차 할 수 없었다.

차브

모든 것은 중간계급의 기준에서 판단된다. 왜냐하면 궁극적으로 우리가 지향해야 하는 바가 바로 중간계급이기 때문이다. 따라서 노동계급은 '포부도 없는' 게으름뱅이 건달들, 인종주의자들과 술주정뱅이, 강도 등으로 이루어진 쓸모없는 찌꺼기들처럼 묘사된다.

사회의 불평등은 심화되고, 최근 몇년간 빈곤층은 실제로 더 가난해지는 상황에서 최하위계층에 대한 적대감이 더욱 심화되었다는 것은 비극적인 동시에 불합리한 일이다. 차브 혐오주의는 사회적 불평등을 정당화시키는 방법 중 하나다. 그러나 만약 당신이 아무런 노력도 없이 부와 성공을 거둔 경우라면? 또는 운이 나빠서 더 가난해진 경우라면? 이런 가능성들을 받아들이게 되면 소수 부유층 사람들은 자신감에 타격을 받을지도 모른다. 또한 이런 가능성들을 받아들이게 되면, 이러한 상황에 대해 조치—즉, 우리들이 누리는 혜택을 축소시키는 조치—를 취하는 것이 정부의 의무라는 사실도 받아들여야만 한다. 그러나 하위계층 사람들이 원래 천성이 더럽고 우둔하며, 인종차별주의자에다 무례한 인간이라고 믿게 되면, 그들이 사회의 밑바닥에 남는 것은 당연한 일이 된다. 차브에 대한 혐오감은 그것이 사람의 가치를 실제로 공정하게 반영하고 있다는 조작된 주장을 근거로, 사회 구성원들간의 서열 존속을 정당화한다.

차브 혐오주의는 과거의 속물근성이 21세기에 이름만 바뀌어 다시 등장한 것이라고 볼 수 있을까? 차브에 대한 혐오감에는 분명 속물근성이 깔려 있다. 일부 노농계급, 특히 10대 청소년들 사이에서 유행하는, 운동복에 화려한 액세서리를 다는 스타일에 대해 쏟아지는 조롱들을 한번 들어보자. 사람의 옷차림이 자신이 속한 사회적 배경에 따라 달라지는 경우가 많은 것은 사실이다. 옥스퍼드 대학의 토론 클럽인 옥스퍼드 유니온(Oxford Union)의 바에 가면 사립학교를 나온 듯이 보이는 사람들이 나비 넥타이에 트위드 쟈켓을 입고 분홍색 술을 달고 있는 모습을 볼 수 있다. 심지어는 손에 파이프를 든 이상한 사람까지 있다. 운동복이나 트위드 천으로 된 옷을 입은 사람이 우스꽝스러워 보일지 모르지만, 누가 뭐라고 하겠는가? 아니, 우리가 왜 신경을 써야 하는가?

그러나 차브 혐오주의는 단순한 속물근성 그 이상인 것이 사실이다. 차브에 대한 혐오감은 계급간의 전쟁이다. 그것은 모든 사람은 중간계급이 되어야 하며, 중간계급의 가치와 생활방식을 받아들여야 한다는 신념의 표현으로, 그렇지 않은 사람들은 조롱당하고 미움을 받는다. 또한 영국 노동계급의 가치들은 인정하기를 거부하고, 신문과 TV, 페이스북과 일상 대화에서 이를 조직적으로 쓰레기 취급한다. 이것이 바로 노동계급을 악마화하는 것의 의미다.

차브 혐오주의에서 만들어진 과장되고 희화된 인물들은 또다른 결과를 가져온다. 영국은 이제 계급이 없는 사회라는 말도 안되는 정치계 주류의 견해와 함께, '차브' 현상은 오늘날 영국 노동계급의 의미를 모호하게 만든다. 영국 사회가 다수의 부유한 중간계급과 그 수가 줄고 있는 소수의 노동계급으로 나뉘어 있다는 말도 안되는 주장은 오늘날 현실을 제대로 볼 수 없게 만든다. 압도적으로 중간계급 편향적인 정치계와 언론계는 기꺼이 이와 같은 이미지를 조장해왔다. 그렇다고 해서 노동계급이 대처리즘에 따른 각종 조치들로 인해 극단적으로 달라지지 않았다는 말은 아니다. 이제는 '비키 폴라드'와 '차브 밥'(chav bop, 노동계급처럼 의상을 갖춰입는 디스코 파티―옮긴이), 그리고 리얼리티 TV 쇼를 넘어서서 '21세기 영국의 노동계급은 어떤 모습인가?'라는 질문을 해야 할 때이다.

5장

"우리는 이제 다 중간계급이다"

> 영국에서 계급이 중요하지 않다고 말하는 것은 마치 프랑스에서 와인이 중요
> 하지 않다, 혹은 사우디아라비아에서 당신이 남자인지 여자인지가 중요하지
> 않다고 말하는 것과 같다. ─닉 코언(Nick Cohen)

노동계급은 더이상 없는 것일까? 토니 블레어는 확실히 그렇게 생각
하는 듯하다. 한때 블레어의 수석 고문을 지낸 매튜 테일러는 블레어
가 아직 노동당 당수로 있던 시절, 한 연구집단 모임에서 '우리는 모
두 중간계급'이라고 자랑스럽게 말했던 것을 기억한다. 몇몇 언론사
들은 이에 동조하고 나섰다. 『데일리 텔레그래프』가 '자, 우리는 이제
모두 중간계급'이라고 맞장구를 쳤고, 『타임스』는 '사회적 장벽이 무
너진 지금 우리는 모두 중간계급'이라고 썼다. 『데일리 메일』은 '이제
영국에는 세 개의 주요계급이 존재할 뿐이다. 끔찍하게 소외된 하층
계급, 대처 혁명 덕에 새롭게 탄생한 자신만만한 중간계급, 그리고 극
소수의, 점점 힘을 잃어가는 상층계급이다'라고 한술 더 떠 언급했다.[1]
    차브에 대한 과장되고 우스꽝스러운 묘사는 현대 노동계급의 현
실을 제대로 보지 못하게 하는 가림막이 돼왔다. 한편에서 우리가 이

느 정도 살 만한 '중산층 영국'이라는 이미지를 소비하는 동안, 다른 한편의 전통적 노동계급은 구제할 길 없는 차브 집단으로 퇴락한 것이다.

과거에는 확실히 '노동계급은 누구인가?'와 같은 질문에 대답하기가 훨씬 쉬웠을 것이다. 역사가 데이비드 키너스턴은 전후(戰後) 영국에 대한 그의 저작『영국의 긴축재정』(Austerity Britain)에서 1950년대의 전형적인 세 직업을 별다른 어려움 없이 규정한다. '그것은, 순서에 상관없이, 광부, 부두 노동자, 그리고 자동차 생산 노동자들이다.' 하지만 이어지는 정부의 터무니없는 경제실정 탓에 광산이 문을 닫고, 부두는 황폐화됐으며, 대부분의 자동차 공장은 텅 비어버렸다. 오랫동안 영국 노동계급을 지탱해온 세 기둥이 무너지자, 정치가와 전문가들은 훨씬 수월하게 이제 진짜 모두가 중간계급이 되었다고 주장하게 된 것이다.

장기간에 걸쳐 진행된 산업 노동계급의 종말은 마거릿 대처와 함께 시작되었지만 대처와 함께 끝나지는 않았다.『가디언』의 경제 전문 에디터인 래리 엘리엇은 영국 산업이 겪은 세 번의 주요한 구조조정기로 1980년대 초반, 1990년대 초반, 그리고 최근의 경기침체를 꼽는다. "이 세 시기 모두 버블 붕괴와 거시경제적 착오에서 비롯되었다. 1980년대 첫번째 산업 구조조정을 겪은 뒤 정부는 영국 산업이 이제 군살을 줄이고 건강해졌다고 말했다. 그 후 1990년대 초반 두번째 구조조정이 찾아왔고, 정부는 영국 산업이 이제 세계 시장과 만날 준비가 되었다고 말했다. 그러나 뒤이은 것은 또다른 구조조정이었다."

1997년 신노동당이 압승을 거두었을 때, 제조업은 영국 경제의 5분의 1 이상을 차지하고 있었는데 2007년 토니 블레어가 자리에서 물러날 때는 고작 12%에 불과했다. 1979년으로 거슬러 올라가면 700만명에 육박하는 사람들이 공장에서 일했지만 오늘날 그 수는 250만을 조금 상회할 뿐이다.

여기엔 런던 금융가와 밀월 관계에 있던 정부 정책의 책임이 크다. "런던 금융가와 금융부문의 호황이라는 말도 안되는 신화를 지어낸 것이 노동당"이라고 엘리엇은 말한다. 앞선 보수당 정부와 마찬가지로 신노동당은 고환율 정책을 폈고, 결국 영국산 제품들의 해외 경쟁력은 하락했다. "신노동당은 오랫동안 영국 산업의 기반을 이뤄온 이들에게 입에 발린 말만 하면서, 그들을 돕기 위해서는 실제로 아무것도 하지 않았고, 오히려 제조업의 산업환경을 훨씬 악화시켰다."

'정보 경제(information economy)'니, 대중음악계 종사자가 탄광업 노동자보다 더 많은 나라니 하며 허풍을 떨어대는 건 쉬운 일이다. 여전히 열명 중 넷은 육체노동을 하고 있지만, 그렇다고 해도 눈에 드러나는 분명한 경향을 부정하기는 어렵다. 산업부문 일자리는 해가 가면서 줄어들고 있는 실정이다.

이미 궁지에 몰린 여러 경제 분야들은 2008년 세계적 경기침체로 더 심각한 타격을 입었다. 위기를 초래한 것은 은행가들의 탐욕이었지만 그 대가를 지불한 것은 제조업 분야다. 제조업부문에서 사라진 일자리의 비율은, 위기가 시작된 첫해 금융서비스 분야에서 사라진 일자리 비율의 두 배가 넘는다. 런던 금융가가 경제에서 차지하는 몫은 2005년 이래 실질적으로 확대돼왔고, 주가폭락을 낸 처음 야기한 금융 분야에 대한 우리의 의존도를 더욱 높이는 결과를 낳았다. 런던 금융가의 이코노미스트로 활약했던 그레이엄 터너의 표현을 빌리자면, 그것은 "신용경색(credit crunch)이 초래한 엄청난 결과"였던 것이다.

산업부문 일자리가 계속해서 고갈되고 있음에도 영국의 대중들이 고집스럽게 스스로를 노동계급으로 규정하는 사실이 자못 이상해 보일 수 있다. 토니 블레어의 '우리는 모두 중간계급'이라는 연설에 매튜 테일러가 기억하는 반응은 이런 것이다. "다음과 같은 지적이 재빠르게 제기되었습니다. 흥미롭게도 1950년대 그랬던 것보다 더 많은 영국 사람들이 스스로를 노동계급이라고 부른다는 사실 말이에요." 여론조사에 따르면 영국 인구의 절반 이상이 지속적으로 자신을 노동계급이라고 표현하고 있다. 반면 1949년 조사에 따르면 43%만이 스스로를 노동계급이라고 답했다.[2] 그 당시 영국에는 백만명의 광부들이 있었고 대부분의 사람들이 노동직에 종사하고 있었으며 정부의 식량배급이 여전히 진행중이었는데도 말이다. 이런 탈산업화 시대에, 어떻게 대부분의 사람들이 진심으로 스스로를 노동계급이라고 생각할 수 있는 것일까?

일종의 정체성 위기가 진행되고 있다고 볼 수 있다. 억만장자 사업가인 모하메드 알파예드(Mohamed Al-Fayed)도 언젠가 자신을 노동계급이라고 표현한 적이 있다. 내 전화번호 자릿수와 똑같은 규모의 연봉을 받는 증권중개인이 뻔뻔스럽게도 이렇게 말하는 걸 들은 적도 있다. "나는 노동을 합니다. 안 그래요? 그러니 내가 노동계급이 아니라고 말할 수 있나요?"

여론조사를 보면, 사회경제적으로 최상위층에 위치한 사람들 중에
도 스스로를 노동계급이라고 생각하는 이들이 있는 반면, 최하위층
에 있는 사람들도 때로는 자신을 중간계급이라고 생각한다. 바로 이
점이 나의 호기심을 자극한다. 내가 보기에 노동계급임에 틀림없는
어린 시절의 친구 하나에게 스스로 노동계급이라 생각하느냐고 묻자
그는 거의 화를 내다시피 하며 대답했다. "아마 수입 면에서는 그렇
겠지만 교육이나 그런 측면에서는 중간계급이라고 생각해." 그에게
노동계급에 속한다는 것은 가난하다는 것을 뜻하며, 반면 중간계급
이라는 것은 교육을 받았다는 의미인 것이다.

노동계급에 덧씌워진 온갖 불명예는 사람들의 태도에 실질적으로
영향을 끼쳤다. 2010년 총선 준비 기간에, 『가디언』 기자 사이먼 해튼
스톤(Simon Hattenstone)이 전직 버스 운전기사에게 스스로 어느 계급에
속한다고 생각하느냐 물은 일이 있다. 이 운전기사는 주급 50파운드
를 받으며 일하다가 1981년에 퇴직했는데, 질문을 받고 잠시 생각을
하는 듯하더니 '중간계급'이라고 대답했다. 그 이유를 묻자 다음과
같은 답이 돌아왔다. "글쎄요, 나는 빚에 쪼들리지는 않으니까요. 만
약에 내가 빚에 쪼들린다면 노동계급이라고 할 수 있지만 나는 언제
나 빚 때문이 아니라 생활을 위해서 일을 해왔거든요." 그에게 노동
계급이란 빚에 쪼들리는 것을 의미하는데, 해튼스톤은 이 답변을 이
렇게 해석한다. "정치인들만 노동계급이라는 말을 경멸조로 사용하
는 건 아니죠."[3]

이처럼 계급에 대한 현실의 엄청난 혼동을 고려할 때, 과연 노동계급이란 무엇을 의미하는가 묻지 않을 수 없다. 내가 이 질문을 신노동당 내각의 장관을 역임한 제임스 퍼널에게 던지자, 그는 대답의 상당 부분을 '문화적 정체성' 그리고 '역사의식과 지역의식'에서 구했다. 그의 선거구는 북부 노동계급이 주요 구성원인 스테일리브릿지 (Stalybridge)와 하이드(Hyde)인데, 그의 말에 따르면 그곳은 드라마 「코로네이션 스트리트」에 등장하는 집들이 늘어선 마을이다. "내 생각에 그곳 사람들이 스스로를 노동계급이라고 생각하는 까닭은, 그들이 한마을에서 자라며 여러 일들을 함께 해왔기 때문에, 그러니까 서로에 대한 이해를 공유하고 있기 때문"이라는 것이 퍼널의 대답이다.

나는 스톡포트(Stockport)에서 자랐는데, 그곳은 퍼널의 전(前) 선거구에서 몇 마일 떨어지지 않은 곳으로, 확실히 지역의식, 나눔의 커뮤니티, 공통의 가치들이 노동계급의 정체성을 구성하는 중심요소였다. 사람들은 함께 자라났다. 가족과 친구들이 한데 어울려 술집에서 축구를 보거나 여러 가지 일들을 함께 했다. 사람들은, 자신과 가족이 평생 살아온 커뮤니티에 깊게 뿌리내리고 있음을 인식했다. 젊은 세대들이 자라 타지에 나간다 해도 그곳은 고작 몇 블록 떨어진 곳이었고, 금요일 밤이면 태어나면서부터 함께 해온 친구들과 만나 시내로 나가곤 했다.

하지만 이 뿌리 의식이 오랜 세월에 걸쳐 부서지고 있는 게 현실인데, 산업의 붕괴에서 어느 정도 그 원인을 찾을 수 있다. 예전에는 전체 노동계급 사회가 하나의 공장이나 제강소, 탄광 등을 중심으로 형

차브

성되었다. 그들의 아버지와 할아버지들 역시 같은 곳에서 그들과 같은 일을 했을 가능성이 높았다. 하지만 산업체들이 사라지자 그로 인해 유지되던 커뮤니티는 산산조각나 버렸다. 퍼널의 표현대로, 노동계급은 같은 시간에 집을 나서고 같은 공장으로 향하며 같은 방식으로 서로 친교를 나누는 한 무리의 사내들이 더이상 아니다.

계급을 쉽사리 소득의 차원으로 환원해버릴 수도 있다. 그렇게 되면 일 년에 1만 4천 파운드를 버는 누군가에게는 '노동계급'이라는 딱지를 붙여주고, 6만 파운드를 버는 사람에게는 '중간계급'이라는 딱지를 붙여줄 수 있을 것이다. 하지만 소규모 사업가들, 어쨌든 사업 수익으로 살아가기는 하지만 그 액수가 보잘것없는 자영업자들도 있다. 숙련된 노동자들 가운데 보수가 높은 사람들은 상점 주인들이 집으로 가져오는 돈의 두 배 이상을 벌기도 한다.

노동계급의 존재에 대한 또다른 도전은, 보수당과 신노동당 정부에 의해 거의 종교처럼 추앙된 주택 소유로부터 시작되었다. 대처리즘은 확실히 그것을 계급 정체성을 파괴할 수 있는 좋은 방법으로 여겼다. 대처의 오른팔인 키스 조지프는, 자신들의 목표가 "빅토리아 왕조 시대에 지금보다 훨씬 더 많이 진행되었던 앙부르주아즈망(부르주아화, 중산계급화—옮긴이)을 향한 전진을 다시 시작하는 것"이라고 말한 바 있다. 확실히 집을 소유하는 것은 개인주의를 촉진하고, 심지어는 '각자가 알아서 살아가야 한다'는 적자생존식 마인드를 고취시키기도 하는데, 노동계급으로서 집을 소유한 사람들도 예외는 아니다. 하지만 수백만의 사람들이 정부 보조를 받아 임대료보다 훨씬 부담이 큰 돈을 빌려 집을 샀다고 해서 갑자기 중간계급이 되는 것은 아니다.

공영주택지킴이 의장을 지낸 고(故) 앨런 월터는 그 자신이 공영주택 이외의 주거지에는 한번도 살아본 적 없는 인물로, 노동계급에 속한 주택 소유자들에 대해 이렇게 말한 바 있다. "그들은 주택담보대출을 계속 감당할 수 있을까 걱정하느라 거의 제정신이 아니다. 매일 밤 잠자리에 들 때마다 집이 넘어가는 악몽을 꾸는 수많은 사람들, 이것이야말로 가장 핵심적인 문제다." 이들 노동계급 가운데 어떤 이들은 값비싼 주택담보대출보다 공영주택의 값싼 임대료를 택했다면, 훨씬 높은 생활수준을 누렸을 것이다. 실제로 빈곤 속에서 살아가는 사람들의 절반 이상이 집을 소유하고 있다. 십분위를 기준으로 하위 10등급 사람들 가운데 집을 소유한 사람들의 수는, 9등급과 8등급 중에 주택을 소유한 사람들 수보다 더 많다. 그리고 다 알다시피, 그렇게 많은 사람들에게 감당할 수 없는 빚을 지도록 부추긴 것이 신용위기의 기폭제가 되었다. 어쨌든, 점점 더 많은 사람들이 주택 시장의 터무니없는 가격을 감당하지 못하게 되면서, 이전과는 반대 양상이 진행되고 있다. 주택 소유율은 2002-2003년에 71%로 정점을 찍은 이래, 6년 후에는 68%를 기록하고 있다.

노동계급을 규정하는 것이 커뮤니티도, 소득 수준도, 주거 형태도 아니라면 도대체 무엇일까? 닐 키녹은 아마도 노동당의 극적인 우경화에 초석을 놓은 노동당 당수라고 할 수 있을 것이다. 하지만 그는 여전히 칼 마르크스의 정의에서 가장 편안하게 답을 찾는다. "내가 넓은 의미로 정의하는바, 노동계급은 노동력을 파는 것 외에 다른 생계수단이 없는 사람들이다." 이 점은 매우 분명하다. 노동계급이란 다른 사람을 위해 노동을 하는 사람들을 모두 아우르는 용어다. 내가 버밍엄의 슈퍼마켓에서 일하는 메리 린치(Mary Lynch)에게 무슨 계급에 속하느냐고 묻자, 그녀는 의심할 여지없이 노동계급이라고 답했다. "나는 항상 생활비를 벌기 위해 일을 하니까요." 이것이야말로 '노동계급'의 의미를 이해하기 위한 출발점이다. 노동계급이란 자신의 삶을 영위하기 위해서 타인의 일을 해야 하는 사람들의 집단을 일컫는 것이다.

하지만 이것은 단지 출발점에 불과하다. 캠브리지 대학의 교수직을 가진 사람이 슈퍼마켓 계산대의 점원과 정말 같은 부류라고 할 수 있을까? 노동계급을 규정할 때 추가해야 할 한 가지 중요한 사실은 단지 노동력을 팔 뿐 아니라 본인의 노동에 대한 통제권과 자율성을 상실한 이들이란 점이다. 대학 교수나 점원 모두 생계를 위해 일한다. 하지만 교수는 그가 매일 하는 활동에 대해 상당한 재량권을 행사할 수 있는 반면 점원은 그렇지 못하다. 교수의 직무도 일정한 범위 안에서 이루어지지만, 범위 내의 업무를 설정함에 있어 충분한 창의성과 재량을 발휘할 수 있다. 반면 상점에서 일하는 노동자의 업무는 세세히 규정되어 있고 변화의 여지가 별로 없는 단조로운 것이며, 반드시 구체적인 지침들을 따라야만 한다.

통계를 보면 대다수 노동계급의 사정이 어떤지 알 수 있다. 영국인들 중 800만명 이상이 여전히 육체노동에 종사하고 있다. 또다른 800만명은 상점의 점원이나 비서직, 판매원으로 일하거나, 고객서비스

센터를 비롯한 각종 고객 상대 업무에 종사한다. 합하면 전체 노동력의 절반을 넘는다. 간호사와 같은 건강 관련 직종 종사자들, 교사, 그리고 철도기관사 등은 여기에 포함되지 않는데 이들은 보통 '전문직'으로 분류되곤 한다.

비록 소득이—계급을 규정하는 데—결정적인 요인은 아니지만, 우리가 하는 일의 종류는 우리가 버는 돈과 직결된다. 중간 소득 가구는 연간 고작 2만 1천 파운드를 번다. 이 액수는 정확하게 중간값으로, 인구의 절반은 그보다 적게 번다는 뜻이다. 이것이 진정한 영국 중간층의 모습이며, 그것은 미디어나 정치가들이 고안해낸, 실제로는 부유한 유권자들을 가리키기 위한 가공의 '중산층 영국'과 다르다.

대부분의 사람들이 남을 위해 노동하고, 이들의 손에는 자신의 노동에 대한 결정권이 없다. 하지만 그들 중 상당수는 더이상 공장이나 탄광에서 노역에 가까운 일을 하지는 않는다. 지난 삼십년 동안 새로운 서비스 직종에 종사하는 노동계급이 눈에 띄게 성장했다. 그들의 업무는 육체적으로 덜 고되며 훨씬 깔끔해졌지만, 사회적 멸시는 더 심해지고 훨씬 불안정하며 급여도 형편없다. 공공및상업서비스노동조합(Public and Commercial Service Union, PCS)의 지도자인 마크 서윗카는 이렇게 말한다. "요즘 세상 돌아가는 거나 우리 조합원들을 볼 때 느끼는 거지만, 노동계급이 하는 일은 변하고 있어요. 확실히 지금은 내가 자랄 때와 같은 철강 노동자나 탄광 노동자들은 존재하지 않죠. 하지만 새로운 산업 속에서 우리는 예전보다 심하다고 할 수는 없을지라도 거기에 맞먹는 노동자 착취를 목격할 수 있습니다."

뉴캐슬의 슈퍼마켓에서 일하는 55세의 메리 커닝엄(Mary Cunningham)
은 구(舊)산업 노동자계급의 가정에서 태어났다. 아버지는 탄광이 문
을 닫을 때까지 광부로 일했다. 비록 학교를 그다지 좋아하는 편은 아
니었지만, 어쨌든 메리는 병든 어머니를 돌보기 위해 O-레벨(영국에서
중학교 5년 가운데 마지막 두 해의 교육과정으로 총 5개의 과목을 이수한다—옮긴이) 중간
에 학업을 포기해야 했다. 그녀가 처음으로 구한 일자리는 지금은 사
라진 울워스 슈퍼마켓 체인점에서 낡은 금전출납기를 찍는 일이었다.
그녀가 기억하기로는 1971년 옛 파운드와 실링, 페니를 대신하는 화
폐개혁을 맞이한 것도 그곳에서였다.

메리는 현재 영국 노동계급을 이해하는 데 있어 중요한 퍼즐 조각
을 제공한다. '차브타운스' 같은 웹사이트에서 '차브'라는 이름으로
조롱당하는 그녀와 같은 슈퍼마켓 노동자들은 새로운 노동계급을 구
성하는 중심요소 중 하나다. 영국에서 소매업은 두번째로 큰 규모의
산업이며, 거의 300만명에 달하는 사람들이 영국의 각종 상점에서
일하고 있다. 이는 전체 노동자의 10%가 넘는 수치로, 1980년 이래
세 배나 증가한 것이다.

상점에서 일하는 것은 과거에는 매우 품위있는 직업으로 여겨졌으
며 주로 중간계급 여성들이 종사했다. 하지만 지금은 180도 달라졌
다. 구산업 중심지에서 슈퍼마켓은 예전에 공장에서 일했던, 또는 예
전과 같은 상황이라면 공장에서 일했을 인력들을 빨아들였다. "지금
은 슈퍼마켓이 가장 큰 고용주라고 할 수 있죠. 과거 공장들과 여러
산업체들의 자리를 이어받았어요." 메리의 말이다. 철강 산업에서 일

하던 사람들뿐 아니라, "공장 노동자들도 상점으로 흘러들어 계신대에 자리를 잡았는데, 그 이유는 딱히 다른 일자리가 없기 때문이죠. (…) 우리 가게만 해도, 훨씬 더 나은 일을 할 수 있는 기술이 있지만, 그나마 일자리라도 있어서 다행이라고 여기며 일하는 사람들이 많아요."라고 메리는 말한다.

메리처럼 상점에서 일하는 노동자는 대부분 여성으로 전체의 3분의 2를 차지한다. "분명히 주부들이 많아요. 또 아이들이 등교한 시간에 일하는 젊은 엄마들도 있어요. 대부분 싱글맘이죠." 소매업은 규모가 점점 커지면서 많은 변화를 겪었다. "내 생각에 최근 몇년 동안 더 나빠지고 더 힘들어졌어요." 메리는 덧붙인다. "내가 처음 이 일을 시작할 때는 고객과 어느 정도 시간을 보낼 수 있었어요. 그렇게 고객을 잘 파악하고 인간적인 신뢰를 쌓으면 단골손님이 되는 거죠. 지금은 잠시라도 짬을 낼 수가 없어요. 목표치라는 게 있으니까요. (…) 한 시간에 수많은 고객들을 상대해야 하지요." 소매업 분야는 점점 더 자동화되며 옛날 공장식 대량생산을 닮아가고 있다.

메리와 같은 슈퍼마켓 노동자들은 종종 못돼먹은 지배인이나 관리직의 손아귀에 놓이곤 한다. 그녀의 동료 가운데 몇몇도 상사 하나에 대해 불만을 터뜨린다. "그 여자는 주먹으로 계산대를 내리치며 '왜 아직도 다 못한 거야?'라고 소리쳐요. 손님들 앞에서 말이에요. 다 큰 어른인 여자들이 감히 그녀한테 말대꾸 한번 못하지요. (…) 그녀는 재교육이다 뭐다 해서 비용을 회사에 청구할 테니까요. 모두가 그 부서를 떠나고 싶어 해요. 실제로 떠나기도 하지요."

부당한 처우는 관리직들에게만 받는 것이 아니다. 판매 노동자 조합인 USDAW에 따르면 100만 판매 노동자 가운데 절반가량이 매일 고객의 언어폭력을 견뎌내고 있다. 한 설문조사 결과, 판매 노동자의 5분의 1 가까이가, 비슷하거나 약간 더 적은 보수를 받는 일자리가 생기면 그만둘 마음을 먹고 있다는 건 그다지 놀랄 일이 아니다.[4] USDAW에 따르면 판매 노동자의 평균 이직률은 연간 62%에 달한다.

급여 문제도 있다. 메리가 근무하는 슈퍼마켓 계산대 점원의 보수는 고작 시간당 6.12파운드다. 점심식사는 지급되지 않는다. 보통 이 정도가 업계 표준이다. 실제로 판매 노동자의 거의 절반이 시간당 7파운드를 채 못 번다. 이미 보잘것없는 급여와 노동환경에서 근무하는 판매 노동자들은 최근 무차별적인 공격 아래 놓여 있다. 2007년에 시작된 경제위기가 채 2년도 되기 전에 상점 직원과 판매 노동자들의 4분의 1은 임금이 깎였다. 거의 3분의 1은 노동시간이 줄어들었고, 5분의 1은 복리후생제도가 사라졌다.[5]

판매 노동자들이 운이 나쁜 경우라 생각한다면, 콜센터 노동자들을 보자. 지금은 거의 100만명에 이르는 사람들이 콜센터에서 일하며, 그 수는 해마다 늘고 있다. 이는 1940년대 석탄 산업의 절정기에 약 100만명에 달하는 노동자가 탄광으로 내려간 것과 비슷하다. 광부들이 전후(戰後) 영국 산업을 상징하는 아이콘이라면, 오늘날은 콜센터 상담원만큼 노동계급을 제대로 대표할 만한 존재는 없다.

"콜센터는 매우 엄격하게 규율화된 근무환경"이라고 존 맥아이널리(John McInally)는 말한다. 그는 PCS를 통해 콜센터 노동자들의 노동조합 결성을 추진하고 있는 대표적인 노동조합 활동가이다. "책상들이 대열을 맞춰 늘어서 있고 헤드폰을 쓴 사람들이 죽 앉아 있지요. 엄청나게 많은 사람들이 한 공간에 있지만 그들은 하나하나 별개의 부품과 같아요. 서로 이야기를 나누거나 경험을 공유하는 일 따위는 금지돼 있지요. 문에 들어서는 순간부터 일거수일투족이 컴퓨터에 의해 통제됩니다." 그곳은 노동자가 자율성을 상실한 일터의 극단적인 모습이다.

존이 관여한 몇몇 콜센터 가운데는, 예를 들어 브리스톨 혹은 글래스고에서 일하는 콜센터 노동자가 15분 일찍 퇴근하고자 할 때, 셰필드에 있는 본사를 통해서 승인을 받아야만 하는 경우도 있었다. 존은 말한다. "19세기말의 공장이나 탄광에서 볼 수 있었던 근무환경이라고 할 수밖에요." 너무 과장한다고 생각하는가? 그렇다면, 어떤 콜센터에서는 노동자들이 화장실을 가기 위해 손을 들어야 한다는 것을 생각해보라. 컴퓨터는 휴식 시간을 칼같이 기록하고, 그 어떤 예외도 통하지 않는다. 상시적인 감시와 통제 속에서 직원들의 스트레스는 치솟는다.

많은 콜센터 노동자들은 맥아이널리에게 이 모든 경험들이 '인간성을 말살시키는 것'이라고 털어놓았다. 사람들이 로봇 취급을 받는다. 모든 것은 기계의 통제를 따른다. 대부분 콜센터 오퍼레이터의 업무는 똑같은 스크립트를 읽고 또 읽는 것이다. 왕립화술언어치료협회(Royal College of Speech and Language Therapists)에 따르면, 점점 더 많은 수의 콜센터 노동자들이 목소리가 안 나온다는 이유로 언어치료사를 찾는다고 한다. 그 원인은? 물 한모금 마실 시간 없이 이어지는 장시간 근무 때문이다.

이런 이유로 콜센터 직원들의 병가율은 전국 평균의 거의 두 배에 달한다. 병가율을 높이는 또다른 이유는 노동으로부터의 심각한 소외다. 맥아이널리가 관여했던 영국 북부의 한 콜센터의 경우, 병가율이 거의 30%에 달한다. "노동자들의 사기가 떨어졌다는 신호지요." 맥아이널리는 말한다. 연간 이직 노동자가 전체 노동자의 4분의 1에 달하는 것도 같은 맥락이다. 또한 새로운 노동계급의 특징 그대로, 콜센터 노동자들의 급여는 형편없다. 수련 과정의 노동자는 1만 2,500 파운드 정도를 받고, 최상급 오퍼레이터의 경우도 평균 1만 6천 파운드가 고작이다.

28세인 칼 리시먼(Carl Leishman)은 더럼 카운티(Durham County)에서 8년째 콜센터 직원으로 일하고 있다. 8년 중 7년은 은행의 콜센터에서 근무했고 지금은 전화회사의 콜센터에서 일하고 있다. 그는 고된 12시간 교대근무조로, 3일 일하고 3일 쉰다. "아마도 내 인생의 시작은 중간계급이었을 거예요." 자신의 성장과정을 돌이켜보며 그가 말한다. "하지만 지금 내가 사는 모습을 보면, 게다가 내가 받는 월급을 보면 더 분명해지는데, 내가 노동계급으로 전락했다고 말할 수 있겠네요. 끔찍합니다⋯!"

그의 예전 직장의 경우, 빡빡하게 세워진 목표를 달성해야만 했다. 근무시간의 4%를 떼어 그 시간 안에 화장실을 가거나 목 축이는 일 등을 해결했다. "매월 말 점수가 매겨집니다. 할당된 시간을 초과하면 점수가 깎이고, 그러면 결국 보너스나 임금상승에 영향을 받죠." 칼의 경우는 화장실을 자주 갈 필요가 없었지만, "다른 사람들, 임신한 여직원들의 경우에는 그 시간을 지키는 것이 정말 고역"이었다.

그는 현재 종사하는 업무와 관련해서 받는 교육을 "한심할 정도로 형편없다"고 표현하는데, 막말을 해대는 고객을 다루는 문제에 있어서는 특히 그러하다. 이런 고객을 다루는 일은 매일의 일과인데, 그의 고용주들은 고객이 욕설을 하거나 인신공격을 하더라도 결코 먼저 끊어서는 안된다는 것을 철칙으로 삼고 있다. 칼은 말한다. "고객이 한 말 때문에 눈물을 흘리는 경우가 비일비재하지요." 건강에도 심각한 결과를 초래할 수 있다. "목이 너무나 건조해져요. 내가 아는 사람들 중에는 목이 완전히 가서 일을 할 수 없게 된 사람도 있어요. 예전에 같이 일했던 어떤 부인인데, 목소리가 완전히 안 나와서 일을 그만두어야만 했지요."

일터에서 그가 절실히 체험한 것은 자신이 하는 일에 대한 통제권이 그에겐 없다는 사실이다. "우리는 도열해놓은 자리에 앉아 일하는데, 솔직히 말하면 그게 정말 싫습니다. 때때로 양계장의 닭처럼 느껴지거든요. 자기가 하는 일에 대해 아무 권한이 없어요. 꼭 이런 소리가 들리는 것 같아요. '이렇게 일하시오. 그래야 한다는 게 그 이유요. 자기 자리 밖에서 벌어지는 일은 생각할 필요도 없소.' 굳이 스스로 생각 같은 걸 할 필요 없다고 말이죠." 그 결과 칼이 다음과 같이 반응하는 건 당연하다는 생각마저 든다. "업무 중 가장 행복한 때는 잠시 전화기를 내려놓고 쉬는 시간이에요. 하지만 그마저도 고객들이 원하는 서비스를 받도록 하려면 거의 불가능하죠." 현재 고용주는 휴게실에 TV를 달아주고, 무료로 차나 커피를 제공하고 있다. 하지만 이것들이 칼이 일에서 느끼는 근본적인 소외를 상쇄시켜주지는 못한다.

칼의 급여는 1년에 고작 14,400파운드다. 보수주의 정권이 부가세(VAT)를 대폭 올린다고 예고했을 때, 칼은 더이상 견디지 못하고 결국 짐을 싸서 부모 집으로 들어가기로 했다. 칼은 봉급이 너무 작다고 생각할까? "업무에서 겪는 고통에 비하면 당연하지요! 내가 하는 일이란 고객들의 폭언에다 장시간 근무까지 견뎌야 하는 일이니까요. 정말 힘든 일이에요. 근데 봉급은 내가 하는 수고에 한참 못 미치지요."

메리와 칼 모두 많은 비정규직 및 파트타임 동료들과 함께 일하고 있다. 비정규직과 파트타임 노동자의 수는, 지난 30년간 일련의 정부들이 '유연한' 일자리를 만드느라 분투한 결과 크게 증가했다. 이제는 고용주가 노동자를 자기들 마음대로 고용하거나 해고하는 일을 훨씬 더 쉽게 또 적은 돈을 들이고 할 수 있게 되었고, 동시에 안정적인 정규직 일자리들은 서서히 사라졌다. 그 결과 영국에는 150만명에 달하는 비정규직 노동자들이 생겨났다. '임시직'들은 그 자리에서 고용되거나 해고될 수 있으며, 같은 일을 하고도 훨씬 적은 대가를 받는다. 게다가 유급휴가나 퇴직수당 등과 같은 권리를 인정받지 못한다.

파견근무가 서비스 분야에서 성황을 이루고 있는데, 2009년 초에 옥스퍼드 근교에 위치한 자동차 공장에서 일어난 사건은 임시직 증가로 인한 문세가 어디까지 이르렀는지 잘 보여준다. 850명의 임시직 노동자들이—그들 중 상당수는 이미 몇년 동안 그 공장에서 일해오던 사람들인데—BMW에 의해 불과 해고 몇 시간 전에 통보를 받았다. 파견근로자들을 해고하는 것은 기업으로서는 가장 비용이 적게 드는 선택임은 물론이다. 퇴직수당을 줄 필요가 없기 때문이다. 이들 노동자들은 이러한 재앙으로부터 스스로를 방어할 어떠한 수단도 없었기에 관리자들에게 사과와 오렌지를 던지며 항의하는 것이 전부였다. "정말 모욕적입니다. 꼭 이용당하고 버려진 느낌이에요." 해고 노동자들 중 하나가 말했다.[6]

고용불안 그리고 터무니없는 계약조건과 노동환경으로 고통받는 것은 파견 노동자나 비정규직뿐만이 아니다. 정규직 노동자들도 자신들보다 훨씬 싼 값에 부릴 수 있는 이들과의 경쟁에 내몰린다. 결과적으로 모두의 임금이 깎이는 것이다. 이것은 가히 급여와 노동 조건에 있어서 '바닥을 향한 경주'라고 할 만하다.

이는 마치 빅토리아 왕조 시대로 회귀하는 것 같기도 하지만, 경제위기를 자신의 구미에 맞게 이용하는 기업들 앞에서 수백만 노동자들이 맞게 될 미래다. 「기업의 형태, 다음 10년」이라는 문서에서, 영국산업연맹(The Confederation of British Industry, CBI)—이들은 주요 고용주들을 대표하는데—은 작금의 경제위기가 기업들에 새로운 시대를 여는 촉매가 되었다고 주장한 바 있다. 이 문서는 심지어 지금보다 더 '유연한' 노동시장을 창출할 것을 요구하고 있는데, 말인즉슨 기업들이 더 작은 규모의 정규직 노동자를 핵심에 두고, 변동이 가능한 더 많은 수의 '유연한 노동인력'을 고용해야 한다는 것이다. 이는 지금보다 더 많은 비정규직 노동자들이 기본적인 권리와 근무환경을 무

차브

시당한 채, 한순간에 고용되거나 해고당할 수 있다는 것을 의미한다. 실제로 2010년 한 조사에 따르면, 거의 90%가 넘는 기업들이 비정규 노동인력을 유지하거나 더 늘릴 계획이라고 밝혔다.

새로운 노동계급의 또다른 특징은 파트타임 노동자의 증가다. 현재 영국의 노동인구 가운데 4분의 1 이상이 파트타임으로 일하고 있는데, 이는 유럽에서도 가장 높은 수준이다. 파트타임 노동자 수는, 경기침체기 동안 해고된 전일제 노동자들이 생계를 위해 파트타임 일자리를 채우면서 크게 증가했고, 결과적으로 겉으로는 낮은 실업률을 유지하는 데 기여했다. 예컨대, 2009년 통계치는 경기침체에도 불구하고 고용 인구수가 오르기 시작했음을 보여주는데, 실상은 5만개의 새로운 일자리 가운데 대다수가 파트타임이며, 이는 『인디펜던트』가 보도한 바대로 '상근자를 임시고용직 형태로 전환하는 점진적인 트렌드를 확인해주는' 것일 뿐이다. '전일제 일자리는 제조업과 건설업에서 계속되는 일자리 감소의 여파로 더욱 줄어들고 있다'고 노동연구재단(The Work Foundation)의 부회장 이언 브링클리(Ian Brinkley)는 말한다.[7]

내가 집권당인 보수당 하원의원 데이비드 데이비스에게 임시고용직 서비스 분야의 부상에 대해 이야기하자, 그는 반대 입장을 펴며 염려할 것 없다는 태도로 말했다. "그런 걸 믿을 실제적인 이유는 없어요. 이렇게 말하면 어떨까요? 세인즈버리즈(영국의 대형 슈퍼마켓 체인─옮긴이)에서 일하는 게 포드(Ford)에서 일하는 것보다 더 불안정하다고 할 수 없죠. 여러 가지 이유에서 그 반대로 생각할 수도 있어요. 임시고용직 서비스 분야는 계속해서 성장하고 있으니까요. 그러니까 내 생각에는 당신이 말하는 임시고용직이라는 개념은 솔직히 말하면 낡은 노동신화의 잔재일 뿐입니다. 매일 500킬로그램을 들어 올려야만 하는, 다시 말해 힘든 육체노동을 하는 직업만이 좋은 일자리라는 생각은 지나치게 경직된 바보들이나 하는 것이죠." 하지만 여러 정황들이 그의 주장이 잘못되었음을 보여주고 있다. 우리는 시간이 지날수록 임시고용 형태의 노동인력이 점점 더 공고히 자리 잡는 것을 목도하고 있기 때문이다.

새로 생긴 일자리들 중 상당수는, 그것들 때문에 사라진 기존 일자리보다 더 불안정할 뿐만 아니라 임금도 적다. 2008년 자료에 따르면, 모든 서비스 분야 노동자들의 절반가량이 연간 2만 파운드 이하의 급여를 받았다. 하지만 제조업 분야의 경우 평균임금은 연간 2만 4,343파운드로, 약 4분의 1 가량 많다. 최근의 한 사례는 보수가 좋던 제조업 일자리들이 어떻게 급여가 인색한 서비스 분야로 대체되었는지를 잘 보여준다. 2005년 롱브릿지(Longbridge)의 자동차 제조 공장인 MG 로버(MG Rover)가 파산했을 때, 6,300개의 일자리가 사라졌다. 공장을 떠난 이들이 새로 얻은 일자리에서 받은 평균소득은 고작 1만 8,728파운드로, 그들이 로버(Rover)에서 받던 2만 4천 파운드와 비교하면 5분의 1이 깎인 셈이다. 해고자들 가운데 운 좋게 다른 공장에 일자리를 구한 3분의 1의 노동자들은 임금수준이 전과 비슷했지만, 서비스 분야에서 일하게 된 60%는 소득이 현저하게 줄어들었다.[8]

산업의 몰락을 겪은 다른 지역들, 예를 들면 옛 탄광지역에서도 사정은 마찬가지다. "분명히 새로운 일자리는 탄광에 내려가서 일하는 것보다 훨씬 깨끗하지요." 노팅엄셔에서 광부로 일했던 에이드리언 길포일은 말한다. "하지만 받는 돈은 훨씬 적어요. 예전에는 석탄 캐는 일을 하면 보너스에 각종 수당을 받곤 했습니다. 정말 짭짤했어요. 지금은 운이 좋아야 주당 200파운드를 손에 쥘까말까, 요즘 물가와 생계비를 생각하면 모자라도 한참 모자란 액수지요."

신경제학재단(New Economics Foundation)의 아일리스 로울러(Eilís Lawlor)의 표현을 빌리자면, 숙련된 일자리가 사라진 결과 '중간 지대'도 사라졌다. "노동시장의 양극화 현상을 볼 수 있습니다. 상대적으로 보수가 좋은 제조업 일자리들이, 보수가 훨씬 형편없는 서비스 분야 직종으로 대체되고 있는 거죠." 아일리스 로울러의 말이다. 다른 사람들은 이 상황을 '모래시계' 경제라고 부른다. 한 끝에는 보수가 높은 고임금 일자리들이 자리잡고 있고 다른 끝에는 점점 더 수가 불어나는 저임금 비숙련 일자리들이 존재하는 것이다. 하지만 그 사이를 메우는 중간 일자리들은 계속해서 줄어들고 있다.

미용사는 급격히 팽창하는 저임금 서비스 업종의 한 예다. 영국 최악의 저임금 직업 가운데 하나로, 여성 미용사의 경우 평균임금이 연간 1만 2천 파운드가 채 못 된다.[9] 현재 영국에는 17만명이 넘는 미용사들이 존재한다.[10] 급격하게 늘어나는 또다른 저임금 업종에는 자료입력원, 경호원, 안내데스크 접수원, 간병인과 청소부 등이 있는데 이들 저임금 일자리들은 더 많은 수의 노동자들에게 한때 그들이 종사했던 제법 괜찮은 보수의 중간층 일자리를 내신할 수 있는 유일한 선택지가 되고 있다.

"제조업 일자리들이 다 사라져서 그런 것만은 아닙니다. 내 말은, 런던만 해도 과거에는 125만 개의 제조업 일자리들이 있었고, 지금도 20만 개가 넘습니다. 주로 최고급 인쇄 업종이지요." 런던 시장을 지냈던 켄 리빙스턴은 말한다. "하지만 정말 보수가 좋은 일자리들은 주로 공공시설들인데, 그것들이 민영화되면서 사라졌습니다. 그래서 노동계급에게 일자리 구하기는 갑자기 너무나 힘들어졌어요."

구(舊)산업 노동계급의 뚜렷한 특징 가운데 하나가, 노동자의 권리를 위해 싸우던 강력한 직능별 노동조합 운동이었다. 1970년대만 해도 전체 노동자의 절반 이상이 노동조합원이었다. 오늘날도 노동조합은 가장 큰 시민사회 조직의 하나로 남아 있지만 조합원수는 급격히 감소해 1979년에는 1,300만명이던 것이 오늘날은 700만명을 조금 상회한다. 더욱이 공공부문 노동자들의 경우 절반 이상이 노동조합원인 데 반해, 민간부문은 15%만이 노동조합에 가입했다는 점은, 이러한 감소세를 극명하게 보여주고 있다. 새로운 서비스 분야 일자리들은 노동조합 무풍지대에 놓여 있다.

대처의 노동조합 때리기는 노동조합의 약화에 크게 기여했다. 전 노동당 내각에서 장관을 지냈던 토니 벤은 법률이 '직능별 노동조합의 권리를 백년 전보다 훨씬 더 제한하고 있다'고 지적한다. 법령집에 어떤 법률이 있다는 자체로 영국은 국제노동기구협약 가입국의 의무를 위반하고 있는 상황이다. 이 법률은 일터에서 노동조합을 조직하는 것을 어렵게 만들 뿐만 아니라, 노동조합이 조합원들을 대신해서

차브

싸우지 못하도록 옥죈다. 2010년 영국 최대의 노동조합인 유나이트 (Unite)는 항공 승무원들과 오랜 갈등을 겪고 있던 브리티시 에어라인에 의해 법정에 소환되었다. 78%의 투표율 속에서 80%가 넘는 노동자들이 파업에 찬성했음에도 판사는 브리티시 에어라인의 파업을 금지시켰다. 왜? 노동조합이 총 9,282표 가운데 11표가 무효처리 되었다는 것을 문자메시지를 통해 공지하지 않았다는 것이 그 이유다.

산업 관계 전문가인 그레고어 골 교수의 다음과 같은 지적은 매우 적절하다. 제조업종의 노동조합이 훨씬 강력할 수 있었던 것은 "노동조합화(unionization)가 일어난 시대적 상황 덕분이다. 당시는 거대 노동조합과 노동권의 시대로, 공공정책과 법률은 훨씬 더 진보적이었으며 고용주들은 상대적으로 힘이 약했다"고 그는 말한다. 대처리즘에 의해 고삐가 풀린 골육상쟁의 개인주의가 노동조합주의의 핵심이던 연대의식을 약화시켰다. 그 결과 노동조합이 임시고용직 중심의 서비스부문에 뿌리를 내리는 것은 더욱 어려워졌다. 오랫동안 한곳에서 수백명의 노동자가 일해온 공장들을 조직하는 것과는 다른 차원이었다.

"엄청난 난관들이 놓여 있습니다," 유나이트의 식음료 및 접대 관련 직능의 전국 담당자인 제니 폼비(Jennie Formby)는 말한다.

호텔과 레스토랑 그리고 술집 등을 조직화하는 것은 상당히 어렵습니다. 그 수가 너무나 많기 때문이지요. 실제로 어떻게 이 모든 곳을 다 포함하는 집중적인 운동을 기획할 수 있겠어요? 이직률도 너무 높고 영어가 모국어가 아닌 이주노동자들도 너무나 많아요. 득히 호텔 같은 곳은요. 그래서 지속 가능한 조직화 운동을 펼치는 것이 더욱 어렵습니다. 우리 입장에서는 공장 노동자들을 조직하는 게 훨씬 쉬운 일이죠. 예를 들면 육가공 공장 같은 곳이요. 실제로 그곳에서 우리의 활동은 최근 몇년간 상당히 성공적이어서, 수천명의 노동자들, 주로 이주노동자들이 대부분인데, 그들을 조직화했습니다. 반면, 영국에 있는 수천 개가 넘는 호텔에서 일하고 있는, 거의 눈에 보이지 않는 인력들을 조직하는 건 훨씬 더 어려운 일이에요.

제니 폼비는 유나이트가 주도해 성공한 운동으로, 고용주가 팁을 노동자의 임금에 포함하는 관행을 중지시켰던 일을 떠올렸다. 노동조합이 맞서야 했던 장애물들 가운데는, 어떤 식으로든 노동조합 활동에 가담하거나 또는 자신들이 당하는 착취에 대해 공개적으로 이야기할 경우 고용주로부터 당하는 매우 실제적인 위협들도 있다. 어떤 노동자들은 해고를 포함한 노골적인 징계조치로 협박당했다. "우리 조합원들은 기본적으로 고객들에게 좋은 서비스를 제공함으로써 받는 대가를 도둑질당하는 셈이었어요. 하지만 기업들은 법률이 바뀌면 자기들 이윤에 엄청난 위협이 될 걸로 생각했죠. 그들은 파리 목숨에 저임금을 받으면서 고된 노동을 하는 레스토랑 노동자들로부터 수백만 파운드를 갈취하고 있었으니까요." 폼비는 말한다. "팁 캠페인이 성공적으로 끝나서 우리 조합원들에게 승리를 안겨주긴 했지만, 그 일은 노동자들을 조직하는 것이라기보다는 정부를 상대로 로

비를 벌이고 변화를 이끌어내는 것이었지요."

메리 커닝엄이 일하는 슈퍼마켓에도 튼튼한 노동조합이 있다. 그녀가 노동조합 대표직을 넘겨받을 때만 해도 조합원 수는 고작 51명에 불과했지만 지금은 400명에 달한다. 그녀의 조직적 역량을 보여주는 사례다. 하지만 그녀가 혼잣말처럼 이야기하듯 이런 일은 매우 드문 경우다. 1996년 이래로 판매 노동자들의 노동조합 가입비율은 언제나 12%를 밑돌았다. 보기에도 매우 낮은 가입률이지만 서비스 부문의 여건을 고려하면 오히려 상당히 높은 수치라고 할 수 있다. 메리는 말한다. "높은 이직률 때문에 열심히 조합원을 확장해도 결국은 현상유지를 하는 게 고작이지요. 한 달 동안 30명의 새로운 조합원을 만들어놓으면 어느새 그만큼의 사람들이 떠납니다. 그렇게 늘 사람들을 잃어가는 거죠. 당연히 성과가 있을 때, 조합원을 모집하기가 더 쉬운 법이에요. 그러니까 사람들이 '이건 메리가 한 일이야. 덕분에 한 노동자가 다시 일할 수 있게 되었어'라고 말할 때 그게 긍정적인 신호가 되고, 그러면 사람들은 '아, 나도 가입할까 생각중이야' 하는 거죠."

메리가 전하는 이야기 속에서도 노동조합을 와해시키기 위한 경영진의 온갖 술수들이 빠지지 않는다. "큰 규모의 회사라면 몇년간 계속되어온 일들입니다. 제 경우도 노동조합에 가입할 의사가 있는 사람들을 백명이나 알고 있었어요. 그들 중 두 여성 분을 영업장 밖에서 만났는데, 그들은 노조 가입에 필요한 온갖 서류들을 거의 다 작성해서 주었어요. 그때 회사가 이 일을 알게 되었고, 회사는 영업장 안에서 가입 서류를 작성하거나 가지고 있는 게 발각될 경우 누구든지 징계할 거라고 엄포를 놓았지요."

노동조합에 대한 수십년간의 걸친 박해 결과, 노동조합은 더이상 직장 문화에 포함되지 않는다. 서비스부문에서는 더욱 그렇다. "오늘날에는 많은 사람들이 노동조합이 뭐하는 건지조차 모르고 있어요." 메리는 말한다. "정말이지 슬픈 현실입니다."

존 맥아이널리는 PCS 주도로 콜센터 노동자들을 조직화하려는 용감한 시도를 수년간 이어오고 있다. 그는 결과를 낙관할 수 있는 실질적인 토대가 존재한다고 믿고 있는데, 콜센터와 과거의 공장 사이에 핵심적인 공통점이 하나 존재하기 때문이다. 그것은 수많은 노동자들이 한 공간에 집중적으로 모여 있다는 것. 하지만 그는 앞길에 놓인 장애물도 냉정하게 파악하고 있다. 특히 극단적으로 파편화된 노동이 문제다. "4백명의 사람들이 방 한두 개에 모여 있지요. 매일 얼굴을 보는 사이지만 결코 서로 이야기를 나눌 순 없어요"라고 맥아이널리는 말한다. 빅토리아 왕조 시대의 공장 노동자들이 각자의 베틀에 매여 있었던 것처럼, 콜센터 노동자들도 그들의 책상에 처박혀 있다. 그러나 중요한 차이가 존재한다. 빅토리아 왕조 시대의 공장 노동자들은 베틀 너머로 서로 소리라도 칠 수 있었지만, 하루 종일 헤드폰을 귀에 대고 일하는 콜센터 노동자들은 아예 커뮤니케이션 자체가 차단되어 있다. "콜센터 사람들은 그 자체로 하나의 분리된 생산단위입니다. 반면 공장에서는 사람들 사이에 좀더 유기적인 상호작용이 일어나지요."

조합원을 보호하기 위해 기꺼이 행동한 노동조합은 지속적으로 성장해왔다. 예를 들면, 기관사들의 노동조합인 전국철도·해양·운송노동조합(The National Union of Rail, Maritime and Transport Workers)이나 PCS, 그리고 우편 노동자들을 대표하는 통신노동자조합(Communication Workers Union) 등이 그렇다. 하지만 현실에선 여전히 노동조합의 수가 줄고 있으며, 서비스부문에서는 거의 존재감이 없다. 가장 부끄러운 사실은, 노동조합을 가장 필요로 하는 사람들이 자신들을 대표해줄 노동조합으로부터 가장 소외된다는 점이다. 2008년 노동 인구조사에 따르면, 시급 7파운드 미만인 노동자들의 노조 가입률은 15%에 못 미친다. 반면 시급이 15~20파운드인 노동자의 노조가입률은 40%를 훨씬 넘는다.

노조가 힘을 쓰지 못하는 현 상황의 원인을 노동조합주의에 대한 거부감 때문이라고 생각하는 것은 옳지 않다. 노동조합 단체인 유니언 21(Unions 21)이 실시한 여론조사에 따르면, 노조에 가입하지 않은 노동자들의 절반가량이 '노동조합에 미래가 있다'고 답한 반면, '그렇지 않다'고 생각하는 사람들은 31%에 그쳤다. 여성들은 비용 때문에 노동조합에 가입하기를 꺼리는 경향이 강한 반면, 남성들이 등을 돌리는 가장 큰 이유는 노조가 하는 게 아무것도 없다는 생각 때문인 것으로 나타났다. 한편, 직능별노조협의회의 조직국장인 칼 로퍼(Carl Roper)는 노동조합이 민간부문에서 조합원을 모집하기 위한 노력을 충분히 기울이지 않았기 때문이라고 지적한다. "우리가 그들에게 어떻게 보일지에 대한 조합 차원의 접근이 없는 것 같다"고 그는 밝힌 바 있다.[11]

이것은 그저 열악한 임금노동 환경에 처한 저임금·평균임금의 서비스 노동자들을 결집하는 데 실패한 것이 아니다. 이는 결과적으로 전체 노동계급의 집단적 정체성을 약화시키며, 노동자들의 목소리를 빼앗아 실제로는 눈에 보이지 않는 수백만명의 사람들로부터 그들의 고민과 열망─정치가들이나 언론은 둘 다 쉽게 무시해버리는─을 표현할 수단을 박탈한다. 더욱이 이는 자신의 운명은 오직 자기 개인의 노력을 통해서만 개선된다는 잘못된 생각을 강화시키고, 결국 급여가 형편없는 일자리도 다 팔자소관이라는 인식을 낳게 한다.

노동조합의 약화는, 호황기에도 노동자의 임금이 오르지 않고 정체됐던 까닭을 설명하는 데 많은 도움이 된다. 엄청난 금액의 돈이 주로 사장과 기업주들을 배불리는 데 돌아갔는데, 그 까닭은 유럽에서 가장 장시간 노동을 하는 수백만명이 자신들의 온전한 몫을 얻도록 도와줄 조직력이 없었기 때문이다. 마찬가지로 아래로부터 분출되는 이러한 힘의 상실은, 노동자들이 쌓아온 권리가 어떻게 하나씩 하나씩 떨어져나갔는지 설명해준다.

불황이 경제를 강타하기 전부터 영국 노동계급의 임금은 나아지지 않았다. 일례로, 2005년도에 기업의 이윤은 역대 최고를 기록했지만 노동자들의 주급은 오히려 거의 0.5% 감소하는 타격을 입었다. 하위 절반 소득은 2004년 그대로였고, 하위 3분의 1은 오히려 감소했다.[12] 2008년 경제위기가 닥치자, 노동자들은 부유한 은행가들의 탐욕이 초래한 이 위기의 대가를 대신 짊어지도록 내몰렸고, 임금동결은 하나의 규범이 되었다. 저소득층 가구 940만명이 이 시기 동안 기댈 곳

차브

없는 신세가 되었다. 그들이 겪은 소득 감소는 노동당 정권에서 벌어진 일이란 점에서 훨씬 더 충격적이었다. 1960년대 많은 욕을 먹던 노동당 행정부와 비교해보면, 당시 최하위 10%의 실제 소득은 29% 오르고, 다른 모든 계층도 16%의 소득 상승을 누렸다.

신노동당 지지자이자 전 내각 각료를 지낸 헤이즐 블리어스는 노동계급의 삶이 힘들어졌다는 것을 인정한다. 그러나 그녀는 정부가 고통받는 노동자들을 돕는 데 지나치게 관여하면 국가의 경쟁력은 약화되고 실직자들은 늘어날 것이라고 염려한다. 그러면서 그동안 정부가 '불가능한 것'을 이루려고 애썼다고 덧붙인다. "정치란 늘 그렇지만 균형을 맞추는 것이죠. 때로는 균형이 잘 맞을 때도 있고 때로는 그렇지 못할 때도 있어요." 하지만 그녀도 다음과 같은 사실은 인정한다.

신노동당 집권 후반에는, 수많은 노동자들에게 하루하루 생계를 유지해나가는 것이 엄청나게 힘든 일이 되어버렸지요. 단기고용 노동자거나 월급이 줄어든 사람이라면, 그때까지 즐겨왔던 것들, 이를테면 일주일에 한번 가족과 외식을 한다거나 영화를 보러 간다거나 휴가를 가는 것 같은 일들을 계속 하기란 힘들어졌어요. 그 결과, 어떤 가정에선 삶의 질이란 그저 일하고 자고 또 일하고 자는 게 전부가 된 거죠. 즐거움은 사라져버리고 말이에요.

이 모든 것을 한층 불공평하게 만드는 것은 노동자들의 생산성은 꾸준히 증가해왔지만 임금은 계속 제자리에 머물러 있다는 사실이다. 과거에 생산성 증대는 곧바로 임금상승으로 이어졌다. 21세기 영국에서, 연간 생산성 증가율은 임금 상승률의 두 배를 기록하고 있다. 전체적으로 봤을 때, 임금은 대처리즘의 참화를 겪은 결과 영국 경제의 아주 작은 부분을 대표하게 되었다. 1973년에는 국부(國富)의 거의 3분의 2가 임금에서 나왔지만 오늘날에는 고작 절반을 겨우 넘을 뿐이다.

노동자들로 하여금 월급봉투에 만족할 수밖에 없게 만든 것은 대처리즘의 유산뿐만은 아니다. 세계화 역시 한몫을 하고 있다. 중국, 인도, 그리고 구(舊)소련이 세계 시장경제에 들어오면서 서구 기업들은 갑자기 수천만명의 새로운 노동자들을 고용할 수 있게 되었다. 그 결과 노동력이 풍부해졌을 뿐만 아니라, 값도 싸졌다. 왜냐하면 개발도상국에서는 기업들이 훨씬 싼 임금을 줘도 문제 될 게 없으며, 세계무역기구(WTO) 등이 밀어붙이는 규제 철폐도 이를 부추기기 때문이다. 그로 인해 노동자의 협상 능력은 심각한 타격을 입었다. 서구 노동인력들이 저임금과 열악한 노동조건을 울며 겨자먹기로 받아들이지 않는다면, 기업들은 제3세계로 공장을 옮기면 그만이다.

임금이 낮거나 전혀 오르지 않은 서비스부문의 일자리들 역시 경제위기를 초래하는 데 맡은 바 소임을 다했다. 소비수준을 유지하기 위해서 노동자들은 돈을 빌리기 시작했다. 1980년 소득 대비 부채 비율은 45였다. 1997년에는 두 배로 뛰었고, 2007년 신용규제 조치 직전에는 157.4라는 놀라운 수치를 기록한다 그런데 사람들의 구매력이 둔화되면서, 점점 더 많은 신용대출이 소비재 구매로 흘러 들어갔다. 2000년부터 2007년 사이, 소비자들은 그들의 봉급보다 550억 파운드를 더 썼다. 신용카드나 은행대출 덕분이었다. 거품이 꺼지기 직전 영국이 누린, 신용거래에 힘입은 경제호황은 실로 엄청난 가계부채에 기대고 있었던 셈이다.

"만약 실질 소득이 상당 기간 정체되어 있는 상황이라면, 또 소득이 줄어들고 있다는 것을 깨닫는다면, 그런 상황에서 격차를 줄이고 남들만큼 누리며 살 수 있는 하나의 방법은, 더 많은 돈을 빌리는 겁니다." 채무 전문가이자 크레디트 액션(Credit Action, 영국의 국영 금융기금—옮긴이)의 대표 크리스 탭(Chris Tapp)은 말한다. 그리고 수백만의 사람들이 실제 그렇게 했다. 실질임금 정체로 생겨난 격차를 메우기 위해, 그들이 갚을 수 있는 것보다 훨씬 많은 돈을 빌린 것이다. 무분별한 소비주의도 한몫 했다. 신용대출 덕분에 소비자들은 값비싼 휴가며 텔레비전, 아이폰 등에 돈을 펑펑 써댈 수 있었다. 크리스 탭은 이렇게 표현한다. "세상이 우리를 향해 소리칩니다. '이게 바로 당신이 필요로 하는 겁니다, 당신이 사람들과 어울리려면 바로 이게 필요하죠, 당신이 가치있는 존재가 되고 싶다면 바로 이게 필요합니다.' 그리고 쉽게 이용할 수 있는 신용대출은 당신이 그것들을 할 수 있도록 해주죠."

서비스부문의 일자리는 저임금에 시달릴 뿐 아니라, 옛 제조업 일자리들보다 사회적 지위도 현저하게 낮다. 광부들과 공장 노동자들은 그들이 하는 일에 진정한 자긍심을 가졌다. 광부들은 국가의 에너지 수요를 채워주었고, 공장 노동자들은 사람들이 필요로 하는 물건을 만드는 데 기술과 노력을 쏟는다는 만족감을 느꼈다. 이들 일자리는 지역사회에서 중요하게 평가되었다. 물론 슈퍼마켓이나 콜센터 업계에도 자기가 하는 일에 최선을 다하며 고객에게 좋은 서비스를 제공하고자 진정 노력하는 의식있는 노동자들이 많다. 하지만 그들이 자신의 일에 대해 느끼는 감정이 예전 일자리에 더해졌던 그런 품격과 자긍심이 아닌 것만은 분명하다.

"1970년대 제조업의 여러 문제점들에도 불구하고 당시 노동자들은 매우 숙련된 사람들이었습니다," 정치사(政治史) 전문가인 로스 맥키빈은 말한다. "그들은 보수도 잘 받았지요. 또 거의 모두가 노동조합원들이었습니다. 그리고 일에 대해 매우 높은 수준의 자긍심을 가졌지요. 하지만 지금은 많이 약해졌습니다. 소위 산업 노동계급이라 부를 만한 사람들의 일에 대한 자긍심이 예전만 못한 데다 그런 자긍심을 찾으려는 노력도 줄어들었지요."

한 조사에 따르면, 중간 소득 노동자 열 가운데 넷이 아버지 때보다 자신의 사회적 지위가 더 낮아졌다고 답한 반면, 사회적 지위가 더 높아졌다는 응답은 고작 29%에 불과했다. 통계학자들이 지금은 '하위 중간계급'으로 분류하는 사람들, 예를 들면 사무원이나 행정직원들은, 그 직업들을 숙련된 노동계급의 일자리로 여기던 지난 세대보다 소득 규모가 대부분 줄어들었다. [13]

그렇다 하더라도, 많은 비(非)산업부문 일자리들에 부과된 낮은 지위는 대체로 부당하다고 할 수 있다. 그 원인 중 일부는, 사회적으로 유익하지만 임금은 형편없는 일자리들에 대해 우리가 키워온 혐오에서 비롯된다. 이는 실력주의(meritocracy)라는 신흥 종교의 부산물로, 한 사람의 사회적 지위는 의당 그의 '실력'(merit)에 따라 결정되어야 한다는 생각이다. 문제는 '실력'이라는 것을 어떻게 정의하느냐다. 신경제학재단(NEF) 싱크탱크는 2009년 여러 직업들의 사회적 가치를 비교하는 보고서를 펴냈다. 병원 청소부들은 일반적으로 최소임금을 받는다. 그러나 NEF가 계산한 바에 따르면, 청결과 위생을 유지하고, 넓은 의미의 건강을 생산한다는 점을 고려한다면, 그들은 임금 1파운드를 받을 때마다 10파운드 이상의 사회적 가치를 창출하는 셈이다.

폐기물 재활용 노동자들도 마찬가지다. 그들은 전방위적인 직무를 충실히 수행한다. 자원의 낭비를 막고, 재활용을 촉진할 뿐만 아니라, 상품을 재사용하고, 탄소 배출을 억제한다. NEF식 모델에 따르면, 이들에게 임금을 1파운드 줄 때마다 또다른 12파운드가 창출되는 셈이다. 이 싱크탱크가 똑같은 모델을 런던 금융가의 은행가에게 적용해보았더니, 그곳의 금융활동이 초래한 손실을 고려할 경우, 그들은 임금으로 1파운드를 받을 때마다 7파운드에 달하는 사회적 가치를 파괴하는 것으로 평가되었다. 광고대행사 임원들의 경우는 더 심각했다. 그들의 은행 구좌에 1파운드가 입금될 때마다 11파운드가 사라진다.[14] 결국, 당신은 사회에 엄청난 기여를 함에도 불구하고 결국은 저임금에 사회적 지위가 낮은 일자리를 갖게 될 가능성이 농후한 것이다.

직업에서 경험하는 이리한 추락은, 제조업의 종말이 노동자들의 삶의 질, 그리고 그들의 자존감을 파괴하는 하나의 사례에 불과하다. 또다른 문제로는, 서비스부문 일자리들은 과거 산업에서와 같은 공동체의식을 키워내지 못한다는 점이다. "공동체에 기반한 강력한 노동계급 문화는 분명 눈에 띄게 축소되었지요," 사회학자 존 골드소프는 말한다. 그는 어린 시절을 보낸 옛 탄광 마을을 방문하고서 무엇인가 중요한 변화를 감지했다. "예전에는 탄광산업의 직업 문화라는 것이 존재했습니다. 모두들 광업에 대해 지식이 있었지요. 사람들은 식당이나 술집에서 탄광산업에 관해 의견을 나누었지요. 단순히 공동체만 존재한 것이 아니라 그에 덧붙여 이런 종류의 공유된 직업 문화라는 것이 존재했던 거죠." 그러나 서비스 분야에는 구(舊)산업이 키워낸 공동체나 소속감 같은 것이 들어설 자리가 없다.

노동당 내각의 각료를 지낸 클레어 쇼트(Clare Short)는 이렇게 진단한다. "사회는 점점 더 원자화돼왔습니다. 내가 자란 동네에서는 모든 아이들이 함께 놀았어요. 다 같이 무리를 지어서 이집 저집을 돌아다녔지요. 사람들은 서로 누군지, 무슨 일을 하는지 거의 다 알고 있었어요. 그리고 서로 도왔지요. 집에는 늘 누군가가 있었습니다. 일하는 여자들이 그렇게 많지 않았으니까요. 문화적으로 완전히 달랐지요. 내 생각에는 변화 속에서 잃은 것들이 매우 많습니다. 변화라고 늘 더 좋은 것만은 아니에요. 공동체의식이나 소속감 같은 것들은 거의 통째로 사라져버렸습니다."

일과 생활의 균형 역시 흔들리고 있다. 우리 가운데 열 중 넷은 토요일에도 일을 하는데, EU 국가 가운데 높은 수치다. 또 13%는 졸린

차브

눈을 비벼가며 야간근무를 하는데 이것 역시 대부분의 유럽 국가들보다 높은 비율이다. 초과근무에 더해서, 영국 노동자들은 유럽 그 어느 곳보다 더 많은 시간 동안 일터에 박혀 지낸다. 노동시간 단축 추세는 1980년대에 멈춤세를 보이더니 이후 반대 경향으로 진행되었다. 2007년에 전일제 노동자들은 주당 평균 41.4시간을 노동한 것으로 나타났는데, 그 전해의 40.7시간보다 늘어난 수치다. EU에서는 오직 루마니아와 불가리아 노동자들만이 이보다 더 오랜 시간 일한다.[15]

수치스럽게도, 영국은 주당 노동시간 상한을 48시간으로 제한하는 유럽노동시간규정(European Working Time Directive)을 받아들이지 않기로 했다. 이론상으로 노동자들이 동의할 때만 이보다 더 오래 일할 수 있다. 하지만 직능별노조협의회가 실시한 설문조사에 따르면 노동자 셋 중 하나는 이런 선택권이 있는지조차 모르고 있으며, 또 주당 48시간 이상을 일하는 노동자들 셋 가운데 둘은 단 한 번도 그 이상 일하는 것에 동의하는지 여부를 고용주로부터 질문받은 적이 없다. 결국 우리 중 다섯 가운데 하나는 규정이 정확하게 제한하는 48시간을 넘어서 일하는 충격적인 처지에 놓이게 된 것이다.[16]

그러나 그보다 더 명백한 노동착취의 증거가 존재한다. 2009년 한 해 동안 500만명이 넘는 노동자들이 평균 주당 7시간 이상을 무급으로 초과 근무했다—게다가 그 추세는 증가일로에 있다. 그토록 많은 사람들을 공짜로 부림으로써 고용주는 엄청난 금액을 아낄 수 있었나. 직능별노조협의회에 따르면 이렇게 해서 기업은 274억 파운드라는 어마어마한 이윤을 남겼는데, 이를 환산하면 노동자 1인당 5,402

파운드에 달한다.[17] 이것은 기업들이 직원들의 병가로 발생하는 비용에 불평할 때, 떠올려볼 만한 가치가 있는 수치다. 영국산업연맹의 자료에 따르면 직원들의 병가로 인한 손실은 그 절반도 되지 않는다.

우리는 느긋하게 쉴 수 있는 휴가로도 보상받지 못하고 있다. 영국 노동자들은 일 년에 평균 24.6일의 휴가를 갖는데 EU 평균보다 낮으며 스웨덴의 30일에는 한참 못 미친다. 스트레스가 고질병이 된 것은 당연한 일이다. 정신건강 구호단체인 마인드(Mind)가 실시한 설문조사에 따르면 열다섯 중 하나꼴로 '더이상 손쓸 수 없는' 스트레스 때문에 병가를 낸다.

우리는 지금까지 서비스부문 노동자들이 최근 몇년 동안 점점 더 힘들어지고 있음을 살펴보았다. 하지만 노동자 다섯 중 하나를 차지하는 공공부문 노동자들은 어떤가? 무엇보다 우익 언론인들과 정치인들 모두 공공부문 노동자들이 일은 별로 하지 않고 지나치게 임금을 많이 받으면서 납세자들의 돈으로 호의호식한다는 생각을 조장해왔다. 심지어 정부가 은행체계에 대한 긴급구제를 실시하고 런던 금융가로부터 들어오는 세수에서 막대한 타격을 입자, 공공부문의 야만적인 감원을 위한 정치적 합의가 모락모락 피어올랐다. 그러나 이 모든 과정에서 영국의 600만 공공부문 노동자들의 현실에 대한 고려는 전혀 찾아볼 수 없었다.

"아주 오래전으로 거슬러 올라가면, 사람들은 이런 이미지를 떠올릴 수 있었겠지요. 자기가 하는 일이 올바르고 수월하며 근무환경과 보수가 꽤 괜찮다고 생각하는 화이트칼라 노동자의 이미지를요." 노동조합 PCS의 수장인 마크 서윗카는 말한다. "내 생각에 그런 과장된 이미지는 보수당이건 노동당이건 할 것 없이 모두가 의도적으로 가공해낸 것입니다. 그 의도는 우선 이들에 대한 공격을 정당화하기 위해서고, 다음은 분열을 조장하는 이미지를 유포하기 위해서입니다. '그들은 실제로는 아무것도 안하는 관료들이다, 그러니 우리는 그들을 해고할 수 있다, 그들은 사회에 무언가를 제공하는 실제적인 사람들이 아니다.' 그런 이미지 말입니다."

'공공부문에 대한 악마화는 자신들이 예고한 대량해고를 반대하지 못하게 하려는 의도적인 정치적 전략이었다'고 서윗카는 믿고 있다. 그는 쓸쓸한 마음으로 2004년 당시 수상이었던 고든 브라운이 TV 생방송으로 10만명의 공무원들을 해고하던 장면을 회상한다. 사전에 노동조합과 상의한 바도 전혀 없었다. "전 보수당 당수이던 마이클 하워드가 2005년 선거에서 그의 꼭두각시인 500명의 점잖게 차려입은 고위 관료들을 대동하고 등장했을 때도 똑같은 이야기였지요." 2010년 선거 승리로 보수당이 정권을 되찾았을 때, 그들은 곧바로 수상보다 월급을 더 받는 172명의 공무원들을 언급하며 이들이 마치 공공부문 노동자들의 대표라도 되는 것인양 이런 이미지를 더욱 부추기는 일에 착수했다.

서비스부문과 마찬가지로 공공부문 역시 많은 노동계급 집단 거주지에서 산업의 붕괴가 남긴 빈 공간을 채웠다. 신노동당 시절에 약 85만 개의 새로운 공공부문 일자리가 만들어졌다. 보수당 주도 연정 (Conservative-led coalition)이 2010년 5월 감원 프로그램을 신보이기 전까지 약 600만명의 공공부문 노동자들이 존재했다. 공공서비스도 서비스 분야이므로 여성의 수가 지배적이다. 경제전문가인 프렘 시카 (Prem Sikka) 교수에 따르면, 1990년대 후반부터 여성들이 새롭게 얻은 일자리들 가운데 80%가 공공부문의 일자리다. 잉글랜드 북동부와 같은 과거 산업중심지에서는 여성 둘 당 하나꼴로 공공부문에서 일한다.

그러나 공공부문 피고용자들이 어떤 식으로든 호의호식한다는 생각은 허구다. 시급 7파운드 미만을 받는 노동자들 가운데 거의 4분의 1이 공공부문 노동자들이다. "우리 조합원 가운데 공공부문에서 일하면서 연간 1만 5천 파운드 이하를 받는 사람들이 10만명이나 됩니다." 마크 서윗카는 말한다. "또 공공부문에서 일하면서 영국의 평균 임금보다 적은 임금을 받는 사람도 8만명이나 됩니다. 그들이 '초고액' 연금을 받는다고들 하지만, 공공부문 노동자들의 평균연금은 1년에 6,200파운드예요. 그중 고위 관료들을 제외한다면 1년에 4천 파운드 정도지요."

공공부문 노동자들이 1년에 1억 2천만 시간 상당의 무급 초과근무를 한다는 점 또한 고려해야 한다. 브리스톨 대학의 시장및공공기관센터(Centre for Market and Public Organization)에 따르면 이는 6만명의 추가 인력을 고용하는 것에 상응한다. 공공부문 노동자 넷 중 하나꼴로 무급 초과근무를 하며, 그 가치는 거의 연간 90억 파운드에 달한다. 민간부문에서는 여섯 당 하나꼴로 무급 초과근무를 하는 것과 비교해 보라. 호의호식한다고? 오히려 그 반대다. 공공부문 노동자들은 이

나라에서 가장 착취당하며 낮은 임금에 시달리는 노동자들 목록에
한 자리를 차지한다.

바로 이들 노동자들이 해고 프로그램의 공격을 정면에서 받아내
고 있다. 민간부문의 탐욕이 초래한 위기가 냉혹하게도 공공부문 지
출의 위기로 바뀌었기 때문이다. 하지만 정치가들이 벼리는 그 칼끝
은, 국가가 직접 고용한 노동자들만 겨누지는 않을 것이다. 만약 당신
이 가구 소득 하위 20%(5분위)에 속한다면, 당신 소득의 절반 이상은
국가지원금일 것이다. 20에서 40%(4분위)의 경우에도 소득의 3분의 1
이 국가지원금으로 충당된다. 40에서 60%의 경우(중간인 3분위)는 소득
의 17%가 정부의 보조금이다. 엄청난 수의 노동계급 구성원들이 세
금 공제나 주택공급, 아동수당 등을 통해 정부가 지원하는 돈에 힘입
어 생계를 유지하고 있다. 그 지원금 중 상당수가 실질적인 삭감을 코
앞에 두고 있는 것이다.[18]

대처리즘의 엄청나고도 지속적인 영향으로 노동계급은 계급전쟁
에서 당분간 열세를 면하기 어려울 것이다. "맞다. 계급전쟁이다." 미
국의 억만장자 투자가인 워런 버핏(Warren Buffett)은 몇년 전 이렇게 표
현했다. "하지만, 내가 속한 계급 그러니까 부자 계급이 전쟁을 시작
했고, 우리가 이기고 있다."

최근 몇년 동안 우리가 목격한 것은 이들의 노동력을 대가로 영국
기업들이 거머쥔 어마어마한 부(富)다. 새천년으로 진입하는 전환기
에 최상위권 경영자들은 노동자 평균임금의 47배나 되는 돈을 집으
로 가져갔다. 2008년에는 94배를 더 벌었다.[19] 어떤 기업에서는 그 격

차가 넋이 나갈 만큼 크다. 레킷 벤키저(Reckitt Benckiser)의 사장인 바트 베히트(Bart Becht)를 보자. 레킷 벤키저는 진통제인 뉴로펜에서부터 청소용 세제인 씰릿뱅(한국에서는 이지오프뱅─옮긴이)에 이르기까지 안 만들어내는 게 없는 회사다. 운 좋은 노인네인 베히트 씨는 자기 회사 노동자 1,374명의 임금을 합한 돈으로 그럭저럭 본인의 생계를 유지해나간다. 테스코의 사장 테리 리히(Terry Leahy)의 경우도, 그가 운영하는 대형마켓의 계산원이나 매대에 물건을 채우는 일을 하는 노동자보다 900배 많은 돈을 그의 호주머니에 챙긴다.[20]

1930년대 이래 가장 큰 경제위기를 맞아 메이저 기업가들도 조금은 머뭇거리며 눈치를 보지 않았을까 생각할 수도 있다. 하지만 그 시간이 그리 길지 않았다. 2008년 10월, 임원진의 봉급이 1년 만에 55%나 치솟고, FTSE 100대 기업의 최고경영자들은 노동자 평균임금의 200배에 달하는 급여를 받은 것으로 드러났다. 그들에겐 대풍년이었지만 그 와중에도 메이저 기업가들은 대량 정리해고와 임금동결을 밀어붙였다. 2010년 『선데이 타임스』(Sunday Times)가 그해의 부자 목록을 발표했을 때, 영국에서 가장 부자인 1천명의 재산 총합이 30%나 증가한 것으로 드러났다. 이는 부자 리스트를 만들어 발표한 이래로 가장 큰 증가세였다.

콜센터 노동자인 칼 리시먼은 경제위기가 최고조에 달했을 때 전 직장의 고용주에게서 정리해고당하던 일을 떠올린다. "그 일이 닥쳤을 때, 저는 은행에서 제법 재미있는 일을 하고 있었어요. 그런데 결국은 정리해고를 당하게 됐지요. 공식적으로 은행과 고용계약이 끝난 바로 다음날, 그들은 83억 파운드의 수익을 냈다고 발표했지요. 네, 화가 조금 나더군요. '어쨌거나, 당신은 이제 백수지만 우리는 올해 83억 파운드 수익을 올렸다'며 약을 올리는 거죠. 문제는 이런 겁니다. 그러니까, 몇몇 멍청이들이 한 짓 때문에 모두가 고통을 받고 있는데, 그 멍청이들은 여전히 수백만 파운드를 받아 챙기고 있다고요."

나라 전체의 부를 파이라고 생각한다면, 상위 1%가 파이의 23%를 날름 집어삼키는 꼴인데, 이것은 실로 극단적인 부의 분배 형태라고 할 수 있다. 반면, 하위 50%는 고작 6%에 불과한 파이 조각을 가지고 연명해야 한다. 이마저도 정확한 설명은 아니다. 왜냐하면 상위 1%에게 그것은 온전한 현금자산을 의미하는 반면 하위 50%의 '부'의 상당 부분은 주택담보대출이나 신용대출 같은 빚이기 때문이다.

이 '트리클업'(trickle-up, 서민층은 각종 부담만 지고 질적 이득은 상류층이 독식한다는 경제용어로 트리클다운의 역현상이다—옮긴이) 형태의 경제는 상층부 사람들이 더 재능있거나 이윤을 더 잘 만들어내기 때문에 생겨난 것이 아니다. 그것은 노조 탄압, 임시고용 노동력, 그리고 부자들의 배를 더 불리도록 조작된 세금체계에서 비롯된 것이다. 심지어 보수 신문인 『데일리 텔레그래프』의 편집부국장이자 우파 성향인 제레미 워너(Jeremy Warner)마저도 무언가 잘못되었다고 지적한다. "마치 소수의 엘리트들이 자본주의가 생산해낼 수 있는 엄청난 혜택들을 틀어쥔 채 자신들만 누리고 있는 느낌이다."[21]

"현행 세금체제가 퇴보했다는 것은 의심할 여지가 없습니다." 공인회계사인 리처드 머피는 말한다. 결국 우리는 상위 10%가 하위

10%보다 소득에 비해 세금을 딜 내는 국가에서 살고 있는 것이다. 머피는 그 이유로 몇가지를 꼽는데, 가난한 사람일수록 소득에 더 많은 부분을 부가가치세(VAT) 같은 간접세로 지출한다는 것, 국민보험은 연소득 4만 파운드 정도까지만 해당된다는 것, 연간 소득 7만~10만 파운드를 버는 사람들은, 인적공제에 덧붙여 연간 5천 파운드의 세금 감면 혜택을 누릴 수 있다는 사실 등이 그것이다.

"우리는 일부 사람들이 엄청난 부를 쌓아가고 있음에도 지나치리만큼 무심합니다." 신노동당의 정신적 지주인 피터 만델슨(Peter Mandelson)도 말한 바 있다. "그들이 세금을 내는 한에서는 무심할 수 있겠죠." 실제로는 부유한 사업가나 기업들은 세금을 한푼도 내지 않기 위해 수단과 방법을 가리지 않는다. 머피의 계산에 따르면 재부무는 탈세로 연간 약 700억 파운드의 손실을 입는데, 이는 각종 정부보조금 부당수령 추정액의 70배가 넘는 금액이다. 변호사와 세금 전문가로 무장한 경제 엘리트들은 단돈 1페니도 세금으로 내지 않기 위해 법의 허점을 교묘히 이용하고, 돈을 빼돌리는 일에 점점 더 수완을 발휘하고 있는 것이다.

"정말 뻔뻔한 짓들이 자행되고 있지요. 특히 중간계급과 부유층 말입니다. (세금을 내지 않기 위해) 소득을 쪼개는 수법으로요." 그는 말한다. "소득을 한 쪽에서 다른 쪽으로 옮겨 세금을 전가하는 것은 상당한 금액의 세금을 회피할 수 있는 가장 흔한 방법 중 하나가 되었지요. 한때 유한회사들 사이에 유행한 셀프고용, 그러니까 자기가 자기를 고용하는 것은 지금은 탈세 방법의 고전이 되었어요." 영국의 억만장자 사업가 필립 그린(Philip Green)보다 더 좋은 예가 없다. 그는 보수당 정권에 의해 정부 재정지출 자문역으로 임명받은 바 있다. 필립 경(卿)은 영국에서 세금 한푼 안 내고 있는데, 그의 모나코 국적 아내가 탑샵(Topshop)을 비롯한 핵심 사업체들의 법적 소유주로 되어 있기 때문이다.

잠시 통계수치 너머를 살펴보면, 분명히 우리는 해소할 수 없는 차이를 가진 두 집단을 마주하게 된다. 한쪽에는 집세나 주택담보대출을 내기 위해 오를 기미가 안 보이는 형편없는 급여에 의지해서 허리끈을 동여매고 한푼이라도 절약하며 살아가는 사람들이 있다. 그들의 장시간 노동과 증가하는 노동생산성은 보상받지 못한 채 묻혀버린다. 그들은 자녀들을 지역 학교에 보내고, 아플 때는 지역 일반의(一般醫)나 병원에 의지한다. 그들은 세금을 낸다. 영국 산업의 죽음과 함께 그들 중 상당수는 상대적으로 저임금에 불안정한 서비스부문에서 일하게 되었다. 그들의 욕구와 관심사는 정치인과 언론이 만들어낸 중간계급의 세계에서 철저히 무시당한다.

다른 한쪽에는 부유한 엘리트들이 있다. 경제 대폭락 한가운데서도 그들의 은행계좌는 현금으로 넘쳐난다. 그들은 세계 곳곳에 있는 자신들의 고급 맨션, 빌라, 펜트하우스와 스위트룸을 누비는 그야말로 세계화된 라이프 스타일을 보여준다. 그들은 열심히 일하고 또 오래 일하지만 그들의 수고는, 다른 근면한 노동자들이 한 달에 버는 돈을 하루에 버는 것으로 보상받는다. 그들 상당수는 세금을 전혀 혹은 거의 내지 않으며, 자녀들을 비싼 사립학교에 보내고 고가의 개인의 묘서비스 제도를 애용한다. 그들은 자발적으로 사회에서 고립되기를 선택한다. 그렇다고 그들의 권력과 영향력에 흠집이 나는 것은 아니다. 결국 대기업들의 촉수는 양대 정당 안까지 깊숙이 침투한다. 정치권의 권력뿐만 아니라, 바로 이 부유한 엘리트들이 우리의 주요 신문과 방송을 운영하고 있는 것이다.

노동계급이 '차브'라는 퇴락한 집단만 남기고 시들어 사라졌다는 생각은 정치적으로 매우 편리한 허구다. 하지만 지난 30년간 노동계급이 심각하게 변했다는 것을 부정할 수는 없다. 옛 노동계급은 일터를 중심으로 한 공동체 속에서 꽃을 피웠다. 그들은 대부분이 평생 한 가지 직업에 종사한 남자들이었고, 그들의 아버지나 할아버지도 그들과 마찬가지의 삶을 살았다. 그들이 종사하는 직업 상당수는 진정 존경을 받는 일이었고, 급여도 넉넉했다. 그들은 대부분 노동조합에 가입했으며, 일터에서는 진정한 능력을 발휘했다.

현대의 노동계급은 한 가지 면에서 과거의 노동계급을 닮았다. 다른 사람들을 위해 노동하며, 자신의 노동에 대한 결정권이 없다는 것이다. 하지만 그들이 하는 일은 일반적으로 전보다 더 깨끗해졌고, 체력도 덜 요구되는 일이다. 얼마나 빨리 자판을 두드리느냐가 얼마나 많이 들어올리느냐보다 더 중요하다. 그들은 사무실, 상점, 콜센터 등에서 일하고, 보통은 상대적으로 더 적은 급여를 받으며, 고용불안은 더 높아졌다. 대불황 이전에도 이미 임금은 정체 상태거나 많은 경우 줄어들고 있었다. 수백만명의 노동자들이 그 어느 때보다도 더 자주 여기저기 일자리를 옮겨다니게 되었다. 공동체의식, 일터에 대한 소속감과 자긍심은 사라져버렸다. 고용기간과 조건은 열악해지고, 그 어떤 권리도 누리지 못하는 임시직들의 경우에는 특히 그렇다. 노동자들 거의 대부분이 노동조합에 가입되지 못했고, 노동자들의 교섭 능력은 그 어느 때보다 약해졌다.

파란색 작업복을 입고 주머니엔 노조가입증을 찔러넣은 남성 공장 노동자는 1950년대 노동계급을 상징하는 이미지였을 것이다. 저임금에 파트타임으로 일하며 마트 진열대에 물건을 채워넣는 오늘날의 여성 노동자가 같은 계급을 대표하지 않는다고 말할 수 없다. 하지만 현대의 노동계급은 우리가 보는 TV 화면이나 정치가들의 연설, 신문의 논평 난에서 거의 그 존재를 찾아볼 수 없다. 보수당 당수인 데이비드 캐머런은 2010년 총선 기간 '잊혀진 위대한 사람들'(Great Ignored)에 대해 말했다. 영국 노동계급보다 이 말에 더 잘 어울리는 사람들이 과연 있을까?

현대 영국에 더이상 계급이 존재하지 않는다는 위선적 주장에는 위험이 도사리고 있다. 하루가 멀다 하고 정치가들이나 언론들은 실력과 열정만 있으면 누구든지 영국 사회에서 성공할 수 있다는 실력주의를 칭송해댄다. 그러나 슬픈 아이러니는, 사회가 중간계급의 구미에 맞추어 부당하게 조직될수록 계급 없는 사회에 대한 신화가 힘을 얻는다는 사실이다. 영국은 그 어느 때보다 더 선명하게 계급으로 나뉘어 있다.

6장
조작된 사회

엘리트가 영국을 지배하던 시대는 끝났다.

새로운 영국은 실력주의가 지배한다.─토니 블레어, 1997

"물론 나는 중간계급입니다. 하지만 상층계급의 남자와 결혼했지요."
레이첼 존슨은 그녀의 오빠 보리스와 같은 상류층 억양으로 내게 말
했다. 코번트가든에 위치한, 영국 최상류층이 읽는 주간지 『레이디』
의 예스러운 사무실만큼이나 계급을 주제로 대화를 나누기에 좋은
장소는 없는 듯했다. 존슨은 2009년부터 이 잡지의 편집자로 일해왔
다. 꽤 좋은 집안배경을 지닌 그녀지만 자신이 만드는 잡지를 읽는 혈
통 좋은 독자들과는 다른 세계에 살고 있는 느낌이라고 한다. "나는
서로 다른 두 개의 지층이 만나는 곳, 서로 구별되는 두 개의 계급이
충돌하는 연마판 같은 곳에 있는 셈이에요. 말하자면, 영국판 샌앤드
레이어스 단층(미국 서부 캘리포니아 지역의 단층─옮긴이)이라고나 할까요. 야
심만만한 중간계급과 쇠락하는 귀족계급 사이에 끼어 있는 거죠. 그
게 바로 지금 우리가 목격하고 있는 거고, 노동계급이니 혹은 하층 중
간계급이니 하는 것보다 훨씬 흥미로운 화제라고 생각해요."

이튼 스쿨 런넌 동문회장의 누이라는 사람이 스스로 아웃사이더라고 느낀다니 의아할 수 있겠다. "내 배경은 매우 예외적이어서 영국 사회에서 나 같은 사람은 제대로 규정되기가 어려워요. 우리 증조할아버지 할머니가 몇 명이었지? 여덟명인가?" 그녀는 그들의 국적을 하나하나 짚어보았다. 프랑스, 스위스, 터키…. "그러니까 나는 계급 시스템을 이루는 혈통 속 어디에도 속한 적이 없는 느낌이에요."

계급 시스템의 지독한 폐단을 증언하기에 레이첼 존슨이 가장 적합한 인물이라 할 수는 없다. 그런데도 그녀는 실제로 그 현상을 드러낸다. 그녀가 볼 때 우리가 목도하는 것은 "각종 연줄과 동료집단을 이용해 제대로 된 직업세계로 당당하게 진출하는 중간계급들"이다. "그리고 노동계급이나 하층 중간계급의 아이들은 사다리에 어떻게든 발이라도 들여놓아보려고 죽기살기로 용을 쓰고 있는 거죠."

그녀의 말을 빌리자면, 문제의 근원에는 "영국 사회에 작동하는 연줄주의"가 자리잡고 있다. 그게 정말 그렇게 큰 요인일까?

엄청나게 큰 요소지요. 중간계급 부모들이 하는 일은 바로 다양한 동료들과 어울리면서 여러 직업과 그와 관련된 경험을 정리해 자기 자식들에게 전수하는 거예요. 중간계급이 가장 잘하는 것 한 가지가 있다면 바로 살아남는 거죠. 그들은 절대 실패하는 법이 없어요. 그들이 시스템을 작동하는 방법을 살펴보면, 국민건강보험이나 국가교육 체제 할 것 없이 언제나 승리했어요. 그들은 모든 것을 다 걸 준비가 되어 있기 때문이죠.

차브

존슨이 두려워하는 것은 긴축재정이 이런 불균형을 훨씬 심화시킬 것이라는 점이다.

그러면 필연적으로, 권력이나 영향력 면에서 상층계급과 중간계급을 둘러싼 장벽은 더욱 높아질 테죠. 그들에겐 자녀들을 독립시키지 않고 집에서 함께 지낼 만큼의 돈이, 자녀들이 무급으로 다양한 직업 경험을, 그것도 몇년씩이나 해도 그들을 부양할 만큼의 돈이 있으니까요. 자녀들에게 학자금대출이라는 멍에를 씌우지 않고 대학을 다니도록 지원한다는 건, 반대로 큰 빚을 진 상태로 성인이 되거나 일자리를 찾는 이들에 비해, 직업을 정할 때 훨씬 더 많은 선택을 누릴 수 있게 한다는 의미예요. 내 말은 그러니까 경기장 자체가 반듯하지 않은 거예요. 반듯하지 않다는 게 구체적으로 뭔지는 잘 모르겠지만, 어쨌든 훨씬 덜 공정해졌고, 왜곡되었다는 거죠.

그녀는 중간계급의 구성원들이 유리한 위치를 점할 수 있는 허다한 방법 가운데 몇가지를 꼽아본다. 그녀가 애드-온스(add-ons, 첨가물이라는 뜻으로 추가적인 스펙이나 경험을 뜻함—옮긴이)라고 부르는 것이 한 가지 예다. "직업 경험 같은 것들이죠. 이를 테면 '나는 긴 방학 동안 테니스 심판관 훈련을 받았다'라고 말할 수 있는 거예요. 중간계급 대졸자들이 보여줄 수 있는 이런 것들이야말로 고용주 앞에서 그들을 차별화시키는 거죠." 점점 더 많은 사람들이 똑같은 고학력을 성취한다 해도, 그 가운데서 중간계급은 훨씬 더 깅하다고 그녀는 말한다. "그리니까 중간계급 구성원들은 A+를 12개 받고, 바이올린 8급에다가 유도도 파란 띠, 뭐 이런 식이에요. 물론 이런 이유로 중간계급은 항상 성공하게 되어 있어요. 그들은 고용주들이 원하는 추가 자질들을 준비하고 있으니까요."

어떻게 하면 계급 분화가 극복될 수 있을까 하는 내 질문에, 그녀는 자신의 출신배경과는 동떨어진 무척 놀라운 해법을 제시했다.

내가 무슨 말을 하려는지 이미 알 거예요. 바로 교육! 아마도 사립학교를 없애고 프랑스식 고등학교 시스템을 도입해야 할지도 모르죠. 프랑스에서는 모두가, 그러니까 사는 곳이 16구이든 아니면 이민자들이 사는 도시 외곽 출신이든 모두 같은 고등학교에 다니죠. 정말 쉬워요! 하지만 누구도 그렇게 하지 않을걸요. 자유로운 사회에선 그렇게 할 수 없으니까. 하지만 그럼에도 불구하고 우리는 그걸 해야 해요. 모두를 위해서요. 데이비드 캐머런의 보수당을 위해서도 그들은 그렇게 해야 한다고요.

레이첼 존슨에게 다른 속셈이 있다고 의심하긴 어렵다. 그녀는 중간계급 내부에 존재하는 좌익 성향의 비판자가 아니다. 마거릿 대처에 대해 '감화를 주는 지도자'라고 생각할 정도니까. 그러나 그녀의 분석은, 계급 사이의 불평등이 '노동자들의 간절함이 부족하기' 때문이라고 믿는 정치인이나 논객들과는 불화할 수밖에 없다. 실제로 우리는 사회 전반이 중간계급에 유리하게 조작된(rigged) 사회에 살고 있다.

존슨이 강조하듯, 사립학교는 부자들이 자식들에게 헤드 테이블의 보장된 자리를 구매해주는 가장 분명한 방법 가운데 하나이자 영국 지배계급의 훈련장이다. 영국에서 사립학교 졸업생은 겨우 100명에 7명꼴에 불과하지만, 그들이 모든 주요 직업에서 기형적으로 많은 자리를 차지하고 있다는 것은 조금의 과장도 없는 말이다. 고급 공무원의 약 절반이 사립학교 졸업생이며, 마찬가지로 재무담당 중역의 70%, 고위 언론인의 절반 이상, 법률가의 약 70%가 사립학교 출신이다.[1] 상위권 대학들에서도 사정은 마찬가지다. 서튼 트러스트(Sutton Trust, 영국의 교육단체—옮긴이)에 따르면, 영국 전체 3,700개 고등학교 가운데 100개의 엘리트 고교들이 지난 몇해 동안 옥스브리지 입학생의 3분의 1을 배출했다. 전체적으로, 옥스브리지 학생의 절반 이상은 학비를 부담하는 학교(사립학교—옮긴이)를 나온 것으로 조사됐다.

그러나 계급은, 돈으로 자녀들의 좋은 학교성적을 효과적으로 사는 것 이상으로, 삶의 기회를 훨씬 교묘하게 지배하고 있다. 실제로 가난한 백인 소년들 가운데 15%, 가난한 백인 소녀들 가운데 20%만이 기본적인 읽기·쓰기와 셈하기 지식을 갖춘 상태로 공립학교를 졸업한다.[2] 이것은 중간계급 아이들보다 훨씬 뒤처진 수준이다. 도대체 교육과 계급 사이의 연관성은 왜 그렇게 강한가? 수석 장학관을 지낸 크리스 우드헤드(Chris Woodhead)에 따르면, 그것은 중간계급 아이들이 '우월한 유전자'를 갖고 있기 때문이다. 이 완고한 사회진화론에 입각해 우드헤드는 교육 각료들을 비난했는데, 각료들이 아이들을 "신이 준 것 이상으로 영리하게" 만들 수 있다고 생각한다는 이유에서

다. 그가 볼 때 "인생은 공평하지 않으며 우린 결코 그것을 공평하게 만들 수 없다."[3]

물론, 이 가설은 공격적인 만큼이나 우스꽝스럽기 짝이 없다. 비난해야 할 것은 노동계급 아이들에게 불리한 상황이지, 그들의 유전적 구성이 아니다. "격차가 너무 일찍 벌어져 다시는 좁혀지지 않는다는 게 주요 원인"이라고 저명한 교육운동가 피오나 밀러(Fiona Millar)는 지적한다. 유복한 배경이라는 행운이 가져다주는 효과는 엄청나다. 2005년 발표된 한 연구는 부모의 소득이 6만 7,500파운드가 넘는 5세 아이가, 부부 합산 소득이 1만 5천~3만 파운드인 가계의 또래 친구보다 4개월 이상 앞서 글읽기 능력을 갖춘다는 사실을 보여주었다. 소득이 2,500~1만 5천 파운드인 가구의 아이들과는 그 격차가 5개월 이상으로 벌어졌다.[4] 일단 격차가 자리잡으면, 그것은 학교를 다니는 내내 아이들을 따라다닌다. 무상급식을 받는 아이들 중에 중등교육자격시험(GCSE)에서 5과목 이상을 통과하지 못하는 비율이 20%에 달한 반면 나머지 아이들은 고작 8% 안팎이다.

어째서 그러한 격차가 어린 시절부터 지속되는가. 그 격차의 많은 부분은 피오나 밀러가 '끔찍한 표현'이라고 불러 마지않은 '문화자본'의 차이에서 기인한다. 문화자본을 소유한다는 것은, 중간계급이란 배경 덕분에 좋은 교육을 누렸던 대졸자 부모를 갖는 것이다. 예컨대, 대학에 가는 것이 '따놓은 당상'이자 자연스럽게 밟게 될 직업적 커리어의 첫걸음으로 간주되는 상황 속에서, 부모들이 지닌 풍부한 언어생활에 노출되고, 성장하면서 많은 책들을 접하는 것 등이다.

노동당 내각의 각료를 지낸 클레어 쇼트가 말하듯 "학업에 그다지 뜻이 없는 자녀들이 적절한 수입을 거두면서 품격있게 살 수 있는 경로들이 과거에는 많이 있었다." 또는, 전국교원노동조합이 펴낸 보고서의 표현대로라면 "30년 전만 해도 열너댓살 난 노동계급 청소년들이 학교를 졸업하고 괜찮은 노동계급 일자리를 얻을 수 있었다. 그러나 이제는 그렇지 않다." 전통 제조업의 몰락은 좋은 학력을 갖추는 것이 그 어느 때보다 중요해졌음을, 심지어 보수가 넉넉지 않은 일자리를 구하는 데도 그러함을 뜻한다. 그리고 문화자본이 풍부한 중간계급들이 그런 목표를 이루는 데 훨씬 유리한 위치에 있다는 것은 두말할 나위가 없다.

계급이 아이들의 교육에 어떤 효과를 미치는지 알아보기 위해 헬레나 버튼(Helena Button)에게 물었다. 버튼은 1990년대 초반, 스톡포트에 있는 케일 그린(Cale Green) 초등학교에서 근무한 나의 은사들 가운데 하나다. 내가 졸업하고 몇년이 지난 뒤 영국교육기준청(OFSTED) 보고서가 지적한 대로, 이 학교는 "스톡포트에서도 경제적 박탈이 극심한 지역에 위치해 있으며 (…) 무상급식 수급 자격을 갖춘 학생 비율이 전국 평균을 훨씬 상회한다." 또한 케일 그린은 국가검정시험 결과에서 하위 5%에 속하는 학교다.[5]

"부모들 대부분은 가게나 지역 공장에서 일을 했는데 한결같이 임금이 매우 낮았지." 헬레나는 회상한다. "그 많은 아이들, 그 애들에겐 소망 같은 건 없었어 (…) 하지만 닌 정말 놀랍구나. 대니얼(예전 내 급우)과 같은 노동계급 출신이면서 다른 것을 꿈꿨으니 말이야. 내가 그런 아이들을 만난 적이 또 있었는지 모르겠구나." 그녀가 생각할 때, 학습장애를 지닌 노동계급 출신 아이들의 학부모 가운데 많은 경우는, 비록 노력은 했겠지만, 자녀들을 돕기에 능력이 모자란 사람들이었다. "종종 아버지들조차 과거 학습장애를 경험한 사람들이었지. 그래서 아이들을 도울 수가 없었어. 교육받은 중산층 가정에서 자라난 아이들에겐 숙제를 도와주고, 동기를 부여해줄 부모들이 있었지만."

그녀가 가난하고 '거친 학교'라고 묘사한 곳에서 겪은 여러 어려움에도 불구하고, 헬레나는 실제로 매우 선량하고 감동적인 교사였다. 하지만 그 반에서 대학은 말할 것도 없고 대학준비과정에 진학한 경우는 내가 유일했다. 왜 그랬을까. 그건 내가 중간계급 가정에서 태어났기 때문인데, 어머니는 솔포드 대학의 조교수였고, 아버지는 셰필드 의회에서 일하는 경제회생 담당공무원이었다. 나는 교육받은 환경에서 자라났고, 대학에 가서 고임금 전문직 종사자가 되기 위한 절차를 차분히 밟고 있었다. 근근이 견디는 삶 때문에 가족에게 초래될 수 있는 불안정과 압박들로부터 고통을 겪지도 않았다. 사는 집도 괜찮았다. 이런 것들은 그 많은 노동자들에겐 허락되지 않는 것들이었다.

내가 누린 기회들을 리엄 크랜리의 그것들과 대조해보자. 그는 1980년대와 90년대 그레이터 맨체스터의 변두리에 있는 엄스턴 (Urmston)에서 자랐다. 그의 아버지는 한때, 근로자가 수백명에 달하는 트래포드 파크의 공장에서 일했는데, 그 공장은 지역의 다른 몇몇 공장들과 함께 문을 닫았다. 그의 어머니 역시 여러 저임금 일자리를 전전했다. 크랜리는 말했다. "내 친구들 모두 나와 처지가 정말 비슷했

차브

어요. 자라난 환경도 다 거기서 거기였고. 하나같이 다 부모에게 이런 말을 들으면서 컸어요. '기술직 일자리를 갖도록 해라. 아마 견습생으로 시작할 수도 있겠지. 어쨌든 명심할 것은, 전문적인 기술이 필요한 직업을 가져야 한다는 거다.' 아마 우리한테 미래에 대한 절실함이 조금이라도 있었다면 어떻게든 견습생 자리라도 구했을 거예요. 조금만 현명했었다면 말이지요."

문제는 영국의 방대한 산업지대들이 붕괴됨에 따라 기술직 일자리들 역시 빠르게 사라졌다는 점이다. 예를 들어 그의 조카들은 결국엔 트래포드 쇼핑센터 점원이 됐다. 리엄 크랜리는 말한다. "나오는 일자리가 아예 없습니다! 우리들 대부분에게 계획 같은 건 없었죠. 그저 그래야 하니까 학교에 다녔고 또 때가 되면 졸업을 하는 게 다였어요." 어렵게 자라난 부모 세대들에게 가장 중요한 관심사는 자녀들의 자립이었다. "부모들이 우리에게 걸었던 가장 큰 기대는 우리가 일자리를 갖는 것이었죠. 우리 스스로 먹고사는 거요. 그것이야말로 그들에게는 절실한 것이었어요. 우리 아버지는 아무것도 가진 게 없이 성인이 되었으니까 말이죠."

대학을 간다는 건 상상도 할 수 없는 일이었다. "과장하지 않고 말해볼게요. 나는 정말 열여섯살이 될 때까지 대학이 뭔지도 몰랐어요." 리엄은 회상한다. "대학은, 솔직히 말해 상류층 사람들이나 가는 곳이었습니다. 바라고 말고 할 문제가 아니었어요. 거의 '네 주제를 알라' 수준이었죠. 상류층이나 하는 일이었고, 우리에겐 '선택'의 여지조차 없었습니다. 우리에게 합당한 일이 아니었어요. 레이더에조차 잡히지 않는 곳이었죠. 희망이고 어쩌고 하는 건 다 헛소리에요. 무언가를 희망한다는 건, 그것을 알고 이해할 때에나 가능한 거니까요."

리엄은 사진 과목을 제외하고 중등교육자격시험의 전과목에서 낙제했다. 그는 "성적표를 받으러 학교에 다시 가지도 않았어요"라고 말했다. 6년 동안 그는 공장에서 인쇄공으로 일했다. "끔찍했지요. 정말 1분 1초가 싫었어요. 너무나 단조롭고 지루하고 영혼을 말살시키는 일이었으니까요. 거의 신경쇠약 직전까지 갔어요. 결국 일을 그만뒀지요."

하지만 리엄은 예외적 경우였다. 23세가 되었을 때, 그는 대학 진학에 뜻이 있는 만학도들을 위한 특별진학 코스를 시작했다. 그는 코스 초기 기초 철자와 문법을 익히느라 얼마나 힘들게 노력했는지를 회상하며 이렇게 술회했다. "그것은 자신감을 갖게 하는 과정이었습니다." 이런 어려움에도 불구하고 그는 능력을 발휘해 전국에서 가장 좋은 대학 가운데 하나인 셰필드 대학에 진학했다. 그런데 생전 처음 중산계급 학생들에 둘러싸인 그는 지속적인 '사기꾼 신드롬'에 시달렸다. 자신은 그곳에 있을 자격이 없으며, 언제든 그 사실이 들통날 수 있다는 불안이 그를 사로잡았다. 그것은 때로 거만하거나 심지어 노골적인 계급주의 정서들에 대처해야 하는 것을 의미했다. 비록 농담 속에 숨어 있는 것일지라도 말이다. 예컨대, 그의 친구 하나는 사람들 앞에서 그를 '맨체스터에서 온 내 불량배 친구'라고 소개했다.

리엄이 거둔 성취는 분명 감동적인 것이다. 하지만 현실에서 그와 비슷한 성장배경을 지닌 아이들은 셰필드 같은 명문대는커녕 대학

차브

자체에 진학하는 경우가 매우 드물다. 실제 리엄과 함께 자란 친구들 중 누구도 그와 같은 경로를 밟지 못했다.

노동계급 아이들에게 미래에 대한 희망이 부족하다는 점에 초점을 맞추는 정치인과 논평가들은 종종 핵심을 놓치고 있다. 대체 무엇을 희망하란 말인가? 예전에 그렇게 많이 존재하던, 좋은 급여를 제공하는 양질의 노동계급 일자리들이 전국 어느 지역을 막론하고 소멸해버렸다는 것은, 아이들이 학교를 졸업한 뒤 슈퍼마켓이나 콜센터 같은 곳을 제외하면 갈 곳이 없다는 것을 뜻한다.

피오나 밀러가 상대적으로 열악한 환경의 학교 아이들과 인터뷰하면서 깨달은 것은 이렇다. "아이들은 학교를 왜 다녀야 하는지 몰라요. 학교를 통해 얻는 게 뭔지 모르니까요. 부모들 역시 아이들이 학교를 다니는 게 무슨 득이 될지 잘 모르니, 자녀들에게 그 이유를 설명해줄 수가 없는 거죠. 기대 자체가 꺾여버린 겁니다." 산업 붕괴로 인한 타격이 심각한 지역일수록 더욱 그렇다. "문제가 가장 심각하고 학교의 사기가 가장 많이 떨어진 지역들은 대체로 1980년대 많은 사람들이 일터로부터 내쳐진 지역들과 겹쳐요. 산업 기반이 철강이든 석탄이든 말이죠. (…) 남자 아이들이 따를 마땅한 롤 모델도 없고, 성인 남자들은 일자리도 없으며, 아이들은 미래가 안 보이고, 교육에서 의미를 찾을 수도 없습니다. 학교 교육을 마치더라도 일거리를 구할 수 없기 때문이지요. 그러니 당신 같으면 뭐 하러 학교공부 같은 걸 하겠어요?"

많은 노동계급 아이들에게 학교는 의미없는 곳이다. 그늘이 훨씬 쉽게 무단결석을 한다는 사실은 놀랄 일도 아니다. 학생들 10명 가운데 1명꼴로 일주일에 하루 이상 무단결석을 하는 학교 수가 영국에는 300곳에 이른다. 몇몇 학교에서는 이런 학생들이 넷에 하나꼴에 이를 정도로 높다.[6] 매주 약 50만명의 청소년들이 무단결석을 한다는 추정도 나온다. 노동계급 출신 학생들은 형편이 나은 다른 학생들에 비해 훨씬 더 무단결석을 하기 쉽다.[7] 이것은 교육이 자신들의 삶에 조금이라도 의미를 가질 것이란 확신을 갖지 못하는 비극적 상황을 보여준다.

그런데 교육에 대해 냉소적인 부모와 아이들의 태도에도 다소간의 이유는 있다. 점점 많은 대학 졸업자들에게 상대적으로 지위가 낮은 일자리들이 주어지고 있기 때문이다. A-레벨(대학진학을 준비하는 2년간의 과정으로 우리나라 고등학교 3학년과 대학교 1학년 과정에 해당한다─옮긴이) 과정에 재학중이거나 거기까지만 마친 10대들은 말할 것도 없다. 뉴캐슬에서 슈퍼마켓 점원으로 일하는 메리 커닝엄은 점점 많은 대졸자들이 계산대에서 일하고 있는 현실에 대해 이야기했다. "대학에 들어가 학위를 땄음에도, 다른 어떤 일도 찾을 수 없는 사람들이 있어요." 2009년에 나온 정부 권고안도 대학 졸업생들에게 '소매업이나 접객업체의 견습직' 또는 콜센터 취직을 추천했다.[8]

사회학자 존 골드소프는 말한다. "점점 더 많은 사람들이 자격 조건이 넘침에도 불구하고 비교적 낮은 지위의 일자리에서 상대적으로 낮은 수준의 임금을 받고 있습니다." 보수당의 한 원로 정치인도 '능력 이하의 일에 종사하고 있어 매우 급진화될 수 있는 지식계급'

에 대한 두려움을 그에게 털어놓기도 했다. 공공부문 삭감이 진행됨에 따라 상황은 한층 암울해 보인다. 공공부문은 수년 동안 졸업식을 갓 마친 학생들에게 가장 인기있는 선택지였다. 근본적인 문제는 이런 것이다. 만약 여러 해의 학업 기간을 거친 뒤에도 안정되고 벌이도 좋은 일자리를 얻을 개연성이 낮다면, 대체 왜 그런 과정을 밟아야 하나? 결국 하게 되는 일이 가게 점원이라면, 수년 동안 뼈빠지게 학교 다니는 수고를 감수하는 것은 시간낭비처럼 보이는 것도 당연하다. 아이들이 '미래에 대한 기대'를 갖기를 바란다면, 기대할 만한 무엇을 그 아이들에게 줄 필요가 있다.

계급에 따라 아이들을 분리시키는 것은 그들의 배움에도 영향을 준다. 피오나 밀러는 전국의 광범위한 지역에서 고도로 격리된 교육 시스템이 존재한다는 사실을 지적한다. 이런 현상은 아이들이 초등학교를 마치는 시점에 특히 두드러진다. 초등학교를 졸업하면 형편이 좋은 많은 아이들은 그래머스쿨(영국의 7년제 중등학교로 일반 중학교 5년에 중등후 과정 2년을 합쳐 가르치는 학교. 초기에는 상류층 자제들이 다녔으나 이후 정부지원을 받으며 공립학교의 성격을 띠게 되었다. 현대의 그래머스쿨은 정부지원으로 운영되는 곳과 학생들로부터 학비를 받는 곳으로 나뉜다—옮긴이)이나 사립학교로 진학한다. "이런 독립적인 교육부문을 선택할 경우 아이들은 완전히 다른 경험을 하게 되지요. 예컨대 그곳의 학급 규모는 작고 투입되는 예산은 더 많아요." 그녀는 말한다. "그런데 그 아이들은 어떤 면에선 그런 걸 가장 덜 필요로 하는 아이들이지요." 밀러는 교육적 목표달성과 성공적인 학교생활을 위해선 입학생들을 균형있게 선발하는 것이 무엇보다 결정적이란 점을 고려할 때 이런 상황이 바람직하지 않다고 지적한다. "만약 형편이 좋지 못한 가정에서 태어나 혜택이 매우 열악한 지역에 살고 있다면 이중의 불운을 겪는 셈이죠. 이런 상황에선 어떤 사회적 혼합도 일어나지 않아요. 내가 볼 때 그것은 매우 부정적이고 상황을 끊임없이 악화시킬 수 있습니다." 그렇게 되면 문제는, 가난한 노동계급 출신의 아이들만 다니는 학교들이, 그녀 표현대로 결국 '악마화'되는 것이다.

중간계급 부모들은 자녀들을 최상의 학교에 입학시키기 위해 모든 종류의 묘책들을 준비해두고 있다. 내가 아는 한 지인은 좋은 지역 종합중등학교가 있는 학군에 자녀들이 배정될 수 있게 위장전입했다. 다른 부모들은 성적이 좋은 미션 스쿨에 자녀들을 진학시키기 위한 방편으로 가짜 신앙인이 되기도 한다. 게다가 특권층은 자녀들의 학업을 보충하기 위해 돈을 들여 가정교사를 쓰기도 한다. 레이첼 존슨이 말하는 것처럼 자기 것을 건사하는 일에 관한 한 체면이고 뭐고 중간계급이 하지 못할 일은 없다.

밀러는 그처럼 어린 시기에 이뤄지는 계급적 격리가 노동자들과 그들의 거주지역에 대한 적대감을 키우는 데 일조한다고 확신한다.

이런 말들은 이제 듣기에도 너무 진부해져서 공개적으로 말을 꺼낼 때마다 사람들은 야유와 경멸을 쏟아내기 시작해요. 그들이 생각할 때 그것은 일종의 감성을 자극하는 주장일 뿐, 엄밀한 교육적 역량에 대한 지적이 아니기 때문이죠. 그러나 만약 처지가 다른 많은 아이들이 섞여 있는 학교를 다닌다면, 그리고 친구들이 광범위한 사회적 배경을 지니고 있다면, 가난한 아이들이나 다른 인종의 아이들에 대한 그릇된 악마화는 곧 사라질 겁니다.

이런 격리가 점차 심화되리란 것은 자명하다. 보수당 정부는 신노동당이 교육 분야에 도입한 경쟁과 시장원리에 의지하고 있다. 노동당 당수를 지낸 닐 키녹은 말한다. "스스로 신노동당원이라 생각하는 자들조차 학교들끼리 서로 경쟁시키면 더 나은 성과를 거둘 수 있을 거라 생각하고 있어요. 커피 원두나 모피 코트, 무엇보다 자동차나 전화 디자인에나 어울릴 법한 얘기를 학교에 적용하려 들다니, 엉터리 같으니라고! 누구도 출발선이 같지 않은데 말이에요." 다른 사람도 아닌 노동당의 보수화에 길을 터준 키녹조차 이런 방침이 '정말로 멍청하고, 잘못됐으며, 근본적으로 나쁘다'는 것을 안다.

보수당은 이런 원칙을 한층 더 밀어붙이고 있다. 그들의 주력 정책들 가운데 하나는 학부모와 사설 협회에 의해 설립·관리되지만 운영 자금은 국가가 대는 '자유학교' 제도를 시행하는 것이다. 이런 새로운 독립 교육기관들은 다른 학교들의 재정을 고갈시키는 것에 그치지 않을 것이다. 우리는 이미 이 프로젝트의 끝을 예견하고 있는데, 앞서 스웨덴에서 이 프로젝트는 재앙에 가까운 결과를 내고서 실패했기 때문이다.

스웨덴의 우파 교육장관 베르틸 외스트베리히(Bertil Oestberg)도 "자유학교들이 도입된 이래 스웨덴 학교의 질이 하락한 것을 실제로 목격했다"고 인정했나. 그들은 기껏 계급간 격리만 더 심화시켰을 뿐이었다. "자유학교에는 보통 교육수준이 높고 부유한 가정의 아이들이 들어가는데, 가난한 지역의 일반학교를 들어가는 아이들의 상황을 한층 어렵게 만듭니다. 우리가 시작한 자유학교들 대부분은 영리를 추구하는 기업들로 운영권이 넘어갔지요." 대신 그는 정치인들에게 전반적인 교수방법과 질을 향상시키는 데 초점을 맞출 것을 요구했다.[9]

그러나 피오나 밀러가 강력히 주장하듯, 학교는 단지 하나의 요인일 뿐이다. "여러 조사들을 살펴보면, 아이들의 성취에 학교가 미치는 영향은 가장 크게 잡아도 20% 정도입니다." 그녀가 볼 때 아이들의 교육적 성공에는 '거주하는 곳의 위치와 주거환경, 동료집단으로부터 받는 사회적 압력, 부모의 교육적 성취, 자녀들의 학습을 지원할 수 있는 부모의 능력' 같은 요인들의 종합적인 작용이 훨씬 더 중요하다. 이런 견해에는 교육 전문가인 질리언 에번스 박사도 동의한다. 그는 놀기에 적합한 안전한 거리환경, 좋은 학교와 주택, 지원을 아끼지 않는 가족(그 형태가 무엇이든), 지역의 좋은 공공서비스, 양질의 다양한 일자리를 노동계급에게 제공하는 탄탄한 지역경제 같은 요인들에 의해 노동계급 아이들의 성공 가능성이 극적으로 증대한다고 주장한다.

이런 사실은 보수당 내 몇몇 우익들이 요구하는, 학습 능력에 따른 선발방식의 재도입이 어째서 그토록 기만적인 것인지를 보여준다. 보수당 하원의원 데이비드 데이비스는 '그래머스쿨의 파산이 영국 내부의 사회적 계층이동에 심각한 손상을 가져왔다는 견해'를 취한

차브

다. 그들의 주장은 예전의 그래머스쿨이 똑똑한 노동계급 자녀들에게 성공 기회를 제공했다는 것이다. 반면 존 골드소프는 그래머스쿨의 소멸 때문에 사회적 이동성이 전반적으로 감소했다는 인식은 잘못되었다고 논박한다. 계층 이동의 가능성이 남자들에게선 정체됐지만, 여성들에게선 증가했다는 것이다. 이에 맞서 데이비스는 '영국을 제외한 세계의 거의 모든 교육 시스템이 어떻게 해서든 학습 능력에 근거해 학생을 선발한다'고 주장한다. 그러면서 그는 영국에 아직도 164개의 그래머스쿨이 남아 있으며, 세계 최상으로 평가받는 핀란드의 교육 시스템에 능력에 따른 선발 요소가 없다는 사실에는 애써 눈을 감고 있다. 어쨌든, 과거 영국의 그래머스쿨은 (오늘날에 남아 있는 그래머스쿨과 마찬가지로) 압도적으로 중간계급을 위한 것이었고, 많은 수의 노동계급 자녀들은 그곳에서 실패자로 낙인 찍혔다.

진실은 이렇다. 아이들의 교육적 성취에는 다른 중요한 요인들이 복합적으로 작용하는 까닭에, 옛 그래머스쿨은 노동계급 출신 학생들에게 꼭 도움이 되었던 것은 아니란 사실이다. 1954년에 나온 정부 보고서를 보면, 반숙련·미숙련 노동자 가족 출신의 그래머스쿨 학생 1만 6천여 명 가운데 9천 명 정도는 O-레벨에서 3과목을 통과하는 데 실패했고 이 아이들 가운데 약 5천 명은 5학년을 마치기 전 학교를 그만뒀다. 대학 진학을 목표로 한 A-레벨 2년을 모두 이수한 경우는 20명 가운데 1명에 그쳤다.[10] 반대로, 최근의 연구는 도심 빈민가 지역의 종합중등학교(학생들을 수준에 따라 선별적으로 받아들이지 않고 모두 모아 가르치는 중등학교—옮긴이)를 다니는 중간계급 아이들이 동년배 학생들보다 훨썬 성적이 좋다는 사실을 제시하고 있다.[11] 이것이 의미하는 바는, 계급이 나뉜 사회에서 어떤 학교를 다니느냐는 학업 성취에 영향을 미치는 여러 요인 가운데 하나일 뿐이라는 것이다. 결정적 이슈는 계급이다.

우리 모두는 결국 계급에 따라 분할된 교육 시스템의 대가를 치르게 된다. 세계적으로 유명한 한 경영 자문회사의 보고서에 따르면, 영국 사회 전체가 '경직된 계급 시스템'의 비용을 치를 수밖에 없는데, 그것은 '저학력·저소득 가정에 태어난 아이들'이 '경제 잠재력의 손실'을 초래하기 때문이다. 이런 손실의 규모는 연간 500억 파운드가 넘는 것으로 추산됐다.[12]

태어날 때부터 이토록 많은 혜택을 누리는 중간계급 자녀들이 상위권 대학에서 꾸준히 우세를 점하는 것도 놀랄 일은 아니다. 기회균등보장사무국(Office for Fair Access)이 펴낸 보고서에 따르면, 영국의 풍족한 상위 15%에 속한 똑똑한 아이들은 하위 40% 가난한 가구의 똑똑한 아이들보다 대학에 진학할 확률이 7배나 높다. 두 집단의 차이가 6배였던 1990년대 중반보다 격차가 커진 것이다. 최상위권 대학인 옥스브리지 진학 순위로 눈을 돌리면, 그 불균형은 더 커진다. 2002년 4월, 캠브리지 학생의 5.4%, 옥스퍼드 학생의 5.8%가 이른바 '고등교육참여부진지역'(low participation neighbourhoods, 영국의 고등교육통계청은, 대학을 비롯한 고등교육기관 진학률을 조사하여 수치가 낮은 지역을 고등교육참여부진지역으로 정하고 있다—옮긴이) 출신이었다. 2008년 9월에 이 수치는 각각 3.7%와 2.7%로 떨어졌다.[13] 아니면 이런 통계는 어떤가. 2006년도 7

월, 무상급식 수급자격이 되는 아이들 가운데 겨우 45명만 옥스브리지에 들어갔는데, 전체 합격생은 6천명 정도였다.[14]

중간계급이 교육 분야에서 우위를 점하는 상황은, 특권층에게 자신들의 이익을 보호할 수 있는 하나의 방법이 된다. 특권층 아이들 역시 부모의 인맥과 연줄로부터 비교할 수 없이 큰 이익을 얻는다. 그들이 모두가 선망하는 직업을 갖는 방법은, 스스로 필요한 자격요건을 갖추는 것만큼이나 누군가의 추천을 통해서나 친구의 친구를 통해서일 경우가 많다. 리버풀이나 글래스고 출신의 노동계급 자녀들이 이런 종류의 후원을 꿈이나 꿀 수 있을까?

그러나 주요 직업들이 중산층의 전유물이 된 결정적인 배경에는 인턴직의 증대가 있다. 무급 인턴직은 특히 정치·법조·미디어·패션 분야에서 번성하고 있다. 1,500명의 대학생과 대졸자들을 상대로 벌인 최근 설문조사에 따르면, 청년층의 3분의 2가 경기침체 때문에 무급으로라도 일해야 한다는 의무감을 느끼는 것으로 조사됐다. 많은 젊은이들이 눈앞에 당근처럼 내걸린, 그러나 결코 주어지지 않을 유급직 전환을 바라보며, 인턴을 마친 뒤 또다시 인턴직에 취업하고 있다.

이것은 단순한 착취가 아니다. 그것은 부모에게 빌붙어 사는 부유한 젊은이들만 유급 일자리를 위한 경쟁에 뛰어들 수 있다는 것을 의미한다. 연단의 하원의원들은 '계층이동성'의 중요성에 대해서 열정적으로 연설할지 모른다. 그러나 그들 역시 최악의 범법자 무리에 속할 뿐이다. 의회 인턴들은 1주일에 1만 8천 시간의 무급 노동력을 제공하는데, 이를 통해 의원들은 마땅히 지불해야 할 500만 파운드의 임금을 절감한다. 의회 연구원 조합인 '유나이트'에 따르면, 의회 인턴 가운데 최저임금을 받는 경우는 100명에 하나 꼴도 안된다. 인턴의 거의 절반은 일하며 지출한 비용도 보전받지 못한다. 나는 노동당 각료를 지낸 한 인사를 알고 있는데, 그는 최저임금과 일상적 업무에 대한 비용 보전의 중요성을 옹호하는 연설을 많이 해왔다. 하지만 연설을 하는 그 순간에도 그는 대규모 무급 인턴을 고용하고 있었다.

무급 업무의 증가는, 변호사를 꿈꾸는 노동계급 자녀들이 왜 그 꿈을 단념하는 게 좋은지를 말해준다. '청년법률구조변호사들'이란 단체가 2010년 펴낸 보고서에 따르면, 변호사 지망생들에게 무급 업무 경험과 소액의 보조금을 받는 견습기간이 요구되면서부터 법의 많은 영역이 노동자들에겐 접근해서는 안되는 영역이 돼버렸다고 전한다. 더욱 고약한 것은 법률구조란 업무가, 법률적 조언에 대해 비용을 지불할 여력이 없는 사람들을 위해 존재한다는 사실이다. '청년법률구조변호사들'의 의장인 로라 제인스(Luara Janes)는 "이미 특권층 출신이 아닌 법률구조 변호사를 찾기가 매우 어려운 상황"이라고 말한다. "법률구조가 '부잣집 공주님들'의 직업이 되어버릴 위험이 있는 거죠. 법률구조 변호사들은 종종 사회에서 가장 열악한 사람들의 입장을 대표합니다. 그런데 나와 함께 일하는 많은 젊은이들은 변호사들이 하는 이야기를 이해하지 못해요. 그들의 출신 배경이 완전히 다르기 때문이죠."[15]

요컨대, 주류 직업의 다수가 노동계급이 이를 수 있는 한계 바깥에 존재한다는 것은 그리 놀랄 만한 일이 아니다. 1970년생 전문직 종사자는 소득이 평균치보다 27% 높은 가정에서 성장한 것으로 나온다. 1958년생 전문직 종사자들에게 이 수치는 17%에 불과했다. 하지만 몇몇 개별 전문직으로 범위를 좁혀보면 결과는 훨씬 충격적이다. 미디어 분야를 보자. 1958년생 저널리스트와 방송인들은 소득이 평균보다 약 5.5% 높은 가정에서 자랐다. 하지만 다음 세대인 1970년생에 이르러선 평균과의 격차가 무려 42.4%까지 벌어졌다.[16]

여기서 말하고자 하는 건 계층이동을 활성화시켜야 영국 노동계급이 겪는 모든 문제들이 풀릴 수 있다는 얘기가 아니다. 어찌 됐건, 만약 리버풀 빈민가 같은 곳에서 태어난 변호사가 수천명 더 있다 해도, 절대다수의 사람들은 노동계급의 일자리에 종사하고 있을 것이다. 그러나 사회 전반의 계급 분포와 유리된 전문직 종사자의 계급 구성은, 그 자체로 명백히 불공정할 뿐 아니라, 영국 사회가 출신 배경이 극히 협소한 기득권층에 의해 여전히 지배되고 있다는 사실을 확인시켜준다. 그 결과는 중간계급에 의한, 중간계급을 위한 사회다.

지금까지 우리는 계급 시스템이 지탱되는 몇가지 교묘한 방식들을 살펴보았다. 그러나 이러한 요인들 전체를 떠받치는 것이 부(富)라는 사실은 더 말할 필요가 없다. 2010년 공개된 경제협력개발기구(OECD)의 한 연구보고서에 따르면, 영국에서는 장차 자녀의 소득이 얼마나 될지를 결정하는 가장 큰 변수가 아버지의 소득이었는데, 그 비중이 다른 어떤 선진국들보다 높았다. 실제, 아버지의 출신 배경과 자식의 미래 사이의 상관관계는, 노르웨이나 덴마크 같은 사회민주주의 국가들보다 3배나 컸다.[17] 이런 식으로 영국에서는 저소득층 아버지와 비교할 때 고소득층 아비지가 갖는 경제적 이점의 50%가 자식 세대에 고스란히 전승된다. 캐나다나 노르딕 국가들의 경우엔 이 수치가 20%밖에 되지 않는다.[18]

부유한 중산층 가정에서 태어나는 것만으로도 사람들은 삶의 안전망을 제공받는다. 설령 당신이 선천적으로 그다지 영리한 편이 못 된다 하더라도 여전히 성공할 가능성이 남아 있고, 적어도 성인이 되어서는 결코 빈곤을 경험하지 않을 것이다. 부모의 '문화자본'과 재정적 지원, 인맥으로 구성된 양질의 교육은 항상 당신을 도울 것이다. 그런데 만약 당신이 노동계급 가정에서 태어난 영리한 아이라면, 이런 조건들 가운데 어떤 것도 갖지 못할 것이다. 부모에 비해 처지가 나아지지도 않을 가능성이 높다. 영국의 계급 시스템은 보이지 않는 감옥과 다름 없기 때문이다.

노동계급을 악마화하는 것은 비합리적인 시스템을 정당화하는 잔인하도록 합리적인 방법이다. 그들을 악마화하고, 그들의 이해관계를 무시하고, 그리고 극도로 불평등하게 이뤄지는 부와 권력의 분배를 사람들이 지닌 가치와 능력을 공정하게 반영한 결과라고 합리화하는 것. 그러나 이런 악마화는 훨씬 더 치명적인 의제를 갖는다. 오직 개인에게 책임이 있다는 교의는 특정한 노동계급 공동체들에 영향을 미치는 사회 문제 전반에 적용된다. 그것이 빈곤이든 실업이든, 혹은 범죄이든 관계없이 그것은 개인의 책임이라는 것이다. 부서진 영국(Broken Britain)에서 희생자들은 자기 자신들 말고는 탓할 사람이 없다.

7장

부서진 영국

누가 주목했던가 (…) 우리가 노동계급이라고 불러온 존재들이 사라지고 있다는 사실을. 조사 결과들이 우리에게 말하듯, 그것은 많은 이들이 스스로를 '중간계급'이라 생각하기 때문만이 아니라, 존중할 만한 노동계급으로 불리던 존재들이 거의 사라져버렸기 때문이다. 사회학자들이 노동계급이라고 불러온 이들은 지금은 전혀 일반적인 방식으로 움직이지 않는다. 단지 복지국가에 의해서만 지탱되고 있을 뿐이다. —사이먼 헤퍼[1]

패리(Parry) 부인은 자신의 통제 범위를 벗어나는 사건들로 삶의 에너지를 소진해버린 여성이다. 나는 그녀를 애싱턴(Ashington)의 중심가에서 만났다. 애싱턴은 뉴캐슬에서 북쪽으로 17마일가량 떨어진 인구 2만 7천의 커뮤니티로 주민들간의 결속력이 강한 곳이다. 이곳은 광부 파업이 패배로 끝나고 겨우 1년이 지난 시점이었던 1986년, 지역 탄광이 문을 닫기 전까지는 세계에서 가장 큰 광산촌이었다. 탄광의 폐업으로 수천명의 주민들이 일자리를 잃었고, 지역은 그후 결코 회복되시 못했다.

탄광의 폐쇄가 이 지역에 어떤 결과를 가져왔는지에 내해 패리 부인에게 물었다. 그녀는 질문이 채 끝나기도 전에 답했다. "그냥 죽이 버렸죠." 그녀의 답변에는 고뇌와 확신이 뒤섞여 있었다. "모든 광산들이 문을 닫자, 커뮤니티 전체가 무너져버린 거죠. 한번도 경험해보지 못한 거대한 불황이었어요. 그저 살아남기 위해 싸웠습니다. 그게 전부예요." 그녀의 남편도, 아버지도 광부였다. 남편이 일자리를 잃던 해 패리 부부는 헤어졌다. "우리는 단지 생계뿐 아니라, 삶 자체를 탄광에 의지하고 있었던 겁니다. 아빠는 광부 일을 그만둔 뒤 돌아가셨어요. 내 결혼생활도 깨져버렸고요."

1840년대 이전만 하더라도 애싱턴은 작은 촌락에 지나지 않았다. 그런데 석탄이 발견되자 이곳은 특정 목적에 따라 건설된 계획도시로 탈바꿈했다. 감자 기근을 피해 아일랜드의 농업 노동자들이 이곳으로 와 석탄을 캤고, 노퍽의 농업 노동자들, 컴벌랜드의 납광산과 콘월의 주석광산에서 일하던 광부들이 뒤를 이었다. 그들을 수용하기 위해 665채의 오두막이 11개의 긴 열로 지어졌다. 도시가 번성하면서 학교와 우체국, 교회, 경찰서 등과 함께 광부 클럽도 생겨났다. 석탄은 커뮤니티에 활기를 가져왔다.

심장이 사라지자, 지역사회는 쇠약해지고 죽어가기 시작했다. "커뮤니티는 거의 해체돼버렸지요." 패리 부인은 말한다. "누구에게나 그 어떤 것도 남아 있지 않았어요. 사람들은 다양한 일자리를 되는 대로 가져오려고 노력했지요. 심지어 산업단지를 만들려고도 했어요. 하지만 2, 3년 뒤에는 모두가 떠났어요. 45세가 넘는 수많은 남자들이 다시는 일을 할 수 없게 되었습니다. 너무 늦었으니까요."

차브

일자리가 사라지자, 가족도 해체되기 시작했다. 일하는 남자들의 자존감에 미치는 해고의 충격에 대해 그녀에게 물었다. "끔찍하죠. 탄광이 문 닫은 뒤 수많은 부부가 갈라섰어요. 20~30년 동안 살을 맞대고 살아온 사이였는데도 말입니다. 그들이 헤어진 이유는 단순했어요. 남자가 일없이 집 주변을 어슬렁거리는 쓸모없는 존재가 돼버렸기 때문이죠. 그들은 갈 곳이 없었어요. 아무것도 없었단 말이에요. 그 많던 사교클럽도 사라지고 없어요. 돈이 없기 때문이죠. 그나마 거기 드나들던 나이든 세대들도 하나 둘씩 세상을 뜨고 있어요."

젊은이들을 위한 일자리 사정은 어떤지 그녀에게 물었다. "아무것도 없어요! 아무것도! 내 아들이 스물네살인데, 할 일이 아무것도 없으니 군에 가버렸어요. 한때는 바텐더가 꿈이었죠. 그래서 전문학교에 간 뒤, 음식을 차리고 나르는 일부터 시작해서 바텐더가 되기 위해 필요한 모든 걸 익혔지요. 다행히 일자리를 잡았어요. 하지만 곧 해고돼버렸어요. 사장이 그랬대요. '일거리가 충분히 없어. 일거리가 없다니까.'"

군에 가기 전 그녀의 아들에게 주어진 유일한 선택은 당시 영국에서 급증하던, 고용과 해고가 자유로운 데다 근무조건은 불안정한 임시고용직 대열에 합류하는 것뿐이었다. "그 녀석은 여러 공장에 입사원서를 냈지만 쓸모없는 짓이었어요. 주변의 많은 공장들은 언제든지 바꿀 수 있는 사람을 쓰니까요. 파견근로자 말이에요! 그 말은 녀석이 2주 동안은 온전히 일을 할 수 있지만, 그 다음 6주간은 일을 못한단 뜻이에요. 그저 전화가 오기를 기나리는 수밖에 없었어요."

패리 부인에겐 딸이 둘 있다. 하나는 대형 할인마트인 아스다(Asda)에서 일하고, 다른 하나는 곧 첫아이 출산을 앞둔 10대 소녀. "그리 놀랄 일도 아니었어요." 그녀는 말했다. "그냥 이렇게 생각하려고요. 딸아이 뱃속에 든 것은 내 첫 번째 손자다! 하지만 첫째 딸이 손녀를 가졌을 때처럼 설레지는 않네요. 몇년 동안 손자를 기다리긴 했지만…."

그녀가 속한 커뮤니티가 산산조각난 것에 대해 누가 비난을 받아야 하는지를 묻자 그녀는 추호의 의심도 없이 대답했다. "우리는 그냥 통째로 버림받은 겁니다. 마거릿 대처가 꽂은 칼날이 우리를 피 흘리며 죽게 만든 거예요."

그녀의 목소리가 흔들리기 시작했다. "토니 블레어가 집권했을 때, 10대들과 젊은이들은 거리에서 춤추고 환호했어요. 난 그 사실이 너무 마음 아파요." 그녀의 눈에 눈물이 고였다. "그들의 환상은 철저히 깨졌으니까요! 우리는 모두 이렇게 생각했던 거죠. '그는 우리에게 좋은 세상을 열어줄 거야.' (…) 전혀, 전혀 아니었어요. 블레어는 그 누구에게 아무것도 해주지 않았어요. 심지어 자신의 출신지인 더럼에서도 마찬가지였어요. 한마디로 거대한 사기였던 거죠. 되풀이되는 또다른 거짓말에 불과했던 거예요."

거리를 따라 더 내려오다가 로버트(Robert) 씨를 만났다. 중년인 그는 벤치에 홀로 앉아 먼 곳을 슬픈 표정으로 응시하고 있었다. "여러 해 동안 지병을 앓고 있습니다." 그가 말했다. "이곳의 일자리는 형편 없어요." 13년 동안 그는 노천 탄광에서 일했는데, 그곳이 문을 닫은

지는 20년이 더 되었다. "오랫동안 실업수당에 의지해서 살아왔죠. 아까 얘기한 대로 지병에 시달렸는데, 아픈 뒤로는 일을 할 수도 없었어요. 목수에다 부엌 설비 기술까지 가지고 있는 내 아들은, 1년 반 전에 정리해고를 당하고 죽 놀고 있답니다. 일자리를 구할 수도 없어요. 그 녀석한테는 기술이 있는데도 말이죠! 그나마 찾을 수 있는 일자리라고는 대형 할인마트인 아스다 같은 곳인데, 알다시피 거긴 정말 보수가 형편없습니다. 아들 놈한테는 아이가 셋이나 있어요. 거기서 일해서는 도저히 애들을 먹여 살릴 길이 없어요. 서푼어치도 안되는 일자리 때문에 거기 붙어 있을 이유가 없는 거죠."

내가 만났던 이들 중엔 직업을 가진 사람도 있었다. 자신들은 운이 좋다고 느끼고 있었지만, 그들 역시 매우 불안하고 불안정해 보였다. 레이첼(Rachel)은 20세 여성이다. 아버지는 건축업자, 할아버지는 광부였다. "이 근방에선 일자리를 구하기가 하늘의 별따기예요." 그녀는 말했다. "지금 일이 되는 것이라곤 거의 없어요. 아마도 메인스트리트에서나 일하는 사람을 찾을 수 있을 겁니다. 내가 아는 많은 사람들, 친구들은 뉴캐슬에서 일해요." 레이첼이 아는 많은 사람들도 실직상태였다. "기술이나 자격이 없는 사람들을 얘기하는 게 아니에요. 자격과 기술을 가진 사람들도 들어갈 직장이 없다니까요."

레이첼은 노섬벌랜드(Northumberland) 카운티 의회에서 일한다. 의회는 이곳에서 가장 큰 고용인이다. 내가 레이첼과 만나 대화를 나누기 몇주 전, 의회는 근로자 7명 가운데 1명은 짐을 싸야 할 것이라고 발표했다. "우리 사무실에 감원이 있을 거라고 늘었어요. 함께 일하는 나른 사무실도 마찬가지일 거예요. 감원과 함께 무슨 일이 벌어질지 예의주시하고 있어요." 그녀는 미래에 대해 불안해했다. "지금으로선 일자리가 없기 때문에, 우리 사무실에서 한 사람이 해고되거나 그 이상이 잘릴지도 모른다는 사실은 정말 걱정이 아닐 수 없죠."

레이첼에게, 그녀의 동네에 마약 중독이나 범죄사건은 없었는지 물었다. "지난 몇년간 좀더 나빠졌다고 할 수 있어요. 개인적으로 무엇 때문인지는 잘 모르겠지만, 아마도 그럴 거예요, 일자리가 없다는 게 사람들로 하여금 시간을 보내거나 돈을 벌 다른 부정적인 방법들을 찾게 만들지 않았나 싶어요."

스물다섯살인 존 애시번(John Ashburn)과 열아홉살인 애나(Anna)도 같은 생각이었다. 나는 그들에게 애싱턴이 성장하기에 좋은 곳인지를 물었다. "맙소사, 마약 천국이에요." 존이 망설임 없이 답했다. 그들이 보기에 마약 문제가 그처럼 심각해진 까닭은 무엇일까? "여기엔 할 만한 일이 아무것도 없으니까요. 그래서 사람들은 '그래, 약이나 좀 하면서 기분이나 풀어보자' 생각하는 거죠. 그나마 할 수 있는 것이라곤 마약밖에 없으니까요." 애나가 말했다.

애나는 집에서 독립해 살고 있지만 일자리가 없다. "예전부터 늘 병원에서 일하고 싶었어요. 하지만 병원에서 일하려면 많은 기술이 필요한데 나는 기술이 없으니까…" 그나마 존은 공장 감독자라는 직업을 갖고 있긴 했지만, 스코틀랜드에 있는 직장까지 통근하는 처지였다. "매일 차를 몰아요. 꼬박 3시간 운전해서 일터에 도착하면 12시간 교대로 일을 하죠. 일이 끝나면 다시 이곳으로 운전해 돌아옵니다.

차브

계속해서 깨어 있어야 해요. 잠은 주말에나 자는 거죠."

그날 하루 애싱턴을 돌아다니면서 수많은 어린 엄마들을 만날 수 있었다. 그녀들은 인기 TV프로 「리틀 브리튼」의 비키 폴라드와 같은 10대 차브 엄마들이었을까? 10개월 된 아기와 함께 외출한 열아홉살 엠마(Emma)와 대화를 나눠보았다. 그녀는 이전 파트너 사이에서 얻은 네살 난 아이도 키우고 있었다. "당신은 아마 내가 얼마나 어린 나이에 아이를 가졌을까 생각할 테죠!" 엠마의 현재 파트너는 인근 지역인 모페스(Morpeth)에서 우유배달을 하며 일주일에 사흘 밤을 일한다. 엠마는 가능하면 빨리 직장을 구하려고 한다. "다시 직장생활로 돌아갈 생각이에요. 반드시 그럴 거예요. 지금이라도 그러고 싶은데, 아이가 너무 어려요. 엄마는 아이가 18개월이 되면 돌봐주겠다고 해요. 그러면 저도 다시 일을 할 수 있겠죠." 엠마는 다시 일을 하는 것을 너무나 간절히 원했는데, 그녀의 표현대로라면 '그래야 좀 쉴 수 있기 때문'이었다.

내가 애싱턴을 일종의 후기 종말론적인 지옥구덩이나 총체적 붕괴과정에 있는 사회로 그리고 있다면 그것은 잘못된 일이다. 도시 중앙은 아르고스(Argos)와 커리스(Curry's), 카폰웨어하우스(Carphone Warehouse)와 그레그 제과점(Gregg's bakery) 같은 체인형 대형상점들이 곳곳에 자리잡고 있었다. 그곳 분위기에선 진정한 공동체의식이 느껴졌다. 그들에게 막무가내로 질문을 던지는 나를 대하는 것만큼이나 사람들은 서로에게도 따뜻했다. 그런데 이러한 커뮤니티가 대처리즘으로 고삐가 풀린 탈산업화의 회오리바람에 의해 황폐화됐다.

그러나 사람들은 그 거칠 대로 거친 환경 속에서도 거기에 적응하고 삶을 지속하기 위해 최선을 다하고 있었다.

이언 잭슨(Ian Jackson) 신부는 2002년부터 이 지역의 가톨릭 사제로 일해오고 있다. "따뜻하고 남들을 배려할 줄 아는 커뮤니티입니다. 사람들이 진실로 서로를 살핍니다." 그는 말했다. "탄광들이 폐쇄되면서 직격탄을 맞은 것 같아요. 일자리가 거의 없습니다. 그래서 여러모로 매우 곤궁합니다. 하지만 내가 볼 때 사람들은 너무나 배려심이 깊고 관대합니다." 많은 필리핀인들이 지역으로 이주해왔는데, 처음엔 그들에 대한 적대감도 있었지만, 얼마 안 가 완전히 사라져버렸다고 그는 말한다.

그러나 잭슨 신부는 이 지독한 일자리 결핍이 애싱턴의 젊은이들에게 미치는 충격에 대해선 그저 지켜보는 것 말고는 할 수 있는 일이 없었다. "많은 젊은 친구들은 정말로 이곳을 떠나고 싶어 하는 게 맞아요. 이곳엔 그들을 위해 존재하는 것이 아무것도 없으니까요. 중요한 사업체라고 해봐야, 이제 막 지어진 아스다와 병원이 고작이거든요…. 젊은 친구들은 아마 이렇게 말할 겁니다. '쇼핑몰 매장에서 일하는 것 말고 내가 할 일이 뭐가 있겠어?'" 그에 따른 절망감은 반사회적 행동의 주요 원인이 되고 있었다.

때때로 내가 드는 느낌은—젊은이들을 비난하거나 공격하려는 게 아니라—젊은 세대들 가운데는, 아마도 미래에 대한 전망을 가질 수 없기 때문이겠지만, '알 게 뭐냐'는 식의 태도가 있는 것 같아요. 쓰

차브

레기만 해도 그래요. 곳곳의 가로등 기둥에 쓰레기통이 있는데도 젊은 애들이 이곳을 지나가면서 담장 너머로 그냥 막 집어던지는 게 보여요. 만약 뭐라고 한 마디라도 한다면, 즉각 그들로부터 봉변을 당할 거예요.

얼마 전 마약 때문에 문을 닫게 된 성당 근처의 한 펍(pub)은 반사회적 행동들의 근원지였다. "성탄 자정 미사 후의 광경이 기억나네요. 성탄절 이른 아침, 그러니까 5시 30분쯤 됐을 때였는데, 나는 사람들이 아침 미사를 드리러 이곳에 당도하기 전에 성당 주변을 청소해야 했어요. 담장 너머로 던져진 깨진 유리병들이 사방에 널려 있었거든요."

산업 붕괴 때문에 황폐화된 곳은 단지 옛 탄광촌들만은 아니다. 버밍엄에 있는 롱브릿지(Longbridge) 공장은 한때 세계에서 가장 거대한 산업단지였다. 20세기 내내 공장은 커뮤니티를 지탱했다. 하지만 자동차 생산업체인 MG 로버가 2005년 무너졌을 때, 6천명이 넘는 노동자들이 실업자 신세로 내쳐졌다. 중국 자동차 제조업체인 난징사가 남아 있는 자산을 인수했지만, 일자리를 갖게 된 사람들은 200명이 채 안됐다.

애싱턴에서 탄광 폐쇄가 그랬던 것처럼 로버의 도산은 커뮤니티에 큰 충격을 가져왔다. 롱브릿지(차브타운스 사이트에 따르면 이곳은 '공영주택에 사는 반사회적인 쓰레기들의 근거지로 … 실업급여 수급대열 주위를 배회하는 매춘 여성들보다 더 많은 차브들이 이 주변을 어슬렁거린다')에는 많은 불량주택들이 기차역 인근에 빌집해 있는데, 수요일 한낮에도 몇몇 숭년 사내들이 나다니는 모습을 볼 수 있었다. 이웃한 노스펠드는 롱브릿지에서 일하는 노동자들이 많이 살고 있는 곳으로(ChavTowns 사이트에는 '비역질'의 온상이자 '몸에 문신을 한 이빨 빠진 차브 엄마들'로 가득한 곳으로 묘사되고 있다), 한때 상당히 규모가 컸을 것으로 보이는 올드밀 펍(Old Mill pub)은 유리창은 깨지고 벽은 낙서로 뒤덮인 채 버려져 있었다. 펍 주변의 길바닥에는 긁다 버린 복권 조각들이 널려 있었다.

돈(Don)은 롱브릿지에 있는 그린랜스 셀렉트 사교클럽의 매니저다. 그는 커뮤니티를 심장이 찢긴 상태로 묘사한다. "공장이 문 닫았을 때, 엄청나게 많은 사람들이 파산해버렸다"고 그는 말했다. 사교클럽도 큰 타격을 입었다. "수입이 일주일에 3천 파운드나 떨어졌죠. 예전에는 저녁 시간뿐 아니라 점심 때도 사람들이 왔었죠. 그런데 요즘은 턱도 없어요. 옛날엔 저녁 시간이면 클럽에 60~100명 정도의 사람들이 북적거렸는데, 지금은 20명도 안된다니까요."

신문가판대에서 일하던 두 여인네들은 커뮤니티에 어떤 일이 벌어졌는지를 아주 생생하게 설명해주었다. "젊은 남자들은 학교에 가야 볼 수 있을 겁니다. 아시다시피 우리가 아이들을 키울 땐 남자들이 전혀 관여하지 않았잖아요. 근데 지금은 남자들이 아이들을 데리러 학교에 갔거든요." 한 여자가 말했다. "왜냐하면, 많은 여자들, 그러니까 마누라들은 청소 일이라도 하러 나가니, 애들을 돌보고 학교에 데려다주는 일은 남자들 몫이 된 거죠." 다른 여자가 덧붙였다. "난 이 동네에 살지는 않아요. 17년 동안이나 떠나 있었어요. 그런데 일을 하기 위해 이곳에 다시 와보니, 그 동안 변한 것을 보고 믿을 수가 없었

차브

어요. 젊은 실업자들과 애 딸린 어린 계집애들이 사방에 넘쳐나고 있었으니까요."

게이너(Gaynor)는 인근의 약국에서 일한다. 남편은 2005년 실직한 수천명의 롱브릿지 노동자들 가운데 하나였다. 남편이 정리해고 통지를 받았을 때, 어떤 느낌이었는지 그녀에게 물었다.

그저 충격일 뿐이었지요. 진짜로요. 회사에선 계속해서 문을 닫는 게 아니라고 말해왔고, 어쨌든 남편은 고용이 유지된 사람들 가운데 하나였으니까요. 그러나 남편은 다시는 일터의 부름을 받지 못했어요. 보아하니 경영자는 그 주 금요일에 직원들에게 보낼 해고통지서를 작성하고, 랜드로버는 그간의 모든 계약을 철회한 거예요. 그리고 다음날인 토요일 아침 일어났더니 우편배달부가 왔고, 정리해고 통지서가 현관 깔개 위에 놓여 있었죠 (…) 그 일이 일어났을 때, 모든 남자들은 커프튼(Cofton) 공원에 있었어요. 거기서 그저 이런 말을 들었죠. '랜드로버가 문을 닫았다. 가서 당신들 소지품을 챙겨오라.' 그걸로 끝이었어요. 그러니까, 이 모든 일이 순식간에 벌어진 거죠. 2주나 한 달 간의 여유시간도 주어지지 않았어요. 그저 '지금 문 닫으니, 짐 챙겨라, 어서 문 닫아걸어라'였던 거죠.

그녀의 첫 느낌은 이랬다. '뭘 어떻게 해야 하지?' 5년이 지났지만, 남편은 여전히 실직상태다.

아무것도 없었어요. 아무것도. 주위가 온통 막막할 뿐이었어요. 나는 일하는 시간을 조금 늘렸어요. 그런데 최악은, 내 일자리가 고작 파트타임이라고 남편은 구직 센터에 가면 이런 말을 들어야 했다는 거죠. '당신 상황이 나아질 테니 부인한테는 일을 그만두라고 하세요.' 하지만 나는 일을 포기하지 않고 일하는 시간을 늘렸어요. 내 수입이 조금 늘었다고 세액 공제도 못 받게 되었고, 남편은 로버에 있을 때의 수입 때문에 실업수당을 받을 자격이 안되었어요. 결국 남편은 실업수당을 단 한 푼도 받지 못했죠. 단 한 푼도요. 우리는 받은 게 아무것도 없어요. 아무것도.

그들은 로버에서 일했던 사람들의 직업 재훈련을 돕기 위한 적립기금이 있다는 말을 들었다. "남편은 컴퓨터를 좋아하니 마이크로소프트 과정을 지원했어요. 하지만 돌아온 대답은 '너무 비싸서 안된다'였죠. 사람들은 가스설비 과정에 많이 들어갔는데, 그 비용이 2천 파운드가 넘었어요. 전기설비 과정 역시 2천 파운드가 넘기는 마찬가지였죠. 하지만 남편이 하고 싶어 했던 마이크로소프트 과정은 3천 파운드였고, 그래서 '안된다'라는 말을 들어야 했던 거예요." 일거리 없이 오랫동안 지낸다는 것은 남편의 자존감에 치명적인 영향을 끼쳤다. "끔찍해요. 남편은 계속 구직원을 내지만, 그중 절반은 회신조차 오지 않아요. 그래도 우리는 전화를 걸고, 면접일정을 잡을 겁니다. 전화를 걸어 남편이 말하겠죠. '1주일 동안 당신 회사에서 무급으로 일할게요. 쓸 만하다는 판단이 서면 그때 저를 고용하세요.' 그건 마

차브

치 담벼락을 머리로 들이받는 거나 마찬가지 기분이죠."

일자리를 잃어버린 사람들의 절망은 너무 컸다. "몇몇 친구들을 잃었어요. 자살해버렸거든요. 로버에서 일했던 친구들이었어요. 지원이니 뭐니 하는 것들은 다 헛소리였죠. 온통 쓰레기예요. 쓰레기! 그 친구들은 아무것도 받지 못했어요…. 저들은 보유하고 있는 기금이 있다고 맨날 말하지만 그 돈조차 그 친구들을 위해선 전혀 쓰이지 못했죠." 해고 노동자들에게는 근로자 신용기금으로부터 5~6천 파운드가 지급될 예정이었다. 그러나 법적 논란이 지속되면서 노동자들은 한푼도 받지 못했다. 로버 커뮤니티 액션 트러스트 회장인 젬마 카트라이츠(Gemma Cartwrights)의 말에 따르면 "이 기간 동안 주택압류와 가정파탄이 잇따랐다."[2]

게이너의 가장 큰 두려움 가운데 하나는 이 동네에서 자라는 아이들이었다. "지금 여기는 아무것도 없으니까요. 지금 짓고 있는 건물들을 보세요. 그 속도가 너무 느려요. 뭔가 좀더 빨리 진척되리라 기대했는데. 사방에 빈 땅뿐이죠."

그녀가 살고 있는 곳 주변에 크레인과 일하는 남자들이 있는 것은 사실이었다. 담벼락에는 이런 표지판도 붙어 있었다. '서부 롱브릿지: 지속 가능한 커뮤니티, 1만 개의 새 일자리, 새 집, 근린 편의시설, 공공 녹지, 디자인과 건축의 기회들.' 다른 표지판은 좀더 모호하게도 '최대 1만 개의 일자리'를 약속하고 있었다.

그러나 롱브릿지가 폐쇄되고 5년이 지나기까지, 일자리가 거의 없는 절망적 상황이 이어져왔다. 요행히도 일자리를 구할 수 있었던 사람들 다수는 서비스부문에서의 저임금 노동을 감수해야 했다. 지역의 슈퍼마켓에서 8년 동안 일해온 메리 린치(Mary Lynch)와 대화를 나눠보았다. "슈퍼마켓에 와 일하는 것으로 아예 직업을 바꾼 롱브릿지 노동자들은 얼마 되지 않아요. 그런 사람들과 안면을 트고 만나게 된다는 건 기쁜 일이죠." 하지만 그곳에서 일한다는 것은 월급봉투가 현저히 얇아지는 것을 의미했다. "그 사람들 대부분 급여수준에 실망한 게 사실이에요. 보수가 롱브릿지만큼 좋지 못했거든요. 그러니 실망할 수밖에요. 그 사람들은 롱브릿지에서 좋은 대우를 받았지만, 슈퍼마켓 점원이 같은 수준의 보수를 받을 수는 없죠. 그래도 일자리를 갖게 된 게 어디냐고 안도하는 분위기였어요."

애싱턴과 롱브릿지는 여러모로 유사하다. 두 곳 모두 절망감과 미래에 대한 비관주의가 만연하다. 산업국가 영국의 붕괴가 커뮤니티를 파괴하고, 인간관계 파탄, 반사회적 행동, 마약과 10대 임신 같은 이슈들을 초래한 것도 똑같다. 두 커뮤니티에는 양질의 안정된 일자리가 없었고, 그들의 잘못도 아닌데 일자리를 상실한 많은 사람들이 있었다. 커뮤니티에 밀어닥친 심각한 사건들로 인한 불가피한 문제들과 관련해 지역 주민들을 비난하는 것은 정말 불합리한 일이다.

대신 화살을 정치인들에게로 돌려야 한다. 보수당의 2010년 선거 캠페인의 중심에는 '부서진 영국'이라는 아이디어가 있었는데, 보수당 당수 데이비드 캐머런의 말대로, 영국이 '사회적 위기'에 접어들었다는 확신의 표현이었다. 에들링턴(Edlington)이라는 또다른 탄광촌에서 불우하게 자라난 어린 소년 둘이 그들보다 어린 두명의 아이들을 잔인하게 학대하고 괴롭혔다는 혐의로 무기한 구금되었을 때, 캐머런은 이 사건을 '부서진 영국'의 증거로 들었다. 캐머런은 이 사건을 단순히 '개별적인 범죄'로 일축해선 안된다고 주장했다. 보수당은 '가족 해체, 복지의존, 공교육의 실패, 범죄, 그 밖에 우리가 커뮤니티에서 본 많은 모든 문제' 등 일련의 모든 이슈를 캠페인 담론에 포함시켰다.

캐머런은 산업의 붕괴가 이런 종류의 사회문제들과 관련있다는 것을 인정하지 않았다. '왜 우리 사회가 부서지는가?' 그는 반어적으로 묻는다. 그 자신의 대답, 즉 '그건 정부가 지나치게 비대해졌고, 너무 많은 일을 하며, (영국인의) 책임성을 약화시켰기 때문'이라는 답변은 애싱턴과 롱브릿지 주민들을 경악시켰을 것이다. 전국적으로 퍼져 있는, 애싱턴과 롱브릿지 같은 커뮤니티의 경제상황이 간과된다는 것은 언뜻 보기에도 터무니없다. 자유시장의 매서운 바람은 무시된 채, 사람들로부터 책임감을 없앤 주범으로 방만한 국가가 지목됐다. 그리고 이제 이런 커뮤니티의 주민들은 그들이 겪은 불행과 관련해 개인적 책임의식을 가져야 한단 비난을 듣게 된 것이다.

의심의 여지 없이 수많은 노동계급 공동체들에 영향을 미치는 사회문제들은 '차브'라는 캐리커처를 특징짓게 됐다. 유모차를 미는 10대들, 깡패, 무책임한 성인들. 이런 것들이 많은 이들에게 '차브'가 무엇인지를 말해주는 존재들이다. 미디어와 인기있는 연예 프로그램, 그리고 정치적 기구들은 이것들이 도덕적 이슈이며, 교정되어야 할 규율 결핍의 산물이라고 집요하게 우리를 몰아세운다. 희생자들을 비난함으로써 악물, 범죄, 반사회적 행동과 같은 사회문제들의 배후에 자리잡은 진짜 원인들은 의도적으로 은폐돼왔다. 한마디로 증상이 원인과 혼동되어온 것이다. 가장 고통을 받는 커뮤니티들이야말로 대처리즘에 의해 촉발된 계급전쟁의 최대 희생자들이다.

논평가들이 다분히 비인간적으로 사용하는 용어 '언더클래스'(하층계급)는 지난 30년 동안의 고통스런 사회·경제적 변화를 정면에서 겪어온 노동계급의 여러 분파들을 뭉뚱그려 가리키고 있다. 하긴, 노동계급은 결코 동질적인 적이 없었다. 노동계급 안에는 항상 다양한 그룹들이 있었고, 그들 모두가 기분 좋게 한 자리에서 어울렸던 적도 없다. 숙련 노동자와 비숙련 노동자, 슬럼 거주자와 고급주택 거주자, 실업자와 고용된 자, 가난한 자와 상대적으로 부유한 자, 북부와 남부 노동자, 잉글랜드와 웨일스·스코틀랜드의 노동자들이 그랬다. 그러나 영국 노동계급 내부의 이같은 분할이 지난 30년 동안의 신자유주의 경제 프로젝트에 의해 만들어졌다는 사실은 누구도 부인할 수 없다.

애싱턴과 롱브릿지는 예외적인 경우가 아니다. 『가디언』의 경제전문 기자인 래리 엘리엇은 말한다. "유서 깊은 산업의 핵심지역은 결코 회복되지 못했습니다. 이를 살펴보는 방식 가운데 하나가, 아주 비논리적인 방식인데, 아무튼 실업수당 청구자 숫자로 실업률을 살펴보는 게 있습니다. 그렇게 보자면 수치는 어느 정도 줄어들었지요. 하지만 내막을 들여다보면, 그 일자리라는 게 주로 파트타임이고, 이전의 일자리처럼 보수가 좋지 않다는 사실을 알게 되죠." 실업수당 청구자의 숫자는 어디까지나 구직수당을 받는 사람들만 셈하는 것으로, 사실 그들은 전체 실업자의 일부에 불과하다. 정부의 노동력 현황 조사(Labour Force Survey)를 보면, 경기후퇴 이전에도, 일자리가 없고 구직을 원하는 사람들 가운데 채 절반도 안되는 비율만 공식적인 실업자로 분류됐다.

보수당의 데이비드 캐머런 총리는, 신노동당이 3,800만명에 달하는 노동 가능 연령자 가운데 '800만명에 달하는 비경제 활동인구를 어쩔 수 없는 현실로 받아들이고 있다'고 비난하는 우파 가운데 하나다. 실제로 이 수치에는 학생, 가정을 돌보는 사람, 은퇴자 등 타당한 이유에 따른 '비경제 활동인구' 수백만명이 포함되어 있다. 캐머런이 일자리가 없으면서도 공식적인 실업 통계에 잡히지 않는 사람들이 많다는 사실을 지적한 것은 옳았다. 그러나 거듭 말하건대, 캐머런은 이런 사태를 낳은 진정한 원인이 무엇인지를 규명하는 데는 실패했다. 그것은 다름 아닌, 대처리즘에 의해 시작된 산업의 붕괴인 것이다. "M4 코리더(M4 corridor: 런던과 웨일스를 잇는 M4고속도로에 인접한 첨단기술지구로 영국의 실리콘밸리로 불린다 ―옮긴이)를 넘어가면, 노동시장 참여율이 80%는 넘을 겁니다. 그러나 옛 산업지대로 들어간다면 그 수치는 55%이거나 기껏해야 60% 정도일 거예요. 그러니까 이들 지역에서는 일하는 사람들 수가 훨씬 적을 뿐 아니라, 그들이 종사하는 일은 갈수록 불안정해지고, 고임금 소득자의 비율도 큰 폭으로 줄고 있습니다."

2010년 집권 직후부터 데이비드 캐머런은 실업은 개인적인 무능 때문이란 인식을 유포시키기 시작했는데, 물론 오늘날 이것은 차브에 대한 대중적 인식의 핵심 줄기 가운데 하나다. 캐머런은 복지급여의 부정수령과 지급오류에 대한 단호한 단속을 약속했다. 그로 인한 납세자의 부담이 52억 파운드에 달한다고 대놓고 말하면서 말이다. 하지만 그는 교활하게도 복지급여 부정수령으로 초래되는 비용(연간 10억 파운드)과 복지담당 공무원들의 실수로 발생한 비용(연간 42억 파운드)을 섞어놓았다. 그럼으로써 그는 급여 부정수령과 관련해서 훨씬 더 큰 숫자를 대중적 상상 안에 확실히 자리잡게 했다.

물론, 부정수급이 과장됐다고 비판함으로써 그것의 발생 사실 자체를 부인하려는 것은 아니다. 그러나 그 부정은 종종 그들이 부정직해서라기보다는 절박했기 때문에 벌어진 일임을 캐머런은 간과했다.

예컨대, 조지프 라운트리 재단의 주목할 만한 연구에 따르면 실업급여를 받으면서도 당국에 신고하지 않고 일을 해 돈을 버는 사람들의 경우, 식료품비와 난방비를 마련하거나 빚을 갚기 위해 그런 부정을 저지른다. 연구보고서를 쓴 애런 바버(Aaron Barbour)는 말한다. "가난한 지역에 사는 사람들은 가족들의 식비나 의류비를 조달하기 위해 비공식적인 노동에 의지합니다. 그들은 하루하루 먹고살기 위해 힘들게 일하는 보통사람들이지요."[3] 실제로 보고서는 일자리가 없는 민영주택 세입자들 사이에 광범위하게 유포된 공포를 잘 드러내준다. 그 공포란 만약 공식적으로 일자리를 갖게 된다면 그들이 받는 주거보조금을 더이상 받지 못하게 됨으로써 더 깊은 가난의 수렁에 빠져들 수밖에 없을 두려움을 뜻한다. 무엇보다 보고서에 등장하는 인터뷰 대상자들은 공식 급여를 받는 일자리를 얻음으로써 복지급여에 대한 의존에서 벗어나거나, '당당하게 살기를' 강력히 염원하고 있었다.

복지급여가 수여되는 빈곤의 정도를 살펴보면, 일부가 이 제도를 악용하는 것이 놀랄 일도 아니다. 예컨대, 구직자 수당이라 해봤자 다른 서유럽 국가들과 비교하면 형편없이 낮다. 1979년 이래로 수당의 수준이 다른 유럽 국가들과 마찬가지로 소득과 연계돼 있었다면, 일자리가 없는 사람들은 주당 110파운드를 받을 것이다. 그러나 물가 상승률과 연계돼 있기 때문에, 2010년에는 주당 64.45파운드밖에 되지 않았다. 안정된 직업을 가질 수 없었던 사람들에게, 복지급여에 의존한 삶이란 빚더미에는 깔려 죽지 않기 위한 끊임없는 투쟁인 것이다. 그런 그들 가운데 소수, 그것도 대부분 아이들을 가진 몇몇이, 국가에서 받는 얼마 안되는 수당에 보태기 위해 편법적인 몇시간의 노동을 한다고 해서 우리가 놀랄 수 있겠는가?

이른바 '무자격 복지수당 수령자'는 비공식 일자리를 가지고 있으면서도 실업급여를 요구하는 사람들에게만 따라붙는 딱지가 아니다. 장애수당을 요구하는 사람들 역시 오랜 기간 신문에 등장하는 권위자들과 주요정당 정치인들의 단골 공격 대상이었는데, 이들은 정상적인 신체 능력을 가진 수십만에 이르는 사람들이 장애수당을 부정하게 수령하고 있다고 의심했다. 이 수치가 의미하는 바는, 대개는 래리 엘리엇이 언급한 바대로, 공식적인 실업통계와 경제활동 수준 사이에 그만큼 격차가 존재한나는 것에 나를 아니다.

그 수치들을 보면, 비판자들도 일리가 있어 보인다. 1963년으로 돌아가보면, 당시에는 장애수당을 요구하는 사람이 채 50만명이 되지 않았다. 그러나 2009년까지 이 수치는 약 260만명으로 늘었는데, 이는 경기후퇴기의 한창 때 구직수당을 청구했던 사람들 숫자보다 훨씬 많은 것이다. 46년간 의학의 진보와 식생활 및 라이프스타일의 향상 덕분에 사회가 상당히 건강해진 것은 분명하다. 실제 노동 능력이 제한될 수밖에 없는 장기질환자의 수는 17.4%에서 15.5%로 눈에 띄게 줄었다.[4] 그렇다면 장애수당 수령자의 급증을 어떻게 설명할 수 있을까.

우선 살펴봐야 할 점은 수급자 수가 보수당 정부의 통치기간인 1979~1997년에 급증했다는 것이다. 특별히 가파른 증가세가 1990년대 초반 경기후퇴의 여파로 나타났는데, 존 메이어 총리가 총선 패배로 물러나기까지 수급자 수는 약 80만명이 늘었다. 장애수당이 실업자 수치를 은폐하는 수단으로 사용되고 있다는 사실은 지금은 널리 알려진 사실이다. "시간이 흐르자 장애수당은, 일정 정도 실업률을 줄이는 편법으로 사용됐고, 별로 정직하지 않은 수치가 되었습니다. 보수당과 노동당 모두 그것에 동의했어요." 보수당 출신의 고용연금부 장관 이언 던컨 스미스의 고백이다.[5]

장애수당 수령자들은 실제로 잉글랜드 북부와 스코틀랜드, 웨일스의 오래된 산업지대에 몰려 있다. 반면, 런던을 제외한 남부 잉글랜드 지역에서는 이 수치가 훨씬 낮다. 노동시장 전문가인 크리스티나 비티(Christina Beaty) 박사와 스티브 포서길(Steve Fothergill) 교수는 수백 회의 인터뷰에 기초한 그들의 획기적인 연구에서 이에 대한 두 개의 상충되는 설명을 내놓았다. 하나는 장애수당 수령자들이 실제로 건강상의 문제를 갖고 있다는 것이고, 다른 하나는 장애수당 수령자가 옛 산업지대에 집중된 근본적 원인이, 다름 아닌 일자리 부족 때문이라는 것이다. "1990년대 중반 이래로 장기간에 걸친 경기회복은 격차를 줄이는 데 기여했지만, 완전한 것은 아니었다"고 그들은 말한다. "이런 상황에서 종사할 만한 충분한 일자리들, 특히 급여가 괜찮은 일자리들은 존재한 적이 없다. 노동력의 공급이 수요를 훨씬 웃도는 지역 노동시장의 지속적인 불균형 속에서, 개인들이 노동시장 밖으로 밀려나는 것은 불가피한 일이었다"고 그들은 설명한다.

우선, 장애수당 청구자들은 내가 애싱턴의 사례에서 이야기했던 실업 광부들처럼 일자리로부터 쫓겨난 전직 산업 노동자들이었다. 이들의 많은 수가 과거에 종사했던 일 때문에 건강상의 문제가 있었고, 그 결과 그들은 실업급여보다 액수가 많은 장애수당을 청구했다. 결국, 산업의 붕괴는 이 지역의 일자리를 고갈시켰는데, 저임금의 서비스부문과 공공서비스 일자리들이 이 진공상태를 어느 정도까지 채우기 시작한 건 그 이후의 일이었다. 1990년대에는 장애수당 청구자들의 3분의 1 혹은, 2분의 1가량이 정리해고를 당한 사람들이었다. 그러나 시간이 흐르면서, 이들 중 일부는 잠시나마 다른 일자리를 찾거나, 국가연금으로 갈아탔다.

그렇다면, 오늘날 장애수당을 청구하는 사람들은 누구인가? 비티 박사와 포서길 교수의 정의에 따르면, 그들은 "전형적으로 실력이 형편없는 비숙련 육체노동자로, 건강상태가 좋지 못하고, 선택할 수 있는 대안이라야 기껏 최저임금에 가까운 형편없는 보수의 일에 종사하는 사람들"이다. 이는 비록 그 수치는 거의 그대로지만 장애수당 청구자의 유형이 불과 10년 전과도 달라졌음을 의미한다. 연구자들은 북서 잉글랜드의 배로인퍼니스(Barrow-in-Furness, 잉글랜드 북서부의 공업도시—옮긴이)의 사례를 주목했다. 이곳은 과거 조선산업 단지였는데 이곳도 산업 붕괴의 직격탄을 맞았다. 1990년대의 장애수당 청구자들은 대체로 해고된 조선소 숙련 노동자들이었다. 그러나 오늘날은 숙련도가 낮고, 실력도 형편없는 노동자들이 장애수당을 청구하는데, 그들은 나쁜 건강상태 때문에 마지막 일터에서 내쳐졌고, "이제는 언젠가 일터로 돌아갈 수 있으리란 생각조차 하지 못하고 있다."

'잉여 노동력'이 넘쳐나는 지역에선 고용주들이 업무를 줄여주면서까지 건강이 좋지 못한 직원들을 계속 고용할 동기가 더 약했다. 고용주들은 항상 더 건강한 사람들을 고용하는 까닭에 일단 잉여 노동력이 되면 건강상태가 좋지 못한 노동자들은 불리한 처지에 직면할 수밖에 없다. 불가항력적으로 장애수당에 의지하는 사람들은 그 어떤 기술이나 자격증도 없다. 알다시피 오늘날 이런 노동자들에게 육체노동의 기회는 훨씬 적게 주어진다. 게다가 어떤 형태든 육체적인 결함이 있다면, 구직의 기회가 훨씬 줄어드는 것은 당연하다. 따라서 연구자들은 이런 결론에 도달한 것이다. "영국의 매우 높은 장애수당 청구자 수는 바로 일자리의 문제며, 그리고 건강 문제다."[6]

특히 글래스고는 영국 탈산업화의 여파가 어떻게 대량실업을 지속적이되 숨겨진 형태로 산출하는지를 보여주는 두드러진 사례다. 글래스고 시(市)에는 다른 어떤 지방정부보다 더 많은 장애수당 청구자가 있다. 장애수당 청구자 수는 1995년 정점에 달했는데, 노동인구다섯 중 하나꼴이었고, 영국 전체 평균의 거의 3배에 육박하는 수준이었다. 글래스고 대학의 한 연구팀과 글래스고 시의회의 전문가들은 수급자 수가 1980년대에 어떻게 늘어났는지를 살펴본 뒤 다음과같은 결론에 도달했다. '장애수당 청구자 수가 가파르게 증가한 핵심적 이유는 이 도시의 급격한 탈산업화 때문이었다.' 1991년의 제조업 일자리 수는 1971년의 3분의 1 수준으로 급락했다. 충격적이게도,지방정부들의 경제적 무기력 정도를 평가한 순위에서, 글래스고는1981년 이후 10년간 208위에서 10위로 급격하게 올라섰다.

상황은 2천년대의 첫 10년간 장애수당 청구자 수가 전국 평균의 3배에서 2배 수준으로 떨어지면서 개선됐다. 이 연구가 밝혀낸 핵심은, 이같은 감소가 무엇보다 '노동시장을 튼튼하게 한' 결과라는 것이다. 이 연구는 '문제는 일자리 부족이 아니'[7] 라는 정부 쪽 주장들을 일축했다. 장애수당 청구자의 상당수가 영국의 탈산업화 지역에사는 실업자들이라는 점 때문에 우리가 건강에 관련된 이슈들을 무시해도 좋다는 것은 아니다. 신노동당, 그리고 2010년 총선 이후 집권한 보수당 정부 모두 경기후퇴로 일자리가 급격하게 줄어들고 있을 때였음에도 불구하고 수당 청구자들을 엄중 단속하기 시작했다.시민민원상담소(Citizens Advice Bureau)는 명백히 몸이 편치 않은 사람들임에도 수당 수급권을 박탈낭한 사람들의 사례늘을 폭로했다. 2만명이 넘는 수당 청구자들이, 새롭게 도입된 엄격한 자격심사에서 '일할 수 있는 건강상태'라는 판정을 받은 뒤 시민민원상담소를 찾았다. 시한부인 환자들, 말기 파킨슨씨 병이나 다발성 경화증을 앓는 사람들, 정신질환자 또는 심장절개수술을 기다리는 사람들마저도 일자리 복귀가 가능한 사람들로 등록됐다. 한 여성은 자격심사 약속시간을 지키지 못해 수당이 깎였는데, 그 시간 그녀는 병원에서 위암 때문에 항암치료를 받는 중이었다.[8]

물론 시스템의 허점을 이용하고 부정하게 수당을 청구하는 사람들이 있는 건 사실이다. 우파 타블로이드 신문들은 그런 부정행위와 관련된 가장 충격적인 사례들을 즐겨 추적한다. 최근의 수치들에 따르면 정부는 수당 부정청구와 관련해 겨우 6,756명만을 기소하는 데 성공했을 뿐이다. 로버트 맥도널드(Robert Macdonald) 교수는 연구 파트너인 제인 마시(Jane Marsh)와 함께 지난 수년 동안 가혹한 경제적 변화가 노동계급 커뮤니티에 미친 충격을 연구하고 있다. 나는 그에게 소위 언더클래스라 일컬어지는 하층계급이 존재하는지에 대해 물었다. "한마디로 말해서 아니다, 입니다. '언더클래스'라는 명칭보다 더 좋은, 더 정확하고 진실에 근접한 용어와 이론들을 사용해 그들의 상황을 묘사해야 합니다. 대안으로 '경제적 주변화 과정'(processes of economic marginalization)이 가장 적절하지 않나 싶어요." 맥도널드 교수가 볼 때 '복지의존증'이란 개념은 다음과 같은 문제를 안고 있다.

논란의 여지가 많지요. (…) 사안의 전체를 볼 수 없게 만드는 강력하고 대중적인 표현이란 점에서 대단히 문제적입니다. 물론 자포자기하고 그저 복지급여에 의존해 그럭저럭 살아나가려는 사람들이 존재한다는 것은 의심할 여지가 없지요. 그러나 우리가 지난 수년간 연구를 위해 일일이 방문했던 가정들 가운데 그런 경우는 단 한 군데도 없었어요. 우리가 연구를 수행한 지역이 소위 말하는 복지의존병이 만연해 있다고 소문난 곳이었는데도 말이죠.

이 분야의 다른 전문가들과 마찬가지로 맥도널드 교수는 실업문제를 일자리 부족과 연관짓는데, 이는 너무 당연해 보이는 것이지만, 지금의 정치적 분위기에서는 결코 그렇지 않다. 그의 연구가 초점을 맞춘 것은 '경제적 구조조정 기간 동안 상대적으로 급여가 좋고, 안전하며, 숙련된 기술을 요구하는 노동계급의 일자리가 어떻게 저숙련·저임금의 불안정한 노동으로 대체됐는가'이다. 그가 사는 곳은 티스사이드(Teesside)인데, 현재 이곳은 전국에서 가장 가난한 지역 가운데 하나다. 이곳의 과정도 "시기적으로 탈산업화 과정과 정확히 일치했고, 그것에 의해 정확히 설명된다"고 그는 말한다.

이는 더 가난한 노동계급 구성원들에게는 "불안정한 근로생활, 즉 정부로부터 받는 수당에, '형편없는 조건의 일자리'를 통해 벌어들이는 보잘것없는 수입을 더해 연명하는 생활을 의미합니다. 이것이 성별과 연령대를 불문하고 연구과정에서 만난 사람들의 현실이었습니다. 사람들은 이와 관련해서는 별로 못 듣지요. 그저 '수당의존성'이니 뭐 그런 말들만 듣는 겁니다." 흔한 오해 가운데 하나가 수당에 의존하는 사람들의 수가 고정되어 있다는 생각이다. 실세로는, 많은 수당 청구자들이 저임금의 불안정한 일자리라도 얻고 그만두기를 반복한다. 실업상태로 있으면서 구직수당을 청구하는 사람들을 보자. 그들이 받는 구직수당은, 소득 증가 속도에 한참 못 미치는 주당 65.45파운드에 불과하다. 국가통계청에 따르면, 예컨대 1999년 이래로 새로이 수당 청구서류를 작성한 남성의 약 2분의 1, 여성의 약 3분의 1은 실업기간이 6개월 미만이다. 적어도 6개월 전에는 불안정한 일자리에나마 종사했던 것이다. 이는 결국 '복지급여에 중독된 언더클래스'라는 관념이 얼마나 허황된 것인지를 더욱 확실히 말해준다. 어쨌거나 실직한 사람은 계속해서 취업과 실업 사이를 오간다.

현실은 주변에 충분한 일자리가 없다는 것이다. 2010년 말 거의 250만명에 이르는 공식 실업자가 있었는데, 이 수치에는 정부가 장애수당 수령 대상에서 제외하려는 수십만명은 포함되지 않았다. 그렇지만 정부 통계를 보더라도 나라 전체에 걸쳐 비어 있는 일자리는 50만 개가 채 되지 않았다. 그렇다고 해서 이언 던컨 스미스는 머서(Merthyr) 밖으로 나가 돌파구를 찾고자 하는 시도를 포기할 수 없었다. 머서는 웨일스 지방에서도 탈산업화에 의해 특히 심각한 타격을 입었고, 높은 실업률로 고통을 겪었다. 그의 말에 따르면 지역 인구는 '정체됐고,' 지역민들은 일자리를 찾아 카디프행 '버스에 올라야' 했다. 하지만 이언의 원대한 포부는, 웨일스 지방의 수도인 카디프에서조차 구직 경쟁률이 9대 1에 달한다는 사실 앞에서 무참히 깨지고 말았다.[9]

과장 없이 말하면, 고용주 입장에서는 수십만명의 위장된 실업자들로부터 수당을 박탈하는 것은 유익한 것일 수 있다. 그것이 의미하는 바는 저임금 일자리를 두고 경쟁하는 사람들이 많아진다는 것이고, 그럴수록 임금을 더 낮출 수 있다는 뜻이다. 같은 기간 일자리 수가 기적적으로 늘어나지 않는다면, 그런 경쟁 때문에 다른 노동자들은 일자리로부터 쫓겨날 수 있다. 수당 수령에 대한 엄중 단속으로 사업이야 번창할지 모르겠지만, 수당 청구자들과 저임금 노동자들은 더 깊은 빈곤의 수렁으로 빠져들 위험이 다분하다.

무엇보다 실업은 계급적 이슈다. 그것은 중간계급이 아니라 노동계급이라면 훨씬 쉽게 직면하게 될 숙명이기도 하다. 경기후퇴가 시작된 지 1년쯤 지난 2009년 5월 전문직 종사자들의 실업률은 겨우 1.3%에 불과했고, 경영자나 고위 공무원도 그보다 별로 높지 않았다. 그러나 숙련 노동자들의 실업률은 8.1%, 판매직과 고객응대 노동자들의 실업률은 10.5%였다. 비숙련 '단순직'에서는 그 수치가 13.7%로 뛰었는데, 이는 전문직 실업률의 10배가 넘는 수준이었다.[10]

정부의 긴축재정은 불가피하게 수십만의 더 많은 노동계급 구성원들을 실업의 악몽으로 몰아넣을 것이다. 오래된 산업지대는 1980년대 초와 1990년대 초의 불황으로 큰 타격을 입었는데, 정부의 조처가 취해질 경우 가장 큰 고통을 겪게 될 이들 또한 이 지역에 거주하는 사람들이다. 공장과 탄광이 문을 닫았을 때, 일자리 진공상태를 채우기 위해 움직인 것은 대체로 공공영역이었다. 국가 경영을 둘러싼 보수당 정부의 이데올로기 전쟁이 속도를 낼수록, 과거 공공부문에 종사하다 실업상태에 놓인 많은 수의 노동자들은 필연적으로 공급을 늘려 수요를 압도할 것이며, 민간부문에도 큰 타격을 입힐 것이다. 게다가 상당수의 민간부문이 국가와 체결한 계약에 의존해 있는데 그 계약이 지금 파기되고 있는 것이다. 2010년 말, 영국공인인력개발연구소(Chartered Institute of Personnel and Development)는 정부의 긴축재정 프로그램이 160만명에 달하는 사람들을 실업상태로 내몰 것이며, 사라지는 일자리 대부분은 민간부문에서 나올 것이라고 전망했다.

오늘날 영국의 가난한 사람들이 반드시 실직자인 것은 아니다. 빈곤이란 개념은 주거비용을 제하고 나서의 소득이 전국 평균소득의 60%에 미치지 못하는 가구를 지칭할 때 사용된다. 대처의 '반혁명'이 시작되기 직전까지도 빈곤층의 규모는 500만명, 또는 전체 인구의 10분의 1 미만이었다. 하지만 오늘날 빈곤은 1,350만명, 또는 인구 5분의 1의 삶을 규정하고 있다. 만약 당신이 딸린 애가 없는 독신의 성인이라면, 주거비용을 제하고 나서 주당 115파운드가 못 되는 돈으로 생활하는 셈이다. 두 아이를 둔 부부의 경우에는 주당 289파운드에 채 못 미친다. 유럽연합에서 이보다 빈곤율이 높은 국가는 겨우 네 나라뿐이다.

정치인들과 평론가들은 일자리가 빈곤으로부터 벗어나는 길이라고 주장한다. 그러나 저임금 일자리가 확산된 영국에서, 직업을 갖는다는 것이 더이상 편안한 삶을 보장하지 않는다. 실제 빈곤 인구의 다수는 일자리를 갖고 있다. 일자리 없이 가난하게 사는 가구가 300만이 넘지만, 일자리가 있는 350만 가구 역시 빈곤선 아래서 생활하고 있는 게 현실이다. 빈곤은 인구 상당수의 삶에 영향을 미치는데, 실업과 마찬가지로 단순히 고정된 숫자로 규정되지 않기 때문이다. 생애 과정에 걸쳐 빈곤층을 드나드는 사람들의 수는 매우 많다.

집권 시절 신노동당은 근로 빈곤에 대처하기 위한 개혁조치들을 도입했는데, 문제는 그 시도들이 신자유주의적 경제학의 틀 안에 머물러 있었다는 점이다. 다시 말해, 그들은 시장이 미쳐 날뛰는 것을 방치했다. 노조의 지지를 받는 존 맥도널(John Macdonell) 노동당 의원은 정부의 접근방식을 이렇게 요약한다. "우리는 세액공제를 도입할 것이며 부를 재분배할 것입니다. 그러나 생각할 수 있는 가장 낮은 임금의 일자리로 당신들을 밀어넣으려는 것이 우리의 의도라는 사실 또한 확실합니다. 빈곤으로부터의 탈출구를 마련할 여력이 없다면, 그런 식으로 당신은 죄인이 됩니다. 확실히 여기엔 빅토리아 시대에나 어울릴 법한, 일하는 사람들에 대해 뭔가를 베푸는 것처럼 생색내는 태도가 자리잡고 있습니다."

최저임금이야말로 그 좋은 예다. 보수당과 기업들의 반대에도 불구하고 1999년 최저임금제가 도입됐을 때, 이 제도는 수십만명의 저임금 노동자들의 삶에 획기적인 변화를 가져왔다. 어쨌든 얼마 전까지만 해도 노동자에게 시간당 1.50파운드를 주는 것이 완전히 합법적인 일이었으니 말이다. 그러나 최저임금 액수는 가능한 한 가장 낮은 수준으로 책정됐다. 2010년에 22세 이상 성인의 최저임금은 시간당 5.80파운드였다. 설상가상으로 젊은이들에게는 차별적이기까지 했다. 18세 미만이 빈는 3.57파운드에 비해 높긴 했지만, 18~21세 노동자들의 최저임금은 시간당 4.83파운드에 머물렀다.

이 정도 임금으로는 누구도 편안한 삶을 영위할 수 없다는 건 분명하다. 조지프 라운트리 재단에 따르면, 독신자가 그런대로 괜찮은 삶의 수준을 이어가는 데 필요한 봉급은 1만 4,400파운드다(만약 자녀가 있다면 이 정도로는 어림도 없다). 만일 주당 노동시간이 35시간이라면, 그럭저럭 살기 위해선 시간당 7.93파운드는 받아야 한다는 얘긴데, 이는 최저임금보다 2파운드가 높은 수준이다. 하지만 불황이 닥치면서, 이미 낮을 대로 낮아진 최저임금은 물가상승의 폭을 따라잡지 못했다.

세액공제는 저임금 문제에 대해 신노동당이 취한 접근법의 두번째 골자였다. 소득이 낮은 노동자들은 근로세액공제와, 자녀가 있을 경우 자녀세액공제를 통해 그들의 월급을 보충받을 권리가 주어졌다. 그러나 자산 조사를 통해 보조금을 지급하는 시스템처럼, 그 또한 관료적이었고 자격조건이 되는 많은 사람들이 청구할 수 있는 돈을 요구하지 않는다. 시민민원상담소에 따르면, 매년 약 62억 파운드의 공제세액이 지불되지 않고 있으며, 자산 조사를 거쳐 지급되어야 할 보조금 가운데 105억 파운드가 청구되지 않고 있다. 자녀가 없는 저임금 노동자의 경우 5명 가운데 4명꼴로 이 경우에 해당되는데, 이들은 1주일에 최소 38파운드에 달하는 세액공제 혜택을 놓치고 있는 것이다. 이같은 '보조금 누락'은 부정한 청구를 통해 손실되는 보조금의 규모를 왜소해 보이게 할 정도다. 이런 사실은 이른바 '복지 쓰레기들'에 대한 엄격한 단속을 둘러싼 논의에선 한번도 검토되지 않았다.

세액공제 제도의 또다른 주요 결함은 수혜자들에게 초과 지불이 이뤄지기 쉽다는 점이다. 물론 그것이 썩 나쁘게 보이지 않을 수 있다. 어찌 됐든 국가가 저임금 노동자들의 계좌에 좀 많은 돈을 입금시켜준다고 큰 사달이 나는 것은 아니지 않은가? 문제는 국가가 계좌에 채워주었던 돈을 다시 환불하라고 요구한다는 점이다. "월수입은 늘었다가도 주는데, 세액공제는 1년 단위로 이뤄지기 때문에 사람들은 너무 많은 돈을 받은 뒤, 어느날 갑자기 당신이 환불해야 할 돈이 7천 파운드라는 편지를 받게 된다"고 노동당의 클레어 쇼트는 말한다. 한 부모 자선단체인 진저브레드(Gingerbread)의 사무총장인 피오나 위어(Fiona Weir)는 자신들이 대변하는 사람들 중에는 부채에 대한 공포가 너무 큰 나머지 "많은 돈을 돌려받을 수 있는데도 세액공제를 신청하지 않는 사람들도 종종 만날 수 있다"고 말한다. "너무 많은 돈을 받아서 그것이 갚아야 하는 빚이 될까봐 겁이 나기 때문이지요."

세액공제는 많은 저임금 노동자들에겐 구명밧줄 같은 것이다. 하지만 취지와 달리 그것은 노동자들에게 저임금을 경제적으로 견딜 만한 것으로 만들고 고용주들에겐 낮은 임금에 대해 어떤 조처를 취할 동기를 사라지게 한다. 국가가 부족분을 채워주는데, 당신이라면 노동자들에게 임금을 더 주려고 하겠는가. 『가디언』의 래리 엘리엇이 지적하듯, 세액공제는 '본질적으로 국가가 지급하는 저임금 보조금'이다.

"물론 핵심은 일을 하는 사람들이 보수를 받게 하는 거지요. 형편 없는 일, 저임금의 일자리라 할지라도요." 클레어 쇼트는 말한다. "그러나 세액공제는 그들의 재분배 수단이었습니다. 만약 우리가 장기간에 걸쳐 좀더 평등한 사회를 만들고자 노력한다면, 세액공제는 매우 적절하지 않습니다. 왜냐하면 불평등을 떠받치고 있기 때문입니다." 신노동당 정부 아래서는 대처 집권기만큼 불평등이 심화되지 않았다. 그러나 1980년대부터 시작된 부자와 빈자들 사이의 거대한 격차는 줄어들지 않았다. 신노동당 정부 집권기간 13년이 지난 뒤에도 영국은 서방세계에서 가장 불평등한 사회들 가운데 하나로 머물러 있었다. 그리고 세액공제와 최저임금은 이런 상황을 바꾸지 못했다. 실제 2천년대의 첫 10년 동안 발생한 전체 수입 증가분의 3분의 2는 상위 10% 부자들의 은행계좌로 들어갔다.

가난한 사람들에 대한 허다한 비방들 가운데 하나는 그들이 하찮고 사치스런 물건들을 구매하는 데 돈을 탕진함으로써 스스로를 파멸시킨다는 것이다. 그러나 그것은 진실이 아니다. 부채 전문가이면서 크레디트 액션의 책임자이기도 한 크리스 탭은 예산수립에 관한 한, 크레디트 액션이 저임금 노동자들을 교육시켜야 하는 일이 좀체 없었다고 밝혔다. "소득 스펙트럼의 밑바닥에 있는 사람들은 최상위에 있는 사람들보다 하루하루 자신들의 돈을 관리하는 데 더 능숙합니다. 그들은 무조건 그렇게 해야 하기 때문입니다." 그는 설명한다. "만일 매주 들어오는 수입은 쥐꼬리 같은데, 그 돈으로 계산서를 지불하고, 식료품을 구입해 아이들을 먹여야 하는 처지라면, 돈 관리에 더럽게 능숙해야만 하는 거죠." 가난한 사람들은 부유한 사람들보다 가능한 한 현명하게 소비하려고 훨씬 더 신경을 쓴다고 그는 말한다.

우리는 가난과 실업에 대한 편견이 어떻게 공영주택 단지의 이미지 안에서 하나로 수렴되는지를 목격해왔다. 어쨌든 '차브'(chav)가 종종 '공영주택(Council)에 살면서(Housed And) 난폭한(Violent)'의 머리글자 조합어로 사용되는 데는 충분한 이유가 있다. 버밍엄에서 성장한 린제이 핸리(Lynsey Hanley)는 그의 획기적 저작인『주택단지들』(Estates)에서 "차브는 '공영주택 단지'라는 개념을 자연스럽게 떠올리게 만드는데, 현재 이 개념은 알코올 중독, 약물 중독, 가혹할 정도로 하찮은 어리석음, 계급이라는 견고한 빗장으로 울타리 쳐진 심성, 그리고 학습된 무관심을 뜻한다"고 꼬집었다.[11] 물론 그것이, 30년에 걸쳐 진행된 사회공학의 결과 오직 하나의 사회적 유형만이 공영주택 단지 안에 살게 됐음을 뜻하진 않는다. "공영주택 임차인들, 아니, 공영주택에 대해 일반화하는 것은 매우 어렵다고 생각합니다. 매우 다양하기 때문입니다." 주택 시민단체인 '주택구호피난처'의 마크 토머스는 말한다.

지역마다 모습이 다릅니다. 내 생각에, 미디어에서 이뤄지는 많은 토론들 속에는 공영주택 단지에 대한 매우 거칠고 정형화된 생각들만 맴돌고 있습니다. 누군가 공영주택 단지의 사진 한장을 발견하는데, 사진 속의 그곳은 보통 매우 누추하지요. 그러면 사람들은 이제 마음속에 기억된 하나의 이미지를 떠올립니다만, 실제 사람들이 '공영주택 단지'라고 부르는 것의 상당수는 사고 팔 수 있는 권리 즉 구매권 때문에 거주권 측면에서 여러 형태가 혼합된 경우가 많지요.

달리 말해 한때 순수한 공영주택 단지였던 것이 오늘날은 세입자들 뿐 아니라 주택 소유자들, 사적 임차인들까지 수용하게 된 것이다. 토 머스는 공영주택 단지 안에 이질적인 거주자 집단이 존재하고 있음 을 열정적으로 강조한다.

거기에는 생계를 유지하기 위해 최선을 다해 아등바등 일하는 사람 들도 있지만, 은퇴자들도 있고, 장애인들도 있어요. 그리고 매우 부유 한 지역에 사는 사람들의 경우, 그들이 사는 곳을 차마 공영주택 단 지라고 부르지는 않을 겁니다. 몇몇 공영단지들은 사실 가로변에 위 치해 있는데, 전형적인 공영단지의 모습과는 거리가 있다는 사실을 기억해야 합니다. 물론 그렇게 멋지지 않은 공영단지에 사는 사람들 도 있지만, 공청회 같은 데서는 너무 일반화시켜 이야기하곤 하지요.

보수당 정치인들과 우파 논평가들 사이에선 공영주택이 거주자들의 '의존성'을 증대시킨다고 말하는 게 유행이다. 하지만 토머스는 이런 주장을 격렬히 비판한다. "공영주택이 일정 부분 빈곤의 원인이 되고 있으며, 실제로 그것이 사람들을 가난 속으로 밀어넣고 의존성을 강 화시킨다는 주장도 들려옵니다. 하지만 우린 그런 방식으로 이해하 지 않아요. 우리가 볼 때 공영주택은 필수적인 사회안전망입니다. 실 제로 그것은 사람들에게 살 만하고 안정된 기반을 제공함으로써 삶 을 꾸려가고, 삶의 다른 차원들을 일으켜 세울 수 있게 합니다. 만약 공영주택이 없다면 그런 삶 자체가 매우, 매우 어려워질 거예요."

차브

표면적으로 최근 정부가 적정가격의 주택들을 건설하는 데 실패한 것은, 미친 것이 아닌가 하는 생각이 들 정도로 이해되지 않는 대목이다. 2010년에 지어진 주택의 수는 1922년 이래 가장 적었다. 물론 예외적인 2차 세계대전 시기는 제외하고 말이다. 대처가 집권하기 전에는 그 어떤 해에도 공영주택 건설 물량이 7만 5천호 아래로 내려간 적이 없다. 1999년에는 이 숫자가 수치스럽게도 겨우 84호에 그쳤다.

지난 30년간 사회를 지배한 주문(呪文)은 '시장이 가장 잘 안다'였다. 그러나 국가가 자유시장 방식에 의존한 채 국민의 주택수요를 충족시키기를 포기함으로써 이 유사종교적 신념이 얼마나 어리석었는지를 보여주었다. 공영주택 입주 대기자 명단에 올라 수년을 허비하는 수백만명을 제외하더라도, 임시 주거시설에 사는 사람들의 수는 2001년부터 2008년 사이 놀랍게도 135%나 치솟았다. 정부는 공영주택에 많은 돈을 쓰지 않을지 모르지만, 그 대신 매년 21억 파운드를 주거 보조비로 지불하고 있으며, 그 가운데 상당한 금액은 결국 정부가 개인 임대업자들에게 주는 보조금이 되는 셈이다.

매년 심화되는 주거난과 사람들에게 가장 중요한 주거문제와 관련해, 노동당 정부는 왜 전반적인 정책이 악화되도록 방치했을까? 나는 이 질문을 헤이즐 블리어스에게 던졌는데, 그녀는 내각에 있을 때 주택정책을 총괄했던 인물이다. 그녀는 신노동당이 여러 경고에도 불구하고 충분한 주택을 공급하는 데 실패했다는 사실을 인정했다. "당시 주택 건설 프로그램이 필요하다고는 생각했지만, 그것이 공영주택 건실 프로그램이어야 하는지에 대해선 전적인 확신을 갖지 못했습니다.

성부는 정책영역 전반에 걸쳐 지방자치단체에 대해 거대한 편견을 갖게 되었는데, 어떤 점에선 그 편견이 옳기도 했지요. 몇몇 지방정부들은 정말 형편없었어요. 그들이 스스로 제 앞가림을 하기란 불가능했습니다. 그들 스스로 지역을 운영하도록 둘 수는 없었어요."

지방정부들이 많이 나아진 것은 사실이었지만, 지자체들에 대한 근본적인 불신 때문에 신노동당은 지자체들을 따돌릴 수 있는 가능한 모든 수단을 다 동원했다는 게 블리어스의 주장이다.

내 생각에 노동당 정부가 초반에 했던 것은, 지자체들을 소외시킬 다양한 일련의 트랙들을 만들어내는 것이었어요. 심화교육(further education) 분야든 주택공급 분야든, 혹은 NHS 파운데이션 트러스트(NHS Foundation Trust, 영국은 국영의료제도NHS 개혁의 일환으로 병원 서비스의 질을 높이기 위해 2001년부터 스타 등급제Star Ratings로 불리는 병원인증평가제도를 실시하고 있으며, 이 평가제도를 통해 높은 평가등급을 받은 병원들에 대해서 정부가 NHS 파운데이션 트러스트라는 지위를 부여하고 있다—옮긴이)든 다 마찬가지로 지자체를 믿을 수 없다는 표시지요. 정치적인 방법은 아니었지만 어쨌든 실제로 그들의 메시지를 전달할 수 있었어요. 그 결과 우리는 여러 주택조합들, 준독립 주택건설기구인 공정한관리기구들(Arms Length Management Organizations), 주식명의변경제(stock transfers) 등을 마련하게 된 겁니다. 그야말로 지자체들의 권한을 빼앗아오기 위해 무슨 일이든 한 거죠.

노조의 지지를 받는 신노동당 존 맥도널 의원은 위와 같은 생각에 이의를 제기했다. "지자체들이 제 앞가림을 할 수 없다고 믿었던 까닭은, 그 전 20년간 그들이 권력이나 자원 모든 면에서 힘을 잃어버린 상태였기 때문입니다. 할 수 있는 일이라고는 공공부문의 서비스를 분배하는 게 고작이었습니다. 그러니 모든 사람들에게 '안됩니다'를 연발해야 하는 지방의원을, 제정신 가진 사람이라면 누가 하려고 하겠습니까?" 그는 노동당 정부가 대처 정부 시절 박탈당한 권력을 지방정부들에 되돌려줄 수 있었는데 그러지 못한 것을 아쉬워했다. 그런 과정이 지나치게 오래 걸리는 게 문제였다면, 차라리 정부는 협동조합주택을 소생시키는 데 에너지를 쏟아부을 수도 있었을 거라는 생각이다.

블리어스는 또다른 이유를 거론한다. 주택문제에 충분한 관심을 가진 사람이 정부에 없었다는 것이다. "주택문제와 관련한 전문가가 없었어요. 우리 정부에는 주택문제와 관련해 열정과 전문성을 가진 인물이 필요했어요. 돌이켜보면, 그런 인물이 존재하지 않았던 것 같네요." 블리어스 자신이 주택문제에 대한 신노동당 정부의 무관심이 불러온 결과를 그녀의 선거구인 샐포드(Salford)에서 실감했다. "가격이 적당한 주택의 재고를 늘리고 공급을 확대하는 쪽으로, 우리는 더 많은 일들을 했어야만 해요. 훨씬 더 많은 일들을요. 이 문제는 사회적으로 매우 치명적인 결과를 가져올 수도 있습니다. 우리 지역에서만 입주 대기자 명단에 오른 사람이 1만 6천명에 달합니다."

보수당 정부 아래서 이런 위기는 더 심화될 것이다. 집권한 지 몇개월 안된 상황에서 데이비드 캐머런은 공영주택 영구보유협약의 폐기를 요청했다. 대신 극빈자들에게만 자격이 주어지는 5년, 혹은 기껏해야 10년짜리 계약을 추진했는데, 그들 역시 처지가 충분히 나아졌다는 판단이 내려지면 살던 곳에서 쫓겨나 주택을 개인적으로 임대해야 하는 상황이 올 수도 있다. 이런 상황에서 공영주택 단지는 궁핍한 사람들이 거쳐가는 임시캠프 이상이 되기 어렵다. 간판정책이 '큰 사회'(Big Society)의 건설인 정부가 전국적으로 노동계급 공동체의 결속을 한층 약화시킬 계획들을 밝히고 있었던 것이다.

사회적 '정화'와 일찍이 유례가 없었던 계급간 격리를 초래하는 몇몇 정책들은 결국 사람들을 거리로 내몰게 될 것이다. 2010년 총선 이후 나온 첫번째 예산안에 정부는 주택수당을 삭감하겠다는 계획을 포함시켰다. 수당 지급에 소요되는 재정이 지난 몇년간 급증했다는 정부의 불만은 그른 게 아니었다. 하지만 그들은 그 원인이 저가 공공지원 주택의 심화되는 위기 때문이란 사실은 언급하지 않았다. 주택수당 청구자격이 주어지는 임대료의 한도를 낮추는 것은, 결과적으로 가난한 사람들이 구매할 수 있는 주택의 물량을 줄게 만들었다. 그들에게 주어진 선택지는 둘이었다. 더 저렴한 다른 살 곳을 찾거나 홈리스가 되는 것.

실직 가정에 지급되는 수당의 한도를 일주일에 최대 500파운드로 제한하려는 계획이 실행되면, 저소득층 가구는 상대적으로 살기 괜찮은 지역에서 쫓겨나 사실상의 게토로 밀려나게 된다. 런던시의회의 추산에 따르면, 8만 2천 가구 혹은 25만명에 달하는 주민들이 살

차브

던 집을 잃거나 다른 곳으로 이주해야 하는 위험상황에 처해 있다. 만약 이 계획이 현실화된다면 2차 세계대전 이래 영국에서 일어난 최대규모의 인구이동으로 기록될 것이다. 런던의 한 주택정책 담당 공무원은 이렇게 말했다. "30년 동안 주택 관련 부서에서 일해왔지만, 기획된 인구이동이란 면에서 이번과 같은 사례는 한번도 없었습니다. 런던은 점차 도시 주변부에 빈곤 인구가 밀집한 파리와 유사한 도시가 될 거예요. 3~4년 안에 런던 도심지역에선 민간임대 형태로 거주하는 가난한 사람들을 찾아보기 힘들어질 겁니다. 이런 현상은 19세기에나 있었을 법한 일이라고요."[12]

이런 계획의 핵심부에 '사회적 정화'가 자리잡고 있음을 눈치챈 사람들은 단지 정부의 반대자들뿐만이 아니다. 이름을 밝히지 않은 보수당 정부의 한 각료는 이 계획이 결국 노동당 지지자들을 런던으로부터 밀어내는 결과를 낳을 것이라며 이것을 18세기말에서 19세기초 스코틀랜드 고지대에서 영세한 소농들을 쫓아냈던 '하이랜드 클리어런스'(Highland Clearances)와 견주기도 한다. 실제로 2010년 총선에서 해머스미스 선거구에 출마했다가 낙선한 숀 베일리(Shaun Baily) 전 보수당 후보는 보수당이 도심지역 의석을 얻기 어려울 것이라고 말했는데, 그 까닭은 '노동당이 그 자리들을 가난한 사람들로 채웠기 때문'이라는 것이었다. 하지만 정부의 너무나도 속이 보이는 이 의제는 엄청난 공분을 불러일으켰으며, 심지어 보수당원인 런던 시장 보리스 존슨조차 영국의 수도에서 '코소보식의 사회정화'가 벌어지는 것을 용인하지 않겠다고 공개적으로 말할 정도였다.[13]

요컨대, 이것은 안정된 일자리가 없는 많은 사람들, 사람들에게 쾌적한 생활을 제공하는 데 실패한 저임금 일자리, 서유럽에서 가장 심각한 빈곤수준, 그리고 살 만한 집 없이 방치된 수백만의 사람들이 결합해 빚어낸 독극물이다. 영국의 일부 극빈 노동계급 공동체들 안에서는 이런 각각의 위기들이 여전히 한층 첨예한 양상으로 감지되고 있다. 그들을 따라붙는 비참과 분노, 절망을 보고도 그것이 다른 사회적 문제를 점화시키지 않을까 하는 의문을 갖지 않을 수 있을까?

오늘날 영국에서 가난한 노동계급 젊은이로 살아가는 것을 상상해 보라. 세명 중 하나는 남들이 당연한 것으로 받아들이는 것들, 예컨대 장난감, 며칠에 걸친 여행, 휴가, 좋은 음식 등 많은 것이 결핍된 상태로 가난한 환경 속에서 성장했을 것이다. 설령 좋아하는 일을 할 수 있는 공간이 있다고 해도, 남루하고 비좁은 주택이나 아파트에서 어린 시절을 보냈을 것이다. 양친 혹은 편부 편모는 아마도 최선을 다했을 것이다. 그러나 그들은 단조로운 저임금 일자리에 종사하거나 아무런 직업도 갖지 못한 상태로, 먹고살기에 충분한 돈이 없기 때문에 발생하는 스트레스에 시달려야 했을 것이다.

당신이 사는 지역에서 찾을 수 있는, 당신이 바라는 괜찮은 일자리는 설령 있더라도 아주 소수다. 실제로 젊은이 넷 가운데 하나는 '니트족'(Neets)의 단계를 거친다. 니트족이란 '학교에 다니지 않고, 그렇다고 직업을 갖고 있지도, 직업을 갖기 위한 교육과정에 있는 것도 아닌'(not in education, employment or training) 16~18세 청소년들을 일컫는다.

생산직 도제 일자리의 소멸 또한 많은 노동계급 청년들에게 선택지를 거의 남겨주지 않았다. 로버트 맥도널드 교수는 "산업 구조조정이 성년으로 가는 노동계급 젊은이들의 구조조정에서 핵심적 역할을 하고 있는 것은 분명하다"고 말한다. 그토록 많은 젊은이들에게 희망이라곤 눈을 씻고도 찾아볼 수 없는 게 현실인데, 황폐화된 노동계급 주거지역들에서 반사회적 행동이 창궐하는 게 무슨 놀라운 이야깃거리가 되겠는가.

물론 이것은 쉽게 과장해서 떠벌릴 수도 있는 문제다. 하지만 버밍엄의 한 퇴직한 모형제작 목공은 이렇게 말했다. "주변 사람들이 '무슨 소리야, 그 녀석들은 죄다 불량배들이야'라고 말하지만 사실은 그렇지 않아요. 나도 예전엔 긴 코트를 입고 패거리와 어울려 거리를 어슬렁대곤 했죠. 당신은 좀체 상상도 못할 뾰족구두에 청바지를 입고서 말입니다. 사람들은 그런 나를 깡패라고 불렀지만, 지금의 나를 보세요. 이렇게 멀쩡히 살고 있잖아요. 지금의 세대들 역시 성장할 것이며, 그 다음 세대 역시 사람들의 걱정을 살 또다른 무슨 일을 하겠지요. 나는 정말 그 애들이 나쁜 녀석들이라고 생각하지 않습니다. 당신이 설령 좋지 않은 녀석들 한두 놈을 꼽을 수도 있겠지만, 한편으로는 당신도 그러던 시절이 있었다고요!"

이 문제가 '진부한 소재'란 사실에 맥도널드 교수도 동의하는데, 그가 보는 관점은 이렇다. "보통의 노동계급 젊은이들이 평범하고 전혀 문제될 게 없이 무리를 지어 거리에서 저녁 여가시간을 보내는 것도 도매급으로 '골칫거리'라고 낙인 찍힙니다. 무리 지어 길모퉁이에서 노는 것은 보통의 노동계급 젊은이들에게 하나의 시배적인 여가 형태예요. 늘 그렇지 않았나요? 나도 그때는 그랬습니다!"

그럼에도 불구하고 정치인과 미디어는 반사회적 행동이 발생하는 근본원인을 이해하려는 노력 없이, 노동계급 젊은이들에 대해 두려움과 혐오를 조장한다. 물론, 그들 가운데 일부의 일탈 행동은 공동체의 다른 구성원들에게 골칫거리가 되고 있다. 하지만 애싱턴의 예에서 볼 수 있듯, 그러한 행동은 절망의 절규, 미래가 없는 자의 고통에서 비롯된, 더이상 잃을 것이 없다는 감정에서 비롯된 절규인 것이다.

권태는 의심할 바 없이 또다른 요인이다. 고삐 풀린 자유시장은 우리의 지역공동체들을 야금야금 해체해왔다. 젊은이들이 모일 수 있던, 그들에게는 안식처나 다름없던 장소들은 지속적으로 사라지고 있다. 국세청 산하 평가국(Valuation Office Agency)에 따르면, 스포츠 및 사교클럽의 숫자는 신노동당이 집권하고 있던 13년간 55%가 감소했다. 우체국은 39%, 수영장은 21%, 펍(Pub)은 7%, 공공도서관은 6%가 감소했다. 제자리를 지키면서 여전히 번성하는 시설들은 공동체적 일체감을 키워주지도 못하거니와 젊은이들에게 할 일을 제공하지도 못하는 곳들이다. 마권 판매소와 카지노는 각각 39%, 27%가 늘었다. 젊은이들로선 그들만의 오락거리를 만들어내야 했다. 이 가운데 소수는 권태나 절망, 혹은 그 모두로부터 벗어나기 위해 반사회적 행동에 의지할 수밖에 없음은 물론이다.

이들의 반사회적 행동이 많은 사람들에게 조성하는 불안은, 후드티를 입고 길모퉁이를 불량스럽게 배회하는 10대 패거리(gang)들의 이미지로 가장 잘 압축된다. 그러나 조지프 라운트리 재단의 연구에 따르면, 이 패거리란 서로에게 보호막이 되고, 서로를 돌보며, 심지어는 문제에 휘말리지 않기 위해 함께 모인 10대들이다. 6개 지역에서 이런 10대들의 패거리 문화를 관찰하면서 연구자들은 영역과시 활동(territorial action)과 빈곤지역들 사이의 강한 연관성을 확인할 수 있었다. 패거리의 일원이 됨으로써 젊은이들은 재미와 흥분, 그리고 다른 방식으로는 누릴 수 없었던 지지를 제공받고 있었다. 더 나아가 이 연구는 열악한 주거조건과 빈곤한 가정환경, 그리고 영역과시 의식 사이에 존재하는 연결고리를 찾아냈다. '영역과시 행동들은 몇몇에게 있어서는 박탈, 기회의 부재, 흥미를 느낄 만한 활동의 결여, 억눌린 열망, 자아정체성 표현 등이 종합적으로 빚어낸 산물이다.' 덧붙여 이 패거리들은 '빈곤 속에서 살아가는 젊은이들에게 있어 하나의 대응기제'로도 이해될 수 있다.[14]

우익 논평가들과 정치인들은 흔히 노동계급 젊은이들 사이에서 빈출하는 반사회적 행동을 나쁜 양육 탓으로 돌린다. 유력한 우익 칼럼니스트 가운데 하나인 사이먼 헤퍼는 내게 이렇게 제안하기까지 했다. "불량 양육에 대한 매우 엄격한 처벌이 필요합니다. 이를테면, 법적 처벌이 가능한 연령에 이르기도 전에 범죄에 연루되는 환경에서 자라나는 아이들이 있습니다. 그럴 경우 그 부모를 철창에 처넣어야 돼요! 아이들은 보살핌을 받을 수 있도록 해주고, 자녀들이 보살핌 속에서 바르게 양육되고 교육받을 수 있게끔 부모들을 확실히 단속해야 합니다."

이런 관념과는 정반대로, 조시프 라운트리 재단이 펴낸 일린의 보고서에 따르면 현실 속에선 종종 부모들이 거친 노동계급 거주지역에서 매우 적극적인 역할을 하고 있다. 보고서의 공동 저자인 피터 시면(Peter Seaman)의 관찰에 따르면 "젊은이들의 반사회적 행동은 단순히 나쁜 양육 때문이라는 관점이 널리 퍼져 있으나 인터뷰에 응한 부모들은 자녀들이 위험에 노출되는 것을 최소화하고 그들을 탈선의 유혹으로부터 보호하기 위한 세밀한 전략들을 전해주었다."[15]

패거리는 점점 더 파편화돼가는 노동계급 지역에 그나마 간신히 남아 있는 연대의 형태다. 급격하게 늘어나는 전망없는 젊은이들에게 패거리는 삶의 의미, 체계, 그리고 보상을 줄 수 있다. 가난한 환경에서 성장했고 미래에 대한 확신도 없는 아이들이 패거리에 매력을 느끼는 것은 이상할 것도 없다. 실제 한 조사결과가 보여주듯 패거리는 위험을 감수한 범죄적 행동을 통해 '출세'의 기회를 제공하는데, 이는 그 젊은이들 처지에선 유일하게 성공할 수 있는 길이 되기 쉽다. '현재의 학교교육이 학습에 의한 성공을 지나치게 강조하고' 있기 때문에, 몇몇 젊은이들은 다른 곳에서 인정을 받고자 한 것이다.[16]

그러나 신노동당 집권기에는 반사회적 행동에 대한 단호한 단속이 있었을 뿐, 그 원인들에 대한 처방은 없었다. 전임 정부의 접근방식—'반사회적행동금지명령' 수천 건을 펴내는 것과 같은—은 사람들의 마음속에 문제의 심각성을 필요 이상으로 과장하고, 삶을 개선시키는 어떤 도움도 주지 않으면서 마치 모든 책임이 젊은이들에게 있는 것처럼 그들을 죄인 취급했다. 부끄럽게도 잉글랜드와 웨일스의 감옥에는 서유럽의 어떤 나라보다 많은 수의 젊은이들이 수감돼 있다. 금고형을 받은 10~17세 청소년의 숫자는 1991년에서 2006년 사이 세 배나 늘었다. 그러나 감옥은 절대 사람을 갱생시키는 곳이 아니다. 수감됐던 청소년 4명에 3명꼴로 풀려난 뒤 다시 범죄를 저지른다.

범죄에 대한 신노동당의 접근은 전반적으로 권위주의적이었을 뿐만 아니라, 범죄의 핵심적 원인인 '빈곤'을 무시하는 것이었다. 노동당 지도자가 되기 전, 이른바 떠오르는 별로 불리던 토니 블레어는 '범죄에 단호한, 뿐만 아니라 범죄의 원인에 대해서도 단호한' 정책으로 찬사를 받았다. 그러나 블레어의 정무 비서관이었던 존 맥터넌(John McTernan)이 인정했듯이, 신노동당의 전략은 결국 '범죄에 단호한, 그리고 범죄자에게 단호한' 정책으로 귀결됐다.[17] 1993년에서 2010년 사이, 잉글랜드와 웨일스의 수감인원은 4만 4,500명에서 8만 5천명으로 거의 두 배가 늘었다.

이 수치와 관련해 놀랄 만한 대목은 범죄 자체는 감소하는데, 감옥에 수용된 사람들 수는 걷잡을 수 없이 늘었다는 점이다. 2010년 총선 기간 보수당은 급증하는 범죄율을 '부서진 영국' 담론의 첫머리에 배치했다. 그러나 이 수치는 신뢰할 만한 것이 아니었다. 통계에 따르면, 범죄는 1993년 1,850만 건에서 2009년 1,070만 건으로 줄었다. 그러나 이는 많은 신노동당 정치인들이 우리가 믿었으면 하고 바라는 것처럼, 감옥에 더 많은 사람들을 집어넣은 덕분에 달성된 게 아니다. 실제 노동당 집권 시절인 2006년 유출된 정부 내부보고서는 "최근 범죄 감소분의 80%는 경제적 요인에 의한 것"이라고 인정한 바 있다.[18] 다른 사례도 있다. 2005년 '범죄와 사회재단'(Crime and Society Foundation)이 수행한 연구는, 1980년대 나타난 사회범죄율 상승이 경기후퇴와 대규모 실업의 산물이라고 결론지었다. 실제 1990년대 초반 경기호황이 시작되자, 범죄율은 서방세계 전체에 걸쳐 즉각적으로 하락했다. 심지어 2010년 총선 뒤 정권을 쥔 보수연정도 범죄와 그 발생적 토대를 구성하는 경제적 요인 사이의 상관관계를 인정했다.

심지어 범죄 발생 수치가 감소했음에도 불구하고, 범죄에 대한 사람들의 두려움은 한층 커졌다. 그러나 이것은 모두 선정적 저널리즘과 정치인들이 구사하는 자극적인 수사들과 관련돼 있다. 그럼에도 불구하고, 당신이 범죄의 희생자가 될 수 있는 위험의 크기는 상당부분 당신이 속한 계급에 달렸다는 사실을 유념하는 것은 매우 중요하다. 영국의 범죄 통계는 노동계급에 속한 사람들이 중간계급 구성원들보다 범죄 피해를 겪을 가능성이 현저히 높다는 사실을 보여준다. 노동계급은 종종 치안문제에 관한 한 권위주의적이라고 비난받는다. 그러나 만약 자기 동네의 범죄 위험이 더 커진다면 사람들은 아마 더 호들갑을 떨어댈 것이다.

영국에서 벌어지는 많은 범죄의 근원에 불법 약물산업이 자리잡고 있다는 사실에는 의심의 여지가 없다. 많은 사람들이 공영주택을 떠올릴 때, 주사기 바늘이 나뒹구는 아파트 계단통을 연상하지만, 진실은 다르다. 소속된 계급을 막론하고 모든 사람들은 삶의 어느 시기에는 약물을 시험삼아 경험해보곤 한다. 수백만에 이르는 10대들, 노동계급과 중간계급 구성원들이 한번쯤은 마리화나를 피워봤고, 청소년 가운데 상당 비율이 밤샘 파티에서 엑스터시 알약을 복용한 경험이 있을 것이다. 약물 방지기구인 '드럭스코프' 사무총장 마틴 반즈는 "우리가 접할 수 있는 대부분의 증거들을 볼 때, 10대와 청소년들에게 있어 사회·경제적 지위와 약물 및 알코올 오용 사이의 명백한 연관성을 찾기란 쉽지 않다"고 말한다. 실제 코카인은 오랫동안 중간계급이 주로 이용하는 약물이라 여겨져왔다. 하원선별위원회(House of Commons Select Committee)의 한 보고서는 최근 "코카인이 사회적으로 점차 용인되고 있으며 '안전한' 중간계급 약물로 여겨지는" 세태를 고발했다.[19]

그러나 문제될 만한 수준의 약물 남용과 관련해선 그 차이가 현저하다. '약물 오용과 관련한 정부 자문위원회가 몇 년 전 보고서를 발간했는데, 결론은 성년 집단의 약물 오용 수준은 그 지역의 빈곤 및 실업수준과 매우 명확한 상관성을 갖는다'고 마틴 반즈는 말한다. 이런 현상은 경제위기로 황폐화된 노동계급 거주지역들에서 한층 두드러진다. "1990년대 몇몇 커뮤니티가 경험한바, 실업, 특히 젊은층의 실업에 의해 큰 타격을 입은 지역에서는 헤로인뿐 아니라 전반적인 약물 오용이 증가하는 것을 목격했습니다."

반즈는 조심스럽게 다른 요인들의 영향도 있다고 말한다. 1980년대 만연했던 소비주의와 한층 쉬워진 약물에 대한 접근성도 중요한 요인이다. 그러나 분명한 것은, 사람들이 그냥 시험삼아 약물을 투약하는 것에서 문제적인 중독 단계로 넘어가는 계기가 되는 것은 절망 혹은 현실에 대한 대응기제 둘 중 하나라고 그는 주장한다.

어째서 대처리즘의 타격으로부터 회복하지 못한 몇몇 지역들에서 약물이 더 강력하게 손을 뻗었는지는 쉽게 짐작할 수 있다. 중독성 환각제의 비극은 사실상 불구상태에 빠진 영국의 탄광촌에서 가장 두드러진다. "솔직히 탄광들이 문을 닫지 않았다면 약물 중독이니 그딴 것들은 지금의 절반 수준도 되지 않았을 것이라고 생각합니다." 노팅엄셔의 전직 광부인 에이드리언 길포일은 내게 말했다.

몇해 전 노동당 하원의원 존 맨(John Mann)은 바셋로(Bassetlaw)의 옛 탄광촌에서 헤로인 사용 실태에 대한 조사에 착수했다. 보고서는 천연두의 확산에 비견되는 건강상의 위기가 영국의 옛 탄전지대의 중심지에서 창궐하고 있다고 결론지었다. '탄전지대에서 자라나는 사람들에게는 과거 안정되고 번성하던 탄광산업에서 일역을 담당했던 그들의 부모나 조부모들이 갖고 있던 정체성이 없다'고 보고서는 기술했다. '이 지역들에서 가장 많이 소비되던 것은 맥주였고, 당시엔 고용안정이 대부분의 사람들에게 양호한 생활수준을 제공했다.' 그러나 석탄산업의 붕괴와 함께 '탈출구가 필요해졌고,' 헤로인은 '모든 것을 떠나 잠시 쉬고 싶다는 욕구'에 어울리는 것이었다. 보고서는 '이들 탄광촌의 모습은 영화 「트레인스포팅」에서 그 매력적인 요소를 모두 없애버린 모습과 같다'는 우울한 결론으로 마무리된다.[20]

오늘날의 보수당은 많은 사회문제들을 국가의 과도한 팽창 때문으로 돌리고 있다. 그러나 그들이 선호하는 또다른 설명은 바로 전통적인 가족의 붕괴가 이런 문제들을 불러왔다는 것이다. 한부모 가정들이 특히 집중포화를 맞았다. 노동계급에 속한 싱글맘은 어쨌든 누구보다 비난받는 '차브'의 아이콘이었다. 한부모 조력 단체인 진저브레드의 피오나 위어는 자신이 대변하는 사람들에게 따라붙는 어휘들을 열거했다. 그것은 '빌어먹는' '빌붙어 사는' '게으른' '일하기를 싫어하는' '수당을 받아 행복한' 등과 같은 수식어들이다. 이런 단어들은 매우 널리 사용되고 있으며, 현재 진행중인 수많은 복지개혁 논의들과 직접적으로 관련돼 있다.

이런 스테레오타입에 정면으로 맞서기 위해 진저브레드는 오늘날 영국에 존재하는 싱글맘, 싱글대디들의 삶에 대해 광범위한 연구를 수행했다. 위어는 말했다. "우리가 발견한 것은 이런 스테레오타입이 다수의 사례들과는 하등의 관계가 없다는 사실입니다. 조사 도중 이런 전형화에 맞선 뚜렷하고 현저한 분노의 감정들이 존재하고 있음을 확인할 수 있었습니다." 대중적 묘사에 익숙한 이들은 아마 이런 사실을 받아들이기 힘들지도 모른다. 그러나 싱글맘, 싱글대디의 57%가 실제로 일자리를 갖고 있었다.

레베카(Rebecca)는 버밍엄의 공영주택 단지에 살면서 두 아이를 키우는 젊고 자신감 넘치는 싱글맘이다. 아이들을 홀로 양육하면서도 직업을 갖고 있다는 점에서 그녀는 운이 좋다. 자신의 여덟살 난 딸을 가리키며 그녀는 말했다. "내가 선택한 일은 교육 보조인데, 아이들로부터 떨어지지 않고 일할 수 있어 좋아요. 우리는 같은 학교에 다녀요. 그래서 휴일이면 항상 함께 있을 수 있죠. 아이들 주변에서 일하려고 일부러 이 직업을 선택했어요. 또다른 딸아이는 고등학교에 다니는데, 말할 필요도 없이 휴일이 같지요. 그래서 이 일은 정말이지

환상적이에요. 하지만 다른 싱글맘들은 6주간의 여름방학과 부활절 휴가, 그리고 그 밖의 휴일에 아이들을 돌볼 누군가를 찾아야 하기 때문에 정말 힘들어요."

이같은 어려움에도 불구하고 대부분의 싱글맘, 싱글대디들은 일하고 싶어 한다. 2010년 영국 사회 행태 조사에 따르면, 직업이 없는 싱글맘, 싱글대디의 84%가 일자리를 구하거나 공부를 하고 싶어 했다. 그러나 싱글맘, 싱글대디들은 무슨 일을 하든 공격받는다. 위어는 말한다. "우리는 싱글맘, 싱글대디들이 자주 하는 표현을 발견했는데, 바로 '해도 욕 먹고, 안해도 욕 먹는다'는 거예요. 만약 당신이 일을 안하고 실업수당만 수령한다면, 사람들은 당신을 게으른 식충으로 볼 테고, 당신이 일하러 나가면, 아이들이 어디 있는지도 모른 채 그저 방치하는 부모로 볼 테니까요." 많은 싱글맘, 싱글대디들의 구직을 방해하는 것은 그들의 의욕 부족이 아니다. 극복하기 힘든 수많은 장애물 때문이다. 이를테면 나 홀로 아이를 돌보면서, 그러니까 돌봄 활동과 병행할 수 있는 적절한 일자리를 갖는다는 게 어디 쉬운 일인가. 위어가 말하듯 싱글맘, 싱글대디들에 대한 낙인찍기는 그들의 자존감을 약화시킬 뿐 아니라, 그들이 일자리를 갖도록 돕지도 못한다.

보수당은 종종 아이들이 학교생활이나 그 후의 삶을 잘 꾸려나가는 데 있어 가족구조가 하나의 주요한 결정요인이라고 주장한다. 하지만 이런 주장은 아동협회(Children's Society)가 진행한 최근의 연구결과와 어긋난다. 이 연구는 가족 내부의 갈등이 아이들의 양육에 10배나 강한 충격을 준다는 사실을 보여준다. 피오나 위어는 말한다. "드

차브

러난 사례들을 통해 알 수 있는 것은 한부모 가정에서 자란 아이들 대부분이 잘 자란다는 점이에요. 유의미한 결과를 보이는 소수의 아이들이 있는데, 이들도 분석해보면 빈곤이나 가정불화 같은 일들과 매우 명백하게 연관돼 있어요. 실제 부모가 모두 있는 가정이라도 이들과 비슷하게 가난과 불화를 겪고 있는 경우에는 결과가 좋지 않게 나옵니다."

사람들은 싱글맘 하면, 종종 10대 소녀들을 떠올리곤 한다. 하지만 현실은 다르다. 싱글맘 가운데 18세 이하인 경우는 다섯 중 하나꼴이다. 싱글맘과 싱글대디들의 평균연령은 36세다. 그리고 절반 이상이 결혼한 상태에서 아이를 가진 경우다. 그렇긴 하지만 영국이 서유럽에서 10대들의 임신 비율이 가장 높다는 것은 부인할 수 없는 사실이다. 이 문제 역시 계급문제와 떼어놓고 생각할 수 없다. 전반적인 수치는 낮지만, 10대에 엄마가 될 가능성은 육체노동자 가정에서 자란 소녀들이 전문직 가정에서 자란 소녀들보다 8배나 높다. 10대 임신 통계의 최상위에는 전통산업이 파괴되고 그 공백을 저임금 서비스 일자리들이 채운 지역이 자리잡고 있다. 왜 그럴까?

『데일리 텔레그래프』에 글을 기고하고 있는, 의사 출신 작가 맥스 펨버튼(Max Pemberton)의 말을 신뢰할 수 있다면, 그 이유는 이렇다. "노동계급 가정의 어린이들은 중간계급으로 상승하는 것이 꿈인데, 그들에게 가능한 선택권이란 연예인과 같은 유명인사가 되거나, 가게 점원으로 일하거나, 아니면 엄마가 되는 것이다. 그들의 궁극적 목표는 공영아파트와 국가가 제공하는 수당에 손쉽게 접근하는 것이고,

그 가장 확실한 방편이 아이를 갖는 것이다.'[21] 그러나 피오나 위어가 지적한 대로, 복지수당에 목매는 10대 엄마라는 불쾌하기 짝이 없고 대중영합적이며 교묘하고 희화화된 이미지는 하나의 신화에 불과하다. '우리는 수천명의 싱글맘, 싱글대디들과 만날 수 있었는데, 웬일인지 이런 스테레오타입에 딱 맞는 사례는 없었어요. 이런 일이 어떻게 가능한지 모르겠습니다. 16~17세 연령대에 공영주택의 현관 열쇠를 손에 넣기란 불가능합니다. 그들은 집에 살거나, 그도 아니면 정부 지원 시설로 가지요.'

중간계급 출신의 10대들은 예기치 못하게 임신할 가능성이 확실히 낮다. 하지만 그들 역시 낙태를 경험할 확률이 매우 높은 것이 사실이다.[22] 중간계급 출신의 젊은 여성과 대화를 나눠보았더니 그들 가운데 몇몇은 10대 때 낙태를 한 경험이 있었다. 아이를 원하지 않는 이유를 물었더니 답이 한결같았다. 그처럼 이른 시기에 엄마가 된다는 게 그들의 커리어에 가할지 모를 충격이 두렵다는 것이다. 그러나 만일 당신이 실업률이 높은 데다 별 매력도 없고 임금이 낮은 일자리만 제공되는 지역에 살고 있다면, 엄마가 되는 것을 주저할 이유가 어디 있겠는가. 피오나 위어는 말한다. "몇몇의 경우엔 살아가며 무엇을 할 수 있을지 그 길이 보이지 않는 거죠. 그런데 그들은 무언가 역할을, 삶의 목적과 의미를 찾고자 합니다. 누군가에게 쓸모 있고 중요한 그런 존재가 되고 싶은 거예요."

최근의 한 심층연구는 10대 임신이 무엇보다 빈곤한 가정에서 성장한 젊은이들에게 긍정적인 것들을 많이 가져다줄 수도 있다는 사실을 보여준다. "연구를 통해 우리는 이른 시기에 부모가 되는 것이 나름의 의미와 가치를 지니며, 심지어 10대 부모들에게 자신의 아이들에게 더 좋은 삶을 제공해주기 위해 열심히 살아가고자 하는 자극이 될 수 있다는 것을 밝혀냈다"고 이 보고서의 저자 가운데 하나인 클레어 알렉산더(Claire Alexander) 박사는 말한다.[23] 실제로 자녀를 갖는 것은 한 개인이 가진 역량을 강화시킬 수도 있다. 또다른 연구를 살펴보면, "무엇보다 혜택받지 못한 집단에서 자라난 사람들, 부모가 되는 것을 미룬다고 해서 별다른 보상이 주어지지 않는 사람들에게, 조기에 엄마가 되는 것은 그들이 자존감을 얻고, 어른다운 모습을 갖출 수 있는 기회가 된다."[24]

지금까지 살펴본바, 사람들이 '차브'와 연관짓는 몇몇 것들은 현실적 근거가 있다는 걸 알 수 있다. 확실히 자신들이 경험한 좌절을 반사회적 방식으로 표출하는, 소외되고 분노에 찬 젊은이들이 존재한다. 범죄와 약물 중독 같은 일들은 평균적 중간계급이 거주하는 교외 주택가보다 노동계급 거주지역에서 더 흔하게 발생한다. 노동계급 가정에서 자란 10대 소녀는 중간계급에 속한 동년배보다 아이를 낳게 될 가능성이 현저히 높다. 그러나 현실은 '차브'라는 말에 따라다니는 악의적 일반화와, 피해자에게 오히려 책임을 전가하는 논리와는 전혀 다르다. 빈곤과 실업, 주거위기는 일련의 사회문제들을 발생시키는 비옥한 토양이 되고 있다. 30년 전 대처에 의해 처음 봉인이 풀린 계급전쟁의 주요 타격 대상은 노동계급 공동체들이었다. 이시억들을 시행해온 기둥들이 잇따라 무너져 내렸는데도, 그곳에서의 삶이 과거와 비슷한 방식으로 지속됐다면, 그게 훨씬 놀랄 일이 아니 겠는가.

자신이 처한 상황에 스스로 책임을 져야 한다고 주장함으로써 우리는 어려운 사람들을 돕는 데 필요한 사회개혁에 훨씬 쉽게 반대하고 만다. 그러나 그런 식으로 개인을 악마로 몰아가서는 사안을 명확히 볼 수 없다. 가난한 노동계급 공동체에서 태어난 사람들이 그들의 운명을 감내해야 할 이유도 없거니와, 그 가난에 책임이 있는 것도 아니다. 그들의 삶을 지탱해온 산업들이 사라지자, 한때 노동계급 커뮤니티를 견고하게 묶어주던 결속력은 눈 깜짝할 사이에 해체돼버렸다. 거기에 사는 사람들은 한때 사회적 인정과 상대적으로 좋은 급여의 일자리를 기대할 수 있었던 사람들이다. 그들의 삶은 견고했다. 오늘날, 방대한 규모의 커뮤니티들이 좌절과 분노, 권태에 휩싸여 있다. 실물경제가 회복되지 않은 상태에서 절망을 동반한 사회적 병폐들이 번성하고 있는 것이다.

모든 비난을 보수당에 돌리는 것은 온당치 못하다. 신노동당 역시 제조업을 무기력 상태로 방치해왔기 때문이다. 집권 말기 그들은 제조업 부흥을 위한 산업 전략의 도입을 잠시나마 고민했던 게 사실이다. 하지만 그것은 규모가 지나치게 작았을뿐더러, 시기적으로도 늦었다. 영국은 1980~90년대와 같은 재앙 수준의 실업을 경험한 적이 없었다. 심지어 2008년 금융위기 이후 경제상황이 대책없이 추락할 때도 그렇지는 않았다. 파트타임에 저임금인 서비스부문 일자리들이 사라진 제조업 일자리들의 공백을 메웠다. 그러나 그 일자리들은 1980년대 대처리즘의 실험에 의해 최악의 타격을 입은 노동계급 커뮤니티들을 소생시키지 못했다. 이것은 보수당의 18년 통치 기간 동안 파괴된 노동계급 커뮤니티에 신노동당의 많은 정책들이 일회용 반창고에 불과했던 이유를 설명해준다. 상처의 출혈은 지금도 계속되는데 이 반창고는 점점 찢어지고 있다.

다수의 노동계급 구성원들이 노동당으로부터 소외감을 느끼는 것은 하등 이상한 일이 아니다. 그들은 노동당이 더이상 자기들 편에서 싸우지 않는다고 느낀다. 일부는 무관심에 굴복했지만, 전부가 그런 것은 아니다. 자신의 삶에 무슨 일이 일어나고 있는지를 설명할 서사를 빼앗긴 사람들은 다른 논리를 찾고 있다. 무거운 책임을 추궁받는 것은, 대처가 벌인 계급전쟁에서 승리한 부유층들이 아니다. 수백만 노동계급의 좌절과 분노는 그 반격의 칼끝을 이민자들에게로 향하고 있다.

8장
반발

노동당의 기만적인 거짓말과 노동계급에 대한 명백한 배반은 모두에게 분명해졌다. 그러나 정말 반가운 뉴스는 이제 급진 좌파가 노동계급을 거의 옹호하지 않는다는 점이다. —조너선 바우든(Jonathan Bowden), 영국국민당 활동가

가가호호 방문하기에는 좋지 않은 시기였다. 2010년 총선이 몇달 남지 않았기에, 나는 일군의 운동원들과 함께 좌파 평의원에 대한 투표를 호소하기 위해 거리의 집들을 방문하며 선거운동을 하고 있었다. 2010년의 혹독했던 긴 겨울이 마침내 끝나려는 참이었다. 몇달 만에 처음 찾아온 화창한 일요일을 맞아 많은 가족들이 야외에서 포근한 날씨를 즐겼고, 집에 남아 있는 사람들을 찾기란 어려웠다.

몇몇 집의 문을 두드렸으나 아무 소득이 없었다. 그러다 어느 집에서 앞치마를 두른 중년 여성을 만날 수 있었다. 그녀는 작심한 듯 속에 담아둔 말을 쏟아냈다.

"아들 녀석이 도무지 일자리를 구할 수가 없어요. 이민자들이 몰려와 일자리를 싹쓸이해서 그래요. 이민자들이 너무 많아요." 그녀의 목소리에는 분노가 서려 있었다.

누군가 이런 생각을 하고 있다면, 그저 무식한 인종주의자로 치부하고 넘어갈 수도 있다. 하지만 그녀는 분명 인종주의자는 아니었다. 나는 그녀의 말을 경청할 수밖에 없었는데, 그녀의 말투에 매우 강한 악센트, 정확하게 말하면 벵갈식 억양이 섞여 있었기 때문이다. 그녀 자신이 인도계 이민자의 후손이었음에도 이민자들이 자기 아들 같은 영국 노동자들로부터 일자리를 뺏어간다고 그녀는 비난하고 있었다. 대체 무슨 일이 벌어진 것일까?

그해 봄, 모든 정파의 활동가들은 이민문제가 끝없이 이슈화된다는 사실을 깨달았다. 그 문제는 어느날 갑자기 튀어나온 것이 아니었다. 이민에 대한 반감은 2천년대 내내 확산돼왔다. 여론조사 결과는 이민자들에 대한 적대감이 증가하고 있음을 보여주었다. 2005년 선거에서 보수당은 수치스럽기 짝이 없는 선전 포스터로 고조되는 반이민 감정을 이용하려고 했다. 그 포스터에는 '이민을 제한하려는 것이 인종주의는 아니다'라는 문구가 적혀 있었다.

그러나 사람들은 이민문제보다 영국국민당(British National Party, 이하 국민당)의 발흥에 관심을 쏟았다. 신노동당 집권 초기인 1999년만 하더라도, 국민당은 그해 유럽의회 선거에서 기껏해야 수십만 표를 얻는 데 그쳤다. 하지만 불과 10년 만에 그들의 득표수는 백만 표에 근접했다. 극우 극단주의자들은 국민당 지도자인 닉 그리핀(Nick Griffin)과 그의 동료이자 나치 동조자인 앤드류 브론스(Andrew Brons)가 유럽의회 의원이 된 것을 열렬히 환호했다.

상승하는 국민당 지지율은 국내 선거에서도 힘을 발휘했다. 1997

년 총선에서 국민당은 겨우 3만 5,832표를 얻었다. 괴짜와 다름없는 영국국법당(National Law Party)보다 조금 많은 표를 얻었는데, 득표수로는 전체 정당 가운데 17위였다. 8년 뒤 치른 선거에서 국민당은 19만 2천표를 얻었다. 이로써 영국에서 8번째로 큰 정당이 됐다. 2010년 총선에서 국민당이 의석을 얻는 데 실패하자 많은 사람들이 안도했다. 그러나 득표수는 56만 4천표에 근접했다. 현재 국민당은 영국에서 5번째로 큰 정당이다.

국민당의 부상이 영국 사회가 점차 인종주의적으로 변하고 있다는 신호일까? 간단히 말하자면 대답은 '아니오'다. 1958년 갤럽 조사만 보더라도, 당시 영국인들의 71%가 인종간 결혼에 반대했다. 그럼에도 불구하고 당시엔 의석을 확보하기는커녕 후보를 내는 인종주의 정당조차 없었다. 오늘날에는 그런 결혼관에 동의하는 사람이 거의 없기 때문에, 여론조사원들은 그 수치를 기록하느라 신경을 쓸 필요도 없다. 현재 영국은 유럽 국가들 가운데 다른 인종간 결혼이 가장 빈번한 나라다. '인종적 편견이 매우 심하다'고 간주되는 구성원이 전체의 3%에 불과하다. 어떤 식의 편견도 없다고 밝히는 경우가 5명 중에 4명꼴이다. 아이러니한 것은 영국 역사상 선거에서 가장 성공한 인종주의 정당이 등장한 그 시기에 영국은 가장 덜 인종주의적인 사회가 됐다는 점이다.

국민당의 정체를 알기 위해서는 사람들이 왜 국민당에 투표하는지 이해하는 것이 중요하다. 여론조사는 그다지 신뢰할 만한 지표가 못된다. 익명성이 보장되는 기표소를 벗어난 곳에서는, 국민당을 지지할 가능성이 있는 유권자라도 그 사실을 인정하기를 꺼리는 경우가 있기 때문이다. 그러나 여론조사는 평균적인 국민당 투표자가 노동계급일 개연성이 높다는 사실을 명확히 보여준다. 예컨대 유고브(YouGov, 인터넷을 기반으로 하는 국제적인 시장조사 회사—옮긴이)의 한 여론조사에서는 국민당 지지자의 61%가 사회계층의 하위 세 집단인 C2, D 그리고 E에 속하는 사람들로 조사됐다(마케팅 및 시장조사에서 주로 사회계층을 6단계로 나누고 있는데 이 가운데 A, B, C1 세 개는 상위계층을, C2, D, E는 하위계층을 나타낸다. 좀더 구체적으로 살펴보면 C2는 숙련된 기술을 가진 노동계급, D는 노동계급, E는 일자리가 없는 사회계층을 가리킨다—옮긴이). 국민당은 오랫동안 노동당 후보를 선출했던 백인 노동계급의 전통적 거주지역에서 성공을 거둬왔다. 국민당의 부상으로 백인 노동계급을 묘사하는 '차브'에 새로운 대중적 이미지가 더해지는데, 그것은 다름 아닌, 맥주를 많이 마셔 똥배가 나온, 이민자 무리를 향해 '떼로 몰려와 우리 일자리를 뺏어간다'고 불평하는 공영주택 단지의 스킨헤드다.

실제로 많은 정치인과 저널리스트는 국민당의 부상을 유색인들의 침입에 맞서 정체성을 지키기 위한 백인 노동자들의 시도로 손쉽게 받아들였다. 이민에 반대하는 우익 성향의 노동당 하원의원 프랭크 필드는 국민당이 사람들이 느끼는 불안감 즉, '누군가 의사도 묻지 않은 채 자신들의 나라를 빼앗아가고 있다는 느낌'에 호소하고 있다고 말했다.

그러나 수십만의 노동자를 국민당의 품으로 이끈 것은 단순히 인종주의가 아니다. 극우세력의 부상은 노동계급이 주변화되는 상황에 대한 반응이다. 무엇보다 살 만한 집과 양질의 안정된 일자리와 같은 노동자들의 관심사를 정치인들이 외면함에 따라 생겨난 산물이다. 이런 상황은 노동당이 그들의 책무인 인민의 대변자 역할을 포기했다는 대중들의 인식이 확산되면서 한층 심화돼왔다. 칼 마르크스는 언젠가 종교를 일러 '억압받는 피조물들의 한숨'이라고 했는데, 오늘날 극우파의 부상에 대해서도 비슷한 묘사가 가능하다.

국민당은 1930년대 유럽의 파시스트 정당들과 종종 비교되곤 한다. 그러나 이들은 전혀 다른 배경에서 성장했다. 대공황 시기의 파시즘은 좌파의 성장에 위협을 느낀 소자산가들과 거대 기업가들의 지지를 받았다. 반면 오늘날의 국민당은 좌파의 허약함을 배경으로 부상했다. 일자리는 불안정하고 주거위기는 심화되는 신자유주의 시대 노동계급의 우려에 해법을 제시할 만큼 좌파들이 힘을 발휘하지 못하자, 국민당이 그 공백을 채우고 나선 것이다.

내가 이야기를 나눈 한 아시아계 여성도 투표일이 되면 국민당에 표를 주지 않을 게 분명했다. 하지만 그녀도 이민의 유입이 일자리문제에 가져올 충격에 맞서 국민당에 투표하는 많은 유권자들과 비슷한 불안감을 드러냈다. 결국 이것이 시사하는 바는 이민에 대한 거센 반발이 물질적 이해관계에 의해 추동되고 있다는 사실이다. 한때 사회문제들은 어떻게든 바로잡아야 할 자본주의의 부정의에서 기인한다는 이야기가 인기를 얻었다. 그러나 이제는 이런 생각들이 주변으로 밀려나면서 모든 사회문제가 외부인들 즉 이민자들 때문에 발생한다는 생각이 점차 확산되고 있다. 우익 신문과 저널리스트들이 부추기는 이런 신화는 영국 전역에 걸친 노동계급 거주지역에서 큰 호응을 얻고 있는 실정이다.

민족적 정체성 역시 간과할 수 없는 요인이다. 국민당은 백인이 압도적으로 많은 특정 지역에서 선전하고 있는데, 이들 지역은 최근 새로운 소수인종의 유입을 경험하고 있는 곳이다. 런던 시장을 지낸 켄 리빙스턴은 이렇게 회상한다.

나는 국민전선이 런던 광역의회 선거에서 5%를 득표한 1977년 해크니 노스와 스토크 뉴잉턴 지역구에 출마했어요. 당시 국민전선의 성공은 국민당이 2008년 런던에서 거둔 그것에 비견될 만한 것이었습니다. 그들은 런던 남부의 두 선거구인 혹스턴과 해거서턴에서 출마했는데, 개표 결과 과반의석을 얻지는 못했으나 제1당이 되는 데 성공했지요. 그러나 2년 전, 그들은 사실상 2%대 득표율을 올리는 데 그쳤어요. 이로부터 나는 사람들이 인종주의 문제를 과도기적 변화를 겪는 특정 지역의 문제로 치부하는 경향이 있다는 사실을 깨달았습니다.

해크니(Hackney)는 이 나라에서 인종 혼합이 가장 두드러진 지역들 가운데 하나다. 그 결과 극우세력은 그곳에서 발붙일 공간을 잃었다. 하지만 그들은 바킹(Barking)과 대거넘(Dagenham) 같은 지역에서 번성하고 있다. 이 지역은 대규모 이민자들이 새롭게 유입되고 있으며, 국민당이 선전하는 지역이거나, 혹은 반대로 이민자는 거의 없으나 그에

차브

대한 공포가 만연한 지역이다.

　노동계급의 악마화는 국민당의 성공 스토리에서도 중요한 역할을 담당했다. 노동계급의 문화는 지배엘리트들에 의해 무가치한 것으로 폄하되었지만, (올바르게도) 소수민족 집단의 정체성에 대해서는 어느 정도 그 가치를 인정하는 사회적 분위기 속에서 우리는 살아왔다. 나아가 자유주의적인 다문화주의는 불평등을 계급이 아닌 순수하게 인종의 프리즘을 통해 이해해왔다. 이런 요소들이 합쳐지면서 결국 백인 노동자들은 다문화사회에서 인정받기 위해 민족적 자부심과 유사한 관념을 발전시키고, 인종에 기초해 자신들의 정체성을 구성하도록 고무받았다. 국민당은 백인 노동계급 구성원들을 이처럼 재앙에 직면한 사람들로 재정의함으로써 그들을 또 하나의 주변화된 인종적 소수자로 만드는 데 성공했다. 인류학자인 질리언 에번스 박사는 말한다. "백인 노동계급을 새로운 인종 집단으로 취급하는 것은 국민당에게 많은 대중적 지지를 얻게 해주었지만, 반면 노동계급이 인종적으로 다양하다고 말하는 것은 사람들의 호응을 별로 얻지 못했다."

　국민당이 의미심장한 권력을 획득하게 될 개연성은 낮다. 이것은 단지 2010년 총선 이후 당을 무력하게 만든 만성적 무능과 내분 때문만은 아니다. 그러나 그들의 부상은 경고사격과 같다. 노동자들이 정치적으로 대표되지 않고 그들의 우려가 진지하게 고려되지 않는다면, 영국은 머잖아 분노에 찬 새로운 우익 포퓰리즘과 맞닥뜨리게 될 것이다.

10년 전 크리스마스 때다. 대거넘의 히스웨이 몰 쇼핑센터는 인파로 가득 차 있었다. 나는 하원 의사당으로부터 고작 13마일 떨어진 곳에 서 있었지만 중앙정부가 있는 웨스트민스터의 분위기와는 완전히 다른 세계에 있는 것 같은 느낌을 받았다. 대거넘과 인접한 바킹은 런던 동부와 에식스(Essex)의 경계에 있는 견고한 노동계급 주거지역이다. 대거넘은 한때 런던 제조업의 중심이었다. 영국 산업의 황금시대였던 1950년대 이 지역의 포드자동차 공장은 수만명의 노동자를 고용하고 있었다. 그런데 어느 반(反)인종주의 활동가가 내게 말한 대로 이곳은 지금 '국민당의 최전선'이다.

바킹과 대거넘이 국내 정치의 레이더에 처음 포착된 것은 2006년이다. 당시 국민당은 압도적 지지를 얻어 이곳 지방의회에 진출했다. 11개의 의석 확보가 확실시되면서, 국민당은 노동당에 맞서는 주요 야당이 됐다. 그들은 51개의 의석이 걸린 이곳에 겨우 13명의 후보자를 냈을 뿐이지만 이것은 나라 전체를 뒤흔든 정치적인 격변이었다. 당시 선출된 국민당 지방의원 가운데 리처드 반브룩(Richard Barnbrook)은 2008년 런던 광역의회 선거에도 당선됐다.

왜 한때 견고한 노동당 텃밭이었던 이곳이 지금까지도 비주류의 굴레를 벗어나지 못한 인종주의 정당의 우세지역으로 전향했을까? 은퇴한 방문요양사인 마거릿 오언(Margaret Owen)은 그날 오후 그곳에서 만난 쇼핑객들 가운데 하나였다. 나는 그녀에게 사는 지역이 구성원들간의 유대가 긴밀한 곳인지 물었다. "아니오. 그렇다고 말하긴 힘들지요. 변하고 있어요." 그렇다면 가장 중요한 지역현안이 뭐라고 생각

차브

하느냐고 묻자 그녀는 잠시 주저하는 듯했다. "이런 말 하면 안되는 데…" 내가 거듭 정중하게 답변을 청하자, 그녀는 주변 구석구석을 조심스럽게 살피더니 내 쪽으로 몸을 기울이며 속삭였다. "쏟아져 들어오는 그놈의 외국인들이죠. 우리 지역은 완전히 변하고 있어요. 옛날에는 참 좋은 동네였는데." 이런 변화가 언제부터 일어난 것이냐고 물었다. "그러니까, 지난 6~7년 사이라고 할까요? 그래요, 맞아요."

그녀가 반감을 느끼는 진짜 이유가 무엇인지를 알게 되기까지는 그리 긴 시간이 걸리지 않았다. "그놈들이 집을 다 차지하고 있어요. 우리 친구들, 우리 아이들은 집을 구할 수 없는데 외국인들이 몰려와 우리 자릴 뺏고 있는 거죠. 정말 이해할 수가 없어요. 이해 못하기는 우리 아이들도 마찬가지죠. 모든 게 다 망가지고 있어요. 대거넘을 뜰 수만 있다면, 그렇게 할 거예요."

지역의 많은 거주자들도 비슷한 불만을 품고 있었다. 체구가 호리호리한 대니는 8세 때부터 이 지역에 거주해온 30대 후반의 조용한 남자로, 이곳의 산업이 붕괴되기 전까지는 인쇄업을 했다. 하지만 사업이 망한 뒤 가까운 롬포드에 있는 대형 소매점에서 일하다 가구점으로 자리를 옮겼다. 이후 그는 정리해고됐고 2년 동안 무직상태로 지내고 있다. 신노동당이 도입한 법률에 따라 실업수당을 받을 방법을 찾던 그는 회사에서 무급으로 일하든지, 자원봉사활동을 하든지 둘 중 하나를 고르라는 말을 들었다. 그는 결국 지역 자선사업체에서 봉사활동을 시작했다. 그는 말한다. "만약 회사에서 일하면, 나는 그들을 위해 돈을 벌어주는 셈이 되죠. 내가 가진 것이라곤 최저임금도 안되는 기초 정부보조금밖에 없는데도 말이에요."

마거릿 오언처럼 대니 역시 주택문제가 지역의 가장 심각한 고충이라고 했다. 그는 "집을 구하려고 대기명단에 이름을 올린 사람이 1만명에 이른다"고 말했다. 대니는 지역에서 국민당이 부상하는 것과 관련해 의견을 말하는 것을 조심스러워 했다. 자칫 인종주의자란 꼬리표가 붙을 수도 있기 때문에 이 문제가 '매우 곤란한 주제'라는 것이다.

문제는 결국 외국인들이 물밀듯 몰려들고 있다는 거예요. 그들이 정말 우리 일자리와 집을 빼앗고 있는지는 아직 의견이 분분하지요. 하지만 어떤 식으로든 그들은 살 곳과 먹을 것을 제공받고 있어요. 무슨 말인지 알겠지요? 그들도 어딘가에 자리를 잡아야 할 테고, 그러면 분명히 여기 사람들의 것을 가져가는 건 분명하니까요. 평생 꼬박꼬박 세금을 내며 이곳 대거넘에 살아온 사람들이 찬밥신세가 되는 거예요. 그러면서 점점 더 대거넘 바깥으로 밀려나는 거죠.

그의 친구 중 한명은 혼자서 아이 하나를 키우고 있는데, 여러 해 동안 임시숙박시설을 전전해왔다. 사람들이 필요로 하는 저렴한 주택들이 터무니없이 부족한데도 그곳에선 대규모 감옥 건축이 한창이다. 지역민들이 분노하는 이유도 여기에 있다. '왜 그들은 저곳에 감옥 대신 주택을 짓지 않는가?'

당연히 일자리문제는 대니의 마음을 무겁게 짓누른다. 전성기의 포드 공장은 4만 명을 고용했고, 지역공동체의 중심이었다. 그곳 반인 종주의운동 지도자인 샘 태리(Sam Tarry)는 줄곧 런던 동부에서만 살아왔는데, "실제 대거넘의 일부 지구는 특정 공장의 노동자들을 수용하기 위해 만들어졌다"고 말한다. 대니는 포드가 떠난 뒤, 다수의 지역민에게 제공된 저임금의 불안정한 일자리들을 이렇게 묘사한다.

말할 것도 없이 이 근방에서 포드가 중요한 존재이기 때문이죠. 나는 포드에서 일하지 않았어요. 일할 수 있는 다른 회사들이 있었으니까요. 하지만 그 회사들은 모조리 파산하고 있지요. 그게 문제입니다. 노력하면 일자리를 구할 수는 있겠지요. 크리스마스를 전후한 6개월짜리 임시직 같은 걸로 말이에요. 1월이 되면 같은 상태로 다시 돌아가게 돼요. 그건 잔인한 순환이지요. 그것도 아니라면, 만약 일자리를 구한다 하더라도, 거기서 받는 돈은 생계를 꾸려가기엔 턱없이 부족할 겁니다.

대니도 나름대로 화가 나지만, 전통적인 정당들이 어려움을 덜어주리란 믿음이 그에겐 없다.

많은 정치인들이 공립학교에 왔었어요. 하지만 실제 삶이 어떤지는 전혀 이해하지 못했지요. 그들은 허리띠를 졸라매본 적도, 애써 돈을 모아본 적도 없으니까요. 생활비를 벌기 위해서든 뭘 위해서든 14개의 직업을 거쳐야 하는 생활 따위는 상상할 수도 없을 거예요. 왜냐하면 그들은 연산 6만~8만 파운드를 벌고, 그 돈으로는 뭐든 살 수 있기 때문이죠. 그들은 여전히 우리를 우롱하고 있어요.

실제로 자신이 국민당에 투표했다고 기꺼이 인정하는 사람을 만날 수는 없었다. 대니 역시 자기는 투표하지 않았다고 했다. 그러나 그는 국민당이라는 독주(毒酒)를 만들어낸 성분에 대해 장황하게 묘사했다. 그것은 광범위한 주택난, 안정된 일자리의 부족, 손쉬운 희생양 찾기, 여기에 더해 정치기구에 대한 전적인 환멸 등이었다.

지역 노동조합 간부인 브렌든 더필드(Brendan Duffield)는 30년 동안 이 지역에 살아왔는데, 무엇보다 커뮤니티 사이에 진정한 혼합(융합)이 일어나야 한다고 강조했다. "20년 넘게 지역에서 축구팀을 이끌어 왔다"는 그는 이렇게 말했다.

나는 소년 팀에서 성인 팀까지 두루 운영해봤습니다. 당신이 생각할 수 있는 온갖 국적의 사람들을 다 만나봤지요. 아일랜드인, 스코틀랜드인은 말할 것도 없고, 아프리카인, 아시아인까지 다요. 그들은 뛰어나고, 헌신적이었을 뿐 아니라 여러모로 좋은 사람들이었습니다. 내가 보기에는 모든 팀원들은 서로 잘 어울려 지냅니다. 그래서 사람들이 이곳에 대해 인종주의자들이 사는 지역이라고 계속해서 얘기하면 조금 놀랍습니다. 이곳에서 다른 인종에 대한 공격 같은 것은 거의 보지 못했으니까요. 시골에 가면 바보들은 어느 동네에나 다 있는 법이죠. 정말 달리 할 일이 없는 녀석들 말이에요.

브렌든도 주택 부족이 가져온 결과에 대해선 인지하고 있었다. "말하긴 좀 부끄럽지만, 여기 지방자치단체가 저 너머에 집 13채를 짓는 사업을 막 시작했습니다. 마거릿 대처가 총리가 되고 난 뒤 거의 30년 만에 벌어진 일이지요." 그는 이 지역에 정치적 회오리를 몰고 온 것이 무엇보다 주택문제라고 확신했다. "만약 노동당이 이 지역에 주택을 지었더라면, 국민당 때문에 겪어야 하는 선택의 고민은 절반 이상 줄었을 겁니다."

신노동당 집권 시절 대거넘으로 이주해온 외국인 이민자 수가 가파르게 증가했던 것은 사실이다. 이는 대거넘에서 평생을 살아온 몇몇 사람들에게 혼란스런 경험이었음에 틀림없다. "실제로 대거넘은 영국에서 가장 빠르게 변하는 자치구였습니다. 이는 실증적으로 증명될 수 있는 사실이에요." 이 지역의 노동당 하원의원 존 크루더스의 말이다. 그는 2001년부터 대거넘에서 내리 당선됐다. 대거넘의 이런 혼란을 노골적인 반감과 적개심으로 바꿔놓은 것이 무엇인지에 대해선 크루더스를 포함한 모든 지역민들의 답변이 일치했다. 바로 주택문제였다. "대거넘은 부동산 가격이 급등하던 시기 런던 광역시에서 주택가격이 가장 싼 곳이었어요. 동시에 공영주택 구매권이 있다는 것은 사설 시장에서 훨씬 높은 가격에 되팔 수 있다는 것을 뜻했죠"라고 크루더스는 말한다. "우리가 목격한 것은 한 소규모 자치구의 주택시장이 이민자들의 광범위한 유입을 불균형적으로 지탱하고 있는 상황이었어요."

자치구 전역에 걸쳐 공영주택 구매권 제도의 불길한 그림자가 드리우기 시작했다. 구매권 제도는 사치구의 공영주택 재고량을 빠르게 고갈시켰다. "1980~90년대, 구매권 제도가 시행되면서 많은 사람들이 집을 싼 값에 구매할 수 있었어요." 샘 테리는 말한다. "시간이 흐르면서 그들 중 많은 사람들이 선택의 순간에 직면했어요. 장성한 아이들은 부모와 함께 살거나 따로 나가 사는 것 중에 선택을 해야 했지요. 집을 사는 것은 고사하고 살 집을 구하거나 세를 얻기 위해 먼 곳까지 가야 하는 겁니다." 실제로 거주자들이 구입한 공영주택의 상당수는 마지막엔 결국 개인 임대회사의 손아귀로 넘어갔다. 이들 주택은 신종 이민자들에게 특별히 매력적이었다.

그 집들은 바킹에 있는 아프리칸 커뮤니티들에게 특히 매력적이었어요. 왜냐하면 타워 햄릿이나, 해크니, 뉴엄 자치구에서 집 한채 빌릴 돈이면 침실 2~3개에 뒤뜰과 앞마당이 딸린 집을 구할 수 있기 때문이죠. 어디에 사는 게 더 즐거울지는 너무나 분명하거든요!

나아가 그는 지역민들을 더욱 좌절시키는 이슈로 고용불안을 꼽았다. "30대 후반과 40대, 50대는 내가 볼 때 포드에서 일해본 적이 없는 세대예요. 그들에겐 숙련된 기술이 없었고, 학력도 변변치 못하며, 기초적이고 부차적인 자격증만 조금씩 갖고 있을 뿐이죠"라고 샘 테리는 말한다.

유연화된 노동시장에서 일하는 사람들을 종종 볼 수 있는데, 그들을 고용하고 해고하는 데는 어떤 제약도 없습니다. 연금 혜택은 필수 사항이 아니며, 임금도 바닥 수준이죠. 이런 고용상태는 더 많은 불안감을 야기하는데, 주택과 지역의 또다른 공공서비스 문제가 초래하는 근심들에 더해, 긴박하고 불안한 분위기를 조성하기 시작합니다.

크루더스 역시 지금의 악화된 현실은 이 지역에서 일어난 '이례적인 탈산업화' 탓이 크다는 데 동의한다. "이곳은 런던 제조업의 중심이었어요. 연금과 고용 전망도 안정적이었죠. 그러니 국민당이 세력을 뻗는 것도 놀랄 만한 일은 아니에요."

바킹과 대거넘에서 국민당은 영리하게도 고삐 풀린 신자유주의의 결과에 편승하는 데 성공했다. 신노동당은 공영주택 건설을 이데올로기적인 이유로 반대했다. '자산 소유 민주주의'(property-owning democracy)를 이룩하겠다는 그들의 공약과 지방정부에 대한 불신 때문이었다. 저렴한 주택과 안정되고 보수가 좋은 일자리들은 점차 드물어졌다. 이런 상황에서 국민당은 사람들 사이에 '우리 주변엔 충분한 집이 없다. 그런데도 왜 우리는 외국인들에게 집을 줘야 하나?'와 같은 의문을 조장하면서 원 거주자가 아닌 사람들을 열외로 내몰았다.

크루더스는, 국민당이 "'바꿀 것이냐 아니면 불평등을 견딜 것이냐'는 슬로건 아래 그들의 전략을 조직하고 이를 인종문제화 하고 있다"고 말한다. 모든 이슈들, 예컨대 주거가 됐건 일자리가 됐건, 모든 것은 오직 인종문제의 차원에서 접근된다. "인종주의에 기반해서 사람들은 자신들을 둘러싼 변화들, 문화적인 것은 물론 물질직 혹은 존재론적 불안의 이유를 비로소 이해하게 됩니다"라고 크루더스는 덧붙인다. 물론 이런 서사는 허구에 지나지 않는다. 사실, 외국인에게 돌아가는 사회 주택은 겨우 스무 채 중 하나꼴이다. 그러나 정부가 주택 건설을 거부하는 상황에서, 외국인으로 보이는 많은 사람들이 특정한 커뮤니티에 대규모로 유입됨에 따라, 국민당의 서사가 많은 사람들에게 의미를 갖기 시작한 것이다.

국민당의 전략을 더욱 부추긴 것은 우익 타블로이드 신문들이었다. 『데일리 익스프레스』의 헤드라인은 '유입된 이민자들에게 흘러가는 장애연금이 5백만 파운드'라고 악다구니를 쓴다. '한 비밀 보고서가 이민이 영국을 붕괴시킬 것이라고 경고했다'는 『데일리 메일』의 엄포도 있다. 『선』은 '불법 이민자 엄마가 침실 4개 딸린 집을 받는다'고 호들갑을 떨어댄다. 만약 당신이 살 집을 구할 수 없어 매일매일 그저 생존을 위해 분투하는 노동자거나, 최소한 그런 처지의 다른 사람을 알고 있다면, 이런 타블로이드 신문의 기사들에 지속적으로 노출되면서 자연스럽게 국민당의 서사를 믿게 될 것이다. 그 서사란 다름 아닌, 내국인 몫으로 돌아갈 자원조차 충분치 않은데, 이민자들이 알짜배기를 차지하고 있다는 것이다.

이런 전략의 이면에는 노동당의 전통적 우세지역으로 침투하려는 국민당의 대담한 시도가 있다. 신노동당이 시장의 과도한 횡포로부터 노동계급 커뮤니티를 보호하는 당의 전통적 역할을 포기함에 따라, 국민당은 과거 노동당이 내걸었던 수사와 슬로건들로 스스로를 치장하기 시작했다. '노동당보다 우리가 더 노동당스럽다고 해도 틀린 말이 아니다.' 국민당 소속의 전 지방의원인 리처드 반브룩의 말이다. 국민당의 선전물은 자신들의 당을 일컬어 '당신들의 할아버지가 투표하던 그 노동당'이라고 묘사한다.

국민당의 정책들을 면밀히 검토해보면, 이 말은 난센스라는 사실이 금방 드러난다. 예컨대, 그들의 조세정책은 소득세를 없애고 대신 부가가치세를 높이는 것인데, 이는 극우파 자유지상주의 경제학자들이 옹호하는 정책으로, 평범한 노동자들의 희생을 대가로 부자들의 이익을 증진시킬 따름이다. 이 당은 대처리즘의 수사들을 거리낌없이 받아들이는데, '사기업(private-enterprise) 경제'의 입장을 옹호하며 '사유재산은 장려되어야 하고, 나라 안의 국민들에게 가능하면 더 많이 확산되어야 한다'고 주장한다.

그럼에도, 바킹과 대거넘 같은 커뮤니티 내부에서 국민당은 영리하게도 자신들을 백인 노동계급의 수호자로 포장하는 데 성공했다. 국민당은 지역 정치를 통해 백인 노동자들의 이해관계를 인종적 소수자의 이익과 대치시킴으로써 지지를 획득한 것이다. 당의 활동가들은 야외 축제를 조직하고, 쓰레기를 치우고, 연금생활자들의 정원에서 일을 도왔다. 이런 일들은 그들이 커뮤니티에 뿌리 내렸다는 인상을 줬다. "당신은 많은 노인들이 '국민당이 빙고 나이트 행사를 연다'거나, '국민당은 사람들이 길모퉁이에서 배회하지 않기를 원한다'고 말하는 것을 들을 수 있을 거예요. 이것은 그들의 실제 목적을 위장하는 고전적인 커뮤니티 정치입니다." 노조지도자 마크 서윗카의 말이다.

우려스럽게도, 국민당이 흡수하고 있는 유권자층은 과거 노동당을 지지했던 사람들뿐만이 아니다. "국민당이 11명의 지방의원 당선자를 낸 2006년 선거에서 드러난 흥미로운 사실은, 그들의 지지층이 단순히 환멸을 느낀 노동당 지지자들만이 아니라는 겁니다." 샘 태리는 말한다. "많은 사람들이 이전엔 전혀 투표를 하지 않았던, 이른바 처녀 유권자들이에요. 정치에 대해 관심없던 사람들을 실제로 자극하고, 그들로 하여금 국민당과 제휴하는 것으로 생애 첫번째 정치적 선택을 하게 만드는 것이야말로 걱정스러운 신호예요." 극우세력은 전통적인 정당들이 자신들의 이해관계를 대변하지 않는다고 여겨 한번도 투표장에 가본 적이 없는 사람들을 정치적으로 동원하는 데 성공했다.

국민당이 노동자들이 가진 일상의 문제에 대해 반동적이고 증오에 찬 해법을 제시함으로써 성공을 거뒀다는 것은 명백하다. 그러나 영국 노동계급에 대한 악마화가 낳은 효과도 무시할 수 없다. 태리가 볼 때, 노동계급의 악마화는 국민당의 성장과 이민에 대한 광범위한 반발을 가속화시킨 정체성의 위기를 부채질했다. 최근 영국다움을 구성하는 것이 무엇인지와 관련된 국민정신 찾기 움직임과 더불어, 바킹과 대거넘 같은 커뮤니티에서는 이런 물음이 제기되고 있다. '노동계급이 된다는 것은 무슨 의미인가?'

"우리가 목격해온 것은 일종의 영국 민족주의로의 전환이에요. 많은 백인 가정들이 의도적으로 영국 국기를 자기 집 창문 밖으로 내거는 걸 볼 수 있지요. 그런 행동을 통해 이들은 다소 공격적이고 배타적인 방식으로 자신들의 영토를 주장하는 것"이라고 태리는 말한다.

노동계급 출신이라는 것이 무엇을 뜻하는가 하는 문제에 있어서, 내가 정확히 꼬집어낼 수 없는 요소가 하나 있어요. 바로 영국적이 된다는 건 무슨 의미인가, 그리고 노동조합 운동을 통해 노동자들에게 목적의식과 정체감, 그리고 친밀감과 형제애를 가져다주었던 그런 전통적인 형태의 사회조직들이 쇠퇴해버린 상황에서, 우리의 정체성과 목적의식, 방향감각은 어디에서 비롯되는가 하는 것이죠. 이 지역에 그런 감각을 가져다주는 강력한 노동조합 운동이 있다고 해도, 그것은 이미 한물 가버린 것처럼 보입니다.

노동계급으로서의 자부심은 지난 30년간 산산조각 났다. 노동계급이라는 것은 차츰 버려야 할 정체성으로 간주되기 시작했다. 공장과 공영주택을 기반삼아 조직된 커뮤니티의 오랜 유대는 깨져버렸다. 과거 바킹이나 대거넘 같은 지역에 살고 있는 사람들에게 노동계급이란 정체성은 삶의 중심과도 같은 것이었다. 그것은 소속감과 자존감, 그리고 지역의 다른 주민들과의 연대감을 의미했다. 이 자부심이 사라지고 생겨난 진공상태의 일부를 영국 민족주의라는 잠에서 깬 야수가 채운 것이다.

유사한 방식으로, 글래스고와 론다 밸리에 있는 과거 노동당 지지지역에서 스코틀랜드와 웨일스 민족주의가 새로운 기반을 다지고 있음을 우리는 목격한다. 하지만 거기엔 핵심적인 차이가 있다. 웨일스 국민당(Plaid Cymru)과 스코틀랜드 국민당(SNP)은 종족에 기반한 민족주의로 기울지 않는다. 그들이 선호하는 것은 진보적 성향의 포용적 민족주의기 때문이다. 실제 웨일스 국민당에 소속된 소수민족 출신 의원 수는 다른 웨일스 정당들을 합친 것보다 더 많다. 스코틀랜드 의회에 처음 진출한 아시아계 역시 스코틀랜드 국민당 소속이었다. 영국 민족주의에서 호전적 애국주의 성향의 핵심을 이루는 것은, 오래되고 추악한 제국의 역사다. "그리 오래전 일도 아니죠. 내가 자랄 때도 분명 그랬으니까. 당시 우리 지도에는 온통 대영제국이 통치하는 곳을 표시한 붉은색 구역이 가득했어요." 노조지도자 빌리 헤이즈는 지적한다. 다른 국민들을 지배한 수백년의 전통은 영국의 국민정신에 매우 거대한 흔적을 남겨놓았는데, 국민당은 바로 그 부분을 지속적으로 잘 건드리고 있다.

지난 수년간 극우세력은 그들의 공격목표를 바꿔왔다. 유대인과 아일랜드인, 흑인, 아시아인들이 각자 다양한 지점에서 악역을 떠맡아왔는데, 오늘날 그 누구보다 악역으로 몰린 집단은 무슬림이다. 이슬람 공포증의 추악한 물결이 9·11 공격 이후 시작된 테러와의 전쟁과 함께 우리 사회를 엄습했다. 영국 군인들이 무슬림 땅에서 무슬림들과 전쟁을 벌이고 있다. 히스테리에 가까운 미디어의 무슬림 낚시질의 도움을 얻어, 국민당은 이슬람 공포증을 여론 선동의 핵심에 위치시켰다.

더욱 고약한 것은, 국민당은 불평등의 인종문제적 성격에 초점을 맞추면서, 주류 다문화주의를 냉소적이고 교묘하게 활용해왔다는 것

차브

이다. 국민당의 선동은 백인 노동자들을 억압받는 인종적 소수자로 재정의하는 방식이었는데, 그러면서 그들은 반(反)인종주의적 언어를 도용해 자기들 것으로 전유하고 있다. 국민당의 홍보전단은 '백인 소수자'와 '반(反)백인 인종주의'와 관련된 엉터리 대화들로 가득 차 있다. 국민당이 '오직 백인에게만' 가입이 허용되는 조직구조 때문에 법정에 섰을 때, 그들은 왜 다른 인종적 소수자 조직들, 예컨대 국립 흑인 치안기구 같은 조직들은 문제삼지 않느냐고 반문했다.

물론 이것은 주류 다문화주의에 대한 왜곡의 한 사례일 뿐이다. 결점도 있겠지만 어쨌든 근본적으로 다문화주의는 백인이 압도적으로 많은 우리 사회에서 전체 인구의 10분의 1에 불과한 소규모 인종 집단의 권리를 보호하는 것과 관련돼 있다. 그러나 이것은 우리가 불평등을 이해할 때 계급을 더이상 고려하지 않음으로써 나타난 결과들 가운데 하나다. 왜냐하면 불평등에서 계급이라는 요소를 뺌으로써 국민당 같은 세력이, 다른 집단들이 무슬림이나 흑인의 권리를 보호하는 것과 마찬가지로, 다문화사회에서 백인들의 권리를 수호하고 있다고 간단하게 주장할 수 있기 때문이다.

신노동당 집권기에 있었던 이민 물결이 그 자체로는 어떤 충격도 주지 못했다고 말하는 것은 지나치게 단순한 태도다. 역사적 선례들에 견줘보더라도 이민율은 높았고, 이 자체만으로도 일부 사람들 사이에 불안과 적대감을 불러일으키기에 충분했다. 만약 당신이 백인들만 살고 있는 동질성이 강한 지역에서 다른 문화와의 접촉이나 경험 없이 줄곧 살아왔다면, 공동체 내부에서 일어나는 갑작스런 변화에 처음에는 혼돈스러웠을 것이다. 역사적으로 보면 이런 긴장은 한 세대가 지나기 전, 또는 실질적인 혼합이 일어났을 때 소멸하지만, 변화를 겪고 있는 과도기에는 공동체 내에 불가피한 긴장을 불러일으킨다.

더욱이 경제적 불안정은 이민에 대한 반발을 한층 격렬하게 만든다. 국민당은 이 반발을 정치적으로 다루는 일에 능숙했다. "널리 퍼진 문제는 노동자를 위한 일자리가 없다는 것, 그들의 자식들이 살 집이 없다는 것"이라고 켄 리빙스턴은 말한다. "이런 상황에서 국민당이 '저 봐, 흑인들이 그걸 다 차지하고 있잖아'라고 말하는 일은 식은 죽 먹기일 겁니다. 하지만 현실이 정말 그런가요. 집이 됐건 일자리가 됐건 누구도 차지하지 못하고 있어요. 왜냐하면 아무것도 지어지지 않고, 아무것도 만들어지지 않았기 때문입니다."

바킹이나 대거넘 같은 지역을, 이민자들이라면 거품을 무는 격분에 찬 백인 노동자들로 득시글대는 곳이라고 희화화하는 것은 온당치 못하다. 그곳에는 국민당에 역겨움을 느끼는 사람들과 동유럽과 아프리카, 인도 대륙 출신의 이민자들을 환대하는 사람들도 존재한다.

방문 간병인인 레슬리(Leslie)와 그녀의 친구이자 연금 생활자인 모라(Mora)에게 지역의 핵심현안이 뭐냐고 물었더니, 아주 일반적인 답변이 돌아왔다. "오래되고 똑같은 문제지요. 주택이요." 그러나 이 말이 곧 국민당을 지지한다는 뜻은 아니었다. "그놈들은 나쁜 놈들이에요. 골칫거리지요. 정말 나쁜 놈들이라니까요." 그들은 입을 모았다. "그러니까 나는 바킹과 대거넘에 사는 게 정말 행복해요." 레슬리가

차브

말했고, 모라도 동의했다. "우린 다 여기서 태어났죠. 대거넘을 절대 떠나지 않을 겁니다." 두 사람 다 '국민당이 지껄이는 개소리들'을 무척 경멸했다. "지금 그들은 터무니없는 소리로 사람들을 협박하고 있어요. 노인들은 살던 집에서 쫓겨나고 그 집은 불법체류자들에게 넘어가게 된다는 거죠. 그 사람들이 불법체류자들이 어디 있는지 구체적으로 말할 수 있다면 또 몰라요. 중요한 건 이 지역엔 불법이민자들이 없다는 거예요. 정말로 모든 사람들에겐 좋은 점도 있고 나쁜 점도 있어요. 하지만 국민당은 달라요. 진짜 나쁜 놈들입니다." "진짜 인종주의자들이야. 안 그래?" 레슬리가 묻자, 모라로부터 즉각적인 답이 돌아왔다. "진짜 진짜 인종주의자들이지."

두 사람 모두 중앙 정치인들은 믿지 않았지만, 노동당 지방의원들에게는 신뢰를 나타냈다. 그러나 국민당에 대한 그들의 인상은 전반적으로 무능하다는 것이었다. "그 사람들이 한 게 뭐가 있어요? 그 사람들하고 만나려고 해봐요. 접촉 자체가 안돼요. 그러면서 만나면 건방지게 서서 얘기하죠. 노동당이 하는 게 뭐가 있냐고 (…) 노동당 사람들과는 얼마든지 접촉할 수 있어요. 그들은 당신 말을 경청한 뒤 문제를 해결해줄 거예요. 그러나 국민당은, 아니에요." 두 사람 다 자기 동네에서 배경이 제각각인 사람들과 어울려 산다고 말했다. 예컨대, 레슬리는 흑인 관리자 밑에서 흑인 간병인들과 함께 일한다. "우리 집 길 건너편에 인도인 가족이 살아요. 때때로 음식을 가져오는데, 너무너무 훌륭하죠."

이런 것들은 2010년 총선과 지방선거를 앞두고 펼친 반인종주의 캠페인의 효과였다. '증오가 아닌 희망을'이라는 캠페인은 운동가들의 탄탄한 연결망을 구축했고, 특수한 지역에 거주하는 특정 집단들을 겨냥한 홍보물을 개발했다. 그리고 국민당 지방의원들의 무능을 폭로했다. 지역 조직사업은 캠페인의 핵심이었고, 노조는 기금을 모으고 캠페인 구호를 지역의 노동자들에게 확산시키는 데 중추적 역할을 했다.

캠페인은 반인종주의 운동가들의 기대치를 뛰어넘어 큰 성과를 올렸다. 당시의 우려는 국민당이 두 선거구 가운데 최소 한 곳에서 하원의원을 당선시킬지 모른다는 것이었다. 최악의 시나리오는 그들이 지방의회를 장악하는 것이었다. 그러나 결국 국민당은 12개의 지방의회 의석을 모두 잃으면서 완전하게 참패했다. 노동당은 5월 총선에서 재앙에 가까운 궤멸을 맞을 수도 있었다. 그러나 이 지역 노동당은 바킹과 대거넘의 모든 소선거구에서 1위를 했다. 국민당 지도자 닉 그리핀은 이제 런던에서 '영국인들'이 발붙일 장소를 잃었다면서 유모차 밖으로 인형을 집어던지기도 했다.

그러나 이 결과에 만족해선 안될 일이다. 국민당이 패배한 것은 무엇보다 투표율이 높았기 때문이었다. 그리고 높은 투표율은 다름 아닌 효과적인 캠페인의 결과였다. 바킹 지방선거에서 국민당 투표자 수는 2005년 4,916명에서 2010년 6,620명으로 증가했다. 하지만 같은 기간 전체적인 투표자 수는 2만 8,906명에서 4만 4,343명으로 늘었다. 국민당의 점유율이 줄어든 것이다. 국민당의 지방의원 후보자들은 결과적으로 표를 잃은 셈이다. 선거구 당 100표 정도의 손실이

차브

었다. 실제 많은 후보자들이 1천표 이상을 얻었다. 심지어 현대사에서 가장 큰 규모로 기록되는 공공부문의 예산삭감을 국민들이 실감하기 전에, 국민당은 이미 바킹과 대거넘에서 견고한 기반을 구축한 상태였다.

국민당의 급부상을 촉발시킨 불만이 과거 어느 때보다 높은 것이 사실이다. 값싸고 살 만한 주택은 여전히 터무니없이 부족하고, 보수가 좋은 안정된 일자리도 드물긴 마찬가지다. 바킹과 대거넘의 노동자들은 이 나라 다른 지역의 노동자들과 마찬가지로 지속적으로 해결책을 요구할 것이다. 이들 커뮤니티의 미래는 누가 그들의 요구에 답하느냐에 달려 있다.

국민당의 부상은 21세기초, 우리 사회가 겪고 있는 이민자에 대한 거대한 반발, 그 빙산의 일각에 지나지 않는다. 영국인들 다수가 이민자 비율이 너무 높다고 믿는 불편한 진실을 회피할 방법은 없다. 2007년 10월 『선』이 실시한 여론조사를 보면, 전체 국민의 3분의 2에 가까운 사람들은 이민법이 더 강화되기를 원했다. 상위 세 계층(A, B, C1)의 겨우 6%가 이민이 전적으로 금지되어야 한다고 생각한 반면, 하위 세 계층(C2, D, E)에선 같은 응답의 비율이 3배나 높았다. 이런 정서는 바킹이나 대거넘처럼 이민자들의 유입 규모가 컸던 지역들에만 국한되지 않았다. 전국적으로, 반(反)이민은 국민당에 투표하리라고는 꿈도 꿔본 적 없는 사람들의 슬로건이 됐다.

이것은 우리가 1970년대에나 어울린다고 들이왔던 일이다. 서구 세계에서 가장 혹독한 반노조법에도 불구하고, 2009년 1월말 린제이 정유공장의 노동자들은 자발적인 동맹파업에 돌입했다. 미디어 논평가들은 특히 그레인지마우스, 셀라필드, 월턴, 스테이소프와 디드콧 같은 도시로 동조 파업이 확산되자 놀라움에 말문이 막혔다. 이런 일은 21세기 영국에서는 일어날 법한 사건이 아니었기 때문이다.

그러나 이렇듯 명백히 되살아난 노조의 전투성을 왜곡하려는 시도가 있었다. 미디어의 의견은 이런 움직임이 이주노동자들에 대한 항의의 뜻을 담은 반쯤은 인종주의적인 반이민 파업이라는 것이다. 카메라는 피켓 라인에서 휘날리는 플래카드를 클로즈업했다. 거기엔 '영국의 일자리는 영국인을 위한 것'이란 문구가 적혀 있었는데, 당시 총리였던 고든 브라운이 2007년 노동당 컨퍼런스에서 내놓은 끔찍한 공약 문구와 동일한 것이었다. 좌익의 몇몇 사람들에게조차 이 장면은 광신적 애국주의로 언짢게 비춰졌고, '피의 강' 연설로 불리는 1968년 이녹 파월(1960년대 이민자와 인종적 소수자에 대한 증오감을 부추겨 인기를 얻었던 보수당 정치인—옮긴이)의 수치스러운 반이민 선동을 지지하며 행진을 벌인 부두 노동자들을 떠올리게 했다.

언론은 이런 편향된 해석에 힘을 실으려 분투했다. BBC의 한 뉴스 속보에는 이렇게 말하는 노동자가 등장했다. "우리는 포르투갈과 이탈리아에서 온 사람들과 나란히 일할 수 없다." 그러나 이 보도는 엄청난 왜곡보도로 판명됐고, BBC는 다음의 인터뷰 문장을 빠뜨린 것을 사과해야 했다. "우리는 그들로부터 분리돼 있다." 이 노동자는 그들이 외국인 노동자들과 함께 일할 수 없다는 뜻으로 이 말을 한 것

차브

이었다. 왜냐하면 그렇게 할 수 없도록 돼 있었기 때문이다.

주류 언론이 제대로 보도하지 않은 파업의 진짜 원인은 오늘날 영국 노동계급의 반이민주의적 반발의 기저에 자리잡은 복합적 요인들을 분명히 드러냈다. 린제이 정유공장의 사용자인 IREM은 노조에 가입되지 않은 값싼 노동자들을 해외로부터 들여와 고용했다. 이것은 노조에 대한 파괴 위협이자, 모든 노동자들의 임금과 근로조건을 '밑바닥을 향한 경주'에 밀어넣으려는 의도였다.

"우리는 이런 일을 저지르는 고용주들보다, 이 세계 곳곳에 있는 사람들과 공통점이 더 많아요." 파업 지도부의 일원이었고, 트로츠키주의 사회주의 정당의 멤버인 키스 깁슨(Keith Gibson)이 말했다. 시위대에 편승하려는 국민당 쪽 사람들은 피켓 라인에서 배제됐다. 파업위원회의 요구안들은 이주노동자의 조직화와 이들에 대한 노조의 원조, 건설 노동자들과의 연대 등을 포함하고 있었다. 이것은 인종주의 파업과는 정반대의 파업이었다.[1]

그러나, 린제이 파업은 하나의 표준이라기보다, 예외적 사건에 가까웠다. 노조가 약한 시기였기에, 이민에 대한 노동계급의 반발 뒤에 자리잡은 적대감을 제어할 훌륭한 리더십을 갖추기란 쉬운 일이 아니었다. 많은 노동자들 사이에 퍼진 두려움은 대규모 이민으로 영국의 일자리가 사라지고, 임금은 삭감 압력을 받는다는 사실이었다.

통계 수치를 면밀히 따져보지 않는다면, 다수의 일자리가 실제로 이민자들에게 돌아간다는 결론에 동의하게 될지 모른다. 1997년 노동당이 승리하고 2010년 권력을 내줄 때까지, 영국의 일자리 수는 212

만 개가 늘었다. 하지만 늘어난 일자리 가운데 영국 출신 노동자에게 돌아간 것이 38만 5천개였던 반면, 이주노동자들에겐 172만 개의 일자리가 돌아갔다. 이는 1997년 이후 영국에서 만들어진 일자리 가운데 5분의 4 이상을 외국인 노동자들이 차지했다는 것을 의미했다.

하지만 여기엔 한 가지 중요한 사실이 고려되지 않았다. 영국의 인구가 매우 느리게 증가하고 있다는 점이다. 가용한 통계 수치들에는 몇가지 문제들이 있다. 일부 외국 태생 노동자들이 이제 영국 시민권자가 될 터인데, 그 수치들은 매우 일반적인 정보만을 전달하고 있기 때문이다. 노동 가능 연령층 중에서 영국에서 태어난 사람은 1997년 이후 겨우 34만 8천명이 늘어난 반면 비영국 태생의 노동 가능 인구는 240만명이 늘었다. 또한 같은 기간 거의 1백만에 가까운 영국인들이 영국을 떠났고, 무려 560만명의 영국인이 해외에 거주하고 있다. 흥미로운 점은 이민이 양방향으로 진행된다는 사실이 종종 망각된다는 것이다. 요점은 영국 태생 노동자들에게 돌아가는 일자리 수는, 영국 태생 노동자 인구가 증가한 것에 견줘 더 늘었다는 것이다. 외국인 가운데 구직의 행운을 누린 사람은 4분의 3이 채 안된다. 물론 이때의 일자리는 공식 통계에 잡히는 경우만 해당한다.[2] 이민자들이 사람들의 일자리를 뺏고 있다는 주장은 통계상으로도 진실이 아니다.

어쨌든, 우리의 많은 핵심적 사회서비스들은 외국인 노동자들에게 의존하고 있다. 국민건강보험(NHS)은 거의 초창기부터 이 시스템을 지탱해온 수천명의 외국인 의사와 간호사들이 없었다면 오래전 이미 붕괴했을 것이다. 의사나 치과의사 같은 보건 전문가들의 거의 3분의

1이 이민자들이다. 이민자들이 내국인들로부터 그나마 부족한 일자리마저 뺏고 있다는 주장이 아무리 근거가 없다 할지라도, 전통적인 숙련 일자리들이 지속적으로 감소해온 탓에, 그런 주장이 대중들의 상상 속에 자리잡는 것을 막을 수는 없었다. 주류에 속하는 어떤 정치적 목소리도 숙련 일자리의 감소를 세계화와 제조업에 대한 정부 지원의 부재라는 맥락 속에서 이야기하지 않았다. 대신 우리는 매일 우익 언론인과 정치인들의 왜곡된 선동에 고스란히 노출되고 있다. 고든 브라운이 '영국의 일자리는 영국 노동자들에게'라는 공약으로 희대의 오판을 저질렀을 때, 그는 단지 (영국 기업의) 일자리들이 지금껏 다른 곳으로 유출돼왔다는 견해만 확신하고 있었던 것 같다.

임금문제와 관련해 얘기해보자면, 이민이 가져오는 효과는 한층 복잡하다. 이민자들은 더 적게 받더라도 기꺼이 일하려 하고, 다른 노동자들은 불가피하게 그들과 경쟁할 수밖에 없기 때문에, 그로 인해 모든 사람들의 임금이 하락하게 되리라고 예상할 수는 있다. 2009년 옥스퍼드의 저명한 경제학자인 스티븐 니켈(Stephen Nickell)과 영국 은행의 선임 이코노미스트인 주머나 세일힌(Jumana Saleheen)이 내놓은 연구를 보면, 이민으로 인한 임금하락 폭은 대체로 미미하다. 그들의 핵심적 발견은 이민으로 인한 충격이 모두에게 균등하지 않다는 점이다. 그로부터 가장 큰 타격을 받는 노동자들은 반(半) 숙련과 미숙련의 서비스부문 종사자들이었다. 이민자 비율이 10% 증가하면 이 부문에 종사하는 노동자들의 임금은 5% 떨어질 수 있다는 결과가 나왔다.[3]

평등과인권위원회(EHRC)가 펴낸 또다른 보고서도 이민이 임금에 미치는 진반적 충격이 미미하다고 결론내렸다. 아이러니하게도 연구자들은 이민에 의해 가장 많은 영향을 받는 집단은 앞서 들어온 이민자들이란 사실을 발견했다. 그들은 '유창한 언어, 문화적 지식이나 지역에서의 경험'을 요구하지 않는 일자리들을 두고 새로 유입된 이민자들과 경쟁해야 하기 때문이다. 그렇긴 하지만, 이민자의 유입으로 임금이 삭감될 수 있는 것은 모든 육체노동자들이라는 사실도 드러났다. 고용주 입장에선 적은 임금을 받으면서라도 기꺼이 일을 하려는 외국인 노동자들로 쉽게 대체할 수 있기 때문이다. 이런 처지는 '노동시장의 주변부'에 있는 노동자들 역시 마찬가지인데, 이들은 '노동시장에서 밀려나거나 실망 실업자가 될 가능성이 가장 높은 사람들'이며, '파트타임의 저숙련 일자리(싱글맘과 청년들)에 종사하는 사람들', 그리고 장거리 이동 능력의 결여와 같은 구직장애 요인들을 지닌 사람들이다.

그렇다면 분명한 것은, 이민에 대한 태도는 소속된 계급에 따라 좌우될 것이라는 점이다. 실제, 장래의 고용주들은 값싼 외국인 노동자들로부터 이득을 얻을 것이다. "이민이 노동시장의 가장 아래에 위치한 사람들에게 미치는 영향은, 좋은 유모나 값싼 배관공을 구할 수 있어 만족해하는 상층 계층에게 미치는 영향과 다르다." 과거 노동당 정부에서 국제개발 장관을 지낸 클레어 쇼트의 진단이다.

이민이 일자리와 임금에 미치는 충격을 살필 때, 정치인과 미디어는 근면한 이민자들과 게으른 영국인을 늘 대비시켰다. 하지만 그것은 정당한 비교가 아니다. 어찌 됐든 이민자들은 가난한 그들의 모국을 떠나 일자리를 구하려는 명백한 의도를 갖고 수십만 마일을 이동해온 사람들이다. 고용주들이 그들에게서 찾는 바람직한 자질도 바로 이 점이다. EHRC 보고서는 이렇게 적고 있다.

이민자들은 확실한 상향이동 가능성이 없는 일자리에서도 기꺼이 일하려고 한다(대부분의 계절적 농업 노동이 그렇다). 왜냐하면 그들이 볼 때 이런 '낮은 지위의' 노동은 일시적인 것이며, 영어를 배우는 것과 같은 비금전적 이익을 얻을 수 있기 때문이다. 게다가 그들의 임금수준은 모국에서 받던 것과 비교하면 낮은 것도 아니다. 따라서 몇몇 역할들에서 이민자들이 현지인 노동자들보다 한층 생산적일 것이라고 예상하는 것은 어느 정도 불가피하다.[4]

저명한 노동당 평의원인 존 크루더스는 이민이 가져오는 충격을 '임금정책'과 연관지었다. 요컨대, 이민은 급료수준을 통제하기 위해 사용되는 장치라는 것이다. 결정적으로, 신노동당 정부에서 장관을 지낸 헤이즐 블리어스는 말한다. "많은 외국인들을 지속적으로 들여왔던 데는 실질적인 경제적 동기가 있었습니다. 어느 정도는 임금수준을 낮게 유지시키고, 우리의 국가경쟁력을 높였기 때문입니다. 내가 생각할 때 제대로 평가하지 못한 게 있다면 이민이 각 가정에 미친 인간적 충격입니다." 이민이 과연 의도적인 '임금정책'의 수단으로 사용된 게 맞냐고 묻자 그녀의 대답은 이랬다. "아니에요. 그것이 사회정책의 의도적인 수단으로 사용됐냐고 생각하신 않아요, 신심으로요. 하지만 나는 이민이 가져온 몇가지 결과들을 통해서 그런 면도 있었다고 봅니다. 그렇지만 그들이 밀실에 앉아 '하하, 수백만명을 들여오고 나면, 가난한 놈들, 노동자 놈들을 궁지로 몰 수 있을 거야'라고 쑥덕이진 않았을 겁니다. 노동당 정부가 그 정도는 아닙니다."

2004년 많은 동유럽 국가가 유럽연합에 가입했을 때, 영국은 그 나라 노동자들이 즉각 들어와 일자리를 찾는 것을 허용했다. 하지만 영국과 같은 정책을 채택한 나라는 아일랜드뿐이었고, 이는 결국 영국 내에서 많은 논란을 야기했다. 비판자들은 그 결정으로 값싼 노동력, 특히 폴란드인들이 영국으로 밀물처럼 유입될 것이라고 주장했다. "영국과 아일랜드만이 2년의 유예기간 전에 신규 가입국 국민들이 자국 내로 들어오도록 허용한 유일한 나라였어요. 이런 상황을 정부가 방치한 것은 미친 짓이었습니다." 켄 리빙스턴의 말이다. "그렇게 그들 모두는 이곳으로 왔습니다. 지금 런던에서야 이민은 어떤 충격도 끼치지 못해요. 쇄도하는 이민자들을 흡수하는 데 이미 익숙해져 있기 때문입니다. 그러나 일찍이 이민자들을 흡수할 필요가 없었던 다른 지역, 특히 농촌지역에는 동유럽 출신의 수많은 이민자들이 밀려들고 있어요. 임금은 떨어졌는데, 그들은 더 열심히 일하죠. 결국 일자리를 얻는 것도 그들입니다. 그 지역 사람들에게 이건 너무나 분개할 일이었어요."

이민이 이처럼 임금에 영향을 끼친다면, 타블로이드 신문이 주도하는 캠페인은 그들의 표적을 잘못 선택했다. 만약 고용주들이 이민을 사람들의 급여를 낮추는 수단으로 이용했다면, 대중들로부터 비

차브

난받아야 하는 것도 그들이다. "내가 볼 때 생활수준을 높여보려고 이곳으로 건너온 노동자들을 비난해선 안돼요." 광부들의 지도자인 크리스 키츤은 말한다. "비난받아야 할 사람들은 임금을 덜 주기 위해 외국인 노동자들을 고용한 기업주들, 특히 해외인력 송출을 전문으로 하는 기업과 대행업체들이에요. 더 나은 삶을 위해 이곳으로 온 이주노동자들을 탓할 일은 아닙니다."

2010년 총선에서 노동당이 패배하고 고든 브라운이 당 대표직을 사임한 뒤 그의 자리를 두고 경쟁한 후보자들은 앞다투어 이민이 가져온 결과들을 후회하는 발언을 쏟아냈다. 이전까지 고든 브라운의 가까운 동료였던 에드 볼즈(Ed Balls)는 이민이 "나라 전체와, 내 선거구처럼 세계화된 현실에 대처할 준비가 전혀 되어 있지 않은 지역사회 대다수 주민들의 임금과 근로조건에 직접적인 영향을 미치고 있다"고 말했다. 그러자 보수당 지도자인 데이비드 캐머런은 재빠르게 에드 볼즈를 우스꽝스러운 인종주의자 캐릭터인 앨프 가넷(Alf Garnett)과 비교하고 나섰다. 현실에서는 일자리와 임금에 훨씬 큰 영향을 미치는 여러 이슈들을 회피하기 위해서, 이민을 겨냥한 면밀한 조사가 이루어지는 실정이다. 그리고 그 조사결과 우리가 확인한 것은 이민이 임금에 미치는 효과가 미미하다는 것이다. 게다가 이민에 대한 엄중한 단속 없이도 그것이 임금이나 노동조건에 미치는 악영향은 바로잡을 수 있다. 최저임금을 인상하거나 외국인 노동자들이 토박이 노동자들에 비해 저임금이나 열악한 조건에 고용되는 것을 금지하는 것도 하나의 방법이다.

수백만명의 노동자들에게 있어 임금은 정체되거나 하락해왔다. 심지어 경기침체의 충격이 가해지기 전부터 그랬다. 그리고 이민은 오랫동안 임금하락의 원인 가운데 하나로 거론돼왔다. 그러나 제3세계의 이용 가능한 거대한 저임금 노동력과 불구상태에 빠진 영국의 노동조합 운동이야말로 임금하락의 훨씬 더 중요한 요인이다. 어찌 됐든, 회사의 이윤은 늘어나고 고용주들은 수십억의 돈다발을 쌓아두고 있다. 그들에겐 이윤을 나누라는 압력조차 없다. 그러나 오늘날 세계화가 진전되고 노조의 권리가 박탈되는 가운데 진행되는 '바닥을 향한 경주'는 정치인들이 관심을 기울여온 이슈가 아니다. 은행가들의 탐욕과 뒤이은 정계 엘리트들의 재앙에 가까운 정책들이 빚어낸 경제위기 때문에 일자리들이 사라지고 있다. 하지만 오늘날 주류 정치인들은 현대 경제 시스템의 가장 근본적인 몇가지 가정들을 위협할 수 있는 어떤 질문도 던지려 하지 않는다. 대신, 그들은 사람들의 편견에 호소하거나 우익 미디어의 떠들썩한 후원을 받는 부차적인 이슈들에만 관심을 기울인다.

이민에 대한 이같은 반발은 많은 사람들로 하여금 '백인 노동계급'은 인종주의적이란 결론을 내리게 만들었다. 하지만 노동계급은 다른 계급들에 비해 훨씬 인종적으로 뒤섞여 있다. 따라서 이런 인식은 과장된 것이기 십상이다. 영국인들의 90%는 백인이다. 런던이나 맨체스터, 버밍엄 같은 대도시를 떠나자마자 당신은 유색인종을 단 한 명도 마주치지 않고도 손쉽게 몇 마일을 여행할 수 있다.

그럼에도 불구하고, 노조지도자인 빌리 헤이즈가 말하듯 "종족적 소수자들은 거의 언제나 더 많은 사회적 불이익을 겪기 때문에, 우리는 노동계급의 10% 이상이 유색인종이라고 가정할 수 있다." 인종적 소수자들은 노동계급 일자리에 종사하는 비율이 특히 높다. 그리고 많은 도시지역에서 그들은 가장 지위가 낮고 임금이 적은 일자리를 떠맡을 공산이 크다. 예컨대 런던의 유통 매장들을 보자. 인종적 소수자들은 그 부문 인력의 35%를 차지하고 있다. 하지만 그들이 런던 인구에서 차지하는 비율은 27%에 지나지 않는다.[5] 영국에서 운행되는 버스와 승합차 운전사의 14%가 소수인종들이다. 유색인들의 직업 종사 비율은 음식조달업, 안전산업, 호텔과 레스토랑 업종에서 특히 높다. 영국에 들어와 있는 방글라데시와 파키스탄 노동자들의 절반이 시간당 임금이 7파운드가 되지 않는 일자리에 종사한다. 백인 노동자들과 비교했을 때 30%가량 낮은 임금수준이다.[6]

사회적 위계구조의 최상층에서 이런 대비는 훨씬 더 커진다. 영국 상위 100개 로펌 근무자의 3.5%만이 소수민족 출신이다.[7] 상위 100대 기업 CEO 중에선 소수민족 출신은 1명뿐이다. 금융부문을 보면, 보험연금업에 종사하는 남성의 겨우 5%만이 소수민족 출신이다.[8] 만약 당신이 노동계급에 속해 있다면, 인종적 배경이 다른 이들과 함께 일할 확률이 엘리트 전문직종이나 기업에 근무하는 사람들보다 훨씬 높다.

거주 유형에서도 비슷한 점이 발견된다. 런던에서 가장 인종적 구성이 복잡한 지역에는 노동계급이 압노적으로 많이 산다. 타워 햄릿,

뉴엄과 해크니가 그런 경우다. 반면 리치몬드나 킹스틴, 브롬리처럼 중간계급이 많은 교외지역은 인종적 소수자들의 거주 비율이 낮다. 최근의 인구센서스 결과를 보면 아시아인과 백인 사이에서 태어난 혼혈아동은 10만명, 카리브인과 백인 사이에서 태어난 혼혈은 15만 8천명이 넘는다. 영국에서 태어난 흑인 남성의 거의 절반, 영국 태생 흑인 여성의 3분의 1, 인도계와 아프리카계의 5분의 1이 백인과 결혼했다.[9] 인종적 소수자들이 노동계급 일자리에 종사하고 노동계급 거주지역에 살 확률이 훨씬 높다는 사실을 감안하면, 이런 인종적 혼합이 노동계급 내부에서 집중적으로 일어난다고 추정하는 것이 타당하다.

클레어 쇼트는 가난한 노동계급 선거구인 버밍엄 레이디우드(Ladywood)를 배경으로 의정활동을 해왔다. 이곳은 대부분의 주민이 소수민족 출신이다. 그녀는 사회적 지위가 높은 사람들보다 노동자들이 민족적 배경이 다른 사람들과 잘 어울린다는 사실에 동의한다. "당신이 알다시피 레이디우드 같은 곳은 대체로 주민들의 다양성뿐 아니라, 그들이 맺어가는 관계, 그리고 각자의 종교와 역사에 대한 상호이해가 매우 좋은 곳이에요. 거기에는 꾸준히 이어지는 풍요로운 무언가가 있지요. 학교에 다니는 아이들은 언제나 이렇게 말해요. '우리는 정말 운이 좋아요. 모든 사람들의 축제를 다 즐길 수 있으니까요.'" 노동계급은 여전히 백인이 다수다. 그러나 실제로 그들은 다른 계급보다 덜 희다.

특권층 엘리트들이 관용의 수호자라는 말은 틀린 말이다. 경제적인 동기가 개입되진 않았다 해도, 종종 중간계급이나 상층계급의 인

차브

종주의는 훨씬 치명적인 해악을 가져온다. 해리 왕자가 카메라 앞에서 아시아계 병사를 가리켜 '파키(파키스탄인─옮긴이)'라고 말했던 사실을 잊지 말자. 반유대주의는 오랫동안 엘리트들에게서 특징적으로 발견되는 인종주의였다. 나는 사립학교에 다니는 한 소년을 아는데, 그의 아버지는 런던 해러즈(Harrods) 백화점에서 비싼 금시계를 사달라는 아들의 청을 거부했다. '너무 유대인스러워 보이기 때문'이라는 게 이유였다. 한 대학강사는 언젠가 사립학교 출신의 학생들에게 강의를 하면서 노동계급은 소수민족 출신의 이웃들과 교제할 기회가 더 많다고 말했더니, 한 학생이 잠시 머뭇거리다 이렇게 물었다고 한다. "그 사람들은 더 살기 좋은 곳을 찾을 수 없어서 그런 거죠?"

오늘날 노동자들이 보여주는 이민에 대한 거센 반발을 피상적으로 읽어선 안된다. 반이민적 수사들은 단지 문화나 인종적 이유가 아닌 훨씬 복잡한 이유들 때문에 사람들의 관심을 끌어 모았다. 실제 많은 소수민족 노동자들 역시 이민에 대한 대중적 적대감을 공유하고 있다. 그러나 일자리와 임금의 불안정성이 심화되는 상황에서, 이민은 손쉬운 희생양이 됐을 뿐 아니라, 한층 적확하면서 현상유지를 심각하게 위협하는 물음들을 회피하는 변명거리를 제공했다. 책임져야 할 자들이 지금 한가롭게 불장난을 하고 있는 꼴이다.

우익 포퓰리즘이 발흥하고 있다. 뻔뻔스럽게도 그것은 노동자들에게 구애한다. 국민당이 스스로를 신뢰받는 정당으로 정립시킬 가능성은 낮다. 그러나 국민당은 현실화될 수 있는 불길함의 전조다. 포퓰리스트적 우파의 또다른 자랑거리로는 영국독립당(United Kingdom Independence Party, UKIP)이 있다. 이 당은 2010년 총선에 네번째로 도전해 100만에 가까운 표를 얻었다. 이들은 2009년 유럽의회 선거에도 두번째로 도전했다. 이민과 그로 인해 예상되는 임금과 일자리의 불이익에 대한 결연한 반대가 영국독립당 프로그램의 핵심이다. 좀더 최근에는 영국수호동맹(English Defence League, EDL)이라는 새로운 극우 집단이 영국 전역의 도시들에서 공격적인 반무슬림 시위를 조직해왔다. 더 많은 주류 우익세력들 역시 시류에 편승하고 있다. 보수당을 지지하는『데일리 텔레그래프』는 백인 노동계급을 이른바 다문화주의의 도래와 대량이민에 의해 주변화된 '영국의 배반당한 종족'으로 묘사하고 있다.

무엇보다 위험천만한 것은 요령있는 신진 포퓰리스트 우익의 등장인데, 그들은 계급에 대해 거리낌없이 얘기하며, 노동계급이 지닌 문제들에 대해 반동적인 해법을 제시한다. 그들은 노동계급의 악마화와 그들의 정체성 파괴를 맹렬히 비난한다. 그들은 또한 노동자들의 전통적인 정당인 노동당이 그들로부터 등을 돌렸다고 주장할 수도 있다. 노동자들이 갖는 불만의 근본원인이 되는 뿌리깊은 경제 이슈들에 초점을 맞추는 대신, 자신들의 포퓰리스트적 공격목표를 이민과 문화적 이슈들로 돌릴 수도 있다. 이민자들은 경제적 고통의 원인으로 지목당하고, 다문화주의는 '백인' 노동계급의 정체성을 훼손한다는 이유로 맹공격을 받는다.

이런 일이 벌어질 수 있는 이유, 그리고 포퓰리스트 우익들이 노동계급 커뮤니티를 잠식해갈 수 있었던 이유는 바로 노동당이 노동계급이 직면한 다양한 문제들, 특히 주거, 저임금, 불안정한 일자리 등에 대한 답을 주지 못했기 때문이다. 노동당은 더이상 노동계급이 정체성의 근거로 삼을 지배적 서사를 제공하지 못한다. 과거 노동당을 자연스럽게 지지했던 너무도 많은 사람들에게, 이 당은 부자들과 대기업의 편에 서 있는 것처럼 비쳐진다. 의심할 바 없이 많은 노동자들이 노동당은 더이상 '우리와 같은 사람들'을 위한 당이 아니라고 결론내렸다. 공정하게 말하면, 이 현상은 영국에서만 나타나는 게 아니다. 전통적 좌파 정당들의 드라마틱한 우경화가 서유럽 전체에 걸쳐 극우세력에 기회를 제공했다. 프랑스의 '붉은 벨트'에서 융성하고 있는 국민전선이나, 이탈리아의 선동적인 북부동맹이 그런 예다.

극우의 부상은 더욱 큰 위기를 예고하는 하나의 징후다. 그 위기란 노동계급의 대표성 위기다. 정치의 영역에서 축출되고, 정체성이 파괴되며, 사회 안에서 누려온 권력이 축소되고, 그들의 관심사가 외면받고 있음을 생각할 때, 국민당 같은 정당에 투표한 노동자들이 그리 많지 않다는 것이 오히려 놀라울 수도 있다. 많은 수의 노동자들은 어느 정당도 지지하지 않고 투표를 거부하며 사태를 수수방관하고 있다. 또다른 다수의 노동자들은 탐탁하지는 않지만 차악(遮惡)으로서 노동당에 투표하고 있다. 우익 포퓰리즘의 부상과 대중의 정치적 소외, 비관주의와 냉담함은 영국 민주주의를 파괴하는 결과를 가져올 수 있다. 위기에 처한 것은 노동계급의 미래만이 아니다. 우리 모두의 미래가 위태롭다.

결론

새로운 계급정치?

일어나라 잠 깬 사자들처럼

패퇴할 수 없는 압도적인 무리로

떨쳐내라 대지에 묶인 그대 쇠사슬

잠든 새 내려앉은 이슬 방울 털어내듯

그대들은 많고 그들은 한줌이나니.

—퍼시 비쉬 셸리(Percy Bysshe Shelley), 『자유를 향한 외침』(*The Call to Freedom*)

노동계급의 악마화는 패자에게 퍼붓는 승자의 조롱이다. 지난 30년 간 일터와 미디어, 정치권과 사회 전반에 걸쳐 노동계급의 힘은 지속적으로 약화돼왔다. 지배 엘리트들은 한때 다우닝가를 향해 행진하던 노동계급의 발걸음 소리에 경악했다. 결의에 찬 그 무리 안에선 모서리가 잔뜩 접힌 『공산당 선언』 책자와 함께 붉은 깃발이 휘날렸다. 1970년대만 해도 우파들은 이 나라의 실권을 노조가 틀어쥐고 있다며 시도 때도 없이 불만을 터뜨리곤 했다. 지금이야 그 상황이 초현실적으로 느껴지겠지만, 그것이 무시되고 경멸딩하는 노동계급의 한시절 힘이었다. 그러나 과거 가졌던 힘이 산산조각난 오늘날, 노동계급은 이녹 파월을 좋아하는, 트레이닝복 차림의 술 취한 게으름뱅이로 손쉽게 모욕당한다. 노동계급은 허약하고 무책임하며 무례하지만, 위협적이지 않은 계급이 되었다.

더럼 카운티의 콜센터에서 일하는 28세의 칼 리시먼에게 '이 사회에서 노동자들의 뜻과 처지가 제대로 대표된다고 생각하느냐'고 물었을 때, 그는 객쩍은 질문 따윈 던지지 말라는 듯 쓴웃음을 지으며 말했다. "아뇨. 전혀 그렇지 않죠." 그는 자기들이 조롱받고 있다고 느꼈던 것일까?

> 음… 맞아요. 뻔한 얘기로 들릴지 모르겠지만 노동자들 대부분은 자기 목소리를 갖지 못해요. 이런 상황에 진지하게 맞서려는 사람도 없죠. 이해 되세요? 그러니까 원한다면 얼마든지 노동자들을 조롱할 수 있다는 거죠. 왜냐하면 그들은 신문에 나오지도, 뉴스를 타지도 않을 뿐 아니라, 세상 돌아가는 일에 영향을 미칠 수도 없으니까요. 그러니 그 사람들 말에 귀를 기울이는 건 말 그대로 쓸데없는 짓이겠죠.

이런 말은 내가 노동계급 거주지역 안에서 귀에 못이 박히도록 들었던 얘기다. 그 말에선 압도적인 무력감이 느껴졌다. 버밍엄의 한 가게 점원은 영국 정치인들에 대해 이렇게 말했다. "그들은 우리와 함께 살지 않아요. 안 그런가요? 다른 세계에 살 뿐 아니라, 우리의 현실에 대해 아는 것도 없어요." 실제 많은 노동자들이 제 목소리를 잃어버렸다. 2008년 BBC가 실시한 여론조사 결과는 그리 놀랄 만한 일이 아닌데, 이 조사에서 백인 노동자 열 가운데 여섯은 자신들을 대변하는 사람이 없다고 답변했다.

물론 이것은 계급정치가 완전히 끝장나버렸다는 얘기가 아니다. 몇몇 분야에서 계급정치는 오히려 번성하고 있다. 달리 말하면, 계급정치는 부자들과 그들을 정치적으로 옹호하는 자들의 전유물이 되어버렸는데, 이는 노동계급의 악마화에 핵심적 역할을 해왔다.

부자의 계급정치가 가진 첫번째 신조는 단순 명확하다. 계급은 존재하지 않는다는 것. 계급을 부정하는 것은 정말 편리하다. 평균적인 노동자 임금은 정체된 반면, 부자들의 은행계좌로는 거액의 돈이 흘러 들어가고 있다는 사실로부터 사람들의 주의를 돌리는 데 이보다 좋은 방법은 없다. 오늘날 영국에서 부와 권력의 불공정한 분배를 제대로 감시하기란 어려워졌다. 대처리즘과 신노동당이 이 나라의 어휘 목록에서 '계급'이란 단어를 추방해버렸기 때문이다.

노동계급은 더이상 존재하지 않는다고, 혹은 사라지고 있다고 사람들을 기만하는 것은 분명 정치적으로는 유용하다. 지금까지 우리는 차브라는 캐리커처가 대다수 노동계급이 처한 현실을 제대로 볼 수 없도록 어떻게 이용됐는지를 살펴봤다. 엘리트 계급의 대변자들이 충분히 간파하듯, 지금까지 좌파가 줄곧 존속할 수 있었던 것은 노동계급 덕분이었다. 좌파가 노동자들의 열망이나 필요와 불가분의 관계라는 것은 노동당이라는 바로 그 이름에서도 나타난다. 옹호해야 할 노동계급이 사라지면, 좌파의 임무도 사라진다. 더이상 존재할 이유가 없는 것이다.

누군가 감히 계급의 이슈를 제기한다면, 그의 주장은 무시될 뿐 아니라, 그 역시 부적절한 구식 처방을 고수하는 구닥다리 인물이라 비난받기 십상이다. 우파는 심지어 19세기말에나 유행하던 경제 학설을 낯두껍게 홍보하고 있는데도 말이다. 노동당 부당수인 해리엇 하면(Harriet Harman)이 한 사람의 일생은 계급적 배경에 의해 지속적으로 영향을 받는다는 논쟁적 의견을 내놓았을 때, 자유주의 성향의 신문 『인디펜던트』는 격한 어조로 이렇게 쏘아붙였다. "하면의 주장은 틀렸다. 영국은 더이상 계급적으로 균열된 나라가 아니다."

부유층 대변자들 사이에서 유행하는 또다른 관념은 밑바닥 인생들은 그들에게 주어진 삶을 온전히 그들 스스로 감내해야 한다는 것이다. 이런 식의 사고에 따르면 불평등을 바로잡는 것은 정부의 몫이 아니다. 가난한 자들의 생활조건은 그들 스스로 행동을 변화시킬 때에야 비로소 개선될 수 있다는 것이다. 『인디펜던트』 사설은 인종적 소수자와 여성이 여전히 차별받고 있다는 사실을 인정하면서도 이렇게 주장한다. "그러나 오늘날 이 나라의 가장 큰 병폐는 밑바닥 인생들로 구성된 고질적 문제집단이다. 이들은 지금 영국에서 얼마든지 접근 가능한 경제활동 기회에 참여하지 않는다."[1] 이 주장의 결론은 명확하다. 원한다면 얼마든지 성공할 수 있는데, 그렇게 하지 않아서 문제라는 것이다. 잔인하게도 이 밑바닥 인생들에겐 자기 자신들 말고는 탓할 사람이 없다.

이런 주장은 각자의 처지에 책임을 져야 할 사람들을 기존의 계급

차브

질서에 결박해두는 것 이상의 효과를 낳는다. 가난한 노동자들을 게으르고, 편협하고, 무례하고, 더러운 존재들로 비방하는 것은 그들에 대한 공감을 점점 어렵게 만든다. 사실상 인간이 아닌 존재들로 간주돼온 최하층민들은 특히 문제가 된다. 과연 누가, 무엇 때문에 자기들이 혐오하는 사람들의 생활조건이 개선되기를 바라겠는가.

우리는 '열망'이 어떻게 개인을 구원하는 수단으로 제시되는지를 앞에서 살펴봤다. 한마디로 이는 모든 사람들의 인생목표가 중간계급이 되는 것에 맞춰져야 한다는 것이다. 대처리즘과 신노동당 모두 종교적 수준의 열의를 갖고서 이 견고한 개인주의를 조장해왔다. 과거처럼 전체 노동계급의 생활조건을 개선하려는 집단적 열망을 갖기보다, 재능있는 개인들이 스스로 노력해 계층 사다리를 올라가야 한다는 게 이들의 새로운 주문(呪文)인 것이다. 이것이 하나의 신화에 불과하다는 것은 두말할 나위가 없다. 모두가 중간계급이 될 수 있다면, 누가 슈퍼마켓 계산대에 설 것이고, 누가 쓰레기통을 비우며, 누가 콜센터에서 전화를 받겠는가? 중간계급이 되는 것을 모든 이가 열망해야 할 목표로 제시하는 것은 매우 비현실적이다. 그러나 중간계급에 대한 이같은 찬양은 사회 전반의 계급 시스템을 지탱하는 유용한 이데올로기로 작용한다.

동시에 정치인과 저널리스트들은 '중산층 영국'(Middle Britain)의 실체와 관련해서도 은근슬쩍 사실을 왜곡한다. 중립적 저널리스트인 닉 코언은 말한다. "부자들이 한 일 가운데 가장 성공적인 것은 자기들 역시 중간계급에 속한다고 신짜 중간계급을 거지반 설득한 것이

다.”정치인과 저널리스트들이 '미들 브리튼'(또는 '미들 잉글랜드')이라
고 할 때, 그들은 중위 소득층, 그러니까 2만 1천 파운드 안팎의 연 소
득을 올리는 사람들에 대해 말한 것이 아니다. 그들에게 이 말은 사실
상 '어퍼(upper) 브리튼'에 속하는 부유한 유권자들을 의미했다. 이것
은 부유층을 겨냥한 적절한 세금인상이 어떻게 '미들 브리튼'에 대한
공격으로 오도될 수 있는지를 설명해준다. 심지어 영국인 열 가운데
아홉은 연간소득이 4만 4천 파운드(2010년 보수당 정권은 부모 가운데 한명이
라도 연 소득이 4만 4천 파운드를 넘으면 종래에 주던 육아수당을 지급하지 않기로 했다—
옮긴이)에 미치지 못하는데도 말이다. 그러나 정치인들은 선거를 고려
할 때 진보적 정책의 도입은 불가능하다고 말할 것이다. 자신들의 처
지를 전적으로 오해하는 '중산층 영국'의 부동층 유권자들이 그 정책
때문에 당혹감을 느낄 것이며, 결국 선거 승패에 결정적 영향을 미치
리라는 게 그 이유다.

심지어 많은 정치인과 논평가들이 불평등을 유행처럼 찬양하고 있
다. 이들이 볼 때 불평등은 선한 것이다. 경쟁을 촉진하고, 학설의 뒷
받침을 받을 뿐 아니라, 부를 창출하는 것은 상위층 사람들이라는 사
실을 보여주기 때문이다. 그 결과 부자들은 순전히 스스로의 노력과
재능만으로 성공을 거머쥔 '부의 창조자'이자 기업가로 신격화된다.

부자들의 계급정치는 반대자들을 무력화하는 데 특히 효과적인 것
으로 입증됐다. 마거릿 대처에 의해 유명해진 '대안이 없다'는 말이
사방에서 들리고, 갑부들의 이익을 증진시키는 정책들이 사회 전체
의 행복을 위한 필수인 것처럼 제시된다. 그리고 이런 생각들은 미디

어와 싱크탱크, 그리고 부자와 권력자들의 기금 후원을 받아 생산된 수많은 정치담론들 덕분에 손쉽게 보편화된다.

선의든 악의든 아니면 순해빠진 의도에서든, 보통 '계급정치'라고 하면 노동자들을 위해 분투하는 정치로 이해된다. 하지만 이제는 아니다. 토니 블레어의 신노동당에서 주도권을 쥔 편은 부자들의 계급정치를 옹호하는 자들이었다. 노동계급의 이해를 대변하기 위해 만들어진 정당치고는 매우 놀랄 만한 방향전환이었다. 어떻게 그런 일이 일어났을까?

대처가 저지른 노조 파괴의 영향이 결정적이었다. 한 세기 동안 노동조합 운동은 노동당의 주력이었고, 이로 인해 당 안에서 노동계급의 발언권은 일정하게 유지될 수 있었다. 그러나 노조의 사회적 위상이 추락하자, 이후 등장한 노동당 지도자들은 당내에서 자신들이 해야 할 역할을 방기하기 시작했다. 그럼에도 노조는 자신들의 이해를 대변하지 않는 당 지도자들을 거듭해서 지지했다. 노조가 지닌 힘이 예전 같지 않았던 탓이다.

보수당 집권기에 치러진 네 차례 선거에서 연달아 패배하자 노동당은 사기가 꺾였고, 정권을 되찾기 위해서라면 어떤 처방도 기꺼이 받아들일 태세였다. 클레어 쇼트는 노동당원들 사이에 만연한 체념에 대해 이야기했다. 그녀는 "당이 너무 자주 패배했고, 이로 인해 당이 대변해온 사람들을 많이 실망시켰으며, 마땅히 이기리라 기대했던 1992년 선거에서 패한 뒤로는 당 전체가 오로지 선거 승리에 매달리게 됐다"고 설명했다. 토니 블레어는 1994년 노동당수로 선출됐는데, 쇼트가 보기에 당시 블레어가 얻은 절반 안팎의 지지표는 옛 지도부 쪽 후보들에 대한 불신의 결과였다.

그러고 나서 신노동당은 당 전국 집행위원회의 선출 방식을 포함해 연례 전당대회의 권한과 민주적 절차, 당내 민주주의 등 모든 것들을 약화시키는 조처들을 가차없이 도입했어요. 사람들은 거기에 동조했죠. 처음부터 파문을 일으키고 싶지 않았던 겁니다. 그러자 당의 작동 구조는 변했고, 저항할 힘조차 소진돼버렸습니다.

이런 체념과 무기력 덕분에 블레어와 그의 추종자들은 노동당에 대처주의적 해법을 이식할 수 있었다. 이 해법의 핵심은 모든 국민이 중간계급이 되기를 열망해야 한다는 것이다. 그러니 '당신의 가장 큰 업적이 무엇이냐'라는 질문에 마거릿 대처가 주저없이 '토니 블레어와 신노동당이다. 우리는 적대자들의 생각조차 바꿔놓았다'고 답할 수 있었던 것이다.[2]

국제정치 역시 일정한 역할을 했다. 동구권 공산주의가 붕괴된 뒤 자유시장자본주의를 대체할 사회체제는 존재하지 않는 것처럼 보였다. 과거 노동당 정부의 각료였던 제임스 퍼널에게 물었다. "수십년 전 보수당이 클레멘트 애틀리의 노동당 정부가 남긴 전후 복지국가 해법에 굴복할 수밖에 없었던 것처럼 신노동당 역시 대처리즘에 적응했다고 생각하시나요?"

"맞아요. 대처가 선거에서 처음 승리한 1979년의 경험에 베를린

장벽이 붕괴한 1989년의 경험이 더해지면서, 좌파가 유지해오던 일 말의 낙관주의와 자기확신은 소멸해버렸죠 (…) 어쨌든 1989년 이후 에는 약간은 믿기 힘든 상황의 연속이었습니다. 따라서 시장의 폐해 를 극복하거나, 불평등을 줄이기 위한 방법을 두고 벌어진 논쟁에서 좌파가 이기기란 난망해졌습니다."

이런 이데올로기적 분위기에서 신노동당은 노동계급의 정치적 대변자로 자신의 역할을 치장하는 일을 포기해버렸다. 신노동당의 공보비서관이었던 피터 만델슨(Peter Mandelson)의 말로는, 당에 포진한 정치 전략가들의 판단은 '노동계급 유권자들에겐 달리 갈 곳이 없다'는 것이었다.[3] 어찌 됐든, 논평가들은 종종 노동당에 대한 노동계급의 충성을 일러 '부족주의'(tribalism)라고 평가해왔다. 원초적이고 분별없는 충성심을 뜻하는 이 말은 경멸적인 함의를 갖는데, 홈 카운티(Home Counties, 런던 주변지역—옮긴이)의 보수당 우세지역 유권자들보다 대체로 노동당의 '집토끼'로 묘사되는 유권자 집단을 일컬을 때 사용된다.

어느 정도는 보수당에 대한 두려움과 증오 탓에 많은 노동자들이 무슨 일이 있어도 노동당을 '자신들의' 정당으로 생각했던 게 사실이다. 노동당 텃밭에서 선거운동을 할 때 노동당 운동원들은 이렇게 보고하곤 한다. 노동계급 유권자들은 노동당을 볼 때, 자신들의 인내심을 시험하지만 가족이라서 버릴 수는 없는 불륜에 빠진 친척쯤으로 여긴다고 말이다. 그러나 신노동당의 프로젝트가 삐걱대기 시작하자, 노동당에 환멸을 느낀 많은 수의 노동계급 유권자들은 토니 블레어와 고든 브라운의 전략가들이 내세운 '달리 갈 곳이 없나'는 가설을 부정하기 시작했다.

　신노동당의 똑똑한 젊은 친구들(40대의 블레어와 브라운을 지칭—옮긴이)은 스웨덴에서 '소파 옵션'—마지못해 전통적 지지 정당에 투표하러 나가기보다 선거를 수수방관하는 노동계급 유권자들—이라 불리는 변수를 고려하지 않았다. 보수당에 압도적 지지를 보내는 최상위층 유권자의 4분의 3 이상이 2010년 총선에서 투표를 했다. 하지만 C2(숙련 노동자—옮긴이)와 DE(반숙련/미숙련 노동자 및 불안정 노동자와 연금생활자—옮긴이)에 속하는 노동계급의 투표율은 58% 언저리에 머물렀다. 전문직과 숙련/반숙련 노동자들의 투표율 격차는 무려 18%에 달했다.[4] 이것은 선거권이 소리없이 붕괴되는 상황이나 마찬가지다. 더 많은 유권자들이 대체로 보수당보다는 노동당이 자신들의 정치적 고향이라 밝혔으나, 노동계급이 느낀 환멸의 깊이는 투표 포기로 나타났던 것이다.

　투표를 거부하는 것이 하나의 옵션이었던 것처럼 다른 정당을 지지하는 것은 또다른 옵션이었다. 스코틀랜드와 웨일스에서는, 많은 노동계급 유권자들이 노동당을 이탈해 민족주의 정당의 품에 안겼다. 2008년 글래스고 동부지역 보궐선거에서는 지역 유권자들이 항의의 표시로 1920년대 이후 처음으로 노동당이 아닌 스코틀랜드 민족주의 정당 후보자들에게 표를 던졌다. 잉글랜드에서는 앞서 살펴본 대로, 인종주의 성향의 국민당이 노동당의 전통적 지지자 수십만 명의 표를 흡수했다.

　이처럼 노동당 정권의 지속 여부가 중간계급의 지지에 달려 있다는 가설은 하나의 신화에 불과하다. 여론조사 전문기관인 입소스 모리(Ipsos MORI)에 따르면, 1997년부터 2010년 사이 상위(AB 그룹) 유권자층에서 노동당 지지율은 5%밖에 떨어지지 않았다. 반면 하위 2개 층위(C2+DE 그룹)에서는 노동당 지지자의 5분의 1이 이탈해버렸다. 실제 AB 그룹 유권자층에서 50만명이 노동당 지지를 포기한 반면, C2와 DE 그룹에서는 각각 160만명의 노동당 지지자가 증발해버렸다.

심지어 노동당의 주요 지도자 몇몇은 노동계급의 불만 누적에 따른 당의 손실을 이미 감지하고 있었다. 2010년 총선 이후 치른 당 지도부 선거에서 성공적인 캠페인을 벌이는 동안 에드 밀리번드(Ed Miliband, 현 영국 노동당 당수—옮긴이)는 '노동계급에 대한 대표성 위기'에 대해 이야기했다. 이 주제는 보통 당내의 좌익 회의기구에서나 언급되던 것이다. "냉정하게 보자. 2010년 선거 당시 하위층(DE 그룹) 유권자들로부터 1997년과 같은 지지를 얻었다면, 우리는 최소 40개의 의석을 더 얻고 여전히 의회 내 최대 정당으로 남았을 것이다."

무소속의 블레어주의자 존 크루더스는 자신이 '초기 신노동당'이라고 지칭한, 다시 말해 1997년에서 2001년 사이의 신노동당으로 돌아가는 것이 필요하다고 말했다. 그러나 신노동당이 상실한 전체 유권자 가운데 절반이 바로 그 4년 동안 사라졌다. 그리고 노동당이 잃어버린 500만의 유권자 중 400만은 토니 블레어가 당권을 쥐고 있던 그 시기에 당에 대한 지지를 철회했다. 이 유권자들은 우파로 투항한 것이 아니다. 보수당의 득표수는 1997년에서 2010년 사이 겨우 100만 표가 늘었을 뿐이다. 상황 악화는 일찍 시작됐다. 그러나 2010년 선거를 완패로 이끈 것은 노동계급에 내한 신노동당의 가차없는 외면이었다.

　단순한 선거 패배가 아니었다. 그것은 훨씬 심각한 수준의 정치적 패배였다. 노동자들을 위해 신노동당이 따낸 성과물이라곤 런던 금융가의 여유자금으로 운영되는 재정지원 서비스와 사회복지 프로그램들이 전부였는데, 그것은 과거 노동당 정부의 정책들과 비교해 온건하기 짝이 없는 것들이었다. 그러나 금융서비스가 붕괴하고 공공지출 삭감 의지가 강한 보수당이 집권하면서 이 모델은 영구적인 사망선고를 받고 말았다. 클레어 쇼트는 말했다. "신노동당은 확신했죠. '대성공이다. 우리는 시장 친화적이고 기업 친화적이지만, 가난한 사람들을 위해 많은 돈을 지출한다. 이게 성공이 아니면 뭔가.' 물론 그 성공은 일시적인 것이었습니다. 그리고 재정긴축의 여러 전망 속에 신노동당 정부가 늘린 공공지출 대부분이 깎일 것임을 암시하고 있었죠."

　계급정치로부터의 후퇴는 노동당 고유의 색깔과는 거리가 있었다. 사회민주주의와 민주사회주의, 심지어 혁명적 사회주의의 잔존 세력을 포함한 좌파 전체를 통틀어 지난 30년간 계급정치는 정체성의 정치(identity politics)에 자리를 내주었다. 대처리즘 아래서, 무엇보다 광부 파업 패배라는 최악의 상황을 겪은 뒤 노동운동이 받은 타격은 많은 좌파들에게 계급이 더이상 변화의 그럴듯한 매개물이 될 수 없음을 의미했다. 이와 달리 정체성의 정치는 여전히 급진적이고 성취 가능한 목표를 갖고 있었다. 실제로 역사는 여성과 게이, 인종적 소수자들의 해방을 위한 투쟁 위에 서 있는 것처럼 보였다.

1950~60년대만 해도, 강력한 노동운동으로부터 영감과 영향을 받은 좌파 지식인들은 노동계급의 문제와 관련해 수백 권의 책과 논문을 썼다. 그들의 작업은 노동당의 최상층 정치인들이 정치적 관점을 형성하는 데 도움을 주었을 것이다. 그러나 오늘날 진보적 지식인들은 정체성이란 이슈에 훨씬 많은 관심을 보인다. 조너선 로즈(Jonathan Rose)는 장대한 저작인 『영국 노동계급의 지적인 삶』(The Intellectulal Life of British Working Classes)에서 온라인 학술자료 「MLA 국제 저작목록」(1991~2000년)을 활용한 조사결과를 공개했다. 거기엔 '여성'이란 키워드로 검색된 자료가 1만 3,820건, '젠더'가 4,539건, '인종'이 1,862건, '탈식민'이 710건인 반면 '노동계급'이 키워드인 자료는 겨우 136건에 그쳤다.[5]

물론 이렇게 된 데는 여성과 게이, 인종적 소수자들의 해방을 위한 투쟁이 매우 중요하게 작용했다. 신노동당은 예컨대 동성애자의 평등과 여성들의 권리 신장을 위한 진보적 법안을 통과시키면서 그들의 지지를 흡수했다. 하지만 그 법안들은 노동계급을 정치적으로 배제하는 것과 적절하게 공존해온 의제였다. 이를 통해 신노동당은 대처리즘 정책들을 밀어붙이면서도 자신들의 급진적인 측면부(여성과 소수자—옮긴이)를 방어할 수 있었다. 신노동당이 여성 하원의원 후보자 수를 늘리기 위해 장려한 여성 후보자 명단은 효과적이었다. 그 목표는 칭찬할 만한 것이었지만, 실제로는 서비스부문에서 저임금 시간제 노동에 종사하는 수백만 여성 노동자들의 대표가 아닌, 전문직 출신 중간계급 여성들의 의회 진출을 촉진하는 결과를 낳았다.

좌파는 사회에서 가장 주변화된 집단을 꾸준히 옹호한다. 그것은 좌파의 의무기도 하다. 그러나 좌파는 너무도 자주 노동계급을 '대체할' 누군가를 찾아왔다. 조지 갤러웨이(George Galloway)가 노동당에 대한 좌파적이고 반전주의적 대안으로 만든 존중당(Respect Party)이 하나의 고전적 사례다. 존중당은 '테러와의 전쟁' 시기 영국에서 횡행했던 저열한 이슬람공포증에 반대하는 입장을 취했다. 그것은 정당했다. 그러나 존중당이 후보자를 낸 곳은 서부 런던과 버밍엄의 일부 지역들처럼 무슬림 밀집지역이 압도적이었다. 그들은 노동자들에게 지지를 구하지 않았다. 대신 자신들의 호소 대상을 야만적인 이라크 침공으로 분노가 들끓는 무슬림 공동체로 옮겼다. 계급정치를 버리고 공동체주의(communalist) 정치를 선택한 것이다. 노동당 좌파 존 맥도널 하원의원은 말한다. "'좌파는 여전히 계급에 기반하고 있지만, 개별 이슈와 관련된 운동들에 몰입했고, 그것들을 계급적 이슈와 연관시키지 못했다는 사실을 받아들였습니다."

좌파가 퇴각해 들어간 '피난처들' 가운데 하나는 국제정치다. 이라크·아프가니스탄·팔레스타인 전쟁에 반대하는 입장을 취할 때 특히 그랬다. 반전주의를 단순히 이즐링턴(Islington)에 사는 샌들 신은 중간계급 자유주의자의 강박으로 치부하는 것은 옳지 않다. 이런 고정관념은 지난 2006년 전쟁에 반대하는 노동당 하원의원 폴 플린(Paul Flynn)의 질의에 신노동당 각료였던 킴 하월스(Kim Howells)가 답변하며 상기시킨 이미지와 상통한다. "'정당한 대가를 지불하고 생산된 뮤즐리(아침식사용 시리얼의 일종—옮긴이)를 먹고, 해럴드 핀터(Harold Pinter, 이라크·아프가

차브

니스탄 전쟁에 반대한 영국의 극작가—옮긴이) 리바이벌의 개막공연에 가고, 때때로 『인디펜던트』를 읽는다고 해서 아프가니스탄의 마약왕들이 사라질 것이라 믿는 것은 순진한 짓이에요. 그들은 건재하거든요."

실제로 중간계급 유권자들이 노동계급 구성원들보다 아프간 전쟁을 더 지지한다는 사실을 하월스가 안다면 깜짝 놀랄지도 모른다. 입소스 모리가 2009년 실시한 대표적 여론조사는 최상위층의 경우 52%가 전쟁을 지지하고 41%는 반대한 반면, 최하층에선 전쟁 지지가 31%, 반대가 63%였다는 사실을 보여준다. 전쟁터에 나간 군대를 철수시키는 게 옳은지를 물었을 때, 애싱턴의 옛 탄광촌에서 만난 패리(Parry)는 다수 노동자들의 의견을 집약적으로 보여줬다. "네. 반드시 데려와야죠. 꼭. 그건 처음부터 우리가 끼어들 전쟁이 아니었어요!" 마찬가지로 이라크 전쟁 반대운동은 다양한 계층에 소속된 수십만명(작가들을 포함해)을 최근 들어 가장 거대했던 정치적 투쟁에 참여시켰다. 전쟁에 대해 노동계급이 보인 적대감은 이라크전과 아프가니스탄 전쟁의 확고한 지지자인 닉 코언을 경악시켰다. 그에게 이 여론조사 결과를 보여주자, '정말 놀랄 만한 결과'라고 수긍하기 앞서 잠시 할 말을 잊은 듯했다.

문제는 국제 이슈에 좌파가 부여하는 '우선성'과 관련이 있다. 많은 노동계급 구성원들은 전쟁에 반대할 것이다. 그러나 이런 반대가 주택이나 일자리에 대한 그들의 관심보다 크다는 것으로 해석되어선 곤란하다. 생활비를 대느라 분투하는 와중에, 자녀들 역시 안전한 일자리나 살 만한 집을 구하려 필사적 노력을 기울이는 상황에서, 수천 마일이나 떨어진 곳에서 진행되는 일에 에너지를 쏟아붓기란 매우 어려운 일이다. 극우 영국국민당이 이런 다양한 민생 쟁점들에 대해 증오에 찬 해법들을 냉소적으로 제안하는 동안, 좌파들은 대학 캠퍼스 주변에서 가자지구 문제와 관련해 좌판을 벌이고 있을 가능성이 더 높다. 거듭 말하건대 전쟁은 중요한 이슈다. 그러나 나라 바깥의 불의한 전쟁에 반대하며 쏟아붓는 에너지와 헌신이 노동계급이 맞닥뜨린 긴급 이슈들을 위해 싸우는 데선 발휘되지 않는 게 문제다. 이튼스쿨 동문들이 이끄는 부자들의 정부가 수백만 노동자들의 생활수준을 한층 악화시킬 정책들을 마련하는 동안, 계급정치의 새로운 물결이 형성될 조짐은 좀체 보이지 않는다.

그리하여 정부는 부자들의 이익을 노골적으로 옹호하면서, 우리 모두에겐 재앙과 같은 결과를 선사했다. 대처리즘과 함께 시작된 산업의 파괴는 경제를 금융자본에 지나치게 의존적인 상태로 만들었다. 공영주택 단지의 해체는 주택가격의 급등으로 이어졌고, 우리가 지금 붕괴를 목도중인 주택 거품을 만들어내면서 경제에 기록적 수준의 빚더미를 안겼다. 노조의 위축은 2천년대의 첫 10년간 임금수준 정체로 이어졌고, 결국 많은 이들로 하여금 임금 부족분을 신용대출로 메우게 함으로써 부채로 지탱되는 경기호황을 뒷받침했다. 신용경색은 부분적으로는 대처에 의해 시작된 지난 30년 동안의 계급전쟁으로부터 역류해온 것이다.

1979년 토니 벤이 명명한 '대처의 반혁명'이 시작된 이래 자유시장에 대한 환멸은 더 강해지지도 확산되지도 않았다. 각종 여론조사 결과는 부자들에게 더 많은 세금을 부과하는 정책이 압도적 지지를 받고 있음을 보여준다. 이런 조합들에 더해 노동당은 노동계급이 지지를 철회하고, 권리를 박탈당한 노동자 수백만명이 투표 자체를 포기하면서 권력을 뺏겼다. 이것은 노동계급이 직면한 대표의 위기가 왜 오늘날 영국 정치에서 최대 이슈인지를 설명해준다. 지금까지 노동계급은 너무나 빈번히 '차브'로 희화화되고 무시당해왔던 것이다. 폴리 토인비가 『가디언』에 기고한 칼럼의 제목은 '토니 블레어가 묻어버리려 했지만, 계급정치의 귀환은 시작될 것이다'였다. 이 칼럼에서 토인비는 "지난 수년간 배타적 계급정서를 부인함으로써 노동당은 새로 얻은 유권자보다 더 많은 유권자들을 소외시켜왔는지도 모른다"[6]고 썼다.

그러나 계급에 기반한 새로운 정치는 21세기 영국에서 어떤 모습을 띠게 될까? 한가지 확실한 것은 좌파에 뿌리를 둔 단 하나의 운동만이 현재의 난국에 대처할 수 있다는 점이다. 맥빠진 중도정치가 노동계급의 요구와 열망을 충족시키는 데 실패한 것은 분명하다. 그것은 수백만의 노동계급을 냉소에 빠지게 하거나, 극우세력의 품에 안기도록 했다. 자기의 고유 의제를 다른 집단의 의제들과 접합하려던 좌파의 재앙적 실험들이 보여준 바대로, 정치세력으로서 좌파의 미래는 영국 노동계급 내부에 정치적 기반을 재건할 수 있느냐 없느냐에 달려 있다.

노동계급의 열망에 대한 전반적인 재정의가 정치 의제의 중심에 자리잡아야 한다. "열망의 기본개념에서 출발해야 한다고 봅니다."

존 크루더스는 말한다. "이것이야말로 2001년 이후 신노동당이 저지른 실책 가운데 최악의 것이기 때문입니다. 그들은 이 열망의 개념으로부터 의무와 책임감, 사람들을 결집시키는 일치감 같은 공동체주의적 요소를 제거해버렸어요. 그 결과 원자화되고, 소비지향적이고, 탐욕스런 자아만 남게 된 거죠." 새로운 열망은 공동체를 개선하고 노동계급 전체가 직면한 삶의 조건을 더 낫게 만드는 노력과 결부되어야 한다. 단순히 재능있는 개인들을 계층 사다리의 상층으로 끌어올리는 데 그쳐서는 안된다.

그렇다고 1970년대에 실행되고 설파되던 계급정치로 돌아가서도 곤란하다. 계급정치가 기반해 있던 노동계급은 근본적으로 변했다. 굴뚝공장으로 빽빽하던 과거의 스카이라인은 사라졌다. 그와 더불어 남성이 대다수를 차지하던 산업 노동계급 역시 대를 이어 내려온 평생직장과 함께 사라졌다(혹은 빠르게 사라지고 있다). 작업장 주변에 근거지를 두었던 모든 커뮤니티들도 마찬가지 운명을 맞았다. 이제 새로운 운동은 한층 분절화되고, 직업 자체가 불안정할 수밖에 없는 미조직 노동자들, 그리고 증가하는 시간제 임시직 노동자들에게 말을 걸어야 한다. 그들이 하는 일은 일반적으로 더 청결하고 육체적 노력을 덜 필요로 하지만, 다수의 옛 산업 일자리들이 제공했던 자부심과 만족감은 결여돼 있다. 선망의 대상이던 숙련 일자리들은 많은 경우 진열대를 정리하는 서비스 일자리들로 대체됐다.

계급에 기반을 둔 과거의 운동들은 오로지 작업장에만 기대를 걸었다. 물론 작업장은 여전히 중요하다. 그것은 노동계급의 경계를 구

차브

획하고, 하루하루 노동계급의 삶을 형성하기 때문이다. 그러나 사람들이 이 직장 저 직장을 전전할 가능성이 훨씬 높아진 오늘날(실제 1년에 1번 이상 직장을 옮기는 일도 일부에선 흔하다), 진보운동은 작업장뿐 아니라, 지역사회에도 뿌리를 내려야 한다. 이것은 비록 비뚤어진 방식이긴 하지만 국민당이 해온 일이기도 하다. 그들이 선택한 것은 커뮤니티 정치였다. 지역의 바자회부터 반사회적 행위에 대처하는 일까지, 쓰레기 줍기부터 살 만한 주거 마련을 촉구하는 캠페인에 이르기까지 국민당은 다양한 수준의 성공사례를 축적함으로써 존재감을 확보하려 분투했다.

우리는 노동자들의 투표 가능성이 어떤 식으로 줄어드는지를 살펴봤다. 버락 오바마(Barack Obama)는 2008년 자신이 미국 대통령에 당선될 수 있었던 것을, 당시 운동이 얼마나 소모적이었는지와 상관없이, 각성한 빈곤층 유권자들이 움직여준 덕으로 돌렸다. 달리 말해, 유권자의 확대가 승리의 열쇠였다. 이 나라 정치 캠페인의 우선순위 가운데 하나도, 책임지지 않는 정치에 환멸을 느껴 투표 참여를 포기해온 노동계급 구성원들을 투표장으로 이끌어내는 것이다.

그것이 대처리즘 치하에서 내적 분화가 심화된 노동계급을 하나로 아우르는 일일 것이다. 물론 과장해선 안된다. 존 맥도널의 말대로 "노동계급 내부에는 항상 이질적인 부분들이 존재했다. 그 이질성은 숙련 노동자와 비숙련 노동자, 임시직 노동자와 나머지 노동자들의 차이를 포함한다." 그러나 토니 블레어의 전략 담당으로 일했던 매튜 테일러는 확신에 차서 말한다. "직업이 있고 주택을 소유한 노동계급의 생활조건은 공영주택에 사는 노동자들의 처지와 매우 다르다." 실제 그가 말한 '실직상태'의 노동자들은 공영주택에 밀집해 있다. 나는 복지수당을 부당하게 수령하는 사람들에 대해 노동계급이 갖는 적의를 확인할 수 있었는데, 그 감정은 충분히 진실하고 수긍할 만한 것이었다.

실업이 탈정치화되었다는 것도 문제다. 좌파의 상징적 인물인 재로우 마치(Jarrow March)가 1936년에 정리한 대로 실업과의 투쟁은 좌파가 펼쳐온 위대한 성전(聖戰) 가운데 하나였다. 1970년대에는 지금보다 실업자가 적었다. 그러나 당시 실업은 그 시대의 가장 중요한 정치적 이슈로 받아들여졌다. 마거릿 대처의 보수당이 '노동당은 일하지 않는다'(Labour Isn't Working, 여기서 Labour는 노동계급을 함께 지칭하는 중의적 표현—옮긴이)는 악명 높은 포스터로 제임스 캘러헌 정부를 맹렬히 비난했을 당시 영국의 실업자는 100만명 정도였다.

이후 들어선 정부들이 실업 수치를 능력상실 급여(incapacity benefits) 통계를 이용해 집계하면서, 논쟁의 용어들도 변화해왔다. 실업은 공중보건 이슈로 전환됐는데, 상당수의 급여 청구자가 실제 일을 할 수 없을 만큼 병약한지 여부가 특히 문제가 됐다. 신노동당과 보수당 정치인들이 급여 청구자들로부터 급여를 박탈하기 위해 든 논거는 본질적으로 옳은 것이다. 급여 청구자 개인과 그들의 가족은 대체로 일자리를 가질 형편이 되는 사람들이었기 때문이다. 그러나 그들이 간과한 질문이 있었다. '실직자들에게 줄 만한 괜찮은 일자리가 어디 있단 말인가?' 가용한 일자리가 있다고 해도, 사실 그 일자리는 저임

차브

금에 임시직인 데다, 질마저 형편없는 경우가 허다했다.

질 좋고, 숙련을 요하고, 안정되고, 보수가 넉넉한 일자리들에 대한 또다른 핵심 수요가 분명히 있다. 하지만 그 일자리들은 실직자들에게 돌아갈 몫은 아니었다. 물론 많은 저임금 서비스부문 노동자들에게 선택 가능한 대안을 제공할 수는 있었다. '우리가 토론할 문제는 산업정책을 마련하는 것'이라고 신경제학재단의 아일리스 로울러는 말한다. "숙련 일자리의 '실종된 허리'를 채울 산업들을 지원하고 촉진하는 정책을 마련해야 합니다. 그 정책들은 가난한 지역과 경기후퇴로 타격을 입은 지역을 우선적으로 고려해야 하는 것은 물론, 특정한 산업에 특화된 정책이어야 합니다." 노동당 정부는 집권 말기 산업정책을 만지작거리긴 했다. 그러나 13년에 걸친 제조업의 붕괴 이후 시작된 움직임이었고, 그 목표가 그리 선명하지도 않았다. 그러나 지금 보수당이 '경제 재조정'과 '산업이 부흥하는 영국'을 이야기함에 따라 새로운 산업전략을 옹호할 만한 충분한 정치적 공간이 생겼다.

양질의 일자리를 마련하기 위한 캠페인은 광범위한 사회적 변화의 기폭제가 될 수 있다. 일자리가 만들어지면 노동계급 공동체에 영향을 미치는 뿌리깊은 문제들을 해결하는 데 도움이 된다. 많은 노동자 가구가 직면한 가장 심각한 위기가 주거문제다. 국가의 공영주택 건설 프로그램은 다수의 숙련 노동력을 필요로 할 뿐 아니라, 건설업 경기도 살리고 여기에 더해 좋은 일자리도 만들어낸다. '공영주택지킴이'의 앨런 월터가 신노동당 집권 말기에 지적한 대로, 시장이 시민들의 필요를 충족시키는 데 실패한 이상 이제는 "최고의 환경기준에 맞춰 잘 지어지고 디자인된 제3세대 1등급 공영주택을 건설하는 데 투자할 때다. 이 공영주택은 양호한 커뮤니티 시설과 대중교통 연계망을 갖춰야 한다. 이를 통해 우리는 주택을 투기 대상으로 취급하는 상황을 벗어나 21세기형 주택을 공급하는 데 집중할 수 있을 것이다."

일자리 창출 운동을 통해 우리는 생태 위기로 초래된 도전에도 대처할 수 있을 것이다. '녹색 뉴딜'은 재생가능 에너지 섹터를 번창시키고, 집과 사업체에 단열장치를 설치하는 국가적 사업을 촉발함으로써 수십만 개의 일자리를 창출할 수도 있다. 『가디언』의 경제 에디터 래리 엘리엇은 말한다. "경제정책을 환경정책과 실질적으로 결합하는 데 정부의 역할이 있다고 생각합니다."

건설·건축업 분야에는 미숙련이 아닌 반숙련 노동자들이 무척 많은데, 이들에게 정부는 매우 지대한 영향을 미칠 수 있습니다. 주택 단열 같은 좋은 사업을 할 수도 있고, 동시에 새로운 녹색산업부문을 창출할 수도 있어요. 주택 내부에 설치하게 될 제품들은 제조업 기반을 다지는 데도 도움이 됩니다. 일자리와 새로운 산업 분야를 창출하는 정부의 이같은 조처들을 통해 일종의 승수효과를 거두게 되는 셈입니다.

게다가 일련의 새로운 일자리들을 제공함으로써 노동자들에게 환경에 대한 책임감을 부여할 수도 있다. 이런 일자리들이 환경 이슈를 먹

차브

고사는 이슈로 전환시키기 때문이다. 녹색이 가미된 계급정치란 이런 것이다.

분명히 이런 새 일자리들은 오래된 일자리들을 대체하지 않을 것이며, 그렇게 되어서도 안된다. 예컨대 청소부, 쓰레기 수거인, 버스 운전사, 슈퍼마켓 계산원과 비서들이 사라진다면 사회는 매우 빠르게 작동을 멈춰버릴 것이다. 반면 광고회사 임원, 경영 컨설턴트, 프라이빗 에쿼티 펀드의 중역 같은 고임금 직종들이 어느날 갑자기 사라진다고 해도 사회는 전에 그랬던 것만큼이나 잘 굴러갈 것이다. 많은 경우 조금 더 나아질지도 모른다. 따라서 노동자들은 자신이 사회적으로 가치있는 존재라는 자긍심을 되찾을 필요가 있다. 이를 통해 저임금과 노동조건을 개선하는 데 중대한 진전을 가져올 수 있을 것이며, 또 이러한 진전은 그 일자리들이 우리 삶에서 차지하는 중요성에 견줘볼 때 정당한 것이기도 하다.

우리는 현대 영국에서 일자리의 안정성이 과거보다 얼마나 취약해졌는지를 살펴봤다. 영국의 고용주들은 서구 어느 나라의 고용주들보다 자신이 부리는 직원을 마음대로 처분할 수 있다. 기본적 권리조차 갖지 못한 수많은 임시직 파견 노동자들은 심지어 즉석에서 해고될 수도 있다. 고용과 해고의 조건이 빚어내는 불안감에 더해, 용도가 소진되는 순간 버려질 수 있는 물건이나 단순 경제자원처럼 취급되는 것은 정말로 비인간적이다. 최근에는 문자 메시지나 심지어 확성기 통보만으로 노동자를 해고하는 경우도 있다.

일자리의 인정성 확보는 새로운 진보운동의 중심에 자리잡아야 한다. 그러나 그것은 임금과 노동조건 개선을 요구하는 수준에서 훨씬 더 나아가야 한다. 새로운 계급정치는 많은 노동자들, 특히 서비스부문 노동자들이 느끼는 뿌리깊은 소외(일상적이고 반복적인 업무가 동반하는 지극한 권태와 지루함)를 해결해야 한다. 작업의 숙련도를 높이거나 노동자들의 일상적 업무에 변화를 주는 것에 그쳐서는 안된다. 이것이 새로운 정치의 일부인 것은 맞지만 전부는 아니기 때문이다. 노동자가 노동과정을 실질적으로 통제하고 작업장 안에서 힘을 가져야 하는 것은 물론이다.

2010년 총선 이전 보수당이 떠올린 아이디어는 공공부문 내에 이른바 노동자 협동조합 주택을 만드는 것이었다. 당시 보수당 그림자 내각의 재무장관 역할을 맡았던 조지 오스본(George Osborne)은 이를 '공공부문 노동자들에게 권력을 이전하는 것'이라며 '1980년대에 공영임대주택 분양을 시작하면서 노동자들에게 권력을 이양한 것과 거의 맞먹는 것'이라고 표현했다. 그러나 실제로 이것은 방대한 공공영역의 민영화를 은폐하는 기만술로 전통적인 노동당의 언어를 뻔뻔하게도 차용한 것이었다. 그러나 이런 수사는 액면 그대로 받아들여졌고, 자연스럽게 '민간부문에도 같은 원칙을 적용해야 하지 않는가?'라는 반응과 함께, 결과적으로는 민영화의 판돈을 올리는 것으로 이어졌다.

새로운 계급정치에 대한 요청은 경제부문에 진정한 민주주의를 가져올 것이다. 시장의 약탈에 대한 환멸이 확산된 까닭에 대중의 마음도 확실히 움직일 것이다. 영국 경제를 지배하는 무절제한 경제적 폭군들 대신, 핵심 기업들이 사회적 소유로 전환되고, 노동자와 소비자들에 의해 민주적으로 경영될 수 있다. 그것은 2차 세계대전 이후 피터 만델슨의 조부인 허버트 모리슨에 의해 도입된, 상명하달식의 낡은 관료주의적 국유화에 대한 실질적 대안이 될 것이며, 노동자들은 기계의 단순한 부속품이 아닌, 실질적 권력을 갖게 될 것이다.

중요한 것은 노동계급이 우려하는 것들, 그러니까 지금까지 우파에 의해 냉소적으로 취급돼온 문제들에 대한 해결책을 찾아야 한다는 것이다. 예컨대 이민에 대한 대중의 적대감과 반발을 그저 무시하거나 인종주의로 비난하기보다, 거기로부터 응답없는 분노에 휩싸여 잘못된 길로 인도된 노동계급의 좌절을 현대의 계급정치는 읽어내야 한다. 이민에 대한 적대적 감정을 완화시키려면, 양호한 집과 일자리 부족 같은, 정말로 비난받아 마땅하고 전체 노동계급에 영향을 미치는 이슈들을 인지하고 적극 대처해야 한다.

이민자를 희생양 삼는 것은 지금의 상황에 실질적 책임을 져야 할 엘리트들을 구해주는 격이니 비극이 아닐 수 없다. 노동계급의 분노가 이 상황에 진짜 책임이 있는 자들에게로 향한다면, 노동자들은 출신 배경에 상관없이 하나로 뭉칠 수 있을 것이다. 저널리스트 조헌 하리는 말한다. "탈세로 해마다 700억 파운드의 돈이 국고에서 도둑맞는다. 하지만 사람들은 그 돈이 강탈당한 것이라고 말하지 않는다. 그러나 몇몇 가난한 소말리아인들은 먹고살기 위해 분투할 뿐인데도 당신의 돈을 강탈한 것으로 여겨진다. 국고에서 수십억 파운드를 절취한 것은 부유층인데도 밀이다. 우리 사회 내부의 균열에 대해 생각하는 더욱 건강하고 생산적인 방법은 백인 노동자들과 이민자들이 스스로를 같은 편이라 인식하고, 자신들의 돈을 강탈한 기업들과 억만장자들에 맞서는 것이다."

우파로부터 되찾아올 수 있는 노동계급의 관심사 가운데 또 하나의 좋은 사례가 반사회적 행위다. 부풀려진 이슈이긴 하지만, 그것은 누구보다 노동계급 커뮤니티 거주자들에게 영향을 미치며, 일부 구성원들의 삶에 어두운 그림자를 드리우는 게 사실이다. 한편으로 새로운 계급정치는 사태의 근본원인들과 맞서야 한다. 예컨대 그것은 청년실업, 빈곤, 그리고 청소년 시설의 부족 같은 것들이다. 한편으로 그것은 사람들이 자신이 속한 커뮤니티 내에서 위협을 받는 상황도 막아야 하는데, 그렇다고 노동계급 청소년들을 신노동당이 저지른 낙인찍기의 덫에 빠지게 해서도 안된다. 존 맥도널은 "신노동당은 반사회적 행위를 부각시키고 시민들의 자유를 공격함으로써 사람들로 하여금 커뮤니티 안에서 벌어지는 일들과 관련해 시스템 자체를 문제삼기보다, 서로를 공격하고 비난하도록 부추겼다. 물론 새로운 계급정치가 개인의 책임을 전적으로 무시하는 것은 아니다. 대신 그것은 문제를 사회적 맥락 속에서 파악하려고 시도한다. 노동계급이 모여 사는 어느 지역에나 사기꾼도 있고 악한도 있다. 그리고 이로 인해 야기되는 문제들을 사람들은 자신들이 속한 커뮤니티를 스스로 통제함으로써 극복하려 애쓴다."

지난 30년 동안 최상위 부자들에게 흘러들어간 부와 권력의 그로테스크한 재분배에 대해 진작부터 대처했어야 한다고 말하는 것은 부질없는 짓이다. 일부에선 이것을 계급전쟁이라 부를 수도 있다. 그러나 계급전쟁이란 표현은 경기후퇴로 인해 노동자의 생활수준이 피폐화되고 수천명의 노동자들이 일터 바깥으로 내쳐지는 동안, 상위 부자 1천명의 재산은 2009년부터 2010년 사이 30%나 증가한 상황을 이야기할 때 사용하는 것이 한층 온당할 것이다. 보수당 정부가 법인세율을 선진국가에서 가장 낮은 수준인 24%로 내리는 동안, 빈곤층에게 한층 불리한 부가가치세율는 20%까지 올린 사실에 대해서도 마찬가지다. 이것이 계급전쟁이다. 새로운 계급정치는 이 상황에 대해 마땅히 해답을 내놓아야 한다.

보조금 부당수령 같은 빈곤층의 범죄는 자주 정치인과 언론인들의 표적이 되는 반면, 이보다 훨씬 거대한 부자들의 금융범죄는 곧잘 무시된다. 이것이야말로 복지 사기에 맞춰진 비난의 초점이 탈세로 옮겨져야 하는 이유다. 우리가 이미 살펴본 바대로 탈세가 납세자에게 전가하는 비용은 복지 사기에 비해 7배나 많다. 부자들에게 정당한 부담이 지워질 수 있도록 전반적인 조세체계가 재조정되어야 하는 것은 물론이다. 경기 호황기에 부자들의 수입은 전에 없이 증가했고, 그들에겐 추가로 세금을 부담해도 될 만큼 돈이 풍족하기 때문이다.

반론은 한결같다. '세금을 더 걷으면 부자들이 해외로 달아나지 않겠는가?' 기업의 중역을 지낸 공인회계사 리처드 머피는 이런 주장이 노동당 집권 말기 연간소득 15만 파운드 이상의 부자들에게 50%의 소득세율을 적용하려고 할 때 나온 반대 논거라고 지적한다. "모두들 무거운 세금을 피해 스위스로 가겠다고 했어요. 그러나 2009년 영국에서 스위스 금융기관으로 접수된 자금운용 신청 건수는 2008년보다 7%나 감소했습니다. 스위스 금융기관이 접수한 전체 조회건수도 1천건을 갓 넘었는데, 그것들 대부분은 공개된 방식이 아니라, 기술자와 IT종사자, 그리고 경영인력들의 은밀한 타진이 많았어요." 해외로 떠난 6대 주요기업들은 심지어 처음부터 영국에 세금을 내지도 않고 있었다. 논란에도 불구하고, 실제 국고로 들어오는 세수는 예상치보다 많았다.

새로운 계급정치는 국가의 부가 부유한 엘리트들의 은행계좌로 빨려 들어가는 것을 막기 위해 조세체계를 개편하는 것보다 더 많은 것을 가져다줄 것이다. 근로자 임금이 동결되거나 심지어 삭감되는 동안에도 고용주들이 거대한 부를 축적하는 것을 막으려는 실질적 압력은 거의 없었다. 이 부끄러운 상황은 무엇보다 조직된 힘(노동조합)으로 존재하던 노동자들의 권력이 파괴됐기 때문에 빚어졌다. 독창적 저서인 『스피릿 레벨』의 공동 저자인 리처드 윌킨슨 교수는 말한다. "강력한 노동조합의 존재가 평등수준이 높은 사회의 특징 가운데 하나라는 사실을 보여주는 연구들이 있습니다."

은행가와 최고경영자 등 최상위 소득자들이 이렇게 막대한 보너스를 자기들에게 지급할 수 있다는 것은, 그들이 어떤 제약도 없는 상황 속에 놓여 있다는 사실을 보여준다고 생각합니다. 만약 강력한 노동조합이 존재하거나 회사 이사회에 노동자 대표가 참여한다면, 노동자들의 임금인상 요구를 억누르면서 CEO들만의 막대한 급여와 보너스를 챙기기는 곤란해질 겁니다.

사회적 발언권의 부재와 임금 정체, 작업장내 권리 결핍 같은, 노동계급이 직면한 많은 문제들의 핵심에 노동조합의 쇠퇴가 자리잡고 있다. 토니 블레어가 한때 자랑한 대로, 신노동당이 가져온 변화들에도 불구하고 '영국의 법률은 서구 세계에서 노조활동을 가장 제약하는 상태로 남아 있다.' 실제로 영국은 국제노동기구 협약국으로서 다양한 의무조항들을 위반하고 있다. '노동자들은 작업장 안에서 자신들의 의사가 표현될 수 있기를 바라지만, 노조에 적대적인 법률들은 노조의 의사대변 능력을 약화시켜왔다.' 존 맥도널은 말한다. "노조는 어렵고 엄혹한 상황에서도 최선을 다하고 있습니다."

모든 탄압에도 불구하고 노동조합은 700만이 넘는 조합원을 보유한, 영국에서 가장 큰 민주적 시민사회 조직으로 여전히 남아 있다. 노동조합의 취약성은 무엇보다 민간부문에서의 조직률이 크게 떨어졌기 때문인데, 공공부문 노동자의 절반 이상이 노조에 가입돼 있는 반면 민간부문의 노조 가입률은 15% 정도밖에 되지 않는다. 이는 단지 법률적 제약 때문만은 아니다. 켄 리빙스턴이 말하듯 "고용의 공정성을 보장하기 위해 국가가 개입했다면 상황을 신속하게 변화시킬 수도 있었다." 하지만 임시고용의 특성과 임시직 시간제 근로자가 다수인 파편화된 서비스부문의 상황은 노조의 조직화를 어렵게 만든다. 20세기말에서 21세기초 노조들에게 주어진 임무는 권리가 상대적으로 보장된 숙련 노동자 중심의 소식기반을 미조직된 비숙련 노동자들로 확대하는 것이었다. 당시 이런 시도는 '신조합주의'라고 불렸는데, 노동조합 운동의 미래는 새로운 서비스부문 노동자의 조직화에 특별한 초점을 맞춘 신조합주의에 달려 있다.

긴축과 내핍의 시대에, 노동조합이 조직 영역을 확장하는 것은 물론 의미가 있다. "의회 바깥에서의 투쟁으로 정부의 긴축정책을 철회시킬 수 있을 만큼 충분히 강력한 연대를 이루기 위해 노동자들은 소비자 단체들과 연대할 필요가 있다." 노사관계 전문가인 그레고어 골 교수는 말한다. "이런 시도를 개별 조합들의 운동이 아니라, 전체 노동조합 운동 차원에서 벌여야 합니다. 공공부문의 일자리와 임금을 지키는 것은 공공서비스의 양과 질을 방어하는 것과 같은 것이기 때문이지요." 예컨대, 공공부문 노동자들이 해고 위기에 직면해 있다면, 그들의 어려움에 대해서만 이야기할 게 아니라, 공공부문에서의 해고가 소비자들이 누리는 서비스에 초래할 손실과 민간부문 노동자들까지 위험에 빠뜨리게 될 경제적 연쇄효과에 대해 설득해야 한다는 것이다.

무엇보다 노조는 노동계급의 현재 상태에 적응할 필요가 있다. "노동운동이 달라졌다는 사실을 인식해야 합니다. 30년 전 존재하던 방식으로는 결코 되돌아갈 수 없어요." 노조지도자인 빌리 헤이즈는 말한다. "과거의 강력함을 되찾을 수도 있죠. 그러나 노조운동은 다양한 아이디어와 기획을 만들어낼 차세대 지도자들을 찾고 있어요. 나와 비슷한 사람들은 발전을 이뤄낼 역량이 없습니다."

누군가는 계급 중심의 운동이 중간계급을 소외시킬 것이라고 말할 것이다. 그러나 반드시 그렇게 되리란 법은 없다. 한 정치인은 '서비튼(Surbiton, 런던 교외의 주거지역—옮긴이) 거주자는 결코 설득할 수 없을 것'이란 단순한 이유로 가장 보수적인 프로그램을 옹호하는 것은 '절망의 정치'라고 했다. 내게 이 말을 한 사람은 신노동당의 충실한 옹호자인 헤이즐 블리어스다. 나는 그 말에 동의하지 않을 수 없다.

대부분의 중간계급 구성원들도 질 좋고 재정이 탄탄한 지역 사립학교와 개인병원을 이용할 형편이 안된다. 여론조사 결과는 중간계급 구성원들이 부자들에 대한 고율과세를 지지한다는 사실을 보여준다. 부자들에게 공정한 몫을 부담시키는 것에 대해 그들이 노동자들보다 덜 우호적일 리도 만무하다. 범죄로부터 안전한 환경에서 생활하는 것과 범죄의 사회적 원인을 줄이는 것이 그들의 관심사에 부합하는 것은 물론이다. 리처드 월킨슨과 케이트 피켓의 획기적인 불평등 연구서인 『스피릿 레벨』이 보여주듯, 평등의 정도가 확대될수록 사회의 모든 집단은 이익을 얻는데, 여기엔 중간계급도 예외가 아니다.

그러나 새로운 계급정치는 단순히 영국에만 국한될 수는 없다. 극도로 부유한 기업 엘리트들이 세계화된 것처럼, 노동계급도 세계화되어야 한다. 다국적 기업들이 언제든 선출된 정부를 인질로 삼을 수 있는 상황에서, 난국에 잘 대처할 수 있는 유일한 세력은 강력하고 국제화된 노동뿐이다. 빠르게 늘어나는 인도와 중국의 노동자들과 공동의 노력을 기울임으로써 영국 노동자들은 전세계적으로 진행되는 임금과 노동조건의 '바닥을 향한 경쟁'의 파괴적 결과를 막을 수 있다.

그런 운동들이 순조롭게 시작되지 못하면, 앞으로 일어날 일들에 관한 온갖 종류의 파국적이고 묵시록적 예언들이 판칠 것이며, 폭동과 혁명을 예고하는 음울한 경고음이 울려 퍼질 것이다. 현실은 진실로 우울하다. 노동계급은 허약하고 자기 목소리도 없는 상태에 계속 머물 것이다. 그들은 여전히 중간계급의 저녁 파티에서 농담거리로 씹힐 것이고, 분노에 찬 우익 신문의 칼럼에서 조리돌림당할 것이며, TV 시트콤에서 조롱거리가 될 것이다. 모든 지역사회에서 안정되고 급여가 넉넉한 일자리는 꿈도 꿀 수 없을 것이며, 그 지역 주민들에 대한 악마적 묘사는 계속될 것이다. 또한 억만장자들이 전례없이 한몫을 잡는 동안에도 그들의 생활수준은 지속적으로 정체되고 하락할 것이다. 투표장에 가려는 노동자들은 큰 폭으로 줄어들 것이며, 우익 포퓰리즘은 노동계급을 멸시받아 마땅한 존재로 묘사하던 그 방식으로 사람들의 환멸과 분노를 활용할 것이다. 주류 정치인들은 한줌의 부자 엘리트들의 요구를 만족시키는 데 에너지를 쏟아부을 것이며, 정치는 19세기에 그랬던 것처럼, 경쟁하는 부자 파벌간의 집안 다툼으로 돌아갈 것이다.

노동계급에 대한 악마화의 본질은 부자들의 노골적인 승리 과시하기에 다름 아니다. 그들은 더이상 아래로부터 어떤 도전도 받지 않으며, 이제 아랫사람들을 손가락질하며 비웃는다. 엘리트들이 저지른 범죄의 비용을 노동계급에게 전가하는 긴축 프로그램을 지금의 보수당 정부가 추진하면서, 그들에겐 비웃을 대상이 많아졌기 때문이다.

그러나 이런 방식이 언제까지 지속될 리 없다. 금융가들의 탐욕이 빚어낸 경제위기를 겪으며, 부자들의 이해관계를 중심으로 조직된 사회가 얼마나 얼토당토않은 사회인지가 만천하에 드러났다. 새로운 계급정치는 헤게모니를 쥐고 있고 어떤 도전도 받지 않는 부자들의 계급정치가 이 사회에 만들어낸 불균형을 시정하는 출발점이 될 것이다. 만약 그렇게 된다면 개인들의 이익이 아닌, 민중들의 필요에 기반한 새로운 사회를 또 한번 구현하는 것도 가능해진다. 노동계급은 과거 자신들의 이익을 지키기 위해 뭉쳤다. 자기들의 이야기를 들어달라 요구했고, 부자와 권력자들로부터 양보를 얻어냈다. 비록 비웃음을 사고 무시당할지라도 그들은 다시 한번 그 일을 할 것이다.

감사의 말

이 책은 열렬한 응원과 조언, 그리고 다른 이들의 체험을 바탕으로 씌어질 수 있었다.

조던 골드먼(Jordan Goldman)과 도미니크 샌드브룩(Dominic Sandbrook)의 응원이 없었다면 나는 애초에 펜을 들지도 못했을 것이다. 원래의 아이디어를 북돋워 구체화시켜주고 처음부터 수많은 조언을 거듭해준 앤드류 고든(Andrew Gordon)의 헌신적인 도움은 정말 큰 행운이었고, 나는 그의 지원 덕분에 갈팡질팡하지 않았다. 이 책은 그의 노고에 힘입어 태어났다고 해도 과언이 아닐 것이다. 버소(Verso) 출판사의 톰 펜(Tom Penn)은 탁월하면서도 끈기있는 편집자로 내 거친 문장을 손질해가면서 헤아릴 수 없는 부분에서 도움을 주었다. 타리크 알리(Tariq Ali)는 처음부터 이 책을 열렬히 응원해주었고 버소에서 책을 내도록 주선해주었다.

많은 전문가들이 친절하게 시간을 쪼개 식견을 보태주었고 아이디어를 전달했으며 내 생각을 좀더 확실하게 만들어주었다. 그 이름을 적는다. 앨런 월터(Alan Walter, 공영주택 거주민들을 위해 열심히 뛴 활동가로 애석하게도 이 책이 씌어지는 동안 세상을 떠났다), 마틴 반즈(Martin Barnes), 필립 블론드(Phillip Blond), 존 캐리(John Carey) 교수, 닉 코언(Nick Cohen), 대니 도를링

(Danny Dorling) 교수, 래리 엘리엇(Larry Elliott), 질리언 에반스(Gillian Evans) 박사, 그레고어 골(Gregor Gall) 교수, 존 골드소프(John Goldthorpe) 교수, 린제이 핸리(Lynsey Hanley), 조헌 하리(Johann Hari), 데이비드 키너스턴 (David Kynaston), 아일리스 로울러 (Eilís Lawlor), 롭 맥도널드(Rob MacDonald) 교수, 존 맥도널(John McDonnell) 의원, 존 맥아이닐리(John McInally), 로스 맥키빈(Ross McKibbin) 박사, 피오나 밀러(Fiona Millar), 리처드 머피(Richard Murphy), 샘 태리(Sam Tarry), 매튜 테일러(Matthew Taylor), 마크 토머스(Mark Thomas), 그레이엄 터너(Graham Turner), 피오나 위어(Fiona Weir), 피터 휘틀(Peter Whittle), 리처드 윌킨슨(Richard Wilkinson) 교수.

　운이 좋게도 나는 글을 쓰는 내내 친구들의 지원을 받았다. 많은 이들이 초고를 읽고 결정적인 제안과 비판을 해주었다. 이들에게 감사를 전하며 그 이름을 적는다. 그랜트 아처(Grant Archer), 루스 에일럿(Ruth Aylett), 그레이엄 배시(Graham Bash), 알렉스 비크로프트(Alex Beecroft), 제임스 베번(James Bevan), 리엄 크랜리(Liam Cranley), 데이비드 이스턴(David Easton), 앤드류 피셔(Andrew Fisher), 팀 플랫먼(Tim Flatman), 롤라 프리어스(Lola Frears), 롭 존스(Rob Jones), 리 크리츠먼(Leah Kreitzman), 수 루커스(Sue Lukes), 도로시 마케도(Dorothy Macedo), 마이크 핍스(Mike Phipps), 제이미 랜(Jamie Rann), 데이비드 로버츠(David Roberts), 애덤 스미스(Adam Smith) 박사, 스테판 스미스(Stefan Smith), 톰 스타우트(Tom Stoate), 크리스 탭(Chris Tapp), 조지 테일러(George Taylor), 저마이머 토머스(Jemima Thomas), 크리스 워드(Chris Ward).

　인터뷰를 위해 흔쾌히 시간을 내준 모든 분들께 깊이 감사드린다.

특히 불쑥 던져진 거슬리는 질문에도 대답해준 노동계급 지역사회의 구성원들께 감사드린다. 이 책에 실린 어떤 인터뷰도 그분들의 말만큼 믿을 만하고 통찰력 넘치며 흥미롭지 못할 것이다. 그들의 경험과 의견을 공정하게 다루는 것은 내가 가장 심혈을 기울인 작업이었다. 부디 그러했기를 빈다.

차브

주(註)

들어가며

1. Michael Kerr, 'A "chav-free" break? No thanks', *Daily Telegraph*, 21 January 2009.
2. http://www.dailymail.co.uk/debate/article-1295459/A-perfect-folkhero-times-Moat-popularity-reflects-societys-warped-values.html " "
3. Simon Heffer, 'We pay to have an underclass', *Daily Telegraph*, 29 August 2007.
4. Zoe Williams, 'The chavs and the chav-nots', *Guardian*, 16 July 2008.
5. Christopher Howse, 'Calling people chavs is criminal', *Daily Telegraph*, 17 July 2008.
6. Emily Pykett, 'Working classes are less intelligent, says evolution expert', *Scotsman*, 22 May 2008.

1장

1. Quoted by Peter Wilby, 'The nursery-tale treatment of a real-life nightmare', *Guardian*, 14 May 2007.
2. Allison Pearson, 'Poor Shannon was already a lost child', *Daily Mail*, 27 February 2008.
3. Allison Pearson, '98 words that broke my heart', *Daily Mail*, 9 May 2007.
4. India Knight, 'Every mother's nightmare', *The Times*, 6 May 2007.
5. Roy Greenslade, 'Why is missing Shannon not getting the same coverage as Madeleine?', *Guardian*, 5 March 2008.
6. Andrew Norfolk, 'Poor little Shannon Matthews. Too poor for us to care that she is lost?', *The Times*, 1 March 2008.
7. Melanie Reid, 'Shannon Matthews is the new face of poverty', *The Times*, 17 March 2008.
8. Cole Moreton, 'Missing: The contrasting searches for Shannon and Madeleine', *Independent on Sunday*, 2 March 2008.
9. Maureen Messent, 'Home's no place for shy Shannon', *Birmingham Evening Mail*, 28 March 2008.

10. Melanie Phillips, 'Why Shannon is one more victim of the folly of "lifestyle choice"', *Daily Mail*, 17 March 2008.

11. Neil Sears, 'Calls for Tory councillor to resign after he suggests parents on benefits should be sterilised after one child', *Daily Mail*, 24 March 2008.

12. MailOnline, 'Calls for Tory councillor to resign', dailymail.co.uk, 24 March 2008.

13. Lucy Thornton, 'Mocked… but we all stick together', *Mirror*, 10 April 2008.

14. N/A, 'A feckless existence', *Huddersfield Examiner*, 5 December 2008.

15. Alastair Taylor, 'Estate is like a nastier Beirut', *Sun*, 9 April 2008.

16. Carole Malone, 'Force low-life to work for a living', *News of the World*, 7 December 2008.

17. N/A, 'Plea for the victims of welfare Britain', *Daily Mail*, 6 December 2008.

18. Joe Mott, 'Shameless attack on our poor', *Daily Star*, 13 April 2008.

19. Melanie McDonagh, 'Shannon Matthews case: Five fathers, one mother and a muddled family saga', *Independent on Sunday*, 13 April 2008.

20. Bruce Anderson, 'The night a grim malaise was hammered home', *Sunday Telegraph*, 16 November 2008.

21. There are numerous examples of the Daily Mail glorifying stay-at-home mothers. See for example Steve Doughty, 'Children perform better if mother stays at home', *Daily Mail*, 9 June 2006; Daniel Martin, 'Betrayal of stay-at-home mothers: Millions lose state pensions after Government U-turn', *Daily Mail*, 20 December 2007; Steve Doughty, '"Superwoman is a myth" say modern women because "family life suffers with working mums"', *Daily Mail*, 6 August 2008.

22. Centre for Social Justice, centreforsocialjustice.org.uk, 2 December 2008.

23. Ibid.

24. David Cameron, 'There are 5 million people on benefits in Britain. How do we stop them turning into Karen Matthews?', *Daily Mail*, 8 December 2008.

25. Gaby Hinsliff, 'Tories to probe long-term jobless', *Observer*, 7 December 2008.

26. The Sutton Trust, *The Educational Backgrounds of Leading Journalists*, suttontrust.com, June 2006.

27. Christina Patterson, 'Heaven help the white working class now', *Independent*, 24 January 2009.

28. The Sutton Trust, suttontrust.com, 9 December 2005.

29. Allison Pearson, 'I looked at Ivan and thought, "We're going to get through this. He's lovely" ', *Sunday Telegraph*, 16 October 2005.

30. Vincent Moss, 'Tory leader David Cameron at centre of a political storm', *Sunday Mirror*, 23 March 2008.

31. Dylan Jones, *Cameron on Cameron: Conversations with Dylan Jones*, London 2008, p. 207.

32. Gaby Hinsliff, 'Public wants taxes that hurt the rich', *Observer*, 4 January 2009.

33. Department for Work and Pensions, *Households Below Average Income Report 1994/95–2006/07*, dwp.gov.uk.

34. Julian Glover, 'Riven by class and no social mobility–Britain in 2007', *Guardian*, 20 October 2007.

35. John Harris, 'Bottom of the class', *Guardian*, 11 April 2006.

36. Chris Holmes, *Housing, Equality and Choice*, London 2003, p. 3.

37. John Harris, 'Safe as houses', *Guardian*, 30 September 2008.

38. George Jones, 'More high earners should live on council estates, professor tells Whitehall', *Daily Telegraph*, 21 February 2007.

39. John Hills, *Ends and Means: The Future Roles of Social Housing in England*, London 2007, p. 45.

40. Richard Pendlebury, 'Downfall of a decent clan', *Daily Mail*, 16 April 2008.

41. Alison Park et al, eds, *British Social Attitudes: The 24th Report*, London 2008, p. 242.

42. Whitney Richard David Jones, *The Tree of Commonwealth 1450–1793*, London 2000, p. 136.

2장

1. C. A. R. Crosland, *The Future of Socialism*, London 1956, p. 61.

2. Hugo Young, *One of Us*, London 1990, p. 127.

3. Margaret Thatcher, 'Don't undo my work', *Newsweek*, 27 April 1992.

4. Conservative Central Office, *The Right Approach: A Statement of Conservative Aims*, October 1976.

5. John Cole, *As It Seemed to Me: Political Memoirs*, London 1995, p. 209.

6. Posted by Andrew Sparrow, *Guardian* politics blog, guardian.co.uk, 9 March 2009.

7. Chris Ogden, *Maggie: An Intimate Portrait of a Woman in Power*, New York 1990, p. 333.

8. Mary Shaw, Daniel Dorling, David Gordon and George Davey Smith, *The Widening Gap: Health Inequalities and Policy in Britain*, Bristol 1999, p. 147.

9. Earl A. Reitan, *The Thatcher Revolution: Margaret Thatcher, John Major, Tony Blair, and the Transformation of Modern Britain*, 1979–2001, Oxford 2003, p. 77.

10. Eric J. Evans, *Thatcher and Thatcherism*, London 2004, p. 139.

11. Shaw et al, *The Widening Gap: Health Inequalities and Policy in Britain*, pp. 144, 145, 147.

12. Stewart Lansley, *Life In TheMiddle: The Untold Story of Britain's Average Earners*, London 2009, p. 15.

13. Interview with *Catholic Herald*, 22 December 1978, margaretthatcher.org.

14. Nicholas Ridley Memorial Lecture, 22 November 1996, margaretthatcher.org.

15. Interview with The Times, 22 November 1989, margaretthatcher.org.

16. Julian Buchanan, 'Understanding Problematic Drug Use: A Medical Matter or a Social Issue?', *British Journal of Community Justice*, 4(2): 387–397.

17. Mark Duguid, *Cracker*, London 2009, pp. 67, 70.

18. Euan Ferguson, 'Best Foot goes ever forward', *Observer*, 4 March 2001.

3장

1. Polly Toynbee, 'Tony Blair tried to bury it, but class politics looks set to return', *Guardian*, 10 July 2010.

2. Francis Elliott and James Hanning, 'The many faces of Mr Cameron', *Daily Mail*, 17 March 2007.

3. James Hanning and Francis Elliott, 'David Cameron's band of Etonian brothers', *Independent*, 20 May 2007.

4. Daniel Hannan, 'If you pay people to be poor, you'll never run out of poor people', *Daily Telegraph*, 18 April 2009.

5. Allegra Stratton, 'Tories get their sums wrong in attack on teen pregnancy', *Guardian*, 15 February 2010.

6. Amelia Gentleman, 'Teenage pregnancy more opportunity than catastrophe, says study', *Guardian*, 12 February 2010.

차브

7. Randeep Ramesh, 'Talking tough on teenage pregnancy', *Guardian*, 17 March 2009.

8. Melissa Kite, 'Coalition to tell unemployed to "get on your bike" ', *Telegraph*, 26 June 2010.

9. Paul Waugh, 'Plot to rid council estates of poor', *Evening Standard*, 10 July 2009.

10. CharlesMurray, *Underclass: The Crisis Deepens,* London 1994, pp. 5, 8, 32.

11. Anushka Asthana, 'George Osborne's budget cuts will hit Britain's poorest families six times harder than the richest,' *Observer*, 27 June 2010.

12. Jason Groves, 'Tory minister under fire for gaffe as he tells MPs: "Those in most need will bear the burden of cuts"', *Daily Mail*, 11 June 2010.

13. Rosalind Ryan and Andrew Sparrow, 'No 10 plays down Flint's social housing plan', *Guardian*, 5 February 2008.

14. James Kirkup, 'James Purnell defends welfare reform after accusations of "stigmatising" benefits claimants', *Daily Telegraph*, 10 December 2008.

15. Martin Bright, 'Interview: James Purnell', *New Statesman*, 18 September 2008.

16. Anthony Horowitz, 'Hoodies and baddies', *The Times*, 23 July 2005.

17. Michael Young, 'Down with meritocracy', *Guardian*, 29 June 2001.

18. Jon Swaine, 'White working class "feels ignored on immigration" ', *Telegraph*, 2 January 2009.

4장

1. P. J. Keating, *The Working Classes in Victorian Fiction*, London 1971, p. 21.

2. George Orwell, *A Collection of Essays*, New York 1953, p. 57.

3. Andrew Billen, 'Meet the romantic lead in the new Merchant-Ivory film. (Just kidding)', *Observer*, 5 January 1997.

4. Daily Mail reporter, 'Rising toll of Waynettas …', *Daily Mail*, 14 January 2010.

5. Lee Bok, *The Little Book of Chavs: The Branded Guide to Britain's New Elite*, Bath 2004.

6. Lee Bok, *The Chav Guide to Life*, Bath 2006, pp. 11, 12.

7. Mia Wallace and Clint Spanner, *Chav!: A User's Guide to Britain's New Ruling Class*, London 2004, pp. 14, 51–2, 75, 235.

8. Jemima Lewis, 'In defence of snobbery', *Daily Telegraph*, 1 February 2004.

9. David Thomas, 'A to Z of Chavs', *Daily Mail*, 20 October 2004.

10. David Thomas, 'I'm a Chav, get me out of here', *Daily Mail*, 12 February 2004.

11. Brendan O'Neill, 'Roasting the masses', *Guardian*, 27 August 2008.

12. Johann Hari, 'Jaded contempt for the working class', *Independent*, 22 January 2007.

13. Rachel Williams, 'Affluent teenagers drink more, study shows', *Guardian*, 24 June 2010.

14. Janet Daley, 'The real reason for all those louts on holiday', *Sunday Telegraph*, 9 August 2009.

15. Michael Odell, 'This much I know: John Bird', *Observer*, 27 August 2006.

16. N/A, 'BBC to explore Britain's white working class', *Daily Telegraph*, 21 November 2007.

17. Yasmin Alibhai-Brown, 'God bless the foreigners willing to do our dirty work,' *Independent*, 23 August 2006.

18. Yasmin Alibhai-Brown, *Independent*, 5 January 2009.

19. 'The Janet Daley column', *The Times*, 2 June 1994.

20. Amanda Platell, 'It's shabby values, not class, that are to blame for society's ills', *Daily Mail*, 30 January 2010.

21. Duncan Larcombe, 'Future bling of England', *Sun*, 10 April 2006.

22. Decca Aitkenhead, 'Class rules', *Guardian*, 20 October 2007.

23. Nick Britten, 'Britain has produced unteachable "uber-chavs" ', *Daily Telegraph*, 9 February 2009.

24. Hannah Frankel, 'From the other side of the tracks', *Times Education Supplement*, 30 October 2009.

25. Jade Goody, *Jade: My Autobiography*, London 2006, pp. 23, 31, 41, 58.

26. Paul Callan, 'LEADER: How can bosses defend the show that shames us?', *Daily Express*, 19 January 2007.

27. Simon Heffer, 'What we're actually seeing is class hatred,' *Daily Telegraph*, 20 January 2007.

28. Stuart Jeffries, 'Beauty and the beastliness: a tale of declining British values', *Guardian*, 19 January 2007.

29. Johann Hari, 'Jaded contempt for the working class', *Independent*, 22 January 2007.

30. *Evening Standard letters*, 18 January 2007.

31. N/A, *Nottingham Evening Post*, 18 January 2007.

차브

32. Fiona Sturges, 'Jade Goody: Reality TV star and media phenomenon', *Independent*, 23 March 2009.

33. Rod Liddle, 'After Jade's cancer, what next? "I'm a tumour, get me out of here"?', *Spectator*, 23 August 2008.

34. Jan Moir, 'The saddest reality show of all: Are we so desensitized that watching a woman's death is acceptable entertainment?', *Daily Mail*, 21 February 2009.

35. Toby Young, 'Couples on Wife Swap are divorced from reality', *Mail on Sunday*, 7 November 2004.

36. Andrew Sparrow, 'Jeremy Kyle Show "undermines anti-poverty efforts", says thinktank', *Guardian*, 10 September 2008.

37. Lorna Martin, 'Cracker creator blasts "chav" TV', *Observer*, 27 August 2006.

38. Matt Lucas, David Walliams and Boyd Hilton, *Inside Little Britain*, London 2006, p. 245.

39. Richard Littlejohn, 'Welcome to Britain, land of the rising scum', *Daily Mail*, 14 November 2008.

40. James Delingpole, 'A conspiracy against chavs? Count me in', *The Times*, 13 April 2006.

41. N/A, 'What is working class?', news.bbc.co.uk, 25 January 2007.

42. London School of Economics, 'Little Britain filled with "figures of hatred" not figures of fun', lse.ac.uk, October 2008.

43. 'Be a shameless groupie for the day', channel4.com.

44. Posted by 'Objectivism', thestudentroom.co.uk, 12 July 2005.

45. Robin Nelson, *State of Play: Contemporary 'High-end' TV Drama*, Manchester 2007, p. 50.

46. Nigel Floyd, 'Eden Lake', *Time Out*, 11–17 September 2008.

47. N/A, '"EastEnders" writer wins £68,000 from BBC', *Independent*, 17 October 1992.

48. Gary Imlach, *My Father and Other Working-Class Football Heroes*, London 2005.

49. Jason Cowley, *The Last Game: Love, Death and Football*, London 2009, p. 326.

50. Ibid., p. 238.

51. Deborah Orr, 'Your class still counts, whatever you call it', *Independent*, 31 January 2003.

5장

1. N/A, 'The good news, Dave: We're ALL middle-class now', *Daily Mail*, 6 December 2005.

2. Andrew Adonis and Stephen Pollard, *A Class Act: The Myth of Britain's Classless Society*, London 1998, p. 9.

3. Simon Hattenstone, 'General election highlights Britain's confusion over social class', *Guardian*, 14 April 2010.

4. *Talking Retail*, 15 September 2009.

5. *Retail Week*, 1 June 2009.

6. Simon English, 'Mini workers hurl fruit as 850 sacked', *Evening Standard*, 16 February 2009.

7. Sean O'Grady, 'New part-time jobs boost rise in employment', *Independent*, 17 December 2009.

8. *Regeneration and Renewal*, 20 July 2009.

9. Posted by Simon Rogers, 'What do people get paid?', guardian.co.uk/ news/datablog, 12 November 2009.

10. Irene Krechowiecka and Jan Poynter, A-Z of Careers and Jobs, London 2004.

11. René Lavanchy, 'Unions have a future, workers tell survey', *Tribune*, 19 March 2010.

12. Department for Work and Pensions, *Households Below Average Income: An Analysis of the Income Distribution 1994/95–2007/08*, London 2009, p. 19.

13. Stewart Lansley, *Life in the Middle: The Untold Story of Britain's Average Earners*, TUC pamphlet 2009, pp. 3, 10, 17.

14. New Economics Foundation, *A Bit Rich: Calculating the Real Value to Society of Different Professions*, 2009, pp. 3–4.

15. David Litterick, 'Britons work almost two hours more per week than average European', *Daily Telegraph*, 3 September 2008.

16. Office for National Statistics, *Social Trends*, No. 39, London 2009, p. 54.

17. Press Association, 'Unpaid overtime soars to "extreme" levels, says TUC', *Guardian*, 26 February 2010.

18. Department for Work and Pensions, *Households Below Average Income*, p. 14.

19. Megan Murphy and Nicholas Timmins, 'Boardroom pay gap doubles in a decade', *Financial Times*, 27 November 2009.

20. Ashley Seager and Julia Finch, 'Pay gap widens between executives and their staff', *Guardian*, 16 September 2009.

21. Jeremy Warner, 'Capitalism has forgotten to share the wealth', *Daily Telegraph*, 29 January 2010.

6장

1. Alan Milburn, *Unleashing Aspiration: The Final Report of the Panel on Fair Access to the Professions*, London 2009, p. 18.

2. Jessica Shepherd, 'White working-class the worst GCSE students, study finds', *Guardian*, 27 March 2008.

3. Jessica Shepherd and Polly Curtis, 'Middle-class pupils have better genes, says Chris Woodhead', *Guardian*, 11 May 2009.

4. Amelia Hill, 'Children of rich parents are better at reading', *Observer*, 6 February 2005.

5. Ofsted, *Cale Green Primary School: Ofsted Report 2003*, p. 3.

6. Richard Garner, 'Revealed: The schools where 1 in 4 play truant', *Independent*, 13 January 2010.

7. Phil Mizen, *The Changing State of Youth*, Basingstoke 2004, p. 44.

8. Julie Henry, 'Graduates told to work in call centres', *Daily Telegraph*, 23 May 2009.

9. Gary Anderson, 'Flagship Tory free schools scheme condemned by Swedish education minister Bertil Ostberg', *Daily Mirror*, 30 May 2010.

10. Gillian Plummer, *Failing Working-Class Girls*, London 2000, p. 16.

11. Nicola Woolcock, 'Privileged children excel, even at low-performing comprehensives', *The Times*, 21 February 2008.

12. David Turner, 'Class split "will cost Britain £50bn" ', *Financial Times*, 15 March 2010.

13. George Monbiot, 'Plan after plan fails to make Oxbridge access fair. There is another way', *Guardian*, 24 May 2010.

14. Alice Tarleton, 'How many go from free school meals to Oxbridge?', blogs.channel4.com, 15 February 2010.

15. Afua Hirsch, 'Cost and class raise barriers to legal aid lawyer careers', *Guardian*, 1 March 2010.

16. Milburn, *Unleashing Aspiration*, p. 22.

17. Randeep Ramesh, 'Britain's class system–and salaries–inherited from fathers', *Guardian*, 11 February 2010.

18. Larry Elliott, 'OECD: UK has worse social mobility record than other developed countries', *Guardian*, 10 March 2010.

7장

1. Simon Heffer, 'We pay to have an underclass', *Daily Telegraph*, 29 August 2007.

2. N/A, 'Suicide toll on formerMGRover staff in Longbridge', *Birmingham Mail*, 10 July 2010.

3. Joseph Rowntree Foundation, '"Need not greed" motivates people to work informally, according to new research', jrf.org.uk, 16 June 2006.

4. Christina Beatty and Steve Fothergill, *Incapacity Benefits in the UK: An Issue of Health or Jobs?*, Sheffield 2010, p. 4.

5. Nicholas Watt and Patrick Wintour, 'Iain Duncan Smith: I will tackle root causes of poverty', *Guardian*, 26 May 2010.

6. Beatty and Fothergill, *Incapacity Benefits in the UK*, pp. 20–2.

7. David Webster, James Arnott et al., 'Falling Incapacity Benefit Claims In a Former Industrial City: Policy Impacts or Labour Market Improvement?', *Policy Studies* 31 (2010): 2, 164, 165, 167, 176, 181.

8. Amelia Gentleman, 'Response suggests many people wrongly judged fit to work', *Guardian*, Joe Public blog, 29 March 2010.

9. Public and Commercial Services Union, 'Nine jobseekers for every job in Duncan Smith's Cardiff', pcs.org.uk, 23 October 2010.

10. Stewart Lansley, *Unfair to Middling: HowMiddle Income Britain's ShrinkingWages Fuelled the Crash and Threaten Recovery*, London 2009, p. 20.

11. Lynsey Hanley, *Estates: An Intimate History*, London 2007, p. 7.

12. Patrick Wintour, 'Benefit cuts "will force thousands into suburbs"', *Guardian*, 4 October 2010.

13. Joe Murphy, 'Welfare cuts "will be like the Highland Clearances"', *Evening Standard*, 7 October 2010.

14. Joseph Rowntree Foundation, *Young People and Territoriality in British Cities*, York

2008.

15. Speaking on BBC News (20 February 2006), about Joseph Rowntree Foundation, *Parenting and Children's Resilience in Disadvantaged Communities*, York 2006.

16. Caroline Roberts, 'Gangs', *Times Educational Supplement*, 23 June 2006.

17. John McTernan, 'The Blairite case for Ed Miliband', *New Statesman*, 14 October 2010.

18. David Cracknell, 'Secret memo warns Blair of crime wave', *Sunday Times*, 24 December 2006.

19. Alan Travis, 'Police failing to tackle "middle-class" cocaine abuse, say MPs', *Guardian*, 3 March 2010.

20. John Mann, 'Heroin in Bassetlaw: Report of the inquiry convened by John Mann MP', johnmannmp.com.

21. Max Pemberton, 'Teenage pregnancy: a national talking point', *Daily Telegraph*, 13 July 2009.

22. Posted by Unity, '16, pregnant and middle class—What the papers don't say', liberalconspiracy.org, 18 February 2010.

23. Amelia Gentleman, 'Teenage pregnancy more opportunity than catastrophe, says study', *Guardian*, 12 February 2010.

24. Susan Hallam and Andrea Creech, *A Review of the Literature Relating to the Parental Aspirations of Teenage Mothers: Executive Summary*, CfBT Education Trust, p. 4.

8장

1. 여기에 덧붙여 1864년 이와 비슷한 이유로 국제노동자협회—두번째 사회주의 인터내셔널과 세번째 공산주의 인터내셔널에 앞서 설립되었으며 무엇보다 칼 마르크스가 설립자 중에 한사람이었다는 이유로 흔히 첫번째 인터내셔널로 알려진—가 설립되었다는 점을 지적해둘 필요가 있다. 그 첫번째 인터내셔널의 목표는 파업을 해산하기 위해 외국인 노동자를 수입하는 행위를 막기 위한 것이었다.

2. Stephanie Flanders, 'Have British jobs gone to British workers?', BBC News, 21 April 2010.

3. Stephen Nickell and Jumana Saleheen, 'The Impact of Immigration on Occupational Wages: Evidence from Britain', *SERC Discussion Paper*, October 2009, p. 20.

4. Will Somerville and Madeleine Sumption, *Immigration and the Labour Market: Theory, Evidence and Policy*, EHRC, 2009, pp. 3, 16–17.

5. Business Link in London, 'Diversity in London's retail sector', businesslink.gov.uk, last accessed 29 November 2010.

6. The Poverty Site, 'Low Pay by Ethnicity', poverty.org.uk, last accessed 29 November 2010.

7. Luke McLeod-Roberts, 'Thompsons Solicitors crowned most diverse in BSN's latest league table', *The Lawyer*, 17 December 2009.

8. Hilary Metcalf and Heather Rolfe, *Employment and Earnings in the Finance Sector: A Gender Analysis*, EHRC, 2009, p. 14.

9. Lucy Bland, 'White Women and Men of Colour: Miscegenation Fears after the Great War,' *Gender & History* 17 (April 2005): 51–2.

결론

1. Leading article, 'The class struggle is over, it's all about social mobility', *Independent*, 11 September 2008.

2. Posted by Conor Burns, 'Margaret Thatcher's greatest achievement: New Labour', conservativehome.blogs.com, 11 April 2008.

3. Mark Seddon, 'Has Labour handed Stoke to the BNP?', *Guardian*, 2April 2010.

4. Ipsos MORI, 'How Britain voted in 2010', ipsos-mori.com, 21 May 2010.

5. Jonathan Rose, *The Intellectual Life of the British Working Classes*, Yale 2001, p. 464.

6. Polly Toynbee, 'Tony Blair tried to bury it, but class politics looks set to return', *Guardian*, 10 July 2010.

차브

옮긴이의 말

이 책의 원제가 되는 '차브'(Chav)라는 단어를 나는 2011년 『르몽드 디플로마티크』 한국판에 실린 서평기사에서 처음 접했다. 당시 나이 26세에 불과한 청년 오언 존스가 쓴 이 책은 영국 사회를 발칵 뒤집 어놓았다. '지구의 소금'이라 칭송되던 노동계급이 어떻게 '지구의 쓰레기'로 전락했는지를 구체적인 사례 속에서 생생하게 그려낸 이 책은 그해 최고의 정치학 도서로 선정되면서 확고한 베스트셀러로 자리잡았다.

2005년을 전후해 '차브 패션'이란 신조류가 국내 복식업계에 소개 됐다는 사실을 뒷날 전해 듣긴 했지만, 영국 하위집단의 패션 트렌드 를 일컫는 '차브'의 용례는 당시의 한국 언론에겐 여전히 낯선 것이 었다. 당시 나는 신자유주의 세계에서 진행되는 체계적 배제와 소수 자의 고립화 문제에 '꽂혀' 있었다. 주간지 『한겨레21』의 와이드 기 획을 준비하기 위해 관련 논문과 저널을 검색하다 말 그대로 우연히, '차브'와 조우한 것이다.

당시 국내에선 '차브'에 견줄 만한 신조어 '잉여'가 유행하고 있었 다. 『월간 잉여』라는 잡지가 창간됐고, 패기만만한 20대의 잡지 발행 인은 이름난 몇몇 '2030 논객'들과 함께 주간지 외고 담당의 섭외 리스트에 이름을 올린 상태였다. 이미 40줄에 들어선 내게 잉여는 그다지 호감가는 용어가 아니었다. '정규군 사회'로의 편입 기회를 봉쇄당한 20대가 스스로를 얕잡고 조롱하는 말이 '잉여'라 여겨진 탓이다. 그 자학과 체념의 냄새가 나는 싫었다. 스스로를 '공돌이' '공순이'라 낮춰 부르던, 20대 시절 불우했던 옛 친구들의 무력감이 고스란히 되살아나는 듯했기 때문이다.

잉여는 말 그대로 '재귀성'이 강한 용어다. 누군가를 '잉여'라 부르기보다, 스스로를 '잉여'라 이르는 경우가 대부분이다. 이와 달리 '차브'는 사회적 타자를 지시하는 배제의 언어이며, 공격적이고 배타적인 경멸의 언어다. 잉여의 배후 감정이 체념이라면, 차브란 언어 뒤에 똬리튼 정념은 혐오다. 잉여가 상승 기회를 박탈당한 중간계급 2세들의 자기연민의 표현이라면, 차브는 몰락한 노동계급 2세들에 따라붙는 저주의 꼬리표다.

이런 이유로 차브의 의미값에 근접한 우리말은 잉여보다는 '양아치' '쓰레기'에 가까울지도 모른다. 학교를 뛰쳐나와 골목 어귀나 놀이터를 어슬렁거리는 10대 청소년들, 역한 냄새를 풍기며 공공장소 주변을 배회하는 노숙인, 엄연한 주인이 있는 사유공간을 점거한 채 망루를 세우고 악다구니를 쓰는 철거민들은 또 어떤가. 이 몰락한 노동계급의 후예들을 우리 사회는 언제부턴가 범죄시·불온시하기 시작했다.

'차브'라는 언어의 분류학적 기원을 찾다보면 가장 먼저 만나게 되는 영미권의 언어가 '언더클래스'(underclass)다. 1977년 미국 시사주

간지 『타임』은 마약·범죄·10대 임신 같은 도시적 병리현상을 열거한 뒤 "미국 도심에 호전적이고 위협적인 언더클래스가 출현했다"고 썼다. 언더클래스에 속하는 대부분의 구성원은 청소년과 소수민족이며, 미국 대도시의 음습한 이면에는 통제되지 않고 고립돼 있으며 호전적인 하층계급이 존재하고 있다는 게 기사의 핵심 메시지였다.

1982년에는 이들의 존재 양태를 △장기간 복지에 의존하는 수동적 빈민 △학교를 중퇴하고 마약을 상용하는 거리의 범죄자들 △지하경제에 의존하는 사기꾼과 매춘부들 △장애를 지닌 알콜 중독자 및 노숙자들로 구분한 『언더클래스』라는 논쟁적 저서가 출간됐다. 이를 계기로 미국 사회과학계에선 언더클래스의 규모와 동태를 둘러싼 연구가 유행했는데, 다양한 논의 속에서 합의된 사실은 언더클래스가 단순한 빈곤층이 아니라는 점이었다. 그들은 '의존적이고 무기력하면서 범죄의 유혹에 노출된 타락한 빈민'이었고, 따라서 '보호받을 자격이 없는 빈민'이었다.

빈곤을 타락과 범죄의 언어로 재정의하려는 움직임은 2008년 금융위기 이후 한국사회에서도 감지되기 시작한다. 지난 2012년 봄, 경찰이 한 유력 신문의 후원 아래 시작한 '주폭(酒暴)과의 전쟁'이 전형적인 예다. 캠페인 3개월 뒤 주폭 단속의 성과를 홍보하는 이 신문의 1면 머리기사 제목은 '주폭 300명 잡았더니 살인 31% 줄었다'였다. 기사의 요지는 경찰이 주폭 단속을 시작한 뒤 3개월간 강력범죄 발생 건수를 셈해보니 전년도 같은 기간보다 살인은 31.2%, 강도는 36.6%, 성범죄는 5.9% 줄었다는 것이었다.

통계의 유의미성 여부는 차치하더라도, 이 보도는 국가와 유력 언론이 거리의 주취자를 예비 범죄자로 공식 인증하는 것이란 점에서 문제가 간단치 않았다. 나아가 이 기사는 주폭 단속이 사실상 예비 범죄자에 대한 예방 구금의 성격을 띠고 있다는 사실마저 우회적으로 드러냈다. 눈여겨볼 지점은 단속된 주폭들의 사회적 처지였는데, 단속 초기 구속된 주폭 피의자 100명 가운데 82명이 무직자였다는 사실로 미뤄볼 때, 절대다수가 집이 없거나 사는 곳이 일정치 않은 40~50대 실업자라는 점은 분명해 보인다. 이들이 저지른 범죄라는 것도 식당·주점 등에서 행해진 업무방해(구걸, 무전취식) 같은, 평소였으면 훈방이나 합의로 마무리됐을 경범죄가 주종이다.

주폭 단속에서 보이는 하층민 일탈자에 대한 처벌과 낙인찍기는 그 기원이 1980년대 영국 대처리즘으로 거슬러 올라간다. "사회는 없다. 존재하는 건 개인뿐"이라는 대처의 말은 빈곤과 일탈의 책임을 사회가 아닌 개인에게 묻겠다는 정치적 선언에 다름 아니었다. 그 선언에 담긴 통치 이데올로기는 보수당 집권기 다음과 같은 조처와 상황들로 현실화됐다. 하층민 범죄에 대한 검경의 의도적 이름 붙이기 →선별적 정보 유출→보수신문들의 경쟁적 보도→충격과 공포 확산→법질서 회복을 위한 공권력 투입 여론 형성.

스튜어트 홀(Stuart Hal) 같은 연구자들에 따르면, 오늘날 하층민들이 공권력의 표적이 되는 것은 현대 자본주의 국가가 직면한 '정당성 위기'와 결부돼 있다. 고용(노동)이 성장의 함수가 되지 못하는 사회('고용 없는 성장' 사회)에서 실업은 일시적 단계가 아닌 영구 상태가 된다. 사회

차브

는 그들의 기여 없이도 충분히 존속할 수 있다. 사회의 부를 키우지는 못하면서 비용(공공지출)만 증가시키는 그들은 '존재 자체가 민폐'인 쓰레기로 취급된다.

문제는 이 쓰레기(구조적 하층민) 양산 시스템을 변화시킬 능력과 의지가 오늘날의 국가엔 없다는 점이다. 국가는 이제 지배를 정당화할 근거를 다른 데서 찾게 되는데, 다름 아닌 내부의 위험요소를 격리하고 세척하는 일이다. 이 과정에서 민폐적 존재인 하층민들은 범죄시되고 격리된다. 이 일련의 절차 속에서 "궁핍의 언어로 씌었던 이야기는 타락의 언어로 다시 쓰인다."(지그문트 바우만)

가난이 타락과 범죄로 재정의되는 순간, 가난한 자들을 보호해야 한다는 도덕적 부채감은 사라진다. 그들 앞에 놓인 운명의 수순은 '추방'이다. 추방은 물리적인 것에 그치지 않는다. 그것은 '인식적 추방'으로 이어지는데, 인식의 영역에서 추방하는 가장 손쉬운 방법은 이들을 보이지 않게 만드는 것이다. 일단 눈앞에서 사라지면 관심에서도 멀어지며, 관심에서 멀어지는 순간 도덕적 공감은 불가능해진다. 이렇게 되면 추방된 자들이 아무리 고통과 부당함을 호소해도 '헛소리'와 '소음'으로 취급될 뿐이다. 약자에 대한 공감과 연대의식이 사라질 때 싹트는 것은 '무결점 사회'를 향한 유혹이다. 잘 가꿔진 잔디밭 위로 삐죽이 고개를 내민 잡초를 깡그리 제거해버리고 싶다는 욕망. 이것은 아우슈비츠를 만들어낸 전체주의적 열망과 동일한 것이다.

'차브의 정치학'에 우리 사회의 '잉여'들이 관심을 가져야 할 이유는 충분하다. 신자유주의라는 운명의 보편성, 그 개인화와 배제의 시스템이 작동하는 한, 격리되고 추방되어야 할 쓰레기들(양아치들)의 목록에는 가혹한 소비사회의 규준과 척도에 미달하는 개인 누구라도 기입될 수 있기 때문이다. 이 점에서 차브는 가혹한 경쟁에서 상처받고 뒤처질 위험에 처한 우리 사회 모든 잉여들의 잠재적 미래를 지시하는 대명사에 다름 아니다.

이 책의 전반부(1~4장)는 안병률이, 후반부(5~8장)는 이세영이 번역했다. 차브 현상의 문화적 배후를 밝히는 4장은 전문번역가 박유신 씨의 도움을 구했다. 발행인이자 편집자, 공동 역자로서 더딘 작업을 참고 기다려준 안병률에게 감사의 뜻을 전한다.

2014년 10월 30일
옮긴이를 대표하여
이세영 씀

차브

차브

ㅎ

차브
영국식 잉여 유발사건

초판 1쇄 발행 2014년 11월 10일
초판 3쇄 발행 2016년 4월 10일

지은이 오언 존스
옮긴이 이세영·안병률
펴낸이 안병률
펴낸곳 북인더갭
등록 제396-2010-000040호
주소 410-906 경기도 고양시 일산동구 고봉로 20-31 617호
전화 031-901-8268 | 팩스 031-901-8280
홈페이지 www.bookinthegap.com | 이메일 mokdong70@hanmail.net

한국어판 ⓒ 북인더갭 2014
ISBN 979-11-85359-04-5 03330

이 도서의 국립중앙도서관 출판시도서목록(CIP)은
서지정보유통지원시스템 홈페이지(http://seoji.nl.go.kr)와
국가자료공동목록시스템(http://www.nl.go.kr/kolisnet)에서 이용하실 수 있습니다.
(CIP제어번호: CIP2014030383)